ISS

TEORIA • PRÁTICA • QUESTÕES POLÊMICAS

Edição revista, ampliada e atualizada
nos termos da Lei Complementar nº 157,
de 29 de dezembro de 2016,

REPUBLICADA EM 1º DE JUNHO DE 2017,

incluindo os vetos não acolhidos pelo Congresso

ISSQN Imposto Sobre Serviços de Qualquer Natureza

O livro é a porta que se abre para a realização do homem.

Jair Lot Vieira

Francisco Ramos Mangieri

6ª edição
2019

ISS

TEORIA • PRÁTICA • QUESTÕES POLÊMICAS

Edição revista, ampliada e atualizada
nos termos da Lei Complementar nº 157,
de 29 de dezembro de 2016,

REPUBLICADA EM 1º DE JUNHO DE 2017,

incluindo os vetos não acolhidos pelo Congresso

ISSQN Imposto Sobre Serviços de Qualquer Natureza

edipro

Grafia conforme o novo Acordo Ortográfico da Língua Portuguesa.

6ª edição 2019
Atualizada até o *DOU* de 15.1.2019.

Editores: Jair Lot Vieira e Maíra Lot Vieira Micales
Coordenação editorial: Fernanda Godoy Tarcinalli
Produção gráfica: Alexandre Rudyard Benevides ME
Revisão: Sandra Cristina Lopes Conesa
Arte: Karine Moreto de Almeida
Imagem da capa: Designed by katemangostar / Freepik

Dados Internacionais de Catalogação na Publicação (CIP)
(Câmara Brasileira do Livro, SP, Brasil)

Mangieri, Francisco Ramos

ISS : teoria - prática - questões polêmicas / ISSQN - Imposto sobre serviços de qualquer natureza / nos termos da Lei Complementar nº 116, de 31.7.2003 / Francisco Ramos Mangieri - 6. ed. - São Paulo : Edipro, 2019.

ISBN 978-85-521-0044-7

1. Imposto sobre serviços - Brasil 2. Imposto sobre serviços de qualquer natureza - Brasil I. Título. II. Título: ISSQN : Imposto sobre serviços de qualquer natureza.

02-4559 CDU-34:336.241(81)

Índices para catálogo sistemático:
1. Brasil : Imposto sobre serviços : Direito tributário : 34:336.241(81)
2. Brasil : Imposto sobre serviços de qualquer natureza : Direito tributário : 34:336.241(81)
3. ISS : Impostos sobre serviços : Brasil : Direito tributário : 34:336.241(81)
4. ISSQN : Imposto sobre serviços de qualquer natureza : Brasil : Direito tributário : 34:336.241(81)

EDITORA AFILIADA

edipro

São Paulo: (11) 3107-4788 • Bauru: (14) 3234-4121
www.edipro.com.br • edipro@edipro.com.br
@editoraedipro @editoraedipro

Homenagem Especial
A Francisco Mangieri Filho
(*in memorian*).

Ao meu querido e inesquecível pai,
cuja presença espiritual continua a direcionar os caminhos que perfilho;

meu pai, forte, inteligente, espirituoso, romântico e carismático;

meu pai, homem de ideais socialistas,
que acreditava na igualdade de classes;

meu pai, amigo da família, dos pobres, dos ricos,
dos poderosos, dos oprimidos, dos amigos... e até dos inimigos;

meu pai, amigo inseparável em todas as situações;

a este homem,
que me ensinou a ser digno e leal acima de qualquer coisa;

meu pai, que adorava o pantanal matogrossense;

meu pai, um apaixonado pelas riquezas naturais de nosso País,
patriota até a morte;

meu pai, humilde nas conquistas,
sereno nos desacertos, silencioso na dor;

ao ser humano um tanto evoluído,
que tinha como vaidade unicamente prestar ajuda aos necessitados;

a ele, que deixou uma tristeza enorme nos corações
de todos aqueles que um dia o conheceram;

a ele, que tinha tanto brilho e um olhar tão sincero...

o meu amor eterno.

Francisco Ramos Mangieri

SUMÁRIO

PREFÁCIO

Orgulha-me o mister, embora imerecido, de apresentar o trabalho do jovem e promissor Dr. Francisco Ramos Mangieri, que se dedica ao estudo do Imposto sobre Serviços de Qualquer Natureza, até mesmo pela condição de Auditor Fiscal da Prefeitura de Bauru (SP).

Do mesmo, aliás, não esperávamos um trabalho qualquer, pois, desde os bancos de nossa Faculdade de Direito de Bauru, via-o no despertar para o universo de nosso Direito Tributário, sem fronteiras.

O enfoque da obra nos mostra, em linguagem compreensível e didática, a legislação aplicável, com a indispensável análise da conceituação do Imposto e de seus elementos essenciais, mostrando e identificando as hipóteses de inexigibilidade do gravame.

Ressalta, com imprescindível ênfase, alguns aspectos da Lista de Serviços de Incidência do Tributo, de grande utilidade aos que mourejam neste campo, tratando de pontos relevantes, condimentada por escólios Doutrinários e Pretorianos, que completam a obra.

Finaliza, ressaltando a imperiosa necessidade de uma Fiscalização Pedagógica, instrutiva e esclarecedora, inerente, nos dias atuais, de qualquer Sujeito Ativo, objetivando despertar no contribuinte a satisfação do cumprimento da obrigação.

Enfim, o trabalho, por si só, como o futuro nos indicará, por certo, dispensaria qualquer apresentação.

Luiz Celso de Barros
Advogado em Bauru (SP)
Pós-Graduado em Direito Tributário
Professor do Curso de Pós-Graduação UC – IGDT
Membro da Academia Brasileira de Direito Tributário

NOTA À 6ª EDIÇÃO

No final de 2016 foi publicada a Lei Complementar nº 157, de 29 de dezembro, o que exigiu a atualização da presente obra.

Adaptamos os tópicos atingidos pela recente legislação às suas novas regras e fizemos uma análise minuciosa de cada inovação introduzida no campo do ISS, o que mereceu um capítulo à parte.

Mas não foi apenas a nova lei complementar do ISS que nos motivou a escrever nova edição. Quem labora no meio tributário sabe que os entendimentos mudam rapidamente, o que torna necessária uma atualização constante do livro.

Desde a edição passada desta obra, foram proferidas inúmeras decisões dos nossos mais importantes tribunais, alterando a tributação do ISS. Também tivemos várias inovações no campo do Simples Nacional, com a edição da LC nº 155/2016 e da Resolução CGSN nº 140/2018, que transformaram tal regime diferenciado de tributação.

Nesta nova edição, procuramos manter fielmente a essência do trabalho, focando questões polêmicas e prestigiando a prática do dia a dia da tributação municipal, até mesmo pela nossa experiência de duas décadas à frente de cargos ligados à Administração Tributária do Município de Bauru.

Por fim, inserimos novas jurisprudências sobre questões pontuais afetas ao ISS, procurando imprimir segurança jurídica aos que laboram nesse meio.

Esperamos, como sempre, receber críticas e sugestões dos nossos leitores, visando o constante aperfeiçoamento da obra.

Bauru, outubro de 2018.

Francisco Ramos Mangieri

INTRODUÇÃO

Com a oportuna edição da Lei Complementar nº 101/2000, tornou-se evidente para o município a necessidade de um melhor aproveitamento de seu potencial tributário.

E dentro desse potencial, inegavelmente se situa o *ISS*, imposto de competência municipal ainda pouco explorado pelas prefeituras de nosso País, levando-se em conta o seu extenso campo de abrangência e o crescimento cada vez maior do setor terciário na economia nacional.

Dado o seu valor, e como a reforma tributária se encontra, pelo menos por ora, estagnada, entendemos por bem elaborar a presente obra, fundada em vários anos de experiência profissional na área.

O livro tem como destinatários imediatos os profissionais ligados ao ramo do Direito Tributário, não só especificamente os que atuam no âmbito municipal, mas em qualquer esfera de governo, visto que apresenta revolucionárias ideias visando solucionar os tormentosos conflitos de competência entre as pessoas políticas tributantes. De forma indireta, direciona-se também aos contribuintes, que cada vez mais procuram conhecer os seus direitos, como também a todos os estudiosos da matéria.

Procuramos, com este trabalho, enfocar as questões que têm se tornado objeto de polêmica no mundo jurídico tributário, como o problema do estabelecimento prestador, a função da lista de serviços federal, a tributação de serviços prestados por cooperativas, cartórios, provedores de internet, TVs por assinatura, dentre outros.

Apresentamos ainda, à parte, capítulo versando sobre o tema atual "Fiscalização Pedagógica", nova concepção de fiscalização que já vem sendo implantada em algumas municipalidades de nosso Brasil. Este assunto foi abordado pelo nosso colega Sr. Marcos Roberto Costa Garcia, Auditor Fiscal da Prefeitura de Bauru, onde é aplicada há muitos anos e com grande sucesso tal sistemática.

Desse modo, acreditamos estar contribuindo com a escassa doutrina desse interessante imposto, que pode e deve ser melhor aproveitado pelas prefeituras, o que reverterá em benefício da própria população.

1 NORMAS VIGENTES ACERCA DO IMPOSTO SOBRE SERVIÇOS DE QUALQUER NATUREZA

1.1. CONSTITUIÇÃO FEDERAL

O ISS encontra seu principal fundamento de validade na Carta Magna brasileira, que traça a regra-matriz do imposto. Vejamos o que diz o art. 156 da Constituição Federal:

> **Art. 156.** Compete aos Municípios instituir impostos sobre: (...)
>
> III – serviços de qualquer natureza, não compreendidos no art. 155, II, definidos em lei complementar.

Portanto, pode o Poder Público Municipal tributar os serviços de qualquer natureza, exceto os de transporte interestadual e intermunicipal e de comunicação, que são da competência privativa do Estado.

Entretanto, determina o Diploma Constitucional que os serviços sejam definidos em lei complementar, que passaremos a estudar no item seguinte.

O art. 88 do ADCT da CF/1988 estabelece normas voltadas ao combate à guerra fiscal entre municípios, como se depreende do teor a seguir transcrito:

> **Art. 88.** Enquanto lei complementar não disciplinar o disposto nos incisos I e III do § 3º do art. 156 da Constituição Federal, o imposto a que se refere o inciso III do *caput* do mesmo artigo: (*Acrescido pela Emenda Constitucional nº 37, de 2002*)
>
> I – terá alíquota mínima de dois por cento, exceto para os serviços a que se referem os itens 32, 33 e 34 da Lista de Serviços anexa ao Decreto-Lei nº 406, de 31 de dezembro de 1968; (*Acrescido pela Emenda Constitucional nº 37, de 2002*)
>
> II – não será objeto de concessão de isenções, incentivos e benefícios fiscais, que resulte, direta ou indiretamente, na redução da alíquota mínima estabelecida no inciso I. (*Acrescido pela Emenda Constitucional nº 37, de 2002*)

Tais mandamentos foram regulamentados pela recente LC nº 157/2016, que comentaremos pormenorizadamente no item 5 desta obra.

1.2. LEI COMPLEMENTAR

A Lei Complementar nº 116, de 31 de julho de 2003, em vigor a partir de 1º.8.2003, data de sua publicação, revogou expressamente os diplomas anteriores que regravam o ISS. Assim, não mais vigem no ordenamento tributário o Decreto-Lei nº 406/1968 (em parte) e as Leis Complementares nºs 56/1987 e 100/1999.

A nova lei institui ampla lista de serviços tributáveis, incluindo atividades que há anos vêm constituindo objeto de conflitos judiciais, exatamente o caso dos serviços cartorários e dos correios. Exclui a locação de bens móveis, mas mantém, incoerentemente, outras modalidades de cessões de direito.

De outro lado, alguns serviços que constavam no substitutivo aprovado na Câmara dos Deputados, como os de acesso à internet, serviços de restaurante e cessão de direitos autorais e de imagem, ficaram fora da redação final votada e aprovada pelo Senado Federal. Nesse ponto, já é hora de perguntarmos: isso quer dizer então que os municípios estão privados da tributação de tais serviços, bem como de outros que eventualmente não constem na lista federal, ainda que sejam tipificados em lei municipal específica?

Pensamos que não e explicamos o porquê.

Primeiramente, deve-se aferir qual a precisa e verdadeira função da Lei Complementar no campo do imposto municipal em estudo.

Reza o art. 146 da Carta Federal:

> **Art. 146.** Cabe à lei complementar:
>
> I – dispor sobre conflitos de competência, em matéria tributária, entre a União, os Estados, o Distrito Federal e os Municípios;
>
> II – regular as limitações constitucionais ao poder de tributar;
>
> III – estabelecer normas gerais em matéria de legislação tributária, especialmente sobre:
>
> a) definição de tributos e de suas espécies, bem como, em relação aos impostos discriminados nesta Constituição, a dos respectivos fatos geradores, bases de cálculo e contribuintes;
>
> b) obrigação, lançamento, crédito, prescrição e decadência tributários;
>
> c) adequado tratamento tributário ao ato cooperativo praticado pelas sociedades cooperativas.

A simples análise do conteúdo técnico-gramatical do dispositivo constitucional tem levado até renomados tributaristas ao equivocado entendimento de que cabe ao legislador complementar nacional legislar sobre as matérias descritas no artigo, determinando as hipóteses de incidência, as bases de cálculo, elegendo os respectivos contribuintes, editando ainda normas acerca da obrigação tributária, bem como a constituição e extinção do correspondente crédito.

Para esta corrente, portanto, o constituinte teria concedido carta branca ao Congresso Nacional, para que este órgão traçasse as regras a respeito das matérias tratadas no art. 146 do Texto Supremo, com efeito vinculante para todas as pessoas políticas, sejam federal, estaduais, municipais e distrital.

Destarte, seria lícito preceito definidor do fato imponível de ISS, veiculado por lei complementar. Melhor dizendo, caberia à lei complementar definir o conceito de serviço e, por conseguinte, eleger as atividades que estariam no raio de incidência do imposto municipal.

Respaldados nas sempre precisas lições de Paulo de Barros Carvalho, no sentido de que a interpretação literal não é, a bem da verdade, um meio de intelecção, mas princípio desta, ao recorrermos ao método sistemático de interpretação, cai por terra a tese contrária apresentada.

De fato, os princípios federativo, da autonomia municipal e distrital, conjugados com as normas constitucionais que traçam as regras do Sistema Tributário Nacional, mostram-se absolutamente incompatíveis com o entendimento que pende para a constitutividade das normas gerais de direito tributário, no exato sentido de que seriam instituidoras de direito novo.

Num esforço de arranjo, ao contrário, extrai-se de tais princípios e normas a verdadeira função da lei complementar nacional no campo do direito tributário, qual seja, tão somente a de regular as limitações constitucionais ao poder de tributar e dirimir eventuais conflitos de competência entre os entes tributantes.

Neste passo, no bojo de uma analogia, pode-se até dizer que a lei complementar funcionaria como o regulamento do texto constitucional, assim como ocorre com o decreto regulamentador em relação à lei ordinária. Isto implica dizer que lei complementar tributária nada pode criar. Sua função limita-se a explicitar os comandos constitucionais, aclarando, pormenorizando o conteúdo de cada norma constitucional. Revela-se, pois, o caráter meramente declaratório das normas gerais de direito tributário.

Dentro desse prisma e prosseguindo no raciocínio invocado, pergunta-se: a Lei Complementar nº 87/1996 poderia ter colocado no campo de incidência do ICMS o serviço de restaurante? Facilmente percebemos que não. Por quê? Exatamente pelo fato de que se trata de um serviço de qualquer natureza, aspecto material de incidência do ISS e não do ICMS, que grava tão só as circulações de mercadorias e serviços de transporte (intermunicipal e interestadual) e comunicação. Seria ela então inconstitucional? Não temos a menor dúvida que sim, pois acaba retirando dos Municípios parcela de competência que foi outorgada pela Constituição Federal.

Quando da aprovação do então projeto de Lei Complementar nº 1-A na Câmara dos Deputados, constava o item "fornecimento de refeições", excluído posteriormente pelo Senado Federal. Perdeu-se, pois, a chance de eliminar a inconstitucionalidade veiculada pela LC nº 87/1996, o que não impede, contudo, a oneração de tal atividade pelo ISS, bastando fazê-la constar em lei municipal.

O que estamos tentando demonstrar é que a lei complementar a que alude o art. 146 da CF, não pode extrair o seu fundamento de validade dela própria, como querem alguns, mas sim da Lei Maior Tributária, que no Brasil é constituída pela própria Constituição da República.

As competências tributárias e bem assim as regras-matrizes de cada tributo, foram minuciosamente delineadas no Texto Constitucional, pelo que não podem ser desprezadas pelo legislador ordinário e nem mesmo pelo complementar. Admite-se apenas que se explique o que é ditado pela Lei das leis, sem, contudo, alterar-lhe o conteúdo.

Exemplo de típica norma geral de direito tributário, de cunho declaratório, era a do item 071 da Lista de Serviços Tributáveis pelo ISS, Lei Complementar nº 56/1987, que elencava como serviço a *recauchutagem ou regeneração de pneus para o usuário final*. É evidente que se trata de serviço, já que o bem não estará posto *in commercium*, mas terá como destinatário pessoa predeterminada. E se a lei complementar tivesse disposto de forma diversa, colocando a atividade no terreno do IPI e ou ICMS? Seria, por certo, inconstitucional, seja por dilatar a competência dos Estados e da União, seja por anular parte da competência tributária dos Municípios.

A Lei Complementar vigente não mais apresenta a ressalva, como podemos observar no item 14.04 da nova lista. Isto não significa que será lícito aos municípios tributarem qualquer recauchutagem ou regeneração de pneus. É que o item 14 se refere a "bens de terceiros", isto significando que o serviço deve ser executado sobre material encaminhado pelo encomendante para que incida validamente o ISS.

Como vemos, a legitimidade da lei complementar no âmbito do direito tributário, está circunscrita à edição de regras que visem elucidar eventuais pontos obscuros que se apresentem no exercício da competência tributária. Sua atuação deve, pois, concentrar-se na região fugidia que dificulta a demarcação entre os fatos geradores dos tributos de competência das várias pessoas políticas. Assim, em determinados casos, haverá dúvidas em se saber se a ação praticada é fato imponível de ISS ou ICMS; já, em outra situação, será tênue a linha divisória entre os fatos jurídicos tributários do ISS e do IOF. Daí, vem a lei complementar, exercendo a sua verdadeira função, e dissipa a dúvida existente, esclarecendo qual tributo será devido. Entenda-se bem: a lei complementar não cria a solução, mas apenas torna clara a regra constitucional que resolve o impasse.

Também será legítima a norma geral de direito tributário, caso seja editada para disciplinar as limitações constitucionais ao poder de tributar, como é o caso do art. 14 do Código Tributário Nacional, que estabelece condições para o gozo da imunidade tributária prevista no art. 150, VI, "c", da Constituição de 1988. Novamente alertamos o leitor: não é dado à lei complementar criar as condições para a fruição da benesse constitucional; deve, como antes mencionado, esmiuçar, detalhar, regulamentar as limitações já prévia e perfeitamente traçadas pela Carta Suprema.

Fora essas hipóteses, não terá a lei complementar qualquer efeito vinculante, servindo talvez como um mero texto sugestivo para as pessoas políticas que quiserem acompanhá-la, desde, é claro, que não contrarie os preceitos constitucionais.

Neste ponto, chegamos a uma surpreendente conclusão: a diminuta ou quase nenhuma importância do Código Tributário Nacional, uma vez que a maioria de seus dispositivos não apresenta o caráter de norma geral de direito tributário, não sendo, dessa forma, hierarquicamente superior a quaisquer outras legislações infraconstitucionais.

O eminente professor Rubens Gomes de Sousa (1985, p. 14) já compartilhava desse entendimento, assim lecionando:

> Mas temo, depois de feita esta interpretação (...) que acabaremos por reconhecer a inutilidade ou a desnecessidade, quando não a inconveniência, da própria limitação em si. Nada resta para o Código. (...) Resta tão pouca coisa, que equivale a nada. Mesmo quanto aos conflitos de competência. Eu diria que normas para dirimir conflitos de competência são difíceis de conceber-se dentro de um Código de normas gerais, antes que os conflitos ocorram. E, se é para resolver um conflito já ocorrido, então (...) é deixar ao Judiciário, e não à lei imaginar um hipotético conflito e editar uma norma para resolvê-lo. Este conflito, que se imaginou, pode nunca ocorrer. Ao passo que ocorrerá outro, que o legislador não previu e que então, no Estado normativizado, irá acabar, tanto quanto o primeiro, no Judiciário. Então, melhor deixar toda a matéria de conflitos de competência para o Judiciário.

Dentro desse espírito e dito de outro modo, enquanto veiculador de normas gerais de direito tributário, estas, por sua vez, tendo como função unicamente dirimir conflitos de competência e regular as limitações constitucionais ao poder de tributar, o CTN, bem como qualquer outra lei complementar tributária, será superior à legislação tributária ordinária, que, por conseguinte, lhe deverá obediência. Estará aquela, sem sombra de dúvida, em segundo lugar na pirâmide jurídica das normas tributárias, abaixo somente, e por óbvio, da Constituição Federal.

Numa segunda situação, em editando normas em descompasso com o Diploma Magno, estará a lei complementar inquinada pelo vício da inconstitucionalidade, devendo ser desconsiderada pelos seus aplicadores.

Ainda, em terceira hipótese, traçando normas de caráter especial e não geral, a lei complementar nacional obrigará tão somente à União, não possuindo qualquer relação de hierarquia com as demais legislações infraconstitucionais, que disciplinarão o assunto conforme lhes convier, haurindo o seu fundamento de validade diretamente do Texto Magno.

Neste diapasão, tomemos como exemplo o art. 205 do CTN, que disciplina a expedição de certidões negativas no âmbito do Poder Público. Questiona-se: a norma visa regular alguma limitação constitucional ao poder de tributar? Sob outro ângulo, procura evitar eventual conflito de competência? Ambas respostas são negativas. Então, não se trata, à toda evidência, de uma norma geral de direito tributário, não tendo força para vincular as legislações ordinárias. Poderá, quando muito, orientar os legisladores ordinários de cada esfera governamental, acerca da criação de suas legislações locais.

Pelo exposto, deixamos consignada a ideia de que o Código Tributário Nacional, bem como qualquer lei complementar nacional, enquanto tratem das matérias elencadas no art. 146 da CF, só serão materialmente superiores às legislações ordinárias, caso veiculem verdadeiras normas gerais de direito tributário. Melhor dizendo, tais diplomas estarão em níveis elevados apenas enquanto regulem as limitações constitucionais à tributação e disponham sobre os tormentosos conflitos de competência entre os entes tributantes.

Por conseguinte, podemos afirmar que a lista de serviços federal não é nem taxativa e nem tampouco exemplificativa, mas apenas sugestiva, sendo facultado aos municípios a sua observância. Apenas será vinculante quando vise afastar ou prevenir eventual conflito de competência, como o exemplo retrocitado do antigo item 071. Assim também quando veicular norma reguladora das limitações constitucionais ao poder de tributar.

O professor Roque Antonio Carrazza, em seu *Curso de Direito Constitucional Tributário* (1999, p. 412), endossa tal entendimento, dizendo o seguinte:

> De fato, as pessoas políticas, enquanto tributam, buscam fundamento de validade para seus atos jurídicos (leis, decretos, portarias etc.) exclusivamente na Constituição. Obedecem à lei complementar nacional circunstancialmente, vale dizer, apenas quando ela explicita comandos constitucionais. Ampliações ou restrições de competências tributárias, levadas a efeito por lei complementar nacional, porque inconstitucionais, não vinculam nem a União, nem os Estados, nem o Distrito Federal, nem os Municípios.
>
> Estas considerações nos reconduzem à proposição de que a lei complementar nacional não pode criar, para fins de ISS, a figura do serviço por definição legal. Se o fizer, será inconstitucional, por dilatar competências tributárias municipais e, o que é pior, por atropelar direitos inalienáveis dos contribuintes.

Embora esse seja o nosso entendimento desde a primeira edição do presente livro, a nossa jurisprudência acabou selando a taxatividade da lista federal de serviços. Assim, se determinado serviço não estiver previsto na lista anexa à LC nº 116/2003, não poderá ser tributado mesmo que conste da lista municipal.

No final de 2016, tivemos a edição da Lei Complementar nº 157, que trouxe novidades para o campo do ISS, tratadas por nós ao longo da presente obra e especialmente no item 5.

1.3. LEI ORDINÁRIA

Como é sabido, lei complementar não cria tributo, mas apenas explicita os mandamentos constitucionais que deverão ser obedecidos pelo legislador ordinário.

Assim, para que o imposto municipal possa ser legitimamente exigido, faz-se necessário que o *serviço de qualquer natureza* venha expressamente delineado na lista de serviços municipal.

É que no direito tributário vigora o princípio da tipicidade fechada, ou seja, o fato praticado pelo sujeito passivo deve amoldar-se de forma absoluta ao tipo tributário que descreve o fato gerador *in abstracto* do tributo.

Caso isso não ocorra, não há que se falar em obrigação tributária, eis que o contribuinte terá praticado apenas um fato natural atípico, não produzindo efeitos tributários.

Isso não quer dizer que a nomenclatura emprestada pelo profissional ao serviço por ele prestado, deva ser idêntica ao descrito na lista legal, mas sim que a essência, o espírito, a natureza da atividade realizada se encaixe perfeitamente no item tributável.

Exemplo apropriado para o caso era o serviço de guincho, não previsto literalmente na lista da LC nº 116/2003 (agora acrescentado com este nome pela LC nº 157/2016), mas que podia ser tranquilamente enquadrado no item 16 da Lista de Serviços Tributáveis.

2 CONCEITUAÇÃO DE SERVIÇO E ELEMENTOS ESSENCIAIS DO ISS

2.1. CONCEITO DE SERVIÇO

Antes de definirmos o que seja serviço para fins de tributação, é oportuno recorrermos ao Direito Civil, para distinguir inicialmente bens materiais ou corpóreos dos imateriais ou incorpóreos.

A primeira categoria é formada por aquelas coisas suscetíveis de apreensão ou percepção pelos nossos sentidos. São os bens que se podem pegar, tocar, enfim, que ocupam um lugar físico no espaço. Como exemplo, podemos citar o automóvel, a televisão, uma mesa etc.

Por outro lado, bens incorpóreos ou imateriais dizem respeito àqueles que não têm existência física, que não podem ser apreendidos ou mesmo vistos. É o caso do direito de autor, do *software,* do trabalho, dentre inúmeros outros.

Apresentada essa classificação, é fácil percebermos que os *serviços* pertencem ao grupo dos bens imateriais. Quando se presta um *serviço,* é oferecido a um terceiro um bem imaterial, que se apresenta como o fornecimento de trabalho do prestador e não a entrega de uma mercadoria (bem material ou corpóreo).

Com estas considerações iniciais, podemos definir *serviço* como o *produto do trabalho humano destinado à satisfação de uma necessidade, através da circulação econômica de um bem imaterial ou incorpóreo.*

A Lei Complementar nº 116/2003 segue a mesma linha das anteriores, ao colocar no campo de incidência do ISS os *serviços* e não somente as *prestações de serviços. Serviço*, pelo que a ciência econômica nos ensina, é a *circulação de bens imateriais*, o que acaba englobando as cessões de direito, como a franquia, a "venda" de programas de computação, as cessões de uso de marca e sinais, e a própria locação de bens móveis, que teve a sua inconstitucionalidade decretada pelo STF no ano 2000, via recurso extraordinário. No entanto, até hoje o Senado não suspendeu a eficácia do dispositivo; ao contrário, aprovou a presente Lei Complementar com a previsão de várias cessões de direito entre os serviços elencados. Contudo, o Presidente da República acabou vetando o subitem 3.01 da lista, que tipificava exatamente o *serviço de locação de bens móveis,* mantendo, por outro lado, os demais tipos que preveem cessões de direito. Lamentável incongruência!

2.2. FATO GERADOR DO ISS

Dispõe o art. 1º da Lei Complementar n.º 116/2003:

> **Art. 1º.** O Imposto Sobre Serviços de Qualquer Natureza, de competência dos Municípios e do Distrito Federal, tem como fato gerador a prestação de serviços constantes da lista anexa, ainda que esses não se constituam como atividade preponderante do prestador.

Diversamente do revogado art. 8º do Decreto-Lei nº 406/1968, o dispositivo acima transcrito, se isoladamente considerado, não expressa a exata delimitação da hipótese de incidência do ISS. Necessária, pois, a conjugação desse artigo com vários outros do mesmo diploma, para que possamos extrair os elementos que compõem o fato gerador *in abstracto* do tributo em foco, que aliás, são os mesmos que a antiga normatização explicitava. Vejamos.

Como primeiro elemento temos a *autonomia*, não citada no art. 1º, mas implícita no art. 2º, II. Este retira do campo de incidência do ISS os *empregados; os diretores e membros de conselho consultivo ou fiscal de sociedades e fundações; os sócios-gerentes e os gerentes-delegados; e ainda os trabalhadores avulsos.* Temos, pois, em sentido contrário, que só há uma única classe de trabalhadores passível de tributação pelo imposto municipal, ou seja, a dos *autônomos.*

Realmente, a norma de não incidência retrocitada contempla trabalhadores que atuam de forma subordinada e não por conta própria, representando outra pessoa, seja física ou jurídica, como sempre se exigiu para a configuração do fato imponível do ISS. Neste sentido sempre se manifestou a doutrina:

> Os serviços desempenhados sob vínculo funcional ou trabalhista não são tributáveis pelo ISS. Não estão no conceito constitucional de serviços tributáveis. A presença do vínculo caracteriza prestação de trabalho e não serviço, e, para efeitos jurídico-constitucionais, essa distinção é capital.
>
> Na verdade, serviço é espécie do gênero trabalho. A relação contratual que justifica a prestação é diferente nos dois casos e esta diferença encontra raiz na própria Constituição, nos princípios constitucionais aplicáveis a uma e outra situação e no regime jurídico que o Texto Magno atribui a ambos.
>
> Conteúdo econômico é, por definição, de natureza alimentar, nos casos de trabalho subordinado.
>
> A Constituição discerne prestação de trabalho de prestação de serviço. Ora, no direito há nítida distinção entre o regime de Direito Civil e o regime da CLT. O fulcro da distinção está na subordinação. (BARRETO; ATALIBA, *RDT* 40/90).

Uma exceção, entretanto, se verifica: os trabalhadores avulsos. Ora, como é sabido, trabalhador avulso não é empregado. Sendo assim, não mantém qualquer vínculo de subordinação com as empresas para as quais presta os seus serviços. É verdadeiro trabalhador autônomo, o que nos leva a crer que não se justifica a sua retirada da hipótese tributária do ISS. Parece-nos que, nesse ponto, a Lei Complementar afasta-se de sua função declaratória e, sem possuir competência para tanto, cria uma benesse fiscal, incidindo em inconstitucionalidade.

A Legislação Federal fala em *prestação,* o que demonstra, inequivocamente, a necessidade de que o serviço seja concretamente realizado para que ocorra o nascimento da correspondente obrigação tributária. Para que ocorra a tributação, não basta, por exemplo, que um médico faça o seu cadastro na Prefeitura. Ainda que o seu consultório esteja aberto à disposição da população, não estará rompido o liame obrigacional que enseja o surgimento do tributo. É absolutamente necessário que seja realizada a primeira consulta para que possamos falar em prática de fato jurídico tributário, com o consequente dever de recolher o tributo em estudo.

Na maioria das vezes, os serviços são realizados em um único momento (fato gerador instantâneo), não oferecendo qualquer dificuldade em se precisar o instante em que foi praticado o fato imponível. Realizado um *show*, revelada uma fotografia, efetuada uma cobrança, terá fatalmente ocorrido o fato jurídico tributário.

O problema se apresenta nos serviços de duração continuada, como a empreitada de construção civil. Nesse caso, a execução da obra se protrai no tempo, o que acaba gerando dúvida quanto ao momento em que estará consumado o fato gerador do imposto. Se for convencionada a medição por etapas, o que normalmente acontece, a cada medida realizada nascerá uma obrigação tributária correspondente, tornando-se, a partir daí, exigível o ISS. Parece-me esta a interpretação mais razoável.

Eventuais pagamentos recebidos pelo prestador antes da realização do serviço, não dão direito ao Fisco de cobrar o imposto, uma vez que o fato imponível não terá ainda ocorrido (STJ, REsp nº 4.962-0-SP, Rel. Min. Gomes de Barros, 1ª T., j. em 17.8.1994, *DJU* de 19.9.1994).

Aproveitando o tema de que estamos tratando, e diante das dificuldades que verificamos muitas vezes na prática, perguntamos: A quem cabe provar a ocorrência do fato imponível tributário? Ao Fisco ou ao contribuinte?

Um exemplo ajudará a contornar melhor os lindes da questão. Um contribuinte, sujeito ao regime de estimativa, deixa de recolher o imposto durante o período de 12 meses, e requer à Administração o cancelamento dos valores estimados retroativamente desde o primeiro mês, alegando que não movimentou sequer um centavo no período anual. Pois bem, o sujeito passivo deve comprovar sua inatividade ou a Fazenda é que terá que investigar a eventual ocorrência de fatos imponíveis do ISS?

O problema, a nosso sentir, é resolvido pela teoria geral da prova, disciplinada pelo Código de Processo Civil. É princípio deste diploma que o ônus probatório cabe geralmente a quem alega determinado fato. Também, não é menos verdade que as presunções tem como efeito a inversão de tal encargo, excepcionando, pois, a regra geral.

E como é sabido, o ato administrativo tem como uma de suas atribuições a presunção de legitimidade, que se consubstancia na aceitação da legalidade do ato emitido pela Administração até que se prove o contrário. Trata-se, portanto, de presunção *juris tantum,* vencível por prova adversa. O ato administrativo, pois, é considerado legítimo enquanto não se comprove, de forma cabal, algum vício que tenha o condão de infirmá-lo.

Isto posto, é de se considerar o seguinte: lançamento é ato administrativo e, assim sendo, é-lhe inerente a presunção de ter sido efetuado dentro das balizas da lei.

Prosseguindo no raciocínio, temos que o regime de estimativa nada mais é do que uma forma de lançamento por declaração, onde o sujeito passivo fornece as informações ao Fisco para que este proceda à edição do ato administrativo. Dessa forma, lançado validamente o tributo, pelo menos em princípio, cabe ao contribuinte o ônus da prova da ilegitimidade do mesmo, permanecendo íntegra a relação jurídica tributária caso não se consiga demonstrar alguma falha no ato emitido.

A exceção, obviamente, se aplica aos casos em que efetivamente há lançamento, pelo que afastamos, desde logo, as situações em que os tributos são *"lançados por homologação"*. Colocamos entre aspas a expressão, de propósito. É que nesta forma de tributação, não há inicialmente qualquer providência da Fazenda no sentido de cobrar o tributo porventura devido. Não se verifica a ocorrência do fato gerador, não se apura a base imponível tributável, não se aplica a alíquota correspondente, como também, nenhuma notificação é encaminhada ao sujeito passivo. Todas estas tarefas, aliás, são cumpridas pelo próprio contribuinte, que tem por obrigação antecipar o pagamento do imposto devido, ficando sujeito à posterior homologação do Fisco, que, se não concordar, aí sim procederá ao lançamento *ex officio* da obrigação tributária.

Não se trata, à toda evidência, de lançamento, já que a Fazenda Pública nada lança, mas apenas ratifica a atividade que foi realizada pelo administrado. Não concordando, porém, com o *quantum* do tributo recolhido, deverá o Fisco *lançar* a diferença apurada, podendo-se aí falar em lançamento.

Paulo de Barros Carvalho, em seu livro *Curso de Direito Tributário* (1993, p. 282), separa bem as funções de lançamento e de homologação do lançamento, com os seguintes dizeres:

> "Não é preciso despender muita energia mental para notar que a natureza do ato homologatório difere da do lançamento tributário. Enquanto aquele primeiro anuncia a extinção da obrigação, liberando o sujeito passivo, este outro declara o nas-

cimento do vínculo, em virtude da ocorrência do fato jurídico. Um, certifica a quitação; outro, certifica a dívida. Transportando a dualidade para outro setor, no bojo de uma analogia, poderíamos dizer que o lançamento é a certidão de nascimento da obrigação tributária, ao passo que a homologação é a certidão de óbito.

Por conseguinte, nos tributos sem lançamento, exatamente o que ocorre no ISS calculado com base na receita bruta, a prova é toda do Fisco, que deverá comprovar contundentemente a prática do fato gerador pelo prestador de serviço, sem o que ficará impossibilitado de cobrar qualquer importância a título do imposto.

É o que se verifica constantemente nos encerramentos retroativos de inscrição municipal, onde o contribuinte não apresenta nada que justifique a sua inatividade pretérita. Não havendo lançamento, por via de consequência também não há a presunção de legitimidade dos atos administrativos. Assim, se a Fiscalização não puder provar que o contribuinte exerceu normalmente suas atividades no passado, deverá aceitar a baixa retroativa do cadastro, sem qualquer imposição tributária.

Como terceiro elemento do fato gerador da obrigação tributária, temos a habitualidade do serviço que é prestado. A nova Lei Complementar acaba gerando dúvidas quanto à imprescindibilidade desse elemento, já que não mais utiliza os termos "empresa" e "profissional autônomo" contidos no diploma anterior. E mais: o seu art. 1º diz estranhamente que mesmo as atividades não preponderantes estarão sujeitas ao ISS, como se já não fossem. Seria então apenas um equivocado termo utilizado pelo legislador complementar ou, ao contrário, induvidoso indicativo de que estaria abolida a habitualidade do fato gerador do tributo em foco?

Segundo entendemos, o art. 4º forma a correta exegese ao conceituar estabelecimento prestador, referindo-se à unidade "profissional" ou "econômica", demonstrando nitidamente a necessidade de que o serviço se realize de maneira habitual e a título profissional, para a incidência do imposto.

Um único ato isolado, não se configura fato capaz de irradiar efeitos tributários. Assim, se uma pessoa que não trabalha profissionalmente na área da computação, elabora para um amigo seu um programa de computador, ainda que cobre por isso, evidentemente, esse serviço não poderá ser onerado pelo ISS, eis que faltará o elemento habitualidade para a configuração do fato imponível tributário. Somente os serviços realizados continuadamente é que serão objetos de incidência do imposto de competência municipal.

Por último, faz-se necessário ainda que os serviços sejam prestados com finalidade lucrativa, o que decorre logicamente do próprio elemento *habitualidade/profissionalidade* comentado em linhas anteriores. Por finalidade lucrativa devemos entender o objetivo principal que leva o contribuinte a praticar sua atividade. Quem monta uma oficina de conserto de carros, certamente assim o fez com o intuito de prover o seu sustento, objetivando, pois, algum lucro com a prestação dos serviços.

Entenda-se bem: não é o resultado positivo econômico que se exige, pois que o ISS incide sobre a receita bruta e não sobre o lucro, mas que a atividade seja realizada com esta intenção. Havendo, pois, o *animus lucrandi,* ainda que o prestador de serviços obtenha prejuízo com o exercício de seu ofício, a tributação será válida. Dessa forma, entidades que explorem a filantropia, a beneficência, o altruísmo, sem qualquer ânimo de lucrar, em princípio estarão fora do campo de incidência do tributo em estudo.

Caso interessante foi por nós analisado na Secretaria de Finanças da Prefeitura do Município de Bauru (SP). Tratava-se de pedido de imunidade tributária de serviços de estacionamento de veículos prestado por um Centro Espírita. Em nosso parecer, rechaçamos a imunidade, visto que a atividade não era diretamente relacionada às finalidades essenciais da entidade religiosa, conforme exige o § 4º do art. 150 da Constituição Federal.

Entretanto, entendemos que a presente situação se enquadrava como uma hipótese de *não incidência tributária stricto sensu,* ou seja, faltava para a concretização do fato jurídico tributário exatamente o elemento finalidade lucrativa, já que não se tratava de contribuinte *empresa* e nem tampouco de *profissional autônomo.*

O STJ, contudo, em recente decisão (RESP nº 783.865), entendeu desnecessário o requisito da finalidade lucrativa. No passado, o mesmo STJ já entendeu exatamente o contrário.

2.3. CONTRIBUINTE

O conceito de contribuinte vem insculpido no art. 5º da Lei Complementar nº 116/2003, que o define singelamente como o *prestador do serviço,* no que repete a redação do Decreto-Lei nº 406/1968. É espécie do gênero *sujeito passivo da obrigação tributária,* nos termos do art. 121 do CTN:

> **Art. 121.** Sujeito passivo da obrigação principal é a pessoa obrigada ao pagamento de tributo ou penalidade pecuniária.
>
> Parágrafo único. O sujeito passivo da obrigação principal diz-se:
>
> I – contribuinte, quando tenha relação pessoal e direta com a situação que constitua o respectivo fato gerador;
>
> II – responsável, quando, sem revestir a condição de contribuinte, sua obrigação decorra de disposição expressa de lei.

Contribuinte, pois, é o cabeleireiro, o advogado, o corretor de seguros, a instituição financeira, ou seja, toda pessoa física ou jurídica que preste efetivamente um serviço de qualquer natureza.

O inciso II do art. 2º da LC nº 116/2003 retira do campo de incidência do ISS alguns profissionais, quais sejam: os empregados; os trabalhadores avulsos; os diretores e membros de conselho consultivo ou de conselho fiscal de sociedades e fundações; e os sócios-gerentes e gerentes-delegados. Portanto, todas essas categorias de trabalhadores estão fora do conceito de contribuinte para fins de ISS. A matéria já foi abordada com maiores detalhes no item 2.2 deste trabalho, local para onde remetemos o leitor.

Temos ainda a figura do responsável tributário, que não pratica o fato imponível, mas acaba sendo onerado pela carga tributária, em virtude de expressa disposição legal. Na Legislação Tributária do Município de Bauru, por exemplo, temos várias previsões de responsabilidade tributária, dentre as quais podemos citar o art. 220, § 2º, da Lei nº 1.929/1975:

> **Art. 220.** (...).
>
> § 2º. É responsável, solidariamente com o devedor, o proprietário da obra nova, com relação aos serviços de construção que lhe foram prestados sem a documentação fiscal correspondente ou sem a prova do pagamento de imposto pelo prestador de serviço.

Como vemos, o sujeito passivo responsável não é o realizador do fato gerador *in concreto;* contudo é chamado pela legislação a suportar o ônus da exação por ter deixado de cumprir um dever instrumental que lhe cabia, no caso, exigir do construtor a documentação fiscal pertinente ou a prova da quitação do imposto devido.

Alguns doutrinadores, dentre os quais Eduardo Marcial Ferreira Jardim, entendem que esta modalidade de sujeição passiva indireta agride frontalmente o art. 3º do CTN, porque visualizam, *in casu,* imposição tributária como forma de sanção por ato ilícito, ou mais especificamente, pelo desrespeito a uma obrigação acessória.

Não concordamos com esse ponto de vista, eis que o tributo já nascera anteriormente na pessoa do contribuinte, apenas sendo transferido o encargo ao responsável negligente. O que, na verdade, a legislação tributária proíbe é que o fato gerador *in abstracto* apresente conotação de ato ilícito, como por exemplo um tipo tributário que previsse a tributação do "jogo do bicho".

A nova Lei Complementar nº 116/2003, ao contrário das legislações federais que anteriormente regiam o ISS, regra, em seu art. 6º, a sujeição passiva tributária indireta, nos seguintes termos:

> **Art. 6º.** Os Municípios e o Distrito Federal, mediante lei, poderão atribuir de modo expresso a responsabilidade pelo crédito tributário a terceira pessoa, vinculada ao fato gerador da respectiva obrigação, excluindo a responsabilidade do contribuinte ou atribuindo-a a este em caráter supletivo do cumprimento total ou parcial da referida obrigação, inclusive no que se refere à multa e aos acréscimos legais.
>
> § 1º. Os responsáveis a que se refere este artigo estão obrigados ao recolhimento integral do imposto devido, multa e acréscimos legais, independentemente de ter sido efetuada sua retenção na fonte.

§ 2º. Sem prejuízo do disposto no *caput* e no § 1º deste artigo, são responsáveis:

I – o tomador ou intermediário de serviço proveniente do exterior do País ou cuja prestação se tenha iniciado no exterior do País;

II – a pessoa jurídica, ainda que imune ou isenta, tomadora ou intermediária dos serviços descritos nos subitens 3.05, 7.02, 7.04, 7.05, 7.09, 7.10, 7.12, 7.14, 7.15, 7.16, 7.17, 7.19, 11.02, 17.05 e 17.10 da lista anexa.

A presente lei apenas reforça a possibilidade de os Municípios instituírem em suas respectivas legislações tributárias, a figura do responsável tributário, seja por sucessão, solidariedade, substituição ou mera responsabilidade legal em sentido estrito, uma vez que o instituto da responsabilidade tributária, considerada em seu sentido amplo, já tinha fundamento no próprio CTN, que apenas declara um norma autorizadora constitucional (art. 146 da CF).

Sucessão difere da substituição, porque enquanto na primeira o fato gerador nasce na pessoa do contribuinte e o tributo é posteriormente transferido ao responsável-sucessor, na segunda ele surge diretamente na figura do responsável-substituto. Responsabilidade *stricto sensu* não advém nem da sucessão, nem tampouco da substituição, configurando-se como uma mera transferência do ônus tributário a um responsável eleito pela lei, desde, obviamente, que possua vinculação com o fato imponível da obrigação tributária. Por solidariedade, temos tal hipótese comentada do art. 220 do Código Tributário do Município de Bauru. A responsabilidade solidária, salvo regra em contrário, não comporta benefício de ordem, o que quer dizer que a obrigação tributária pode, desde logo, ser exigida do responsável.

Destarte, podem e agora, creio, devem os municípios criar hipóteses de responsabilidade tributária, principalmente em virtude da nova realidade que cerca o elemento espacial do ISS, quando se sabe que muitos serviços sofrerão a incidência do imposto no local em que forem prestados e não mais no do estabelecimento prestador. A medida será de muita utilidade no controle de serviços prestados por empresas sediadas em municípios diversos de onde executaram suas atividades.

Atente-se, porém, para o § 2º, I e II, do artigo acima transcrito, que parece criar, independentemente de previsão nas legislações ordinárias municipais, casos de responsabilidade legal em sentido estrito. Não entendemos dessa forma. Para nós, é imprescindível que mesmo as hipóteses em questão estejam previstas nas legislações locais.

Sabe-se que a lei complementar não cria tributo, mas apenas *declara* os seus elementos essenciais. São as chamadas *normas gerais de direito tributário.* Tem-se como substância de um tributo, entre outros, a definição do seu sujeito passivo. Este, por sua vez, é formado pelo contribuinte e eventualmente pelo responsável. Disso resulta que, como elemento essencial do tributo, deve a figura da sujeição passiva indireta ser *criada* por lei municipal específica, que apenas observará as limitações constitucionais aclaradas pela lei complementar.

Ocorre que, atualmente, essa noção tem sido abalada (relativizada) na prática. Cite-se a legislação do Simples Nacional (Lei Complementar nº 123/2006), que instituiu novas *alíquotas* do ISS e ICMS, sem qualquer insurgência significativa por parte da doutrina afeta ao segmento. Com efeito, o ISS cobrado dentro da sistemática do "Supersimples" está embasado em uma lei complementar federal (nacional), e não em lei municipal.

Portanto, poucos ousariam contestar a direta aplicação do art. 6º, § 2º, da LC nº 116/2003, mesmo diante da inexistência de lei municipal prevendo a retenção na fonte do ISS.

Examinando o § 2º do art. 6º da Lei Complementar nº 116/2003, assim leciona Kiyoshi Harada (2008, p. 70):

> Se o § 1º outorgou essa faculdade ao legislador ordinário, o § 2º já promoveu a substituição tributária. Os tomadores de serviços, nas hipóteses aí elencadas, passam a ser os responsáveis tributários, substituindo os respectivos contribuintes.
>
> A substituição prevista nesse § 2º é compulsória, vale dizer, a lei nacional de regência do ISS, nesse particular, é autoaplicável. Independe de a legislação local encampar ou deixar de encampar a substituição compulsória aí mencionada.
>
> Essa noção de aplicação cogente no âmbito nacional é de capital importância para o perfeito entendimento da matéria a seguir exposta.
>
> Alguns autores entendem que essa substituição compulsória fica limitada à hipótese em que ambos, tomador e prestador dos serviços tributários, estiverem domiciliados no mesmo município competente.
>
> Tratar-se-ia de uma interpretação conformada com o aspecto espacial do fato gerador, que circunscreve a vigência da norma no respectivo território da entidade política que a editou.
>
> Contudo, essa preocupação deve, data vênia, ser afastada. A lei complementar em matéria de ISS é competente, tanto para definir os serviços tributáveis, como também para dirimir conflitos tributários entre os municípios. A ela cabe definir o local da prestação de serviços, para efeito de apontar o sujeito ativo do ISS. Sabemos que o art. 3º da Lei Complementar nº 116/2003 prescreve que "o serviço considera-se prestado e o imposto devido no local do estabelecimento prestador", como regra. Com isso, projetou a eficácia extraterritorial das normas, em perfeita harmonia com o disposto no art. 102 do CTN. Em várias hipóteses, a aplicação dessa regra geral implicará substituição tributária ativa, isto é, município em cujo território estiver localizado o estabelecimento prestador de serviço será o competente para cobrar o ISS, ainda que o serviço seja executado, de fato, fora dos limites de seu território, ou seja, em outro município.
>
> Ora, se a substituição tributária compulsória foi estabelecida pelo legislador nacional, competente para conferir extraterritorialidade às normas tributárias municipais, não se deve cogitar da eventual violação do aspecto espacial do fato gerador, nas hipóteses em que a substituição tributária recaia sobre prestador de serviço localizado em município diverso daquele em que se acha localizado o contribuinte substituído.

A mesma identidade do município, tanto para o prestador do serviço (contribuinte), como para o tomador do serviço (responsável tributário), só é exigível para as hipóteses do § 1º do art. 6º da Lei Complementar 116/2003, que faculta a substituição tributária a critério do legislador local, de acordo com os critérios de oportunidade e de conveniência, respeitadas as normas gerais pertinentes, editadas pela União, bem como os princípios constitucionais tributários. Não se pode eleger, por exemplo, o tomador de serviços, imune de impostos, como substituto passivo do prestador de serviços.

2.4. BASE DE CÁLCULO

Base de cálculo é a perspectiva dimensionável da materialização do tributo. Em outras palavras, é elemento quantificativo da obrigação tributária. É de sua conjugação com a alíquota que resulta o *quantum debeatur* da exação. Expressa, pois, em termos matemáticos, o montante sobre o qual incidirá a tributação.

Nos termos do art. 9º do Decreto-Lei nº 406/1968, ainda em vigor segundo o STJ, há três regimes diversos para a tributação do ISS. O primeiro, de alíquotas fixas, para os profissionais autônomos que prestem serviços pessoais. As mesmas regras deste regime são aplicadas para as sociedades de profissionais liberais, com uma peculiaridade: a alíquota fixa deve ser multiplicada pelo número de sócios e profissionais habilitados da pessoa jurídica. Mera variação, portanto, do regime relativo aos serviços pessoais. Por último, e como regra, prevê a legislação federal o preço do serviço como base abstrata do ISS. A bem da verdade, só neste último regime é que, de fato, existe base de cálculo. Nos demais, é utilizada a modalidade de alíquota específica, sem relação com qualquer expressão numérica indicativa do montante a ser gravado.

O projeto que deu origem à Lei Complementar nº 116/2003 alterava substancialmente tais regras, não mais prevendo o ISS fixo no ordenamento tributário nacional, que, aliás, sempre foi repelido pela maior parte da doutrina. Desse modo, existiria uma única base de cálculo para todos os prestadores de serviços: o preço do serviço. Nada mais acertado, segundo o nosso ponto de vista. Expliquemos.

Como se sabe, no direito tributário, a base de cálculo de um tributo deve guardar absoluta correlação lógica com a sua hipótese de incidência. Atentos a este princípio, pergunta-se: existe alguma correlação entre a base de cálculo das sociedades profissionais e também dos autônomos pessoais com o fato gerador *in abstracto* do ISS? Absolutamente nenhuma, pois sequer há base de cálculo nessa modalidade de enquadramento, o que torna o imposto inconstitucional. Não se duvida que a única base abstrata possível no terreno do ISS, tendo em vista o seu arquétipo constitucional, é o preço do serviço, fator que dimensiona economicamente o fato jurídico tributário, isto é, que dá números ao gravame. Serve, e somente esta, perfeitamente, como elemento de valoração do fato imponível do ISS.

Contudo, o Senado Federal, quando da apreciação do projeto, reintroduziu a figura do ISS fixo no plano normativo. E o fez através do 10 da LC nº 116/2003. Ao revogar expressamente as várias legislações que tratam do ISS, deixa o dispositivo, propositadamente, de mencionar o art. 9º do Decreto-Lei nº 406/1968, pelo que manteve vigente tal norma.

Não podemos deixar de tecer críticas ao legislador nesse ponto. Ao invés de regrar com clareza e precisão a matéria, acaba confundindo os intérpretes ao se utilizar de técnica legislativa um tanto defeituosa. Ora, como compatibilizar o art. 9º do Decreto-Lei nº 406/1968 com a LC nº 116/2003?

Raciocinemos. A LC nº 116/2003 não se omite com relação à fixação da base abstrata do ISS. Ao contrário, determina que ela será formada pelo *preço do serviço*, aliás, única base possível levando-se em conta a regra-matriz constitucional do imposto.

Quando quis albergar alguma exceção, veiculou ressalva explícita, como se observa no inciso I do § 2º do art. 7º.

Ainda, no seu art. 8º, ao disciplinar os limites máximos para a criação de alíquotas no terreno do ISS, fez referência tão só às alíquotas *ad valorem*, que se conformam exatamente com o *preço do serviço*.

Assim, nítida é a intenção da LC nº 116/2003 em abarcar uma única base de cálculo para o ISS, qual seja, o *preço do serviço*.

Recorrendo à velha Lei de Introdução ao Código Civil, temos que a revogação de uma lei pode se dar de forma expressa ou tácita. É tácita, ou por via oblíqua, se a lei nova, sem declarar explicitamente revogada a anterior: *a)* seja com esta incompatível; *b)* ou quando regule inteiramente a matéria de que tratava a lei anterior.

A LC nº 116/2003, ao tratar dos elementos quantitativos da obrigação tributária em questão, dispôs de maneira inconjugável com o preceito da lei antiga, não reproduzindo a disciplina primitiva. Desse modo, o fato de o legislador ter suprimido a revogação expressa ao art. 9º do Decreto-Lei nº 406/1968, não significa que este possa ser aplicado conjunta e harmonicamente com o art. 7º do novo texto legal, vez que ambos os diplomas são incompatíveis entre si. Ademais, a *mens legis* deve sempre superpor-se à *verba legis*, *i.e.*, às palavras, à letra da lei, como também à própria *mens legislatoris*.

Contudo, o STJ pacificou exegese no sentido da vigência dos citados dispositivos (§§ 1º e 3º do art. 9º do Decreto-Lei nº 406/1968) em nosso ordenamento.

Para o STJ, não basta a revogação das leis que introduziram tais parágrafos no Decreto-Lei nº 406/1968. Para tanto, seria necessária a revogação expressa dos próprios parágrafos incorporados ao Diploma Federal em comento.

Portanto, atualmente ninguém nega a vigência do regime fixo do ISS em nosso País.

Estudemos agora um tema de não menos importância: a composição da base imponível do ISS.

O art. 7º da LC nº 116/2003 disciplina o assunto:

> **Art. 7º.** A base de cálculo do imposto é o preço do serviço.
>
> § 1º. Quando os serviços descritos pelo subitem 3.04 da lista anexa forem prestados no território de mais de um Município, a base de cálculo será proporcional, conforme o caso, à extensão da ferrovia, rodovia, dutos e condutos de qualquer natureza, cabos de qualquer natureza, ou ao número de postes, existentes em cada Município.
>
> § 2º. Não se incluem na base de cálculo do imposto sobre serviços de qualquer natureza:
>
> I – o valor dos materiais fornecidos pelo prestador dos serviços previstos nos itens 7.02 e 7.05 da lista de serviços anexa a esta Lei Complementar;
>
> II – (vetado).
>
> § 3º. (Vetado).

O § 2º do art. 1º da LC nº 116/2003, veicula regra de não menos importância no que tange à formação da base imponível do imposto municipal. Vejamos:

> **Art. 1º.** (...)
>
> § 2º. Ressalvadas as exceções expressas na lista anexa, os serviços nela mencionados não ficam sujeitos ao Imposto Sobre Operações Relativas à Circulação de Mercadorias e Prestações de Serviços de Transporte Interestadual e Intermunicipal e de Comunicação – ICMS, ainda que sua prestação envolva fornecimento de mercadorias.

O *caput* do art. 7º da LC nº 116/2003, determina que a base de cálculo do ISS é o preço do serviço. Mas o que vem a ser preço do serviço? Doutrinariamente, sempre se entendeu por preço do serviço o valor bruto cobrado pela realização do serviço, incluindo os materiais aplicados na sua execução.

O § 2º do art. 1º transcrito acima, não é de boa técnica legislativa e acaba confundindo *material* com *mercadoria*. Ora, não é porque não existe ressalva em determinado item da lista, que é dado o direito ao município de tributar também as mercadorias. Mercadoria não é serviço e, portanto, está a salvo do ISS, constituindo hipótese de incidência do ICMS. Ao reverso, ainda que porventura haja ressalva, mas não se tratando de *mercadoria*, inexistirá óbice para que os municípios tributem a coisa móvel através do ISS.

A Lei Complementar não pode invadir os campos privativos de competência tributária que foram minuciosamente traçados pela Constituição de 1988. Seu conteúdo é apenas declaratório, não podendo em nada inovar, conforme visto em capítulo específico. Assim, inobstante a regra referida, jamais se poderá gravar de ISS uma mercadoria, como também, em hipótese alguma será lícito fazer incidir o ICMS sobre um serviço de qualquer natureza.

Deve-se, pois, aferir se o bem é mercadoria ou simplesmente material. E como distinguir ambos? Utilizando o critério da *destinação* do bem. Se tiver como destino a mercancia, tratar-se-á de mercadoria; de outra sorte, sendo endereçado a consumidor final, será caso de material, passando a integrar o serviço realizado.

Por essa ótica, correta e esclarecedora seria a seguinte redação:

> O ISS incidirá sobre o preço do serviço, neste compreendido os custos de sua realização, os materiais empregados e o lucro, excluídas as mercadorias fornecidas pelo prestador, que ficam sujeitas ao ICMS.

Portanto, serão incluídos no preço do serviço todos os elementos decorrentes da prestação do serviço, tais como o lucro, o frete, os impostos devidos, inclusive o próprio ISS, quando embutido no valor total da nota fiscal (STJ – REsp nº 688-SP – Rel. Min. César Asfor Rocha – 1ª T. – j. 5.9.1994 – *DJU* de 26.9.1994), as despesas operacionais e demais gastos para a execução da atividade de prestação de serviços.

A entrada de receitas que não decorram diretamente da prestação dos serviços, não farão parte da base de cálculo do imposto municipal. A título de exemplo, imaginemos a situação de um despachante que, para efetuar o licenciamento de um veículo de seu cliente, recebe deste certa importância para a quitação de multa que gravava o automóvel. Supondo que este montante seja incluído na nota fiscal, é lícito tributá-lo pelo ISS? Pensamos que não, já que não se trata de receita decorrente do serviço de licenciamento realizado, mas de elemento estranho a essa prestação.

Esse mesmo fundamento foi por nós invocado, em resposta a uma consulta formulada à Secretaria de Finanças do Município de Bauru. Dada a importância do tema, transcrevemos a seguir trecho de nosso parecer, apenas omitindo, por questões éticas, os nomes das empresas consulentes:

> (...) A consulente explica ao Fisco que receberá mensalmente, valores correspondentes a uma indenização antecipada que fará jus, em caso de rompimento imotivado do contrato de representação comercial firmado com a empresa "A".
>
> Melhor dizendo, a Lei nº 4.886/1965, com as alterações da Lei nº 8.420/1992, prevê indenização ao representante, no caso de rescisão contratual imotivada. A representada, querendo antecipar eventual e futura indenização, acordou com o seu representante o prévio pagamento do montante em parcelas mensais.
>
> A dúvida reside em saber se incide o ISS sobre a verba indenizatória.
>
> Respondemos.
>
> Não se deve confundir receita bruta, para fins de ISS, com mera entrada financeira. Esta representa qualquer soma em dinheiro que ingressou no caixa da empresa. Aquela significa apenas a receita proveniente dos serviços prestados. Pode ser que a empresa obtenha, como é o caso, receitas provenientes de ganhos não originários da atividade de prestação de serviços. É o caso, por exemplo, de receitas advindas de prêmios de loterias, venda de móveis obsoletos, empréstimos e também de indenizações.

> Preço do serviço, portanto, não é sinônimo de entrada financeira, mas tão só de receitas provenientes da prestação de serviços.
>
> Desse modo, respondo a consulta no sentido de que a verba indenizatória não deverá compor a base de cálculo do ISS, devendo o contribuinte discriminar na nota fiscal o valor dos serviços prestados e o da parcela indenizatória antecipada, fazendo incidir o ISS tão só sobre aquele (...).

Eventuais descontos concedidos pelo prestador de serviços deverão ser levados em conta para a composição da base imponível. Excetuam-se, no entanto, os descontos condicionados (subordinados a evento futuro e incerto), uma vez que deve ser considerado o preço combinado no momento da prática do fato imponível, não importando o que venha a acontecer posteriormente. Desse modo, o que tem relevância é se o serviço foi realmente prestado e o preço cobrado por esta prestação, não interessando o quanto foi recebido pelo prestador do serviço. Mesmo que nada tenha auferido com a atividade executada, caso de inadimplência do tomador, por exemplo, ainda assim haverá a incidência do ISS.

A questão, contudo, não é pacífica, podendo-se encontrar correntes que admitem e outras que não aceitam as deduções na base concreta do tributo em foco.

A par disso, continuamos firmes em nosso entendimento, manifestado já na primeira edição deste trabalho, e julgamos oportuno apresentar novos argumentos que reforcem o nosso pensamento. Vejamos.

Na verdade, a LC nº 116/2003 não disciplina expressamente a matéria, deixando aos intérpretes a tarefa de encontrar a solução adequada.

Sempre no bojo de uma interpretação sistemática, cremos que a quizila é resolvida a partir da própria definição do que seja *preço do serviço.*

Podemos considerar *preço do serviço* a mera proposta ofertada ao tomador do serviço? O valor de R$ 1.000,00 cobrado por um arquiteto para a elaboração de um projeto pode ser taxado de *preço do serviço*, ainda que, após várias tratativas, o valor do serviço seja reduzido para R$ 900,00? Parece-nos que não.

Devemos aqui relembrar das velhas lições de direito civil, especialmente as contratuais. Pela lei civil, o contrato só se aperfeiçoa com o cruzamento das declarações das partes, ou seja, por meio do encontro de uma proposta feita pelo policitante, com uma aceitação manifestada pelo oblato. Antes disso, não há contrato, mas uma mera expectativa de negociação.

Temos ainda a fase das negociações preliminares, que a doutrina civilista denomina de período de *puntuação*. Esta fase antecede a própria proposta e traduz-se na discussão entre os pré-contratantes acerca das condições e termos do negócio pretendido. Aqui também não há contrato. Servirá certamente para que os contratantes cheguem a um consenso, facilitando a aceitação da proposta a ser elaborada.

Em ambas as fases, seja a das conversações, seja a anterior à aceitação da proposta, a nosso sentir não há ainda *preço do serviço*, mas mera *oferta de preço*. Não houve até então o consentimento do oblato necessário para a conclusão do contrato. Só após a manifestação concordante do oblato é que estará firmado o *preço do serviço*.

Diferente é a hipótese de eventual *perdão da dívida ou de parte dela*. Nesse caso o contrato já estava concluído e o preço devidamente firmado, mas o prestador aceita receber o preço fora dos termos em que foi pactuado, com redução do seu montante. Entenda-se bem: não se tributa a *receita que efetivamente ingressou no caixa da empresa*, mas o *preço contratado*.

Nos pagamentos de serviços efetuados com cartões de crédito, os juros incidentes sobre o principal deverão ser excluídos da base de cálculo do ISS, já que, na verdade, trata-se de acréscimo decorrente de operação de financiamento e não de prestação de serviços. A jurisprudência vem entendendo dessa forma:

> TRIBUTÁRIO – ICM – CARTÃO ESPECIAL DE CRÉDITO – VALOR DE FINANCIAMENTO. Embora o financiamento do preço da mercadoria, ou de parte dele, seja proporcionado pela própria empresa vendedora, o ICM há de incidir sobre o preço ajustado para a venda, pois essa é que há de ser considerada como o do valor da mercadoria, e do qual decorre a sua saída do estabelecimento vendedor. O valor que o comprador irá pagar a maior, se não quitar o preço nos trinta dias seguintes, como faculta o contrato de cartão especial, decorre de opção sua, e o acréscimo se dá em razão do financiamento, pelo custo do dinheiro, e não pelo valor da mercadoria. (RE 101.103-0-2, 2ª T., Rel. Min. Aldir Passarinho, j. 18.11.1988, *JSTF* vol. 127, p. 130-45).

> CARTÃO DE CRÉDITO – JUROS – ICMS – CÁLCULO – INCLUSÃO. Os encargos relativos ao financiamento do preço, nas compras feitas através de cartão de crédito, não devem ser considerados no cálculo do ICMS. (REsp nº 29.307/RS, 1ª T., Rel. Min. Humberto Gomes de Barros, *DJU* de 18.10.1993, *JSTJ* vol. 54, p. 280-2).

Temos ainda os três parágrafos do art. 7º, tratando da base de cálculo do ISS. O § 1º não oferece maiores dificuldades, visto que simplesmente manda aplicar o sistema da proporcionalidade, quando a realização dos serviços contidos no subitem 3.04 da Lista se der em mais de um município.

O § 2º, I, repete parcialmente a redação do art. 9º, § 2º, do Decreto-Lei nº 406/1968, determinando a exclusão dos materiais da base imponível do ISS, quando se tratar de serviços de construção civil. A ressalva não constava no projeto aprovado pela Câmara dos Deputados, sendo, depois, incluída pelo Senado Federal.

Aludido parágrafo ainda possuia o inciso II, que determinava a não cumulatividade do ISS sobre as subempreitadas também sujeitas ao tributo. O inciso foi vetado pelo Presidente da República, sob o argumento da amplitude da regra, que, ao contrário da legislação anterior, não se destinava apenas aos serviços de construção civil, mas a toda e qualquer espécie de empreitada. Era o fim da cumulatividade do ISS. Acertou o Chefe do Executivo Federal, visto que a regra da cumulatividade faz parte do arquétipo constitucional do ISS, somente podendo ser afastada por meio de Emenda Constitucional.

O § 3º também veiculava hipóteses de deduções da base de cálculo do ISS, nos casos de serviços prestados por cooperativas da saúde. Pela mesma razão descrita, e também pelo fato de que a regra restringia-se às cooperativas, resolveu o Presidente da República vetar o dispositivo. Todavia, o STJ sedimentou jurisprudência quanto à dedutibilidade dos valores repassados a terceiros que prestam serviços médicos às cooperativas.

2.5. ALÍQUOTA

No direito tributário existem duas modalidades de alíquota: *ad valorem* e específica. Aquela vem expressa em porcentagens (2%, 3%, 5% etc.), enquanto esta é prevista em moeda corrente ou índice de referência.

As alíquotas do ISS vêm determinadas pela legislação ordinária de cada Município, devendo, no entanto, observar o preceito contido no inciso I do § 3º do art. 156, da Constituição Federal, que teve a sua redação alterada pela Emenda Constitucional nº 37, de 12 de junho de 2002, nos seguintes termos:

> **Art. 156.** Compete aos Municípios instituir impostos sobre: (...)
>
> III – serviços de qualquer natureza, não compreendidos no art. 155, II, definidos em lei complementar. (*Redação dada pela EC nº 3, de 17.3.1993*) (...)
>
> § 3º. Em relação ao imposto previsto no inciso III do *caput* deste artigo, cabe à lei complementar: (*Redação dada pela EC nº 37, de 12.6.2002*)
>
> I – fixar as suas alíquotas máximas e mínimas; (*Redação dada pela EC nº 37, de 12.6.2002*) (...)

Portanto, caberá à legislação complementar estabelecer os limites máximos e mínimos das alíquotas a serem instituídas pelo Poder Público Municipal. Como vemos, a EC nº 37/2002 deixou a cargo da lei complementar também a fixação de limite mínimo, visando, com isso, pôr fim à guerra fiscal instalada entre os municípios. Contudo, enquanto a matéria não for disciplinada em lei complementar, a alíquota mínima deverá ser de 2%, consoante o disposto no art. 88 do ADCT, acrescido pela emenda em comentário.

Não é dado a tal norma fixar as alíquotas do imposto municipal, mas tão somente limitar o montante a ser criado em lei ordinária municipal.

Assim, se por meio de lei complementar se estabelece como percentual máximo 5%, não é preciso que o Município preveja esse valor; pode, se assim desejar, instituir 2%, 3% etc., não sendo lícito, no entanto, ultrapassar a barreira imposta pela lei complementar, ou seja, o montante de 5%.

É exatamente o caso da Lei Complementar nº 116/2003, que estabeleceu percentual máximo para a instituição de alíquotas do ISS. De acordo com o art. 8º, II, da presente lei, considerando o veto ao inc. I, a alíquota máxima será de 5% para todos os serviços elencados na lista.

A nova Lei Complementar nº 157, de 29 de dezembro de 2016, reforçou o supramencionado dispositivo constitucional, mantendo a proibição de adoção de alíquota inferior a 2% para o ISS e, mais do que isso, estabelecendo severas consequências para o eventual descumprimento de tal regra. Vejamos o teor da nova lei:

> **Art. 2º.** A Lei Complementar nº 116, de 31 de julho de 2003, passa a vigorar acrescida do seguinte art. 8º-A:
>
> "**Art. 8º-A.** A alíquota mínima do Imposto sobre Serviços de Qualquer Natureza é de 2% (dois por cento).
>
> § 1º. O imposto não será objeto de concessão de isenções, incentivos ou benefícios tributários ou financeiros, inclusive de redução de base de cálculo ou de crédito presumido ou outorgado, ou sob qualquer outra forma que resulte, direta ou indiretamente, em carga tributária menor que a decorrente da aplicação da alíquota mínima estabelecida no *caput*, exceto para os serviços a que se referem os subitens 7.02, 7.05 e 16.01 da lista anexa a esta Lei Complementar.
>
> § 2º. É nula a lei ou o ato do Município ou do Distrito Federal que não respeite as disposições relativas à alíquota mínima previstas neste artigo no caso de serviço prestado a tomador ou intermediário localizado em Município diverso daquele onde está localizado o prestador do serviço.
>
> § 3º. A nulidade a que se refere o § 2º deste artigo gera, para o prestador do serviço, perante o Município ou o Distrito Federal que não respeitar as disposições deste artigo, o direito à restituição do valor efetivamente pago do Imposto sobre Serviços de Qualquer Natureza calculado sob a égide da lei nula."

Estudaremos no item 5 as particularidades dessas consequências trazidas pela nova LC nº 157/2016.

2.6. LOCAL DE INCIDÊNCIA DO ISS

O revogado art. 12 do Decreto-Lei nº 406/1968 assim dispunha sobre o elemento espacial do ISS:

> **Art. 12.** Considera-se local da prestação do serviço:
>
> a) o do estabelecimento prestador ou, na falta de estabelecimento, o do domicílio do prestador;
>
> b) no caso de construção civil, o local onde se efetuar a prestação.

A regra foi objeto de grandes controvérsias doutrinárias e jurisprudenciais, especialmente pelo fato de ferir o princípio constitucional da territorialidade da tributação.

De uns anos para cá, praticamente consolidou-se no Judiciário o entendimento segundo o qual o ISS é sempre devido no local da efetiva prestação dos serviços, pouco importando o local do estabelecimento prestador ou do domicílio tributário do contribuinte. Entretanto, o antigo art. 12 da legislação anterior nunca foi declarado inconstitucional pelo STF, pelo que continuou vigente até a publicação da LC nº 116/2003, provocando uma guerra fiscal sem limites entre os municípios, que ora se utilizavam de um entendimento, ora de outro, conforme lhe conviessem.

A nova Lei Complementar poderia ter seguido a linha jurisprudencial. Mas não foi isso que dispôs a legislação complementar. Pelo que se observa do seu art. 3º, foi mantido, como regra, o critério do estabelecimento prestador, com a ressalva de 20 exceções (duas foram vetadas), que terão como sujeito ativo a prefeitura do local onde o serviço for efetivamente realizado. Note-se que o inc. I do artigo supra é coerente com o art. 1º, § 1º, do mesmo diploma, ambos albergando o princípio constitucional da territorialidade.

O art. 4º, da LC nº 116/2003, define, inclusive, estabelecimento prestador:

> **Art. 4º.** Considera-se estabelecimento prestador o local onde o contribuinte desenvolva a atividade de prestar serviços, de modo permanente ou temporário, e que configure unidade econômica ou profissional, sendo irrelevantes para caracterizá-lo as denominações de sede, filial, agência, posto de atendimento, sucursal, escritório de representação ou contato ou quaisquer outras que venham a ser utilizadas.

Imagine um profissional que se desloque de Bauru (SP) até Curitiba (PR), para, neste município, consertar máquinas de uma indústria nele localizada. Pergunta-se: Qual será o sujeito ativo da respectiva obrigação tributária? Bauru, domicílio tributário do contribuinte, ou Curitiba, local onde será prestado o serviço de conserto? O exemplo não figura no elenco de exceções do art. 3º da Lei Complementar em estudo, o que sugere a aplicação do disposto no seu *caput*, *i.e.*, que o imposto deva ser recolhido ao município de Bauru, local onde o contribuinte possui seu estabelecimento prestador ou domicílio tributário.

Da mesma forma que o art. 12 do Decreto-Lei nº 406/1968, o art. 3º, da LC nº 116/2003, ao excepcionar o princípio constitucional da territorialidade da tributação (explicitado pelo art. 102 do CTN), acaba desvirtuando a função da lei complementar e ofendendo a Constituição da República. Não se trata absolutamente de dirimir um conflito de competência, como sugere certa corrente doutrinária. O elemento espacial do fato imponível do ISS vem descrito na própria Constituição, não cabendo à lei complementar alterá-lo. Poderia sim destrinchá-lo, disciplinando com detalhes as diversas situações que possam ocorrer na prática e que dificulte a indicação do local da efetiva prestação de serviços, sem, contudo, deixar de observar o critério da territorialidade.

Mais uma vez o ilustre professor Roque Antonio Carrazza, em seu *Curso de Direito Constitucional Tributário* (1993, p. 413), empresta seu notável conhecimento ao tema:

> Do exposto, claro está que a norma contida no art. 12 do Decreto-Lei nº 406/1968 – que, para alguns, faz as vezes de lei complementar nacional –, estipulando que o ISS é devido (exceção feita à construção civil) ao Município onde o estabelecimento prestador estiver sediado (mesmo quando o serviço é prestado em outro Município), consagra a absurda ideia de que a lei do Município "A", ao definir a hipótese de incidência desta exação, pode prever, como circunstância de lugar relevante à configuração do fato imponível tributário (aspecto espacial), a prestação de serviço em qualquer outro Município. Deste modo, a lei deste Município "A" teria plena eficácia nos Municípios "B", "C", "D",... "N", afrontando totalmente o princípio constitucional da territorialidade das leis tributárias.

Assim manifestamos o nosso ponto de vista nas edições anteriores dessa obra.

Atualmente, até mesmo em razão da reviravolta jurisprudencial em torno da matéria, acreditamos na constitucionalidade da regra do estabelecimento prestador. O STF, aliás, já se manifestou dizendo que o tema é de lei infraconstitucional.

A precisa definição de estabelecimento prestador será exaustivamente explorada nos tópicos que tratam do *Leasing* e das *Administradoras de Cartões de Crédito/Débito.*

2.7. LANÇAMENTO

O CTN assim define a figura do lançamento tributário:

> **Art. 142.** Compete privativamente à autoridade administrativa constituir o crédito tributário pelo lançamento, assim entendido o procedimento administrativo tendente a verificar a ocorrência do fato gerador da obrigação correspondente, determinar a matéria tributável, calcular o montante do tributo devido, identificar o sujeito passivo e, sendo o caso, propor a aplicação da penalidade cabível.

Por esta definição, vemos que a principal função do lançamento é a de constituir o crédito tributário, resumindo-se basicamente num ato e não procedimento administrativo, como bem observa o professor Paulo de Barros Carvalho, que determina o *quantum* da respectiva obrigação tributária.

É bom que fique bem entendido que o lançamento não faz nascer o tributo, mas apenas determina o seu montante, realizando prévia operação de apuração e cálculo dos elementos quantitativos da obrigação.

Dessa forma, podemos concluir que o lançamento é um ato declaratório da obrigação tributária e constitutivo do crédito tributário, eis que, de um lado, apenas reconhece uma obrigação já nascida em virtude da ocorrência de um fato imponível e, de outro, materializa a dimensão do próprio tributo, dando números à exação.

A principal consequência disso é que o lançamento deve observar a legislação vigente à época da prática do fato gerador. Assim, se ao tempo deste, a alíquota era de 2% e agora foi majorada para 5%, deverá a autoridade administrativa realizar o cálculo do tributo com base em 2%, sob pena, inclusive, de responsabilidade funcional, já que trata-se de atividade estritamente vinculada à lei.

O art. 147 do CTN dispõe sobre as modalidades de lançamento possíveis. A doutrina costuma apresentar três modalidades: *lançamento direto ou de ofício; lançamento por declaração e lançamento por homologação.*

Não comungamos do mesmo ponto de vista, pois como já anteriormente comentado nesta obra, não aceitamos a última categoria como modalidade de lançamento.

É que no denominado "lançamento por homologação" não existe prévia medida administrativa alguma tendente a verificar a ocorrência do fato imponível, determinar a matéria tributável e aplicar a alíquota correspondente. Tais tarefas são delegadas pelo legislador ao sujeito passivo da obrigação tributária, a quem compete antecipar o pagamento do tributo devido, após a realização dos cálculos necessários, ficando sujeito a posterior fiscalização da Administração Fazendária, que homologará o recolhimento ou, em caso de discordância, aí sim, lançará a diferença apurada.

São figuras, pois, absolutamente antagônicas, não podendo coexistir na mesma classe. Enquanto o lançamento dá vida ao crédito tributário, a homologação põe fim ao mesmo, funcionando como uma mera ratificação do pagamento efetuado pelo contribuinte. Ficamos, assim, somente com as duas primeiras e únicas modalidades do ato administrativo em estudo.

Lançamento direto ou *ex officio*, é aquele em que a Fazenda efetua sem qualquer colaboração do sujeito passivo, mediante dados contidos nos próprios cadastros da repartição. Assim também se procede quando não são atendidas as solicitações do Fisco ou mesmo quando se apura eventual diferença no recolhimento do tributo. Também se enquadra nesta classificação, a figura do arbitramento, que nos moldes do art. 148 do CTN, será possível *sempre que sejam omissos ou não mereçam fé as declarações ou os esclarecimentos prestados, ou os documentos expedidos pelo sujeito passivo ou pelo terceiro legalmente obrigado.*

Por outro lado, far-se-á o lançamento por declaração toda vez que houver a participação direta do sujeito passivo, colaborando com o Fisco no cálculo do tributo devido. Como bem esclarece o art. 147 do Diploma Tributário Nacional, *o lançamento é efetuado com base na declaração do sujeito passivo ou de terceiro, quando um ou outro, na forma da legislação tributária, presta à autoridade administrativa informações sobre a matéria de fato, indispensáveis à sua efetivação.*

Costumam se enquadrar na primeira modalidade os impostos incidentes sobre o patrimônio (IPTU e ITR), em que o crédito é constituído com exclusividade pela autoridade administrativa. Há uma potestade de um lado e a subordinação de outro. No que tange à segunda modalidade, pode-se citar o lançamento efetuado pelo Fisco com base em declarações espontâneas de faturamento apresentadas pelo contribuinte.

O regime de estimativa, segundo pensamos, pode também ser encarado como uma forma de lançamento por declaração. A sistemática consiste em predeterminar o *quantum* da obrigação tributária, mediante informações e declarações prestadas pelo sujeito passivo do tributo.

Contudo, este regime não deve ser aplicado indistintamente para qualquer atividade, mas apenas para aquelas prestações de serviços que dificilmente mantenham documentação fiscal à disposição do Fisco.

Havendo vasta documentação contábil e fiscal que possibilite a apuração constante do tributo devido, não há campo para o regime de estimativa, que, aliás, poderá se constituir em verdadeira arbitrariedade, visto que o princípio constitucional da segurança jurídica proíbe que se exija tributo maior que o realmente devido (1º TACivSP, 1ª C., Ap. 313.409-8, j. em 7.3.1994, v.u., Rel. Juiz De Santi Ribeiro, *DJE* de 23.3.1994, p. 75).

Da mesma forma, comprovado que o montante estimado ficou acima do valor real, cabe ao contribuinte a restituição da diferença. Ocorrendo o contrário, deve ser complementado o imposto inicialmente recolhido.

Embora um tanto temeroso, o regime de estimativa vem sendo aceito pelos tribunais de nosso País. O STF já decidiu que o regime de estimativa é constitucional, tendo por fundamento o inciso I do art. 149 do CTN, pois seria uma hipótese de o lançamento ser efetuado e revisto de ofício pela autoridade administrativa, com fundamento em legislação ordinária específica (*RTJ* 72/750 e 78/330).

Não basta, contudo, o lançamento, para que se possa falar em crédito tributário regularmente constituído. É necessária, ainda, outra providência da Administração, para que o ato administrativo irradie os efeitos que lhe são próprios. Estamos falando da notificação do lançamento, ato que confere eficácia ao lançamento.

Aproveitando a oportunidade, é importante deixarmos bem consignado que a posição dominante na doutrina e jurisprudência, a qual acolhemos, é que o crédito tributário é regularmente constituído pela notificação do lançamento ao contribuinte.

Entretanto, existem correntes minoritárias que enxergam o ato perfeito e acabado em momento diverso, dentre as quais podemos citar a do professor Luiz Celso de Barros, para quem só após a inscrição do débito em Dívida Ativa é que o crédito estará definitivamente constituído.

Dado o pioneirismo do enfoque, transcrevemos trecho do livro do mestre, *Ciência das Finanças – Fundamentos de Direito Financeiro e Tributário* (1999, p. 300), onde é exposto o interessante entendimento quanto à matéria em foco:

> Comungamos a noção de que a constituição definitiva do crédito tributário, se dá por ocasião da sua inscrição na Dívida Ativa, a qual ocorre depois de esgotado o prazo fixado para pagamento pela lei ou por decisão final proferida em processo regular, como determina o art. 201 do Código Tributário Nacional.
>
> Ao estudarmos a inscrição na Dívida Ativa, como instituto do direito, vislumbramos o art. 2º, § 3º, da Lei nº 6.830, de 22.9.1980, que prevê: "A inscrição, que se constitui no ato de controle administrativo da legalidade, será feita pelo órgão competente para apurar a liquidez e certeza do crédito e suspenderá a prescrição...".
>
> Este dispositivo pode encerrar a polêmica sobre a constituição definitiva do crédito tributário, eis que, é no ato da inscrição que opera o controle da Administração da legalidade do crédito, sugerindo, portanto, que até então, mesmo com a decisão administrativa irreformável, o crédito não estava ungido pela legalidade, não podendo gerar qualquer efeito jurídico, ante a sua ilegalidade, até a prática do ato de inscrevê-lo.
>
> Além do mais, fruto de uma heresia jurídica – ou não –, o dispositivo reconhece que, através da inscrição apura-se a liquidez e certeza do crédito, ressaltando que, mesmo com uma decisão irreformável contra os interesses do contribuinte, ela não é suficiente para determinar e reconhecer estes requisitos, os quais surgem no ato da inscrição.
>
> Ainda mais: se é no ato da inscrição que opera a suspensão da prescrição, forçoso é reconhecer que fluía o prazo decadencial, mesmo com as impugnações administrativas, com as defesas e recursos inerentes, muito embora entendamos que a Lei nº 6.830/1980, por ser mera lei ordinária, não pode derrogar o art. 174 do Código Tributário Nacional, reconhecido como norma geral, só alterável por lei complementar. Esta postura não destoa da redação do dispositivo enfocado.
>
> Com espeque, portanto, temos que: até a inscrição do crédito tributário na Dívida Ativa, escoa o prazo decadencial, após ela, opera-se a prescrição.

Embora vejamos fundamento em tal parecer, ficamos com a primeira posição, tendo em vista estar de acordo com a maioria dos Escólios Pretorianos.

Questão importante acerca do crédito tributário, e que se verifica com muita intensidade na prática, é a de saber a partir de que momento incidirão os encargos moratórios, caso não seja quitado no prazo legal. Para tornar mais clara a pergunta, formulamos o seguinte exemplo: Vencido o IPTU no dia 10 de fevereiro de 2001, e não pago pelo contribuinte. Pode-se afirmar, que a partir do dia 11 do mês e ano em tela, estará o contribuinte em mora para com a Fazenda?

A resposta se encontra no art. 160 do CTN, que assim determina:

> **Art. 160.** Quando a legislação tributária não fixar o tempo do pagamento, o vencimento do crédito ocorre 30 (trinta) dias depois da data em que se considera o sujeito passivo notificado do lançamento.

Pois bem, se o contribuinte do exemplo exposto recebeu a notificação antes do vencimento e não quitou o tributo na data aprazada, não há dúvida de que estará na condição de moroso, sujeito, pois, aos encargos legais. Entretanto, caso tenha sido cientificado da obrigação após transcorrido o vencimento, ou na ausência de notificação, não se poderá falar em *mora solvendi,* eis que faltará o ato que torna eficaz o lançamento, qual seja, a prévia notificação, devendo, em tais casos, ser inicialmente observado o prazo de 30 dias após a comunicação ao sujeito passivo.

Assim, se o Fisco, por qualquer razão, deixa de lançar o IPTU do ano de 1999, poderá ainda fazê-lo, já que o prazo decadencial não se esgotou; todavia, não será lícito lançá-lo com juros e multa, exatamente porque o vencimento só se dará 30 dias após a regular notificação.

A correção monetária, no entanto, segundo nosso ponto de vista, deve ser aplicada sobre o valor principal do tributo. É que a mera atualização do valor monetário não se constitui em sanção, servindo unicamente como um meio de recuperar a depreciação do valor da moeda. Se assim não for entendido, o contribuinte que somente agora recolher o IPTU/1999 será beneficiado em relação aos demais, pois estará pagando menos do que o devido, em decorrência do processo inflacionário. Obviamente, não se pode dizer que a quantia de R$ 500,00 em 1999 tem o mesmo valor em 2003.

O mesmo não ocorre nos tributos sem lançamento, como é o caso do ISS calculado com base na receita bruta auferida, em que o sujeito passivo tem o dever de antecipar o pagamento do imposto, ficando sujeito à posterior confirmação do Fisco. É a figura erroneamente denominada de *lançamento por homologação.*

Nesses casos, como não existe propriamente o ato administrativo de lançamento, não há necessidade de ser emitida notificação, devendo o contribuinte observar e cumprir o prazo fixado para pagamento na legislação tributária, após o qual se dará, inapelavelmente, a mora do devedor. Dessa forma, o ISS vencido e não pago em 1998, deverá ser lançado de ofício pela Administração com todos os ônus moratórios.

E como ficam os encargos moratórios nos casos de suspensão da exigibilidade do crédito tributário? Lavrado um auto de infração e impetrado um recurso administrativo contra este, suspende-se a aplicação de juros e multa enquanto a peça recursal não for julgada?

Entendemos que quando o CTN fala em "suspensão do crédito tributário", está se referindo apenas e tão somente à proibição de sua inscrição em Dívida Ativa e consequente cobrança judicial, não impedindo a fluência de juros e multa.

A nosso sentir, o único meio de suspender a incidência dos encargos legais é depositar o montante integral do crédito, providência, aliás, aceita de forma pacífica pelo Poder Judiciário, como forma de "congelar" a importância devida. Desse modo, durante a análise do recurso administrativo, o crédito continuará sofrendo as incidências moratórias.

Diferente é o caso da consulta tributária formulada ao órgão público, antes do prazo de vencimento do tributo. Neste caso, não incidirão os acréscimos legais enquanto pendente a consulta. É a regra expressa do art. 161, § 2º, do CTN:

> **Art. 161.** O crédito não integralmente pago no vencimento é acrescido de juros de mora, seja qual for o motivo determinante da falta, sem prejuízo da imposição das penalidades cabíveis e da aplicação de quaisquer medidas de garantia previstas nesta Lei ou em lei tributária. (...)
>
> § 2º. O disposto neste artigo não se aplica na pendência de consulta formulada pelo devedor dentro do prazo legal para pagamento do crédito.

Merece ainda destaque, dentro do estudo do lançamento tributário, a norma contida no art. 146 do CTN, *in verbis*:

> **Art. 146.** A modificação introduzida, de ofício ou em consequência de decisão administrativa ou judicial, nos critérios jurídicos adotados pela autoridade administrativa no exercício do lançamento somente pode ser efetivada, em relação a um mesmo sujeito passivo, quanto a fato gerador ocorrido posteriormente à sua introdução.

É o chamado erro de direito, que ocorre quando a Administração muda de entendimento quanto a determinado dispositivo legal, passando a interpretá-lo de maneira diversa.

O Código Tributário Nacional impede que o novo posicionamento seja aplicado retroativamente, somente admitindo a nova exegese para fatos jurídicos tributários ocorridos posteriormente à mudança.

Devemos observar, contudo, que a proibição de alteração do lançamento refere-se única e exclusivamente ao erro jurídico e não ao material ou de fato, que é caracterizado pela falsa percepção de situação fática ou informação incorreta do sujeito passivo, ou ainda, por meros deslizes e distrações ocorridos no exercício da atividade de lançamento.

Dois exemplos ajudarão a elucidar a distinção aqui explicada. Primeiramente, temos a situação de um contribuinte, que no momento de se cadastrar na repartição fiscal, declarou que exerceria a atividade de médico autônomo, enquadrável no item 4.01 da nova Lista de Serviços Federal.

Por um lapso do técnico fazendário responsável pelo cadastramento, a sua atividade foi enquadrada no item 5.01, relativo à atividade de médico veterinário. O problema é que a alíquota deste item era inferior a do item 4.01, o que ocasionou pagamento a menor de ISS.

Pergunta-se: Pode a Fazenda lançar a diferença com relação a fatos imponíveis pretéritos? Ou deverá revisar o enquadramento somente após a descoberta do erro?

Damos pressa em responder que o Fisco deverá retificar todos os lançamentos que ainda não tenham sido atingidos pela decadência. É que o erro foi puramente material, decorrente de falha na observância do item correto para a classificação da atividade do contribuinte. Nesse caso, não havia dúvida alguma quanto a interpretação da legislação. Tratava-se, pois, de matéria tranquila e indiscutível.

Já, em uma segunda situação, determinado contribuinte, ao incluir a atividade de impressão de jornais, é informado que tal serviço possui imunidade tributária, pelo que não haverá a incidência do ISS. Mais tarde, a Administração passa a interpretar o dispositivo constitucional de forma diversa, entendendo que só o produto acabado tem direito à benesse e não os insumos necessários à sua produção. É possível lançar-se o tributo desde a inclusão da atividade ou somente a partir do novo entendimento?

Pela regra do art. 146 do CTN, não poderá o Fisco tributar os fatos pretéritos ocorridos na presente situação, visto que houve mudança na interpretação jurídica da norma constitucional, tratando-se, sem sombra de dúvida, de erro típico de direito. Desse modo, a exação somente poderá recair em fatos jurídicos tributários praticados posteriormente ao novo posicionamento da Administração quanto à matéria tributária.

Resumindo: sendo caso de erro de fato, a revisão do lançamento é ampla, devendo ser observado apenas o período decadencial. Tratando-se, porém, de erro de direito, não se admite a retificação retroativa, valendo a nova interpretação tão só para os fatos futuros.

2.7.1. Decadência e prescrição

Estudaremos agora dois institutos oriundos do direito civil que são intimamente ligados ao lançamento tributário. A decadência impede a constituição do crédito; a prescrição aniquila a ação para cobrá-lo.

Apesar de vasta doutrina e jurisprudência sobre a matéria, a verdade é que até agora não se estabeleceu um consenso a respeito da interpretação dos arts. 173 e 174 do Código Tributário Nacional.

Entendimentos dos mais variados são encontrados na literatura nacional. Passemos, a seguir, a explanar o nosso ponto de vista acerca da tormentosa questão.

A doutrina civilista define a prescrição como sendo *"a perda da ação atribuída a um direito e de toda sua capacidade defensiva, em consequência do não uso delas, durante um determinado espaço de tempo"* (Beviláqua, *Código Civil Comentado*, obs. 1 ao art. 161).

Sílvio Rodrigues traça um paralelo entre tais formas de extinção da obrigação, explicando que a distinção baseia-se na *"ideia de que na prescrição o que perece é a ação que guarnece o direito, enquanto que na decadência é o próprio direito que fenece*" (*Direito Civil*, vol. 1, 20. ed. p. 348).

A primeira dificuldade a ser enfrentada pelo intérprete é verificada logo no inciso II do art. 173 do CTN. Para melhor compreensão, transcrevemos também o inciso I do aludido dispositivo:

> **Art. 173.** O direito de a Fazenda Pública constituir o crédito tributário extingue-se após 5 (cinco) anos, contados:
>
> I – do primeiro dia do exercício seguinte àquele em que o lançamento poderia ter sido efetuado;
>
> II – da data em que se tornar definitiva a decisão que houver anulado, por vício formal, o lançamento anteriormente efetuado.

Como se nota, o artigo transcrito trata, induvidosamente, da decadência, visto que se refere à extinção de um direito, qual seja, o de constituir o crédito tributário. A regra geral, para os tributos que têm a sua exigibilidade condicionada ao prévio ato administrativo de lançamento, é que o lapso temporal começa a correr a partir do primeiro dia do exercício subsequente àquele no qual o Fisco já possuía condições de formalizar a constituição do crédito. Até aí, nenhuma dúvida se apresenta.

Ocorre que o inciso II acaba criando uma forma de interrupção da decadência, excetuando o inciso I. Imaginemos que após transcorridos quatro anos e meio da lavratura de um auto de infração, a autoridade anule o procedimento por entender ter havido nulidade na elaboração da peça de autuação. Pergunta-se: pode a Administração lavrar novo auto de infração que abarque obrigações tributárias nascidas há mais de cinco anos?

A norma em foco responde afirmativamente à questão, pelo que, a nosso ver, acaba criando um benefício à Fazenda Pública.

A controvérsia prossegue com a regra do parágrafo único do artigo ora tratado, *in verbis*:

> **Art. 173.** (...)
>
> Parágrafo único. O direito a que se refere este artigo extingue-se definitivamente com o decurso do prazo nele previsto, contado da data em que tenha sido iniciada a constituição do crédito tributário pela notificação, ao sujeito passivo, de qualquer medida preparatória indispensável ao lançamento.

Verifica-se, *in casu*, outra medida interruptiva da decadência veiculada pelo CTN. Tomemos como exemplo a seguinte situação hipotética: A Administração Tributária emite, no exercício de 2001, notificação ao sujeito passivo de obrigação tributária relativa ao ISS, exigindo a apresentação da DAME (Declaração Anual de Movimentação Econômica) do ano de 1997, visando futuro lançamento. Não havendo antecipação de pagamento do tributo, a Fazenda decairá do direito de lançar a partir de 1º.1.2003, consoante o que reza o inciso I do artigo em estudo.

Contudo, pela regra deste parágrafo único, o prazo decadencial recomeçaria a fluir a partir da notificação de medida preparatória para o lançamento, no caso, a exigência de entrega da declaração de faturamento. Trata-se, como vemos, à toda evidência, de forma de interrupção da modalidade extintiva da obrigação.

Para boa parte da doutrina nacional deve-se conciliar ambas as disposições, de forma que uma complete a outra. Neste diapasão, o prazo determinado pelo inciso I estará sempre vinculado a uma medida preparatória do lançamento iniciada antes do termo *a quo* eleito (exemplo: notificação para a entrega da DAME/2002 neste mesmo exercício). Nesta hipótese, a decadência ocorreria em prazo menor. Por outro lado, se a medida preparatória for iniciada após o primeiro dia do exercício posterior referido, automaticamente deverá prevalecer a regra do inciso I do art. 173, não devendo ser levada em conta para a demarcação do início da contagem do prazo de caducidade.

O STJ vinha admitindo a interrupção em qualquer caso, mas mudou sua orientação nos últimos anos. Agora, portanto, o Fisco não mais poderá se valer do parágrafo único do art. 173 do CTN para evitar a ocorrência da decadência tributária. Só mesmo lançando o tributo e notificando o contribuinte é que o crédito estará a salvo.

Ainda no tocante à decadência tributária, interessa comentar o prazo a ser observado nos casos de "lançamento por homologação", ou melhor dizendo, nas hipóteses de tributos sem lançamento, que se tornam exigíveis logo após o vencimento indicado na lei, prescindindo de ato administrativo anterior. É o que ocorre com o ICMS, IPI e ISS calculado sobre a receita bruta mensal.

Para nós, tratando-se da sistemática de "autolançamento", onde há antecipação de recolhimento do imposto pelo sujeito passivo, deve ser observada a regra do art. 150, § 4º, do CTN, no exato sentido de que o transcurso de 5 (cinco) anos será iniciado a partir da ocorrência do fato imponível tributário.

Já um contribuinte que agiu com dolo, fraude ou simulação, estará sujeito à regra do art. 173, I do CTN.

Diante de tais argumentos, sustentamos a opinião de que o prazo de decadência, nos casos de tributos sem lançamento, em que haja a antecipação de pagamento do imposto pelo contribuinte, deve ter como marco inicial o momento em que foi praticado o fato jurídico tributário pelo sujeito passivo. Assim, transcorridos 5 (cinco) anos da realização do *tatbestand*, sem que haja lançamento, extinta estará a obrigação tributária, nos termos do art. 150, § 4º c/c art. 156, V, ambos do Código Tributário Nacional. É o que também entende o STJ atualmente.

Tratemos, a partir de agora, de outra figura de extinção do crédito tributário: a prescrição.

O art. 174 do CTN rege a matéria nos seguintes termos:

> **Art. 174.** A ação para cobrança do crédito tributário prescreve em 5 (cinco) anos, contados da data da sua constituição definitiva.

Logo, chama-nos a atenção o seguinte ponto: a partir de que momento o crédito tributário pode ser considerado definitivamente constituído? A resposta é de suma importância, pois, assim caracterizado o crédito, não mais haverá que se falar em decadência, tendo início o prazo prescricional.

Parte minoritária da doutrina afirma que o crédito estará definitivamente constituído após o término do procedimento administrativo em que se discutiu o lançamento efetuado. Assim, lançado o ISS por alíquotas específicas e notificado ao contribuinte, este, não concordando com o *quantum* cobrado, impetra reclamação administrativa. Para essa corrente, após a decisão que julga improcedente a impugnação em última instância de jurisdição administrativa, é que o crédito tributário se revestirá da condição de líquido e certo.

Também com poucos seguidores, outra corrente doutrinária enxerga o crédito constituído de forma definitiva somente com a inscrição deste em Dívida Ativa, invocando como fundamento o § 3º do art. 2º da Lei nº 6.830/1980 (*A inscrição, que se constitui no ato de controle administrativo da legalidade...).*

Existe ainda terceira linha de pensamento, a qual nos filiamos, que enxerga o crédito definitivamente constituído a partir de quando o sujeito passivo tenha sido regularmente notificado do ato administrativo. Realmente, parece-nos este o exato sentido a ser extraído da combinação dos arts. 142 e 145, ambos do Código Tributário Nacional.

Inclinando-se por esse pensamento exegético, surge dúvida se corre o prazo prescricional no interregno entre o recurso administrativo interposto e a decisão final que o julgou improcedente. Entendemos que não. A impugnação administrativa é, nos termos do art. 151, III, do CTN, medida suspensiva da exigibilidade do crédito tributário, o que impede a sua inscrição em Dívida Ativa, bem como a cobrança judicial do mesmo, enquanto o Fisco não proferir decisão.

Ora, se o Poder Público está impossibilitado legalmente de reivindicar o seu direito, pelo menos temporariamente, não se afigura nenhum pouco razoável admitir o andamento do lapso temporal durante esse período. Antonio Luiz da Camara Leal, em sua obra *Da Prescrição e da Decadência* (2. ed. Forense), arrola, com muita propriedade, quatro condições elementares que integram o conceito de prescrição. São elas:

1ª) existência de uma ação exercitável (*actio nata*);

2ª) inércia do titular da ação pelo seu não exercício;

3ª) continuidade dessa inércia durante um certo lapso de tempo;

4ª) ausência de algum fato ou ato, a que a lei atribua eficácia impeditiva, suspensiva ou interruptiva do curso prescricional.

A ideia, portanto, é que não merece guarida aquele que é inerte na procura de seus direitos. De outra sorte, se o direito de ação ainda não é exercitável, como ocorre nos casos de suspensão da exigibilidade do crédito, não deve ser imputada ao credor da obrigação a condição de *dormiente*. Em tais situações, ao contrário, estará suspenso o prazo prescricional. Esta solução, segundo pensamos, harmoniza-se com a lógica do sistema.

Assunto que dividia doutrina e jurisprudência foi resolvido pela LC 118/2005. É que pela redação original do art. 174, parágrafo único, I, do CTN, a *prescrição só era interrompida com a citação feita ao devedor*.

Acontece que a mesma matéria sempre foi disciplinada pela Lei nº 6.830/1980 (art. 8º, § 2º), com regra diversa (interrupção da prescrição a partir do despacho ordenatório da citação).

A LC nº 118/2005 repetiu os dizeres da Lei de Execuções Fiscais e agora não há mais qualquer dúvida: o mero despacho do juiz que ordena a citação interrompe a prescrição.

Por fim, terminemos com uma indagação muitas vezes verificada na prática: contribuinte que recolhe tributo já atingido pela prescrição, tem direito à restituição da importância desembolsada? E no caso de quitação de débito caduco?

Em ambos os casos o direito à restituição existe. É o que se extrai do art. 156, V, do CTN.

Por esse dispositivo, a decadência e a prescrição *extinguem o crédito tributário*, ao contrário do que ocorre no direito civil, seara em que a prescrição atinge apenas a ação que guarnece o direito, permanecendo este intocável.

3 FORMAS DE NÃO INCIDÊNCIA TRIBUTÁRIA DO ISS

3.1. NÃO INCIDÊNCIA TRIBUTÁRIA *STRICTO SENSU*

Podemos definir a não incidência tributária em sentido estrito, como a ausência de tipicidade entre o fato praticado pelo sujeito passivo e o tipo tributário. Assim, dá-se a não incidência toda vez que um fato ocorrido no mundo fenomênico não se amolde à hipótese de incidência da norma tributária.

No terreno do ISS, constitui exemplo de tal figura a inexistência de previsão de um determinado serviço na lista de serviços tributáveis. A prestação de serviços de transporte intermunicipal não pode ser tributada pelo ISS, uma vez que esta atividade não está elencada na Lista, e nem poderia, por constituir-se em hipótese de incidência do ICMS.

Também se enquadra em tal hipótese, a prestação de serviços em que falte um elemento essencial para a configuração do fato jurídico tributário. Nessa esteira, um serviço eventual, sem finalidade econômica, ou ainda, um serviço desempenhado por pessoa que não seja nem empresa nem tampouco profissional autônomo, à toda evidência não se amoldará ao fato gerador *in abstracto* do tributo, estando, portanto, afastado do campo de incidência do imposto municipal.

3.2. ISENÇÃO TRIBUTÁRIA

Seguindo as lições de Souto Maior Borges (1980), definimos isenção como sendo *"uma hipótese de não incidência tributária, legalmente qualificada"*.

Por esta conceituação, já adiantamos que na isenção não existe o fato imponível, de modo que a obrigação tributária nem chega a existir. Respeitadas correntes doutrinárias não concordam com este conceito, preferindo defini-la como a simples dispensa legal do pagamento do tributo devido.

Entretanto, tal definição se mostra um tanto frágil, já que, além de se confundir com o instituto da remissão (perdão legal do crédito tributário), deixa de observar a própria ordem cronológica dos fatos naturais. Ora, soa absurdo que a lei tributária que concede uma isenção dispense o pagamento do tributo. Afinal, a norma isentiva é criada visando fatos futuros, logicamente anterior à ocorrência destes fatos, que, se ela não existisse, aí sim, seria imponível.

Estas ideias encontram-se bem travejadas em artigo de Pedro Luciano Marrey Júnior (*RDP* 25/169):

> A lei de isenção, no momento em que surge, já retirou do campo de incidência determinados fatos; a obrigação tributária não chega a nascer, pois a lei de isenção suprimiu determinadas situações do campo da tributação.
>
> A norma de isenção, impedindo o nascimento da obrigação tributária para o seu beneficiário, produz o que Sainz de Bujanda denominou de fato gerador isento, essencialmente distinto do fato gerador do tributo.
>
> O efeito principal da isenção é o de impedir o nascimento da obrigação tributária.
>
> Portanto, não há falar em dispensa legal do pagamento do tributo devido, pois que, conforme demonstramos, não se pode dispensar aquilo que nem chegou a nascer.

Difere a isenção da não incidência *stricto sensu*, *"porque a primeira é parcela que a lei retira da hipótese de incidência da regra de tributação, enquanto a segunda é excluída da tributação pela própria definição legal da hipótese de incidência"*, como bem esclarece o professor Hugo de Brito Machado (*Curso de Direito Tributário*, p. 151).

A legislação do Município de Bauru, por exemplo, isentava do ISS as microempresas. A prática de um serviço de qualquer natureza por uma microempresa, a princípio seria tributável a título do imposto municipal; entretanto, a norma isentiva retirou da regra de incidência uma parcela de contribuintes, excetuando a hipótese de tributação. O fato praticado pela pessoa jurídica em questão seria típico caso não houvesse a lei de isenção.

O mesmo não acontece com a não incidência. Esta resulta da própria regra jurídica de tributação que, definindo o fato gerador *in abstracto*, por exclusão define o que assim não se configura. Não incidência é, pois, tudo o que está fora da hipótese de incidência do tributo, que não foi abrangido por esta. É o caso, por exemplo, da prestação de serviços de transporte de cargas intermunicipal, que não se encontra dentro do raio de incidência do ISS, tendo em vista a própria hipótese de incidência do item 097 da lista de serviços, que se refere unicamente ao transporte realizado nos limites territoriais do Município.

Prosseguindo em nosso estudo, é importante mencionarmos que a isenção só pode ser concedida pela própria pessoa jurídica de direito público competente para tributar. A partir da Lei de Responsabilidade Fiscal (Lei Complementar nº 101/2000, art. 14), o projeto de *lex mitior* que ora se cuida deverá apresentar medidas de compensação da renúncia tributária, com o aumento de receitas próprias do ente, através da instituição de tributos, ampliação ou aumento de bases de cálculo e alíquotas.

O saudoso Celso Ribeiro Bastos, em artigo publicado (A Isenção Integral do ISS e a Lei de Responsabilidade Fiscal, p. 452), manifestou sua posição quanto à inconstitucionalidade do art. 14 da Lei de Responsabilidade Fiscal, que, segundo ele, agride o princípio da autonomia municipal no que tange à tributação. Como o tributo é de competência municipal, só ao município cabe estabelecer condições para a concessão de isenções, faltando legitimidade à lei complementar para tanto.

Saliente-se que o artigo foi elaborado antes da Emenda Constitucional nº 37/2002, que, a nosso ver, acabou legitimando o art. 14 da LC nº 101/2000 (pelo menos no que tange ao ISS), ao destinar a tal espécie normativa uma função que anteriormente não lhe cabia, a de interferir na concessão e revogação de isenções e outros benefícios fiscais relativos ao imposto municipal.

Pela mesma Emenda Constitucional, ficam suspensas todas as leis municipais concessivas de isenções de ISS, até que Lei Complementar venha disciplinar a matéria. Como a LC nº 116/2003 não dispôs sobre o assunto, permanecem sem eficácia tais benesses veiculadas pelo Legislativo Municipal.

A LC nº 157/2016, comentada no item 5 deste trabalho, acabou reforçando a proibição do art. 88 do ADCT da CF/1988, acrescentado pela referida EC nº 37/2002.

Prosseguindo, só o Município tem competência para isentar o ISS e sempre através de lei, regra decorrente dos preceitos insculpidos nos arts. 150, § 6º, 151, III e 156, III, todos da CF, bem como do art. 97 do CTN.

De acordo com essa regra, já não são mais permitidas as isenções de tributos estaduais e municipais concedidas por Lei da União, como era exatamente o caso do art. 11 do Decreto-Lei nº 406/1968, que não havia sido recepcionado pela Carta Constitucional de 1988.

E como se extrai do § 6º do art. 150 da CF, somente uma *lei específica* pode conceder incentivos fiscais ou tributários, de sorte a trazer transparência e segurança jurídica, livrando o aplicador da lei da tarefa de manusear infindáveis normas espalhadas na legislação ordinária.

Segundo os dizeres do renomado professor Kyioshi Harada, "lei específica significa que a ementa da lei deve indicar, em destaque, o incentivo fiscal ou tributário objeto de concessão."

Para nós, o próprio dispositivo constitucional não deixa dúvidas quando esclarece que lei específica é ***lei exclusiva*** de ***isenção*** ou do ***tributo*** nela tratado.

Nesse sentido, um julgado recente do Tribunal de Justiça de São Paulo, envolvendo uma isenção de IPTU concedida pelo Plano Diretor do respectivo Município:

> AÇÃO DIRETA DE INCONSTITUCIONALIDADE. Bauru. Art. 46 e § 1º da Lei Municipal nº 5.631, de 22.8.2008, que institui o Plano Diretor Participativo.

> Concessão de isenção de IPTU aos lotes oriundos de parcelamento de solo, pelo prazo de 2 anos contados do respectivo registro, e, quanto aos já comercializados, incidência do imposto somente após a alienação e entrega. Inadmissibilidade. Princípio da reserva legal. Necessária lei específica para concessão de isenção de imposto. Flagrante afronta ao princípio da reserva legal (art. 163, § 3º, da Constituição Estadual), que exige lei específica para instituição de benefício fiscal. Princípio da isonomia. Ausente qualquer elemento apto a justificar a concessão do benefício apenas aos novos loteadores. Violação à isonomia (art. 163, II, da Constituição Estadual). § 2º remanescente. Disposição que não depende do *caput* do art. 46 para subsistir. Ausência de vício sequer apontado. Procedente a ação.

Contudo, fazendo exceção à regra de que *somente quem pode tributar pode isentar,* permanecem ainda em nosso ordenamento jurídico duas únicas hipóteses de isenção heterônoma, autorizadas expressamente pelos arts. 155, § 2º, XII, *e*, e 156, § 3º, II, da Constituição Federal.

Este último dispositivo refere-se ao ISS, merecendo algumas considerações. Eis o conteúdo da norma constitucional:

> **Art. 156.** (...)
>
> § 3º. Em relação ao imposto previsto no inciso III, cabe à lei complementar: (...)
>
> II – excluir da sua incidência exportações de serviços para o exterior.

A Lei Complementar nº 116/2003, com base na norma constitucional transcrita, veiculou regra expressa, retirando do campo de incidência do ISS os serviços exportados para o exterior.

> **Art. 2º.** O imposto não incide sobre:
>
> I – as exportações de serviços para o exterior do País; (...).

O parágrafo único do mesmo artigo, por sua vez, excepciona a regra, dispondo o que segue:

> Parágrafo único. Não se enquadram no disposto no inciso I os serviços desenvolvidos no Brasil, cujo resultado aqui se verifique, ainda que o pagamento seja feito por residente no exterior.

Imaginemos, inicialmente, um serviço *efetivamente realizado* em território estrangeiro, por empresa aqui sediada. Qual a natureza da norma em foco? Isenção ou não incidência? Para nós está claro que se trata de norma declaratória negativa, explicitando o princípio da territorialidade. É que a lei municipal não tem voga sobre o serviço executado fora dos limites territoriais do município que a editou.

Atentemos agora para outra situação hipotética. Empresa brasileira do ramo de *softwares* exporta vários programas de gestão empresarial para a Argentina. O programa é elaborado e finalmente concluído em terras brasileiras, sendo o produto acabado transferido para o exterior. Nesse caso, impede a norma excepcional do parágrafo único que o inciso I veicule verdadeira *isenção heterônoma*, uma vez que, pelo princípio da territorialidade, a *cessão* em tela é passível de tributação via ISS.

Ainda, dentro do tópico em estudo, interessante é saber se a isenção pode irradiar efeitos *ex tunc*. Vamos supor a existência de *lex mitior* que determine a aplicação pretérita da benesse, ou seja, mesmo para fatos geradores já ocorridos. É lícita a retroatividade do benefício para situações que já se perfizeram do ponto de vista prático e jurídico?

Respondendo a questão sob o primeiro enfoque, nada obstaria a sua aplicação retroativa, não sendo razoável apresentar como fundamento a proibição contida no art. 5º, XXXVI, da CF (*"a lei não prejudicará o direito adquirido, o ato jurídico perfeito e a coisa julgada")*, uma vez que tais princípios constituem-se em verdadeiras garantias ao indivíduo, nada impedindo, pois, que norma que melhore a sua situação tenha aplicação para situações passadas.

O STF, aliás, já entendeu dessa forma, no julgado RE 184.099-4-DF, 1ª T/STF, *RT* 741/195:

> Os princípios do direito adquirido e do ato jurídico perfeito são erigidos, pela Constituição, em garantia do indivíduo, perante o Estado, e não em sentido inverso, nada impedindo que este último (o Estado) edite norma expressamente voltada para o passado..., em benefício do particular, seja tal prescrição inserta em lei, ou como no caso dos autos, em simples decreto, ao qual estão sujeitas, todavia, as autoridades subordinadas do Poder Executivo.

Todavia, e levando-se em conta o entendimento de que na isenção não existe fato imponível, absurda seria uma lei que mandasse aplicar a benesse para obrigações tributárias já nascidas ao tempo de sua vigência. É que, embora venha beneficiar o sujeito passivo, a retroatividade dos efeitos da lei não pode desrespeitar a realidade dos fatos naturais, isto é, não pode retroagir para impedir que "aconteça o acontecido" (HC 74.356-1-SP, STF/1ª T., *RT* 743/550).

Desse modo, não se admite uma lei que altere a realidade dos acontecimentos, tornando sem efeito um fato jurídico tributário concretamente praticado.

Por último, cabe-nos ainda salientar que o despacho que defere a isenção é meramente declaratório, isto é, apenas reconhece um direito já preexistente à própria decisão concessiva do benefício.

Assim, se uma lei de isenção foi criada em 2000 e somente em 2001 o contribuinte requer a exclusão do crédito à autoridade administrativa, deve a decisão deferitória gerar efeitos retroativos, desde, obviamente, que o interessado faça prova pretérita do preenchimento dos requisitos previstos na lei isencional.

O professor Walter Barbosa Corrêa, em *Comentários ao Código Tributário Nacional* (1998, p. 444), segue a mesma orientação:

> Entendemos, contudo, que provadas as condições e os requisitos da lei, o despacho (que concede a isenção) tem força retroativa, efeitos a contar do momento em que o isento se colocou sob o manto protetor da norma.

3.3. IMUNIDADE TRIBUTÁRIA

O termo *imunidade* tem origem no latim *immunitas,* que tem o significado de exoneração. A melhor conceituação construída pela doutrina acreditamos ser a do professor Amílcar de Araújo Falcão, que define o instituto como sendo *"uma forma de não incidência tributária constitucionalmente qualificada"* (*Fato Gerador da Obrigação Tributária*, Edições Financeiras).

Do mesmo modo que na isenção, na imunidade não se vislumbra o nascimento da obrigação tributária, pois que impede a própria edição de lei infraconstitucional instituidora do tributo. Nisso, verifica-se a distinção entre imunidade e isenção. Enquanto nesta é atingido o segundo pressuposto da obrigação tributária (fato gerador), naquela nem mesmo o primeiro chega a concretizar-se, obstando-se, pois, qualquer norma legal de tributação acerca da matéria imune.

Existem várias normas constitucionais de limitação ao poder de tributar, sendo que a grande maioria diz respeito aos impostos, conforme se percebe pelo disposto no inciso VI do art. 150 da Carta Magna brasileira. No entanto, apresenta-se-nos dois casos de imunidade voltados para a espécie tributária "taxa", perfeitamente delineados no art. 5º, inciso XXXIV, "a" e "b", da CF:

> XXXIV – são a todos assegurados, independentemente do pagamento de taxas:
>
> a) o direito de petição aos Poderes Públicos em defesa de direito ou contra ilegalidade ou abuso de poder;
>
> b) a obtenção de certidões em repartições públicas, para a defesa de direitos e esclarecimento de situações de interesse pessoal;

Trata-se, como vemos, de hipótese de imunidade de taxas, já que impede a criação de lei que preveja tal exação.

Dentro do nosso estudo, interessa-nos as imunidades previstas nas alíneas "a", "c" e "d", do inciso VI, art. 150, da Constituição Federal, que passaremos a comentar em seguida.

3.3.1. Imunidade recíproca

Esta vedação constitucional vem prevista na alínea *a* do inciso VI do art. 150, da CF, que transcrevemos a seguir:

> **Art. 150.** Sem prejuízo de outras garantias asseguradas ao contribuinte, é vedado à União, aos Estados, ao Distrito Federal e aos Municípios: (...)

> VI – instituir impostos sobre:
> a) patrimônio, renda ou serviços, uns dos outros; (...).

Trata-se de imunidade subjetiva, eis que a norma leva em conta a condição de pessoa jurídica de direito público interno, favorecendo-as em relação às rendas que obtenham, os serviços que prestem e o patrimônio que tenham.

A vedação, obviamente, visa evitar possíveis conflitos entre os entes tributantes, impedindo, outrossim, que tais entidades se hostilizem. Além do mais, a inexistência de regra desse teor resultaria numa inutilidade de pagamentos recíprocos.

A regra é extensiva às autarquias e fundações públicas, desde que os serviços prestados pela entidade sejam pertinentes à sua finalidade precípua, conforme disciplina o § 2° do art. 150, da Carta Constitucional de 1988.

O § 3° do mesmo art. 150 da CF vem complementar o sentido do dispositivo retro, estabelecendo o que segue:

> § 3°. As vedações do inciso VI, "a", e do parágrafo anterior não se aplicam ao patrimônio, à renda e aos serviços, relacionados com exploração de atividades econômicas regidas pelas normas aplicáveis a empreendimentos privados, ou em que haja contraprestação ou pagamento de preços ou tarifas pelo usuário, nem exonera o promitente-comprador da obrigação de pagar imposto relativamente ao bem imóvel.

Conciliando, pois, o dispositivo transcrito com o § 2° do art. 150, da CF, verifica-se que tais entidades, enquanto operem como extensão ou *longa manus* do Estado, isto é, prestem um serviço público, são abrangidas pelo benefício; por outro lado, ao desempenharem atividades sob o manto do regime jurídico de direito privado, ou ainda que submetido ao direito público, mas tratando-se de prestação onerosa, através da cobrança de preços ou tarifas, perdem a benesse constitucional, pelo que devem ser normalmente tributadas.

As demais entidades que compõem a administração indireta não estão ao abrigo da imunidade tributária. É o que se depreende do disposto nos parágrafos comentados e também da regra prevista pelo art. 173 do Diploma Constitucional, especialmente o seu § 2°, *in verbis*:

> **Art. 173.** (...)
> § 2°. As empresas públicas e as sociedades de economia mista não poderão gozar de privilégios fiscais não extensivos às do setor privado.

Ocorre que o *caput,* bem como o § 1° do art. 173 refere-se às empresas públicas e sociedades de economia mista praticantes de atividade econômica. Daí, torna-se possível duas interpretações. A primeira, defendida por Celso Antonio Bandeira de Mello, é que apenas os entes paraestatais que explorem atividades do campo privado estão fora do alcance da imunidade tributária.

Outro é o pensamento do ilustre mestre Hely Lopes Meirelles, que em obra clássica (*Direito Administrativo Brasileiro*, p. 338), leciona o seguinte:

> Ao concluir, permitimo-nos relembrar que as sociedades de economia mista, como os demais entes paraestatais, não têm, por natureza, qualquer privilégio estatal, só auferindo as prerrogativas administrativas, tributárias e processuais que lhes forem concedidas especificamente na lei criadora ou em dispositivos especiais pertinentes, conforme a doutrina exposta precedentemente e firme orientação da jurisprudência. (STF, *RTJ* 6/357; *RDA* 47/165, 51/298, 53/195, 56/255; TFR, *RDA* 40/335; TJGB, *RDA* 51/301; TJSP, *RDA* 37/208, 55/219).

Acreditamos que a posição do professor Hely é a que está de acordo com a Carta Magna brasileira, pois, caso desejasse, o legislador constituinte teria estendido expressamente o benefício às demais entidades paraestatais, o que não se verificou no § 2º do art. 150, restrito às autarquias e fundações instituídas e mantidas pelo Poder Público.

Desse modo, as empresa públicas, as sociedades de economia mista e os entes de cooperação (serviços sociais autônomos), além dos concessionários, permissionários e autorizatários de serviços públicos, ainda que prestem um serviço erigido pela lei como público, não estão ao abrigo da imunidade tributária, só fazendo jus a benesses fiscais e tributárias caso haja legislação ordinária específica concessiva da isenção tributária ou qualquer outra modalidade de exclusão ou extinção do crédito tributário.

Contudo, a jurisprudência do STF tem se inclinado pela imunidade das empresas públicas e sociedades de economia mista prestadoras de serviços públicos (RE 580.264/RS).

3.3.2. Imunidade dos Partidos Políticos, das Entidades Sindicais dos Trabalhadores e das Instituições de Educação e Assistência Social

Dispõe o art. 150, VI, "c", da Constituição Federal:

> **Art. 150.** Sem prejuízo de outras garantias asseguradas ao contribuinte, é vedado à União, aos Estados, ao Distrito Federal e aos Municípios: (...)
>
> VI – instituir impostos sobre: (...)
>
> c) patrimônio, renda ou serviços dos partidos políticos, inclusive suas fundações, das entidades sindicais dos trabalhadores, das instituições de educação e de assistência social, sem fins lucrativos, atendidos os requisitos da lei.

A imunidade, neste caso, mais uma vez se reveste do atributo da subjetividade, alcançando as pessoas jurídicas que operem sob determinadas condições.

Visa-se, com isso, deixar à margem da tributação os serviços prestados pelas instituições mencionadas, que têm como objetivo principal realizar atividades de natureza social e assistencial, tendo em mira sempre o fim público, desprovidas, assim, de *animus distribuendi e animus lucrandi.*

Ressaltamos, desde já, que a imunidade em questão compreende apenas os serviços relacionados com as finalidades essenciais das pessoas morais que ora estudamos, consoante o disposto no § 4º do art. 150, da Lei Maior. Atividades estranhas ao objetivo principal da entidade estarão fora do raio de abrangência do benefício, ficando sujeitas a regular tributação.

Justifica-se a imunidade dos partidos políticos e das entidades sindicais dos trabalhadores (não dos empregadores), pois prestam, inegavelmente, serviços de utilidade pública.

Eventual tributação dos serviços dos sindicatos poderia vir a abalar a viga mestra do sindicalismo brasileiro, que tem como finalidade básica proteger a relação empregatícia dos cidadãos, direito este, aliás, garantido pelo próprio art. 7º da Lei das Leis.

Já, no que tange aos partidos políticos, criar-se-ia um empeço à liberdade de pensamento, podendo-se até pensar, sem querer ir longe demais, num possível comprometimento do regime democrático de direito, alicerçado exatamente no pluralismo político.

A norma constitucional fala ainda em *instituições* de educação e de assistência social, devendo a palavra ser entendida em seu sentido técnico. Instituição não se confunde com sociedade, pois esta, ao contrário daquela, visa o lucro. Precisa distinção entre ambas pessoas jurídicas nos é dada pelo professor Silvio Rodrigues, em sua obra *Direito Civil* (1989, vol. 1, p. 71), leciona o mestre:

> Podemos distinguir, ainda, dentre as pessoas jurídicas de direito privado de um lado as associações ou instituições, isto é, os agrupamentos de indivíduos sem finalidade lucrativa, como os clubes esportivos, os centros culturais, as entidades pias etc., e, de outro, as sociedades, isto é, os agrupamentos individuais com escopo de lucro.

Leopoldo Braga, em substancial e talvez o mais completo estudo sobre a expressão constitucional "instituição de educação e de assistência social" (*Repertório Enciclopédico do Direito Brasileiro,* organizado por J. M. de Carvalho Santos, Borsoi, Rio, vol. 27, p. 243 e ss), vai mais longe, expondo a opinião de diversos tratadistas para, afinal, concluir pelo ponto diferencial entre a instituição e a simples associação ou sociedade:

> ...enquanto nessas últimas a realização de seus objetivos tem por mira beneficiar seus associados ou sócios, na instituição o favorecimento visado é o da coletividade, ou, como melhor define Messineo:
>
> *L'istituzione si distinguerebbe dagli altri tipi di persona giuridica, per il fatto che essa perseguirebbe un interesse altrui, ossia diverso da quello del fondatore, o degli associati, com che, essa si contraporrebbe non soltanto alla fondazione, ma anche all'associazione. (Manuale di Diritto Civile e Commerciale,* 8. ed., Milão, 1950, Tomo I, § 20, nº 19, p. 296).

Portanto, somente as entidades desprovidas de fins lucrativos é que estarão ao abrigo da imunidade em foco. Também é absolutamente justificável tal regra, uma vez que essas entidades têm a missão, juntamente e ao lado do Estado, de oferecer uma melhor assistência e educação aos cidadãos brasileiros, direitos expressamente garantidos pelos arts. 203 e 205 da CF.

Ora, se atuam ao lado do Poder Público, inclusive suprindo suas deficiências administrativas, nada mais justo e necessário que obtenham um incentivo por parte deste.

Nas afirmações de Aliomar Baleeiro, em seu *Limitações Constitucionais ao Poder de Tributar* (1974, p. 116): "A Constituição quer imunes instituições desinteressadas e nascidas do espírito de cooperação com os poderes públicos, em suas atividades específicas."

Porém, não basta ostentar a qualidade de instituição de educação ou assistência social, ou ainda, de partido político ou sindicato, para que faça jus à benesse. Além disso, devem tais pessoas jurídicas cumprirem os requisitos da *lei*, que a nosso sentir só pode ser uma lei complementar, conforme exegese extraída da combinação dos arts. 146, II e 150, VI, "c", ambos da Constituição de 1988.

E atualmente faz as vezes da aludida lei complementar o Código Tributário Nacional, que disciplina a imunidade das entidades em seu art. 14, *in verbis*:

> **Art. 14.** O disposto na alínea "c" do inciso IV do art. 9º é subordinado à observância dos seguintes requisitos pelas entidades nele referidas:
>
> I – não distribuírem qualquer parcela de seu patrimônio ou de suas rendas, a qualquer título; (*redação dada pela LC nº 104, de 10.1.2001*)
>
> II – aplicarem integralmente, no País, os seus recursos na manutenção dos seus objetivos institucionais;
>
> III – manterem escrituração de suas receitas e despesas em livros revestidos de formalidades capazes de assegurar sua exatidão.

São somente essas as condições exigidas para o gozo do benefício constitucional. Qualquer outra instituída através de ato administrativo ou mesmo lei ordinária, deverá ser desconsiderada pelo órgão administrativo competente para o reconhecimento da imunidade.

Como se percebe, não é preciso que a entidade preste serviços a título gratuito, bastando apenas que não haja *animus lucrandi* e que o fim imediatamente almejado seja de interesse público, observadas ainda as condições do art. 14 do CTN.

A entidade de assistência social deve atender a quem dela necessitar, independentemente de contraprestação. É o que vem entendendo o STF, com lastro no art. 203 da CF/88 (RE 326.995/DF). Já a instituição de educação pode condicionar a prestação dos serviços ao pagamento da mensalidade, bastando que inexista o intuito lucrativo (AI 505.100/MG).

Anteriormente à LC nº 104/2001, só estaria afastada a imunidade caso a distribuição do patrimônio ou das rendas da entidade fosse efetuada a *título de participação no seu lucro*. Com o seu advento, ainda que não haja a intenção de lucro ou mesmo *animus distribuendi*, como por exemplo, no caso de doação de parte da sua renda à alguma outra entidade sem fins lucrativos, não estará atendido o primeiro requisito para o gozo da benesse constitucional. Entendo que a regra visa justamente evitar eventuais simulações que poderiam ocorrer nas relações dos diretores e associados com a instituição.

Por outro lado, não continuo vendo proibição alguma no que tange à remuneração daqueles que prestam serviços em nome da entidade, uma vez que a Lei Complementar utiliza o termo *rendas* e não *receitas*. Na verdade, o *pro labore* se constitui em despesa da pessoa jurídica, que será honrado exatamente com as receitas auferidas por esta. Após a contabilização das receitas e despesas que se terá apurado o montante das *rendas* a que alude o artigo em comentário. A *renda*, mencionada no texto legal, deve ser entendida em sua acepção estrita e não no sentido de toda e qualquer quantia recebida em troca de trabalho ou de serviço prestado. O fato, portanto, de haver pagamento de salários de sócios, associados, diretores e empregados, não será óbice para o reconhecimento da imunidade subjetiva em tela.

Nesse ponto, tomamos a liberdade de tecer algumas críticas quanto à amplitude da vedação tributária constante na Constituição.

É certo que o que se teve em mira quando da criação da regra imunizante, foi, evidentemente, propiciar um incentivo àqueles que, imbuídos num espírito altruísta, pudessem auxiliar o Poder Público no desempenho de atividades constitucionalmente garantidas, suprindo, muitas vezes, lacunas verificadas no serviço público, decorrentes da precária estrutura que o Estado possui.

Não quis o constituinte, por outro lado, privilegiar as *empresas*, isto é, pessoas jurídicas que visem em primeiro lugar o lucro, sem qualquer compromisso com o social. Com certeza, a intenção não foi beneficiar os *profissionais*, mas tão só os *voluntários*, pessoas que colocam o seu trabalho em prol da sociedade por mero diletantismo, nada visando em troca.

Todavia, não é isso que vem acontecendo na prática. Como a imunidade em estudo é um tanto abrangente, apenas ficando condicionada aos requisitos exigidos pelo art. 14 da Lei nº 5.172, de 1966, e tendo em vista que a contabilidade nem sempre reflete a realidade em que opera a pessoa jurídica, temos observado no plano concreto muitas injustiças tributárias, principalmente com relação às entidades que se dedicam à atividade de ensino.

Ora, uma escola particular que cobre um alto valor de mensalidade, onde somente alunos de classe média-alta tenham acesso. É justo que se beneficie da imunidade, ainda que cumpra as exigências da lei complementar?

Pensamos que não. É que tais entidades têm como finalidade primordial a lucratividade, ainda que, de certa forma, colaborem com o Estado na prática de atividades de interesse público. São verdadeiras empresas, onde o fator lucro predomina sobre o espírito de benevolência.

A concessão da imunidade para esses entes coletivos, a nosso ver, agride frontalmente o princípio da isonomia, pois acaba tratando diferentemente pessoas que se encontram na mesma situação.

Seria bom, desse modo, que fosse editada nova lei complementar criando condições que retratem o verdadeiro espírito da norma imunizante, de forma a restringir o benefício apenas às entidades de fins realmente beneficentes.

3.3.3. Imunidade do papel de imprensa, livros, jornais e periódicos

As imunidades deste item, ao contrário das demais, são objetivas, reservadas aos livros, jornais, periódicos, bem como o papel destinado à sua impressão. É a regra insculpida na alínea "d" do inciso VI do art. 150, da CF, transcrita a seguir:

> **Art. 150.** Sem prejuízo de outras garantias asseguradas ao contribuinte, é vedado à União, aos Estados, ao Distrito Federal e aos Municípios: (...)
>
> VI – instituir impostos sobre: (...)
>
> d) livros, jornais, periódicos e o papel destinado à sua impressão.

A imunidade em estudo deve-se a razões puramente históricas. O governo ditatorial, na época do Estado Novo, proibia que os jornais de oposição recebessem papel de imprensa. Esta prática arbitrária teria inspirado o constituinte de 1946 a impedir que as pessoas políticas tributassem, por via de imposto, o "papel destinado exclusivamente à impressão de jornais, periódicos e livros" (art. 41, V, "c"). A salutar norma foi reproduzida, embora com outras palavras, na Constituição de 1967/1969 e na atual.

Sendo objetiva, alcança tão só o produto acabado, além do papel utilizado para a sua impressão. O conjunto de serviços que o realiza, desde a impressão, passando pela redação até a revisão da obra, como também os insumos empregados na sua produção, não estão abrangidos pela benesse, passíveis, pois, de tributação.

O STF, há anos, vem decidindo nesse sentido:

> CONSTITUCIONAL – JORNAIS, LIVROS E PERIÓDICOS – IMUNIDADE TRIBUTÁRIA – INSUMO – EXTENSÃO MÍNIMA – RECURSO PROVIDO. 1. A jurisprudência desta Corte pacificou o entendimento no sentido de que, além do próprio papel de impressão, a imunidade tributária somente alcança o chamado papel fotográfico – filmes não impressionados. Recurso conhecido e provido. (...). (RE 189.192-1-SP)

A impressão de periódicos, portanto, não está ao abrigo da imunidade tributária, sujeitando-se à incidência do ISS de acordo com o previsto no item 13.05 da Lista de Serviços anexa à LC nº 116/2003.

Da mesma forma, pensamos que as demais prestações de serviços que envolvam livros, jornais e outros periódicos, como por exemplo, o transporte de tais mercadorias, a intermediação na compra e venda, e até mesmo a divulgação de publicidade nestes, servindo o periódico como instrumento veiculador, configuram fatos imponíveis do imposto municipal, visto que o que se proíbe é a tributação incidente sobre o produto em si, o que não é o caso, pois que o ISS onera a atividade de prestação de serviços (que pode ter como objeto livro, jornal e periódico) e não a produção e circulação do bem, fatos estes sim, atípicos em virtude do mandamento constitucional.

Contrariando nosso entendimento, o STF já considerou imune ao ISS a publicidade veiculada pelos jornais (RE 87.049-SP).

No que tange aos serviços de transporte de jornais, livros e periódicos, o STF vem corroborando a nossa posição acerca da incidência do ISS:

> "CONSTITUCIONAL – TRIBUTÁRIO – IMUNIDADE – DISTRIBUIÇÃO DE JORNAIS, REVISTAS E PERIÓDICOS – CF ART. 150, VI, "d" – EMBARGOS DE DIVERGÊNCIA – DIVERGÊNCIA NÃO COMPROVADA. I – Inocorrência da demonstração de que a questão posta no acórdão-embargado da 1ª Turma – Terceiro que presta serviços de transporte de jornais para a sua distribuição, que o acórdão embargado entendeu que não está abrangido pela imunidade – seria divergente de entendimento da 2ª Turma. II – Embargos de divergência não admitidos. Agravo não provido." (RE 116607, EDv, AgR/SP, AG. Reg. nos Emb. Div. no Recurso Extraordinário, Pleno do Tribunal, Relator Min. Carlos Velloso, j. em 5/2002)

Questão interessante, digna ainda de menção neste tópico, diz respeito à extensão da imunidade em relação ao livro apresentado em CD ou disquete.

Recorrendo à interpretação histórica, notamos que, declarando o papel de imprensa imune à tributação por via de impostos, a Lei Maior (originariamente a de 1946) teve em mira facilitar a difusão da cultura, barateando os livros, jornais e periódicos.

Fácil ainda enxergarmos o porquê. É que saindo de um regime onde predominava a vontade inconteste do ditador Getúlio Vargas, o legislador de então procurou, com a edição da norma que se trata, prestigiar a liberdade de pensamento, facilitando a livre manifestação de ideias. Obviamente que, ao tempo da Carta de 1946, nem sequer se imaginava o avanço tecnológico atual.

Assim, a forma pela qual se apresenta o livro pouco importa; o que deve ser extraída da norma constitucional é a *mens legislatoris* na época em que foi criada, pelo que entendemos ser perfeitamente sustentável que o benefício se estenda a outros meios de veiculação de ideias que também viabilizam o atingimento deste louvável objetivo.

Sacha Calmon Navarro Coelho (1990, p. 379) leciona no mesmo sentido aqui invocado, sustentando *"que devem ser equiparados ao livro, para fins de imunidade, os veículos de ideias que hoje lhe fazem as vezes ou até o substituem (é o caso – desde que didáticos ou científicos – do disco, dos disquetes de computador, dos slides, dos videocassetes, dos filmes etc.).*"

José Souto Maior Borges, com raro brilhantismo, expõe seu pensamento em relação à matéria (*Repertório IOB de Jurisprudência*, 1/10545):

> A manipulação do tributo poderá envolver atentados à livre manifestação do pensamento; valor que a CF/1988 buscou preservar. Ora, o vertiginoso desenvolvimento tecnológico moderno, particularmente no campo da informática (e contra o qual nós nada podemos), vem provocando o fenômeno da substituição do livro (ou pelo menos a sua coexistência) por disquetes, CDs, etc, que explorem funções tradicionalmente a eles reservadas. Dicionários, por exemplo, são, por essa via, ofertados ao público. Estarão eles fora do campo de aplicação do art. 150, VI, "d"? A resposta é negativa. Esse dispositivo historicamente insere-se numa tradição muito antecedente à eclosão da informática. Mas, como nos ensina a sabedoria imemorial, "onde está a mesma razão, está o mesmo dispositivo" (*ubi eadem ratio, ibi eadem legis dispositio esse debet*). Impedir a aplicação do art. 150, VI, d, aos produtos de informática é condená-lo a uma esclerose precoce – dado que tudo leva à conclusão de que ele deveria aplicar-se também aos produtos novos, que coexistem com o livro e demandam o mesmo tratamento tributário. Até porque, do contrário, a interpretação e a aplicação da CF não seria, no particular, ampla, mas restritiva e quando menos estrita, contra os critérios preconizados pelo STF no tocante à exegese da imunidade constitucional do livro.

Importante notar também, que o tipo e conteúdo dos periódicos não deve ser levado em conta para o reconhecimento da imunidade, já que a Constituição não faz qualquer distinção a respeito.

Assim, sejam os livros e periódicos luxuosos ou populares, científicos, edificantes ou fesceninos, ambos aceitam a imunidade em pauta. No entanto, não serão beneficiados pela limitação constitucional os livros e periódicos que percam essa natureza, convertendo-se em meros pretextos para a veiculação de propaganda de mercadorias, como por exemplo um catálogo mensal de produtos de beleza.

Concluindo o estudo da imunidade tributária, faz-se oportuno registrarmos que, do mesmo modo e por maior razão que na isenção, a decisão administrativa que defira um pedido de imunidade estará tão somente reconhecendo a não ocorrência de fato imponível no caso concreto, devendo, por isso, igualmente retroagir seus efeitos à data em que o sujeito passivo já apresentava os requisitos necessários para fruir da benesse constitucional.

Sendo o crédito mera decorrência da obrigação tributária, que por sua vez, surge com a prática do fato gerador *in concreto* (art. 113, § 1º, do CTN), inexistente este, seria um *non sensu* manter a tributação tão só porque o requerimento de solicitação da imunidade não foi apresentado na época apropriada. Trata-se de mera formalidade secundária, não podendo se sobrepor a um pressuposto da obrigação tributária, qual seja, a concreta realização do fato imponível no mundo fenomênico.

Questão assim foi por nós analisada na Prefeitura Municipal de Bauru, no ano de 1997. Uma instituição de assistência social protocolou, neste exercício, requerimento onde solicitava o reconhecimento da imunidade de ISS desde o ano de 1989.

Provado que desde então a entidade operava de acordo com as condições exigidas pelo art. 14 do CTN, inclinamo-nos pelo acolhimento de sua pretensão, infirmando todos os lançamentos do imposto municipal que gravavam o cadastro fiscal da pessoa jurídica reclamante.

3.3.4. Imunidade dos CDs e DVDs

A Emenda Constitucional nº 75/2013 incluiu a alínea "e" no art. 150, VI, da CF/1988, criando nova modalidade de imunidade tributária:

> Art. 150. Sem prejuízo de outras garantias asseguradas ao contribuinte, é vedado à União, aos Estados, ao Distrito Federal e aos Municípios:
>
> e) fonogramas e videofonogramas musicais produzidos no Brasil contendo obras musicais ou literomusicais de autores brasileiros e/ou obras em geral interpretadas por artistas brasileiros bem como os suportes materiais ou arquivos digitais que os contenham, salvo na etapa de replicação industrial de mídias ópticas de leitura a *laser*.

Portanto, temos nova norma imunizante que impede que a União, os Estados, os Municípios e o Distrito Federal instituam impostos sobre gravação de música ou obras em geral, de som ou imagem e som interpretadas por artistas brasileiros.

Também não poderão instituir impostos sobre os CDs, DVDs, Blu-Ray ou outros suportes materiais, e ainda arquivos digitais que os contenham (aplicativos para celular, *tablet*, download pela internet etc.). Apenas o processo industrial de produção dos CDs e DVDs (suportes materiais), se realizados por mídias ópticas de leitura a *laser*, poderão ser normalmente tributadas.

4 COMENTÁRIOS À LISTA DE SERVIÇOS (ATUALIZADA PELA LEI COMPLEMENTAR Nº 157, DE 29 DE DEZEMBRO DE 2016)

A Lei Complementar nº 116, de 31 de julho de 2003, publicada no *Diário Oficial da União* em 1º.8.2003, ampliou significativamente o campo de incidência do ISS, editando nova e ampliada lista de serviços tributáveis, com a inclusão de diversas atividades que não constavam na lista anterior.

A vigente legislação agrupa os diversos serviços em itens e subitens, tratando do gênero e das espécies respectivamente, sem, no entanto, seguir uma ordem determinada.

Assim como fazia o diploma revogado, a atual lista continua a prever hipóteses de cessões de direito. No entanto, de forma incoerente e confusa, foram vetados pelo Presidente da República os subitens 3.01 (locação de bens móveis) e 13.01 (distribuição de filmes), a pretexto de suas inconstitucionalidades. E as demais tipificações de cessões de direitos?!

Dado o propósito da presente obra, que tem como foco principal as questões polêmicas que se apresentam no campo tributário, neste item limitaremos a nossa análise aos serviços que geram controvérsias entre os estudiosos da matéria, implicando, muitas vezes, em tormentosos conflitos de competência tributária, observando e comentando inclusive as inovações promovidas pela recente LC nº 157/2016.

4.1. ADMINISTRAÇÃO DE BENS E NEGÓCIOS DE TERCEIROS

17.12 – Administração em geral, inclusive de bens e negócios de terceiros.

Administrar é gerir, governar, dirigir, bens ou negócios próprios ou de terceiros. O exemplo mais comum é o serviço praticado pelas imobiliárias, que administram os imóveis de seus clientes, especialmente quando são locados a terceiros. Assim, pesquisa-se a solvência do pretenso locatário, elabora-se o contrato de locação, são recebidos os aluguéis, as contas de água e luz etc. Para tanto, cobra-se uma "taxa de administração", sobre a qual incidirá o imposto municipal.

Quaisquer outras formas de administração darão ensejo à tributação pelo ISS, desde que realizadas para terceiros.

A administração de condomínios só será configurada como fato gerador do ISS caso seja realizada por terceiros profissionais. A administração realizada pelo próprio condomínio não estará no raio de incidência do tributo em questão, uma vez não haverá tipicidade neste caso. O elemento material do fato gerador do ISS é formado pela prestação de serviços a terceiros, com finalidade econômica, e não a si próprio.

As administradoras de cartões de débito/crédito se enquadram no item 15.01.

4.2. AGENCIAMENTO, CORRETAGEM E INTERMEDIAÇÃO

A lista vigente prevê genericamente tais serviços em seu item 10, desmembrando-o em dez espécies, cada uma formando um subitem.

Agenciador, corretor ou intermediador é o profissional que se interpõe entre duas ou mais pessoas, aproximando-as para realizar um certo negócio. Agenciamento difere de corretagem, já que, embora haja intermediação nas duas espécies, o agenciador atua em nome e por conta de outrem, enquanto o corretor age em nome próprio.

O enquadramento deverá levar em conta a especialidade tratada dentro de cada subitem. Não havendo previsão expressa para determinada atividade, e desde que o seu objeto se constitua em um bem móvel ou imóvel, pode-se utilizar o subitem 10.05, que é genérico e abrange qualquer tipo de intermediação de bens não contida nos demais subitens.

Note-se que a representação comercial também foi elencada no presente item 10 (10.09), com propriedade, segundo pensamos, pois não deixa de ser uma espécie de agenciamento, em que o representante visita clientes e tira pedidos em nome da empresa representada.

A base de cálculo será o valor integral da comissão recebida pela realização do negócio, não se admitindo qualquer dedução.

As bancas de revistas praticam fato imponível de ISS enquadrável neste item. Na verdade, não há revenda de revistas, mas sim intermediação nas suas vendas. A mercadoria é deixada nos estabelecimentos a título de consignação, auferindo o proprietário da banca comissão por cada revista vendida.

4.3. ASSESSORIA E CONSULTORIA

> *17.01 – Assessoria ou consultoria de qualquer natureza, não contida em outros itens desta lista; análise, exame, pesquisa, coleta, compilação e fornecimento de dados e informações de qualquer natureza, inclusive cadastro e similares.*

Assessoria ou consultoria caracteriza-se como auxílio técnico em áreas especializadas, mediante opiniões e pareceres.

O item em estudo abrange qualquer espécie de assessoria ou consultoria, desde que não exista item específico para a atividade realizada. É o caso da consultoria prestada por advogados, economistas, contadores, que deve ser enquadrada nos itens pertinentes a estes profissionais.

A nova lista previu subitens específicos para a consultoria em determinadas áreas: 1.06 (em informática); 17.20 (financeira); 17.23 (em operações de *factoring*); 35.01 (assessoria de imprensa).

Entretanto, se o profissional liberal exerce exclusivamente a consultoria, correto será o seu enquadramento neste tipo. Esclarecedora a respeito a lição do professor Bernardo Ribeiro de Moraes (1984, p. 211):

> Devemos observar que certas profissões liberais têm área privativa e específica do exercício de suas atividades, onde encontramos a consultoria. O advogado, por exemplo, pode exercer a consultoria. O médico veterinário pode exercer consultoria sobre produção animal. O técnico em administração pode realizar consultoria sobre organização de empresas. Todavia, devemos verificar se o profissional exerce sua atividade técnica, sendo a consultoria exceção, ou se o mesmo trabalha exclusivamente em consultoria, hipótese em que será enquadrado neste item. O advogado que apenas emite pareceres, não postulando para sua clientela, não presta serviços de advogado, mas de consultoria.

Qualquer tipo de análise, pesquisa, informação e exame prestados, desde que seja caracterizado como um serviço autônomo e haja habitualidade, será tributado pelo ISS com base no subitem em apreço.

Empresas que têm como objetivo a pesquisa de mercado, realizando levantamentos de dados para terceiros, seja qual for a finalidade, enquadram-se seguramente no subitem ora comentado.

4.4. ASSISTÊNCIA TÉCNICA

A lista atual mantém os serviços de assistência técnica em seu rol de atividades tributáveis pelo imposto municipal, expressamente previstos no subitem 14.02.

Na prática, a expressão *"assistência técnica"* vem sendo utilizada num sentido vulgar, servindo como denominação para qualquer atividade que envolva o conserto ou mesmo a troca de peças de máquinas e aparelhos.

Não é esse, contudo, o real sentido do tipo legal. Doutrinariamente, *assistência técnica* é sinônimo de assessoria, sendo definida como um serviço *"pelo qual uma das partes (transmissora da tecnologia ou assistência técnica) oferece à outra (receptora), mediante remuneração, conhecimentos e elementos materiais de caráter técnico"* (Bernardo Ribeiro de Moraes, 1884, p. 209).

O serviço, portanto, limita-se a fornecer informações de ordem técnica, implicando muitas vezes até em transferência de *know-how*, extrapolando, porém, os lindes do item, a eventual execução material da orientação dada.

Assim, havendo algum tipo de materialização do parecer emitido, como por exemplo a restauração de um objeto, o fato não se enquadrará neste subitem, mas no 14.01.

Pelo que se percebe, existem dois subitens referentes à mesma atividade: 14.02 e 17.01. Isto pode ocasionar problema no caso da lista municipal gravar diferentemente tais itens.

Ressaltamos ainda, que a assistência prestada de forma gratuita, como garantia da venda de uma mercadoria, não reveste a condição de fato imponível de ISS, já que, nesse caso, não haverá preço do serviço, estando a garantia englobada no preço de comercialização do produto.

4.5. BANCOS

As instituições bancárias desenvolvem dois tipos de atividades: as principais, que consistem basicamente em operações de crédito e câmbio sujeitas ao IOF; e as secundárias ou acessórias, verdadeiras prestações de serviços alheias ao âmbito financeiro.

Os municípios sempre encontraram resistência por parte dos bancos quanto à tributação dos seus serviços acessórios.

De um lado, argumentavam a ausência de expressa menção de algumas atividades; de outro, sustentavam a não existência de *circulação econômica* nos denominados "serviços de expediente", o que acabaria desconfigurando o fato imponível do ISS.

Visando acabar com tais controvérsias, a Lei Complementar nº 116/2003 detalha, de maneira pormenorizada, os vários serviços acessórios praticados pelas instituições financeiras, passíveis de oneração pelo ISS. A relação é cansativa, mas merecedora de transcrição, dada a importância do objeto:

15 – *Serviços relacionados ao setor bancário ou financeiro, inclusive aqueles prestados por instituições financeiras autorizadas a funcionar pela União ou por quem de direito.*

15.01 – *Administração de fundos quaisquer, de consórcio, de cartão de crédito ou débito e congêneres, de carteira de clientes, de cheques pré-datados e congêneres.*

15.02 – *Abertura de contas em geral, inclusive conta-corrente, conta de investimentos e aplicação e caderneta de poupança, no País e no exterior, bem como a manutenção das referidas contas ativas e inativas.*

15.03 – *Locação e manutenção de cofres particulares, de terminais eletrônicos, de terminais de atendimento e de bens e equipamentos em geral.*

15.04 – Fornecimento ou emissão de atestados em geral, inclusive atestado de idoneidade, atestado de capacidade financeira e congêneres.

15.05 – Cadastro, elaboração de ficha cadastral, renovação cadastral e congêneres, inclusão ou exclusão no Cadastro de Emitentes de Cheques sem Fundos – CCF ou em quaisquer outros bancos cadastrais.

15.06 – Emissão, reemissão e fornecimento de avisos, comprovantes e documentos em geral; abono de firmas; coleta e entrega de documentos, bens e valores; comunicação com outra agência ou com a administração central; licenciamento eletrônico de veículos; transferência de veículos; agenciamento fiduciário ou depositário; devolução de bens em custódia.

15.07 – Acesso, movimentação, atendimento e consulta a contas em geral, por qualquer meio ou processo, inclusive por telefone, fac-símile, Internet e telex, acesso a terminais de atendimento, inclusive vinte e quatro horas; acesso a outro banco e a rede compartilhada; fornecimento de saldo, extrato e demais informações relativas a contas em geral, por qualquer meio ou processo.

15.08 – Emissão, reemissão, alteração, cessão, substituição, cancelamento e registro de contrato de crédito; estudo, análise e avaliação de operações de crédito; emissão, concessão, alteração ou contratação de aval, fiança, anuência e congêneres; serviços relativos a abertura de crédito, para quaisquer fins.

*15.09 – Arrendamento mercantil (*leasing*) de quaisquer bens, inclusive cessão de direitos e obrigações, substituição de garantia, alteração, cancelamento e registro de contrato, e demais serviços relacionados ao arrendamento mercantil (*leasing*).*

15.10 – Serviços relacionados a cobranças, recebimentos ou pagamentos em geral, de títulos quaisquer, de contas ou carnês, de câmbio, de tributos e por conta de terceiros, inclusive os efetuados por meio eletrônico, automático ou por máquinas de atendimento; fornecimento de posição de cobrança, recebimento ou pagamento; emissão de carnês, fichas de compensação, impressos e documentos em geral.

15.11 – Devolução de títulos, protesto de títulos, sustação de protesto, manutenção de títulos, reapresentação de títulos, e demais serviços a eles relacionados.

15.12 – Custódia em geral, inclusive de títulos e valores mobiliários.

15.13 – Serviços relacionados a operações de câmbio em geral, edição, alteração, prorrogação, cancelamento e baixa de contrato de câmbio;

emissão de registro de exportação ou de crédito; cobrança ou depósito no exterior; emissão, fornecimento e cancelamento de cheques de viagem; fornecimento, transferência, cancelamento e demais serviços relativos a carta de crédito de importação, exportação e garantias recebidas; envio e recebimento de mensagens em geral relacionadas a operações de câmbio.

15.14 – Fornecimento, emissão, reemissão, renovação e manutenção de cartão magnético, cartão de crédito, cartão de débito, cartão salário e congêneres.

15.15 – Compensação de cheques e títulos quaisquer; serviços relacionados a depósito, inclusive depósito identificado, a saque de contas quaisquer, por qualquer meio ou processo, inclusive em terminais eletrônicos e de atendimento.

15.16 – Emissão, reemissão, liquidação, alteração, cancelamento e baixa de ordens de pagamento, ordens de crédito e similares, por qualquer meio ou processo; serviços relacionados à transferência de valores, dados, fundos, pagamentos e similares, inclusive entre contas em geral.

15.17 – Emissão, fornecimento, devolução, sustação, cancelamento e oposição de cheques quaisquer, avulso ou por talão.

15.18 – Serviços relacionados a crédito imobiliário, avaliação e vistoria de imóvel ou obra, análise técnica e jurídica, emissão, reemissão, alteração, transferência e renegociação de contrato, emissão e reemissão do termo de quitação e demais serviços relacionados a crédito imobiliário.

Como vemos, a nova lista chega quase a esgotar o assunto, prevendo as mais variadas atividades secundárias executadas atualmente pelas instituições financeiras.

Ressalte-se, para fins de ISS, a irrelevância da nomenclatura dada pela contabilidade ao serviço realizado. Desde que este se amolde perfeitamente a determinado item da lista, será procedente a tributação pelo ISS. Assim, não é preciso que estejam elencadas expressamente na lista (isso vale não só para as atividades bancárias, mas para qualquer outra) todas as espécies de serviços a serem prestados, mesmo porque a realidade é dinâmica, bastando que o legislador conste os gêneros dos quais o intérprete extrai as espécies.

Idêntico entendimento aplica-se às denominações dadas, pelos prestadores, ao próprio serviço ou à conta que registra o recebimento do preço pago pelo mesmo, pois o importante é a natureza real do que representa, isto é, o serviço efetivamente prestado. A jurisprudência vem se pronunciando exatamente nesse sentido.

Conclui-se, pois, que quaisquer atividades praticadas pelas instituições financeiras, desde que apresentem tipicidade com a lista de serviços e que não se caracterizem como operações de crédito, de câmbio, de seguros, relativas a títulos e valores mobiliários e com outro ativo financeiro ou instrumento cambial, devem ser tributadas pelo município a título de ISS.

O Plano Contábil das Instituições do SFN – COSIF. Tais Instituições devem realizar a escrituração de suas operações de forma padronizada, por exigência do Banco Central do Brasil.

Este plano está estruturado em três capítulos:

- Capítulo 1 – Normas Básicas
- Capítulo 2 – Elenco de Contas
- Capítulo 3 – Documentos

Normas básicas. As normas consubstanciadas neste Plano Contábil têm como objetivo uniformizar os registros contábeis dos atos e fatos administrativos praticados, racionalizar a utilização de contas, estabelecer critérios, regras e procedimentos necessários à obtenção e divulgação de dados, possibilitar o acompanhamento do sistema financeiro, bem como a análise, a avaliação do desempenho e o controle, de modo que as demonstrações financeiras elaboradas expressem, como fidedignidade e clareza, a real situação econômico-financeira a instituição e conglomerados financeiros.

Elenco de contas. Cada uma das instituições financeiras terá elenco de contas próprio, apenas obrigadas à utilização dos títulos contábeis previstos no elenco COSIF, com o atributo próprio da instituição.

A disposição dos títulos contábeis no elenco de contas deve observar, na relação de contas, a seqüência do código de contas e, na função das contas, a ordem alfabética (Circular BACEN nº 1.273).

A codificação das contas deverá ainda observar a complexa estrutura prevista pelo mesmo ato normativo.

A Função das contas revela-se importantíssima para o detalhamento da finalidade e da natureza dos lançamentos efetuados, o que propiciará o preciso e correto enquadramento da atividade na lista de serviços tributáveis veiculada pela Lei Complementar nº 116/03.

Documentos. As instituições financeiras devem manter o Livro Diário ou o Livro Balancetes Diários e Balanços e demais livros obrigatórios com observância das disposições previstas e leis e regulamentos (Circular nº 1.273). Deverão ainda remeter inúmeros balancetes, demonstrações e estatísticas ao BACEN.

Interessa ao Fisco as CONTAS DO PASSIVO, mais especificamente as CONTAS DE RESULTADOS CREDORAS, para o ISS próprio, e as CONTAS DE RESULTADOS DEVEDORAS, no que tange ao ISS retido na fonte, uma vez que estas demonstrarão as despesas e aquelas as receitas da entidade financeira.

Transcrevemos agora as contas que merecem atenção da fiscalização por contemplarem serviços sujeitos ao ISS:

- todas do grupo 7.1.7 (Rendas de Prestações de Serviços);
- 7.1.9.50.00-0 (Rendas de Créditos por Avais e Fianças Honrados);
- 7.1.9.30.00-6 (Despesas Recuperadas);
- 7.1.9.70.00-4 (Rendas de Garantias Prestadas);
- 7.1.9.99.00-9 (Outras Rendas Operacionais);
- 7.1.1.00.00-1 (Rendas de Operações de Crédito);
- 7.1.2.10.00-1 (Rendas de Arrendamentos Financeiros);
- 7.1.2.20.00-8 (Rendas de Arrendamentos Financeiros);
- 7.1.2.30.00-5 (Rendas de Subarrendamentos);
- 7.1.3.00.00-7 (Rendas de Câmbio);
- 7.3.9.99.00-7 (Outras Rendas Não Operacionais);
- 7.8.1.10.00-1 (Rateio de Resultados Internos).

Essas, portanto, são as Contas que merecem atenção especial por parte da Auditoria Fiscal Tributária, que terá condições de identificar, principalmente através das Fichas de Lançamento Contábil, a natureza da atividade desenvolvida pelo banco, se tributável ou não pelo imposto municipal.

Segundo ainda entendemos, estão no campo do ISS os valores cobrados a título de "ressarcimento" de despesas com impressão gráfica, cópias, correspondências, telecomunicações e serviços prestados por terceiros, eis que, na verdade, não se trata de mera recuperação de gastos, mas de receitas decorrentes da prestação de serviços de expediente, o que se deduz da própria tarifação fixa a que estão sujeitos estes serviços.

Pode-se argumentar, com o abono de alguns julgados, que o banco não está à disposição da população para a prática de serviços de secretaria, expediente e congêneres. Daí falar-se em atividade-meio para a consecução da finalidade almejada, somente esta última podendo ser tributada.

É certo que a instituição financeira não foi criada para prestar serviços de expediente. Ao contrário, faz parte da sua natureza as *operações financeiras* (emprestar dinheiro e cambiar a moeda).

Entretanto, como visto antes, outras atividades, ainda que secundárias, passaram a ser exploradas pelos bancos com o tempo, servindo-lhes de boa fonte de lucro. Dentre essas se inserem os serviços de expediente, agora expressamente catalogados na lista anexa à Lei Complementar nº 116/2003.

Nessa linha, a partir do momento em que o serviço é cobrado de modo autônomo e com preço superior ao realmente gasto pela instituição, fica patente a existência do elemento *finalidade lucrativa*, afastando a ideia de serviço prestado para si próprio, o que desnaturaria o fato jurídico tributário em questão.

As contas 7.1.1 (Rendas de Operações de Crédito) e 7.1.3 (Rendas de Câmbio), a princípio, parecem estranhas ao ISS. Entretanto, muitos serviços de expediente são nelas lançados, como por exemplo, a edição dos contratos de crédito e de câmbio, respectivamente.

A conta "Rateio de Resultados Internos" tem como função registrar, em caráter facultativo, as receitas que as dependências da instituição ratearem entre si. Tem como origem receitas contabilizadas na matriz, porém, com participação da unidade fiscalizada.

Por fim, observamos que os serviços tributados ao tempo da lista antiga em outros itens que não o 95 e 96, foram repelidos pelo STJ sob o argumento de falta de tipicidade tributária.

Portanto, os serviços acessórios dos bancos que foram classificados em itens como o 29, 44, 46, 48 e 50, não receberam a guarida do nosso Judiciário.

4.6. CARTÓRIOS

4.6.1. Considerações constitucionais

Em relação aos cartórios, dispõe o art. 236 da Constituição Federal de 1988:

> **Art. 236.** Os serviços notariais e de registro são exercidos em caráter privado, por delegação do Poder Público.

A doutrina assim esclarece:

> Os serviços públicos nem sempre são executados pelo Estado. Razões de ordem econômica e mesmo de ordem política e administrativa, exigem que o Estado permita que terceiros executem serviços públicos. (CAVALCANTE, [s.d.])
>
> Serviço público é todo aquele prestado pela administração ou por seus delegados, sob normas e controle estatais, para satisfazer necessidades essenciais ou secundárias da coletividade, ou simples conveniências do Estado). (MEIRELLES, 2007)

Por sua vez, serviços delegados são aqueles realizados diretamente por particulares, através de concessão, permissão e autorização, ou ainda por formas especiais de delegação como é o caso dos serviços notariais e de registro. O Poder Público, nesses casos, não transfere e titularidade de tais serviços, mas apenas a execução dos mesmos.

Os serventuários se enquadram na categoria dos agentes públicos, mais especificamente na espécie "delegatários de serviços públicos", agindo, pois, com autonomia e independência no exercício de suas funções (art. 28 da Lei nº 8.935/1994).

> São "profissionais do direito, dotados de fé pública, a quem é delegado o exercício de atividade notarial e de registro" (art. 3º da Lei nº 8.935/1994).

Os titulares de cartórios já foram considerados "funcionários públicos", o que excluiria o ISS por faltar um elemento essencial do seu fato gerador, qual seja, a autonomia na prestação do serviço. Ocorre que essa exegese se encontra superada tanto na doutrina como no Judiciário. Hoje é pacífico que não se aplica ao titular da serventia a aposentadoria compulsória. A própria Lei nº 8.935/1994 confirma isso em seu texto (art. 39).[1]

Podem ser qualificados como profissionais liberais? Sim, por exercer atividade técnica e científica, de modo autônomo, devidamente regulamentada em lei. O Judiciário apenas fiscaliza a atividade, não havendo relação de subordinação entre o tabelião e aquele Poder.

4.6.2. Características do serviço

As atividades notariais e de registro são disciplinadas pela Lei Federal nº 8.935/1994, que logo nos seus arts. 1º e 3º, exprime a natureza e a finalidade dos cartórios, se não, vejamos:

> **Art. 1º.** Serviços notariais e de registro são os de organização técnica e administrativa destinados a garantir a publicidade, autenticidade, segurança e eficácia aos atos jurídicos.
>
> **Art. 3º.** Notário, ou tabelião, e oficial de registro, ou registrador, são profissionais do direito, dotados de fé pública, a quem é delegado o exercício da atividade notarial e de registro.

Do primeiro artigo extrai-se uma série de características, bem como atribuições dos atos praticados pelos delegados do serviço público. Nota-se cristalinamente que o legislador buscou, ao deixar de utilizar a palavra cartório, conhecida por todos e vinculada estreitamente à avaliação preconceituosa da população, de que todos os exercentes deste *munus* buscam enganá-los e tirar proveito ao máximo, sem razão que justifique.

Nada mais correto por parte do legislador, em desmistificar as funções e objetivos dos serviços notariais e de registro que não se limitam à nova designação, devendo ser dito que a atual Constituição Federal reza pelo serviço público pautado em princípios elencados no *caput* do art. 37[2] que devem ser seguidos a todo instante pelos agentes públicos.

---

1. **Art. 39.** Extinguir-se-á a delegação a notário ou a oficial de registro por: I – morte; II – aposentadoria facultativa; III – invalidez; IV – renúncia; V – perda, nos termos do art. 35; VI – descumprimento, comprovado, da gratuidade estabelecida na Lei nº 9.534, de 10 de dezembro de 1997. (*Inciso VI acrescido pela Lei nº 9.812, de 10.8.1999*) § 1º. Dar-se-á aposentadoria facultativa ou por invalidez nos termos da legislação previdenciária federal. § 2º. Extinta a delegação a notário ou a oficial de registro, a autoridade competente declarará vago o respectivo serviço, designará o substituto mais antigo para responder pelo expediente e abrirá concurso.
2. **Art. 37.** A administração pública direta e indireta de qualquer dos Poderes da União, dos Estados, do Distrito Federal e dos Municípios obedecerá aos princípios de legalidade, impessoalidade, moralidade, publicidade e eficiência e, também, ao seguinte (...).

Os citados serviços são organizados de forma técnica e administrativa, ou seja, a sua atuação deve ser pautada em métodos obtidos a partir do estudo de outras disciplinas que auxiliam uma atuação eficaz, como a administração de empresas e contabilidade, dentre outras.

Partindo para a análise do escopo da atividade, no início da lista figura a garantia da publicidade, pois diversos atos praticados nas serventias extrajudiciais servem para assegurar o conhecimento de atos jurídicos por parte da sociedade como um todo.

Somando-se à publicidade, atestam a autenticidade, segurança e eficácia dos atos jurídicos, posto que, detentores de fé pública, passam a ser uma extensão do Estado visando a garantia das relações jurídicas.

Deixa patente a lei que os notários e oficiais de registro são profissionais do direito, que pautam as suas condutas nas disposições do ordenamento jurídico, não sendo servidores públicos, como se demonstrará no decorrer deste trabalho.

São titulares de uma delegação do Poder Público, obtida através de concurso público de provas e títulos, que lhes confere a execução de função intrínseca ao aparato estatal, passando nesta condição a deter fé pública, chancelando os atos praticados como agentes públicos.

A fé pública afirma certeza e a verdade dos assentamentos que o notário e oficial de registro pratiquem e das certidões que expeçam nessa condição, com as qualidades referidas no art. 1º da Lei nº 8.935/1994.

A fé pública:

a) corresponde à especial confiança atribuída por lei ao que o delegado declare ou faça no exercício da função, com presunção de verdade;

b) afirma a eficácia de negócio jurídico ajustado com base no declarado ou praticado pelo registrador e pelo notário.

O conteúdo da fé pública se relaciona com a condição, atribuída ao notário e ao registrado, de profissionais de direito.

Destarte, verifica-se a importância e a seriedade que cerca o serviço dos notários e titulares de registro, referidos conjuntamente por fazerem parte de um gênero do qual se destacam para praticar funções delimitadas em lei, que estipula as atribuições previstas em *numerus clausus*, podendo ser estendidas apenas por intermédio de veículo de igual hierarquia normativa.

A citada legislação fala em notários e registradores e tem o cuidado de tratá-los em separado, exatamente por exercerem tarefas diferentes, não obstante serem agentes públicos detentores dos mesmos direitos e obrigações. Submetem-se às mesmas regras gerais previstas na Lei Federal nº 8.935/1994, guardadas as diferenças atinentes apenas às competências a serem exercidas.

No tocante aos oficiais de registro, tais profissionais têm por função precípua o registro de atos em seus livros especiais, que com a devida inscrição constituem direito, tornam público ato jurídico, passando a valer *erga omnes*.

A delegação prevista na Lei nº 8.935/1994, tem fins especiais. O registrador atua para assegurar efeito constitutivo (a aptidão constitutiva submete o ato ou o negócio jurídico ao prévio registro, sem o qual aquela não nasce), comprobatório (o ato ou negócio jurídico registrado existe, nos termos assentados no ofício público, gerando presunção, absoluta ou relativa, do direito ao qual se refere) e publicitário (o ato ou o negócio jurídico registrado é conhecido ou ao menos se presume o seu conhecimento por todos).

Com relação aos tabeliães, estes desempenham basicamente a autenticação de fatos, conferem forma especial à vontade das partes, na esteira das disposições do art. 6º da Lei Federal nº 8.935/1994,[3] cabendo-lhes com exclusividade praticar os atos previstos no art. 7º[4] da mesma norma.

4.6.3. Natureza dos emolumentos recebidos

Não há dúvida de que os valores recolhidos aos cofres estaduais, sob a denominação de emolumentos ou custas, têm a natureza de taxa. O STF já pacificou exegese nesse sentido.[5]

Todavia, o cartório não é titular desta taxa, que continua pertencendo ao Governo Estadual. O que é remunerado por taxa são os serviços notariais e de registro

3. **Art. 6º.** Aos notários compete: I – formalizar juridicamente a vontade das partes; II – intervir nos atos e negócios jurídicos a que as partes devam ou queiram dar forma legal ou autenticidade, autorizando a redação ou redigindo os instrumentos adequados, conservando os originais e expedindo cópias fidedignas de seu conteúdo; III – autenticar fatos.

4. **Art. 7º.** Aos tabeliães de notas compete com exclusividade: I – lavrar escrituras e procurações, públicas; II – lavrar testamentos públicos e aprovar os cerrados; III – lavrar atas notariais; IV – reconhecer firmas; V – autenticar cópias.

5. I. Ação direta de inconstitucionalidade: Lei nº 959, do Estado do Amapá, publicada no *DOE* de 30.12. 2006, que dispõe sobre custas judiciais e emolumentos de serviços notariais e de registros públicos, cujo art. 47 – impugnado – determina que a "lei entrará em vigor no dia 1º de janeiro de 2006": procedência, em parte, para dar interpretação conforme à Constituição ao dispositivos questionado e declarar que, apesar de estar em vigor a partir de 1º de janeiro de 2006, a eficácia dessa norma, em relação aos dispositivos que aumentam ou instituem novas custas e emolumentos, se iniciará somente após 90 dias da sua publicação. II. Custas e emolumentos: serventias judiciais e extrajudiciais: natureza jurídica. É da jurisprudência do Tribunal que as custas e os emolumentos judiciais ou extrajudiciais tem caráter tributário de taxa. III. Lei tributária: prazo nonagesimal. Uma vez que o caso trata de taxas, devem observar-se as limitações constitucionais ao poder de tributar, dentre essas, a prevista no art. 150, III, "c", com a redação dada pela EC nº 42/2003 – prazo nonagesimal para que a lei tributária se torne eficaz. (ADI 3694/AP, Amapá, Ação Direta de Inconstitucionalidade, Tribunal Pleno, Rel. Min. Sepúlveda Pertence, j. em 20.9.2006, *DJ* de 6.11.2006, *RDDT* 136, 2007, p. 221)

prestados indiretamente (no caso, através de delegação a um particular) pelo Estado-membro, já que esta é uma competência administrativa constitucional que se insere na esfera federativa estadual. Assim, titular do tributo é o Estado, e não os notários ou registradores.

Os cartórios apenas arrecadam os emolumentos, ficando com parcela destes para si próprios (e aí aparece a *parafiscalidade*), repassando as demais parcelas para várias entidades, funcionando, neste último caso, como simples *sujeito ativo auxiliar,* no dizer de Roque Carrazza (2007).

Pela Lei nº 11.331/2002, o titular de cartório é ainda sujeito passivo por substituição tributária, no que tange às taxas cartorárias.[6]

Interessante notar que a parcela das taxas retida no caixa pelos notários e registradores, deveria ingressar na contabilidade pública do Estado-membro (arts. 56 e 57 da Lei nº 4.320/1964), ainda que o repasse para os notários seja meramente contábil.

Insistimos: as taxas pertencem ao Governo Estadual. Já os titulares de serventias recebem uma parcela das taxas (emolumentos e custas) cobradas das pessoas que tomam os serviços em referência. Esta é a sua remuneração, que não se confunde com as taxas, decorrentes de relação jurídico-tributária constituída entre o Estado e o usuário do serviço público.

E qual o caráter dessa remuneração? Preço público, já que a sua formação é influenciada por outros fatores (políticos e sociais), além da mera realidade econômica, mas sempre com o fator *lucro* nela embutida.

A taxa é a fonte de custeio dessa remuneração, repassada financeira e orçamentariamente aos agentes delegatários como preço pago pelo Estado-membro na medida da parcela dos serviços públicos prestados à população.

Apenas quando forem prestados diretamente pelo Estado é que estaremos diante de hipótese típica de remuneração integral por taxa, sem finalidade lucrativa, pois a taxa tem – ao menos teoricamente – caráter estritamente contraprestacional, o que se afasta de qualquer intuito lucrativo.

4.6.4. Histórico da tributação dos serviços notariais e de registro, a título de ISS

A tributação dos cartórios pelo Imposto sobre Serviços de Qualquer Natureza – ISSQN ou apenas ISS, como é mais conhecido, é questão antiga e há muitos anos vem despertando paixões no mundo jurídico tributário. Podemos dizer que a celeuma se divide em três fases, a seguir expostas.

---

6. **Art. 3º.** São sujeitos passivos por substituição, no que se refere aos emolumentos, os notários e os registradores.

4.6.4.1. Período anterior à Lei Complementar nº 116/2003

Ainda na vigência do Decreto-Lei nº 406/1968, havia quem sustentasse a incidência do ISS sobre os serviços notariais e de registro. Várias entidades de administração pública municipal lançaram a possibilidade dessa tributação, fulcrada em alguns itens da antiga e revogada lista de serviços.

Eram lembrados os serviços tipificados nos itens 24, 29, 76 e 95 da lista da época.[7] Serviços como o fornecimento de certidões e atos de expediente em geral se enquadrariam nos itens 24 e 29, por exemplo. Cópias de documentos e protesto de títulos seriam tributados nos itens 76 e 95.

O problema maior é que não havia previsão expressa da atividade em tela na lista definidora de atividades tributadas pelo imposto. E o pior, já ganhava eco a tese da imunidade tributária que será melhor desenvolvida no tópico seguinte.

Não temos conhecimento de que alguma prefeitura tenha conseguido, no passado, com êxito, tributar cartórios através do ISS.

4.6.4.2. Período posterior à Lei Complementar nº 116/2003

Mesmo após o advento da Lei Complementar nº 116/2003, com a previsão explícita e inequívoca das atividades notariais e de registro em sua lista de serviços tributáveis,[8] a matéria continuou extremamente polêmica. A tese da imunidade recíproca ganhou ainda mais força e os cartórios começaram a se movimentar contra a cobrança do imposto municipal.

É fato que grande parte do Judiciário decidiu favoravelmente ao segmento, abarcando exatamente o argumento da imunidade do serviço público.

Defendemos posição contrária já na primeira edição desta nossa obra (2001), que refutava o reconhecimento da imunidade tributária para os serviços cartorários. E a razão era e continua sendo muito simples: apesar de o serviço – delegado pelo Estado – continuar sendo *público,* ele é exercido em caráter privado, por um *profissional* que obviamente visa o lucro. Nesse prisma, ao conceder a imunidade ao

---

7. 24. Análises, inclusive de sistemas, exames, pesquisas e informações, coleta e processamento de dados de qualquer natureza; – 29. Datilografia, estenografia, expediente, secretaria em geral e congêneres; – 76. Cópia ou reprodução, por quaisquer processos, de documentos e outros papéis, plantas ou desenhos; – 95. Cobranças e recebimentos por conta de terceiros, inclusive direitos autorais, protestos de títulos, sustação de protestos, devolução de títulos não pagos, manutenção de títulos vencidos, fornecimentos de posição de cobrança ou recebimento e outros serviços correlatos da cobrança ou recebimento (este item abrange também os serviços prestados por instituições autorizadas a funcionar pelo Banco Central).

8. Lei Complementar nº 116, de 31.7.2003: item 21.01 – Serviços de registros públicos, cartorários e notariais.

cartório, estar-se-á, por via oblíqua, concedendo a benesse a um particular que exerce uma atividade bastante lucrativa, diga-se de passagem.

Ora, se reconhecêssemos a imunidade para os cartórios, teríamos que – pelo mesmo raciocínio – reconhecê-la igualmente para as empresas que prestam o serviço público de transporte coletivo municipal, que se caracterizam como *concessionárias* de *serviços públicos* de titularidade dos municípios. O interessante é que nunca ninguém questionou a tributação de tais empresas pelo ISS.

Outro argumento que vinha sendo utilizado contra a cobrança – pasmem – é que os notários e registradores são investidos em cargos públicos, nomeados através de concurso público, nos termos do § 3º do art. 236 da CF, pertencendo, portanto, à classe dos agentes administrativos. Por conseguinte, estariam hierarquizados junto ao Poder Judiciário, o que lhes retiraria a autonomia necessária para a configuração do fato imponível do ISS.

O próprio Supremo Tribunal Federal – STF assim já se pronunciou, ao se referir ao art. 236 da Lei das leis:

> Este dispositivo não afeta, antes confirma, a natureza pública do serviço. Assim, titulares e auxiliares de tabelionatos e ofícios de registro são funcionários públicos, inclusive para os fins do art. 327 do CP. (*RDA* 187/75)

Nada mais equivocado, e tanto que isso é verdade, que não mais há quem sustente tal entendimento. Ora, não é a simples exigência de concurso público que irá transformar a natureza do serviço prestado. Como bem expressa o caput do art. 236 do Texto Magno, o serviço cartorário será objeto de *delegação* a particulares. Simplesmente foi criada pelo constituinte norma excepcional para a atividade, exigindo-se que esta descentralização se dê através de concurso ao invés de procedimento licitatório, o que é mais usual.

O exame cuidadoso da Lei nº 8.935/1994, em vários dispositivos, desmente o caráter de servidor público que parte da doutrina e jurisprudência quer dar aos titulares de serviços cartoriais. O art. 3º conceitua tal figura como *"profissionais do direito, dotados de fé pública, a quem é delegado o exercício da atividade notarial e de registro".*

O art. 14, ao se referir ao ingresso na atividade notarial e de registro, fala em *"delegação para o exercício da atividade..."*, não se referindo em nenhum momento, assim como toda a lei, à investidura em cargo, emprego ou função pública.

A autonomia no serviço é ainda reconhecida pela mesma lei, ao dispor explicitamente no art. 28, que *"os notários e oficiais de registro gozam de* ***independência*** *no exercício de suas atribuições...".* (grifo nosso)

Portanto, os titulares de cartórios não podem, de forma alguma, ser caracterizados como servidores públicos do foro extrajudicial do Judiciário, uma vez que não estão hierarquicamente subordinados a este Poder. Pertencem, na realidade, ao gênero "agentes públicos", enquadrando-se mais especificamente na espécie "delegatários de serviços públicos", agindo com autonomia no desempenho de sua atividades, sujeitando-se apenas ao controle finalístico a ser exercido pelo Poder Delegante.

A precisa lição do professor Hely Lopes Meirelles (2007) vem corroborar o nosso pensamento:

> Agentes delegados são particulares que recebem a incumbência da execução de determinada atividade, obra ou serviço público e o realizam em *nome próprio, por sua conta e risco*, mas segundo as normas do Estado e sob permanente fiscalização do delegante. Esses agentes não são servidores públicos, nem honoríficos, nem representantes do Estado; todavia, constituem uma categoria à parte de colaboradores do Poder Público. Nessa categoria encontram-se os concessionários e permissionários de obras e serviços públicos, *os serventuários de ofícios ou cartórios não estatizados*, os leiloeiros, os tradutores e intérpretes públicos, as demais pessoas que recebem delegação para a prática de alguma atividade estatal ou serviço de interesse coletivo. (grifo nosso)

Por fim, há quem enxergue violação ao art. 145, § 2º, da CF/88, pelo fato de o ISS incidir sobre uma taxa (os emolumentos têm caráter de taxa, segundo o STF). Tal fundamentação foi ironizada pelo próprio STF, como veremos adiante.

4.6.5. Período posterior à decisão do STF na ADI nº 3089

Surpreendentemente, o STF acabou julgando improcedente a Ação Direta de Inconstitucionalidade proposta pela ANOREG – Associação dos Notários e Registradores.

Segundo cremos, foi precipitada a atitude de tal entidade em propor a mencionada medida, visto que os cartórios vinham facilmente vencendo as disputas nos órgãos judiciários inferiores e tudo indicava que os municípios desistiriam – como de fato muitos desistiram – a partir da derrota em segunda instância (nos Tribunais de Justiça).

A doutrina também, de forma esmagadora, sempre repudiou a incidência de ISS sobre os serviços notariais e de registro. Contudo, até pelo quadro que se apresentava na doutrina e jurisprudência nacionais, achou a ANOREG que a batalha estava ganha e que a decisão do STF seria muito tranquila em favor dos cartórios.

É, mas aquilo que parecia "favas contadas", transformou-se numa verdadeira "dor de cabeça" para os titulares de serventias, já que o Colendo STF mudou o rumo da história, decidindo o que até então parecia impossível, isto é, que incide sim ISS sobre os serviços prestados pelos cartórios.

Podemos afirmar, pois, que a partir dessa decisão a tributação dos cartórios tornou-se pacífica? Não, longe disso. Outras questões ainda deverão atormentar a mente dos intérpretes e dos julgadores. Quais são elas? Principalmente o regime de tributação, se fixo ou proporcional, e ainda – dentro da sistemática *ad valorem* – a correta composição da base imponível, dados os repasses efetuados pelos cartórios a diversas entidades.

Menos polêmica, mais possível, é questão da modulação "invertida" dos efeitos da decisão. Em outras palavras, o problema se resume em saber se há alguma possibilidade do STF impedir que a tributação retroaja a 2004. Todas essas questões serão abordadas com riqueza de detalhes mais à frente.

4.6.5.1. A decisão do STF na ADI nº 3089

A Ação Direta de Inconstitucionalidade – ADI nº 3089 foi impetrada pela Associação dos Notários e Registradores do Brasil (ANOREG), contra a incidência do ISS sobre os serviços notariais e de registro. A propositura da ação, como já dissemos alhures, foi totalmente precipitada, já que os cartórios vinham ganhando (tranquilamente) nas demais esferas judiciárias.

Discutiu-se mais precisamente na ADI nº 3089 a pretensa inconstitucionalidade do item 21 da Lista de Serviços anexa à Lei Complementar nº 116/2003. A ANOREG apresentou como tese principal a imunidade recíproca que abrangeria os serviços notariais e de registro, visto tratar-se de serviços públicos de competência dos Estados.

O feito teve como relator o ilustre Ministro Carlos Ayres Britto, relator do processo, que sustentou que a cobrança é inconstitucional, porque os serviços notariais e de registro seriam imunes a esse tipo de tributação, adotando tese até então referendada por quase todo o Judiciário nacional. Votou pela Procedência da Ação Direta de Inconstitucionalidade.

Todos os demais ministros do STF votaram contra o relator, repelindo a tese da imunidade recíproca e apresentando como principal argumento contrário a exploração econômica da atividade por um particular.

O ministro Sepúlveda Pertence, já aposentado, foi o primeiro a votar pela constitucionalidade da cobrança, ainda em setembro de 2006, quando a questão começou a ser discutida no Plenário do Supremo. Na ocasião, ele lembrou que o serviço notarial e de registro é uma atividade estatal delegada, mas, enquanto atividade privada, é um serviço sobre o qual nada impede a incidência do ISS. Afastou ainda o argumento segundo o qual "um imposto não poderia incidir sobre uma taxa". "Se levarmos às últimas consequências tal alegação, então os titulares de serventias não terão que pagar IR."

O ministro Joaquim Barbosa, segundo a votar pela constitucionalidade da cobrança, em abril de 2007, afirmou que nada impede a cobrança do ISS sobre uma atividade explorada economicamente por particular. Também acompanharam esse entendimento a ministra Cármen Lúcia Antunes Rocha e os ministros Ricardo Lewandowski, Eros Grau, Cezar Peluso e Gilmar Mendes. Ao finalizarem o julgamento da ação, os ministros Marco Aurélio, Celso de Mello e Ellen Gracie uniram-se à maioria que já estava formada.

4.6.5.2. Efeitos dessa decisão

Os efeitos – *erga omnes* e vinculante – das decisões proferidas em sede de Ação Direta de Inconstitucionalidade estão previstos no art. 28, parágrafo único, da Lei nº 9.868/1999:

> **Art. 28.** (...)
>
> Parágrafo único. A declaração de constitucionalidade ou de inconstitucionalidade, inclusive a interpretação conforme a constituição e a declaração parcial de inconstitucionalidade sem redução de texto, têm eficácia contra todos e efeito vinculante em relação aos órgãos do poder judiciário e à administração pública federal, estadual e municipal.

A regra legal, na verdade, é mera decorrência de imperativo constitucional estatuído no art. 102, § 2º, da CF/88, com o seguinte teor:

> **Art. 102.** (...)
>
> § 2º. As decisões definitivas de mérito, proferidas pelo Supremo Tribunal Federal, nas ações declaratórias de inconstitucionalidade e nas ações declaratórias de constitucionalidade produzirão eficácia contra todos e efeito vinculante, relativamente aos demais órgãos do Poder Judiciário e à administração pública direta e indireta, nas esferas federal, estadual e municipal.

Portanto, nenhum outro órgão judiciário poderá proferir decisão contrária ao entendimento do STF, o que imprime segurança aos Municípios para tributarem os serviços notariais e de registro.

Questão processual interessante é a que se reporta à possibilidade da modulação dos efeitos da presente decisão. Melhor explicando, seria possível uma decisão declaratória de constitucionalidade irradiar efeitos meramente *ex nunc*, isto é, não retroagir à data da edição da lei atacada?

Reza o art. 27:

> **Art. 27.** Ao declarar a inconstitucionalidade de lei ou ato normativo, e tendo em vista razões de segurança jurídica ou de excepcional interesse social, poderá o Supremo Tribunal Federal, por maioria de dois terços de seus membros, restringir os efeitos daquela declaração ou decidir que ela só tenha eficácia a partir de seu trânsito em julgado ou de outro momento que venha a ser fixado.

Pela redação "literal" do art. 27, não! Porém, existe entendimento doutrinário e um caso prático em que o STF modulou os efeitos de sua decisão declaratória de constitucionalidade.[9]

4.6.6. Fato gerador do ISS sobre os serviços notariais e de registro

4.6.6.1. Legislação municipal

Como é sabido, lei complementar não cria tributo, mas apenas explicita os mandamentos constitucionais[10] que deverão ser obedecidos pelo legislador ordinário.

Assim, para que o imposto municipal possa ser legitimamente exigido, faz-se necessário que o *serviço de qualquer natureza* venha expressamente delineado na lista de serviços municipal.

É que no direito tributário vigora o princípio da tipicidade fechada, ou seja, o fato praticado pelo sujeito passivo deve amoldar-se de forma absoluta ao tipo tributário que descreve o fato gerador *in abstracto* do tributo.

Caso isso não ocorra, não há que se falar em obrigação tributária, eis que o contribuinte terá praticado tão somente um fato natural atípico, não produzindo efeitos tributários.

Assim, é imprescindível que a legislação municipal reproduza em sua lista respectiva o item 21 da lista anexa à Lei Complementar nº 116/2003[11] para que o Município possa validamente tributar os serviços notariais e de registro pelo ISS.

---

9. CONSTITUCIONAL – AÇÃO DIRETA DE INCONSTITUCIONALIDADE – EMBARGOS DE DECLARAÇÃO – ILEGITIMIDADE RECURSAL DO GOVERNADOR DO DISTRITO FEDERAL – ACOLHIMENTO PARCIAL DOS EMBARGOS MANEJADOS PELA MESA DA CÂMARA DO DISTRITO FEDERAL. 1. Não havendo participado do processo de fiscalização abstrata, na condição de autor ou requerido, o Governador do Distrito Federal carece de legitimidade para fazer uso dos embargos de declaração. Precedentes. 2. No julgamento da ADI 3.756, o Supremo Tribunal Federal deu pela improcedência do pedido. Decisão que, no campo teórico, somente comporta eficácia ex tunc ou retroativa. No plano dos fatos, porém, não há como se exigir que o Poder Legislativo do Distrito Federal se amolde, de modo retroativo, ao julgado da ADI 3.756, porquanto as despesas com pessoal já foram efetivamente realizadas, tudo com base na Decisão nº 9.475/00, do TCDF, e em sucessivas leis de diretrizes orçamentárias. 3. Embargos de declaração parcialmente acolhidos para esclarecer que o fiel cumprimento da decisão plenária na ADI 3.756 se dará na forma do art. 23 da LC nº 101/2000, a partir da data de publicação da ata de julgamento de mérito da ADI 3.756, e com estrita observância das demais diretrizes da própria Lei de Responsabilidade Fiscal. (ADI-ED 3756/DF, Emb. Decl. na Ação Direta de Inconstitucionalidade, Tribunal Pleno, Rel. Min. Carlos Britto, j. em 24.10.2007, *DJ* de 23.11.2007)
10. O ISS encontra seu principal fundamento de validade na Carta Magna Brasileira, que traça a regra matriz do imposto no seu art. 156: Compete aos Municípios instituir impostos sobre: (...) III – serviços de qualquer natureza, não compreendidos no art. 155, II, definidos em lei complementar (*redação dada pela Emenda Constitucional nº 3, de 1993*).
11. Item 21 da lista anexa à LC nº 116/2003: serviços de registros públicos, cartorários e notariais.

4.6.6.2. Sujeito passivo

A definição de sujeito passivo é dada pelo art. 121 do Código Tributário Nacional, *in verbis:*

> **Art. 121.** Sujeito passivo da obrigação principal é a pessoa obrigada ao pagamento de tributo ou penalidade pecuniária.
>
> Parágrafo único. O sujeito passivo da obrigação principal diz-se:
>
> I – contribuinte, quando tenha relação pessoal e direta com a situação que constitua o respectivo fato gerador;
>
> II – responsável, quando, sem revestir a condição de contribuinte, sua obrigação decorra de disposição expressa de lei.

No mesmo sentido, reza o art. 5º da Lei Complementar nº 116/2003 que "*contribuinte do ISS é o prestador do serviço*".

Contribuinte, pois, é o cabeleireiro, o advogado, o corretor de seguros, a instituição financeira, ou seja, toda *pessoa física* ou *jurídica* que preste efetivamente um serviço de qualquer natureza.

Mas cuidado: cartório ***não*** é pessoa jurídica! A serventia possui registro no CNPJ, mas a personalidade jurídica se confunde com a do profissional dela titular. Dessa forma, sujeito passivo (contribuinte) do ISS não é o cartório, mas o titular da serventia (pessoa física)!

Por outro lado, o inciso II do art. 2º da LC nº 116/2003,[12] retira do campo de incidência do imposto municipal alguns profissionais, quais sejam: os que prestem serviços com vínculo empregatício, os trabalhadores avulsos, os diretores e membros de conselho consultivo e fiscal de sociedades. A norma possui função meramente declaratória, já que, pela própria natureza da relação em que estão envolvidos esses profissionais, jamais poderiam ser considerados contribuintes do ISS. É que em todas as hipóteses citadas, falta o elemento autonomia, essencial para a configuração do fato jurídico tributário.

Como já dissemos em passagens anteriores, os titulares de cartórios já foram tidos por funcionários públicos hierarquizados junto ao Poder Judiciário, o que lhes retiraria a autonomia necessária para a configuração do fato imponível de ISS. A matéria, no entanto, foi pacificada em sentido contrário.

Temos ainda a figura do responsável tributário, que não pratica o fato imponível, mas acaba sendo onerado pela carga tributária, em virtude de expressa disposição legal.

Diz-se que há responsabilidade por *transferência* quando o dever de pagar o tributo, tendo nascido na pessoa do contribuinte, é transferida – em razão de um fato

12. **Art. 2º.** O imposto não incide sobre: (...) II – a prestação de serviços em relação de emprego, dos trabalhadores avulsos, dos diretores e membros de conselho consultivo ou de conselho fiscal de sociedades e fundações, bem como dos sócios-gerentes e dos gerentes-delegados; (...).

novo – à pessoa do responsável eleito pela lei. De outra sorte, fala-se em responsabilidade por *substituição* quando o dever de pagar o tributo nasce diretamente na pessoa do responsável, que *substitui* o contribuinte no polo passivo da obrigação tributária.

Os titulares de cartórios, por exemplo, são responsáveis pelo ITBI não recolhido sobre negócios jurídicos por ou perante eles praticados, nos termos do art. 134, VI, do CTN.[13]

A substituição tributária pode ser adotada para os serviços notariais e de registro, mas não parece conveniente, vez que cartórios são obrigados pela Corregedoria do Judiciário a manterem rigorosa escrituração de suas atividades. Desse modo, e também pelo pequeno número de cartórios existentes em cada Município, o combate à sonegação será facilmente exercitado pela Fiscalização, mesmo mantendo-se a responsabilidade pelo recolhimento do ISS na pessoa do contribuinte (titular da serventia). Além do que, a maioria dos usuários de cartórios é formada por pessoas físicas, fato que torna absolutamente inviável a aplicação da substituição para este tipo de serviço.

4.6.6.3. Base de cálculo

Para os cartórios, segundo pensamos, deve ser aplicada a regra, isto é, a *base de cálculo segundo o preço do serviço ou a receita bruta auferida.*

O problema é definir o que seja receita bruta. Sobre o tema, interessante observar julgado do Superior Tribunal de Justiça – STJ (sobre serviços de fornecimento de mão de obra, cujo raciocínio, entretanto, pode ser muito bem aplicado à hipótese em estudo),[14] que fez importante distinção entre **receita** e mera **entrada** financeira:

---

13. **Art. 134.** Nos casos de impossibilidade de exigência do cumprimento da obrigação principal pelo contribuinte, respondem solidariamente com este nos atos em que intervierem ou pelas omissões de que forem responsáveis: (...) VI – os tabeliães, escrivães e demais serventuários de ofício, pelos tributos devidos sobre os atos praticados por eles, ou perante eles, em razão do seu ofício.

14. TRIBUTÁRIO – IMPOSTO SOBRE SERVIÇOS DE QUALQUER NATUREZA – ISSQN – AGENCIAMENTO DE MÃO DE OBRA TEMPORÁRIA – INTERMEDIAÇÃO – ATIVIDADE-FIM DA EMPRESA PRESTADORA DE SERVIÇOS – BASE DE CÁLCULO – PREÇO DO SERVIÇO – TAXA DE AGENCIAMENTO – VALOR REFERENTE AOS SALÁRIOS E AOS ENCARGOS SOCIAIS. 1. A base de cálculo do ISS é o preço do serviço, consoante disposto no art. 9°, *caput*, do Decreto-Lei nº 406/1968. 2. A empresa que agencia mão de obra temporária age como intermediária entre o contratante da mão de obra e o terceiro que é colocado no mercado de trabalho. 3. A intermediação implica o preço do serviço que é a comissão, base de cálculo do fato gerador consistente nessas "intermediações". 4. O ISS incide, apenas, sobre a taxa de agenciamento, que é o preço do serviço pago ao agenciador, sua comissão e sua receita, excluídas as importâncias voltadas para o pagamento dos salários e encargos sociais dos trabalhadores. Distinção de valores pertencentes a terceiros (os empregados) e despesas com a prestação. Distinção necessária entre receita e entrada para fins financeiro-tributários. Precedentes do E. STJ acerca da distinção. (REsp 768658/PR, Recurso Especial 2005/0120797-7, Primeira Turna, Rel. Min. Luiz Fux (1122), j. em 2.8.2007, *DJ* de 25.10.2007)

- **Receita**: é a entrada que incrementa o patrimônio do contribuinte;
- **Entrada financeira**: valores que apenas transitam temporariamente pelo caixa do contribuinte para depois serem repassados aos seus verdadeiros titulares.

Essa é a tendência da doutrina e jurisprudência em nosso País. Daí porque sugerimos a adoção de regra vigente sobre o assunto no Município de Bauru (Lei Municipal nº 5.077/2003):

> **Art. 12.** (...)
>
> § 4º: O ISSQN previsto no item 21.01, da Tabela I, anexa à presente Lei, somente incidirá sobre os valores dos emolumentos recebidos a título de remuneração para si próprios pelos oficiais de registros públicos, cartorários e notariais.

A Lei paulista nº 11.331/2002 discrimina as parcelas dos emolumentos que ficarão com cada entidade. Vejamos:

> **Art. 19.** Os emolumentos correspondem aos custos dos serviços notariais e de registro na seguinte conformidade:
>
> I – relativamente aos atos de Notas, de Registro de Imóveis, de Registro de Títulos e Documentos e Registro Civil das Pessoas Jurídicas e de Protesto de Títulos e Outros Documentos de Dívidas:
>
> a) *62,5% (sessenta e dois inteiros e meio por cento) são receitas dos notários e registradores;*
>
> b) 17,763160% (dezessete inteiros, setecentos e sessenta e três mil, cento e sessenta centésimos de milésimos percentuais) são receita do Estado, em decorrência do processamento da arrecadação e respectiva fiscalização;
>
> c) 13,157894% (treze inteiros, cento e cinquenta e sete mil, oitocentos e noventa e quatro centésimos de milésimos percentuais) são contribuição à Carteira de Previdência das Serventias não Oficializadas da Justiça do Estado;
>
> d) 3,289473% (três inteiros, duzentos e oitenta e nove mil, quatrocentos e setenta e três centésimos de milésimos percentuais) *são destinados à compensação dos atos gratuitos do registro civil das pessoas naturais* e à complementação da receita mínima das serventias deficitárias;
>
> e) 3,289473% (três inteiros, duzentos e oitenta e nove mil, quatrocentos e setenta e três centésimos de milésimos percentuais) são destinados ao Fundo Especial de Despesa do Tribunal de Justiça, em decorrência da fiscalização dos serviços.
>
> II – relativamente aos atos privativos do Registro Civil das Pessoas Naturais:
>
> a) 83,3333% (oitenta e três inteiros, três mil trezentos e trinta e três centésimos de milésimos percentuais) *são receitas dos oficiais registradores*;
>
> b) 16,6667% (dezesseis inteiros, seis mil seiscentos e sessenta e sete centésimos de milésimos percentuais) são contribuição à Carteira de Previdência das Serventias não Oficializadas da Justiça do Estado.

Pela redação transcrita, é fácil enxergar o que efetivamente constitui *receita* do titular do cartório e as parcelas dos emolumentos que apenas serão repassadas a diversas outras entidades.

Grifamos os dispositivos que representam as receitas dos notários e registradores, isto é, as entradas financeiras que incrementam o patrimônio dos titulares de cartórios. Apenas uma outra observação é importante: além dos valores diretamente recebidos e que ficam com os cartórios, temos ainda a hipótese da alínea "d" do inciso I do mesmo art. 19, já transcrito, que se refere ***à compensação dos atos gratuitos do registro civil das pessoas naturais.*** Entendemos que tais valores constituem igualmente receitas tributáveis pelo ISS, já que são decorrentes da prestação de serviços, gratuitos apenas para os usuários, mas onerosos para o próprio Estado. Em outras palavras, nesses casos, há a prestação do serviço e o seu preço é pago por um fundo destinado especialmente para esse fim, na proporção dos serviços realizados (art. 23 da Lei Paulista nº 11.331/2002). Há, portanto, íntima relação entre o serviço prestado e o preço recebido. Por isso, sustentamos que a tributação deve recair inclusive sobre tais valores.

O mesmo não ocorre com as entradas previstas na parte final do dispositivo (*complementação da receita mínima das serventias deficitárias),* visto que, nesta hipótese, os valores recebidos não guardam relação com a prestação de serviços ou, melhor dizendo, o recebimento é decorrente da *não prestação mínima de serviços.*

E o regime fixo, cabe para os cartórios?

O art. 9, § 1º, do Decreto-Lei nº 406/1968 (ainda em vigor segundo o STJ[15]) fala em "serviço pessoal" quando se refere ao regime de alíquotas específicas do ISS. Quer dizer, para ter direito ao tratamento tributário benéfico, deve o prestador imprimir aos serviços a suas características personalíssimas. Se outros profissionais interferem nessa *pessoalidade,* introduzindo novas habilidades no serviço, então não se poderá mais falar em serviço pessoal. Esse o conceito clássico de serviço pessoal fornecido pelo mestre Bernardo Ribeiro de Moraes em sua magnífica obra *Doutrina e Prática do ISS* (1984).

É muito claro que o titular do cartório não presta serviço pessoal, sendo auxiliado por diversos funcionários que efetivamente prestam os mais variados serviços (art. 20 da Lei nº 8.935/1994).

---

15. TRIBUTÁRIO – PROCESSO CIVIL – ISS – REVOGAÇÃO – ART. 9º, §§ 1º E 3º, DO DECRETO-LEI Nº 406/1968 – REVOGAÇÃO – ART. 10 DA LEI Nº 116/2003 – NÃO OCORRÊNCIA. 1. O art. 9º, §§ 1º e 3º, do Decreto-Lei nº 406/1968, que dispõe acerca da incidência de ISS sobre as sociedades civis uniprofissionais, não foi revogado pelo art. 10 da Lei Complementar nº 116/2003. 2. Recurso especial improvido. (REsp 713752/PB, Recurso Especial – 2004/0183752-0, Segunda Turma, Rel. Min. João Otávio de Noronha (1123), j. em 23.5.2006, *DJ* de 18.8.2006)

Contudo, há quem defenda o enquadramento fixo para os cartórios. Aires Barreto imprime conceituação diferente para serviço pessoal. Para o ilustre tributarista, dá-se a pessoalidade no serviço quando o *titular do negócio assume pessoalmente a responsabilidade pelos atos praticados pelos seus prepostos*, o que ocorre com os titulares de serventias (art. 3º da Lei nº 8.935/1994).

Não compartilhamos desse pensamento. O sentido do § 1º do art. 9º do Decreto-Lei nº 406/1968 não é esse. Na verdade, a inteligência do dispositivo está focada na produção do serviço. Se este se dá por meio de uma única pessoa que impregna o resultado com a sua exclusiva capacidade intelectual, estamos diante de um serviço pessoal. Se, porém, outras pessoas interferem nesse resultado, agregando ao serviço outras qualidades ou mesmo substituindo o titular, a atividade deixará de ser pessoal.

O STJ acolheu o nosso entendimento, no sentido da tributação *ad valorem* dos serviços notariais e de registro (REsp 1.185.119/SP).

A questão, inclusive, chegou ao STF, que afastou a sua competência, afirmando tratar-se de matéria infraconstitucional (ARE 816146 AgR/DF).

E se o Município mesmo assim desejar conceder o ISS fixo aos cartórios? Desde que observe a alíquota mínima de 2%, nenhum problema. Contudo, caso a importância se revele inferior aos 2% da receita bruta dos titulares de serventias, estará sendo desobedecida a disposição contida no art. 88 do ADCT da CF/88.

4.6.7. E as ações já transitadas em julgado?

Entendemos que cabe o ajuizamento de *ação rescisória*, com base no art. 485, V, do CPC. Deve ser observado o princípio da máxima efetividade das normas constitucionais, que implica em *flexibilização* e *relativização* da coisa julgada nas relações jurídicas de duração continuada.

Segue a Reclamação nº 2.600, julgada em 14.9.2006, pelo Plenário do STF, relator Ministro Cezar Peluso (matéria tributária, inclusive), que abarca tal exegese:

> AÇÃO DIRETA DE INCONSTITUCIONALIDADE – JULGAMENTO – SENTENÇA DE MÉRITO – OPONIBILIDADE *ERGA OMNES* E FORÇA VINCULANTE – EFEITO *EX TUNC* – OFENSA À SUA AUTORIDADE – CARACTERIZAÇÃO. Acórdão em sentido contrário, em ação rescisória. Prolação durante a vigência e nos termos de liminar expedida na ação direta de inconstitucionalidade. Irrelevância. Eficácia retroativa da decisão de mérito da ADI. Aplicação do princípio da máxima efetividade das normas constitucionais. Liminar concedida em reclamação, para suspender os efeitos do acórdão impugnado. Agravo improvido. Voto vencido. Reputa-se ofensivo à autoridade de sentença de mérito proferida em ação direta de inconstitucionalidade, com efeito *ex tunc*, o acórdão que, julgando improcedente ação rescisória, adotou entendimento contrário, ainda que na vigência e nos termos de liminar concedida na mesma ação direta de inconstitucionalidade.

4.6.8. Livros e documentos importantes para a apreciação da fiscalização

Os cartórios possuem uma série de livros de controle de suas operações. No entanto, toda a sua movimentação pode ser apurada através do Livro Diário.

Outros documentos importantes: comprovantes dos repasses efetuados a outras entidades.

Importa salientar que tais livros e documentos são obrigatórios para os cartórios, sob pena de, até mesmo, perder a delegação em caso de sua não observância. É o que reza o art. 30 da Lei nº 8.935/1994:

> **Art. 30.** São deveres dos notários e dos oficiais de registro:
>
> I – manter em ordem os livros, papéis e documentos de sua serventia, guardando-os em locais seguros; (...).

E se houver recusa de exibição de documentos? É possível o arbitramento, nos termos do art. 148 do CTN. Contudo, nem sempre é fácil arbitrar a base imponível do ISS para algumas atividades. Exatamente assim se mostra a atividade notarial e de registro, já que falta experiência aos fiscos municipais nesse ramo, principalmente porque tais serviços nunca foram tributados. Destarte, podemos afirmar que o melhor caminho não é o arbitramento. Outras três soluções se apresentam:

- Instauração de Processo Administrativo junto à Corregedoria do Poder Judiciário, requerendo a intervenção desta para que os cartórios apresentem a sua documentação à Fazenda Municipal;
- Ação Cautelar de Exibição de Documento ou Coisa, nos termos do art. 844 do Código de Processo Civil;
- Solicitação de informações junto à Receita Federal do Brasil (declaração de rendimentos).

4.6.9. Obrigações acessórias

Tendo em vista a peculiar natureza da atividade notarial e de registro, que apresenta inúmeras transações diárias e ao mesmo tempo um rígido controle das mesmas, conforme exigência da Corregedoria do Judiciário, a qual os cartórios estão vinculados (arts. 37 e 38 da Lei nº 8.935/1994), é razoável que se estabeleça um regime especial de apuração do preço do serviço para tal atividade.

Por essas particularidades, pode-se dispensar os cartórios da emissão de nota fiscal de serviço, criando declaração específica de faturamento para eles (mensal, trimestral, semestral ou até anual).

Importante salientar que tal medida de forma alguma enfraquecerá o controle do Fisco, vez que os cartórios, como já dito anteriormente, apresentam (e são obrigados a apresentar) contabilidade regular.

Além do mais, o Fisco Municipal, ao apurar o ISS retroativo, terá base concreta que poderá ser confrontada com a receita declarada a partir de agora, instaurando procedimentos fiscalizatórios para os casos que apresentarem discrepâncias significativas.

Como pode ser criada a declaração sugerida? Somente através de lei? Não, a declaração de faturamento para os cartórios poderá ser criada por ato infralegal (decreto ou instrução normativa, nos termos do art. 96 c/c art. 113, § 2º, ambos do CTN).[16]

4.7. CESSÃO DE DIREITOS

Absurda incoerência se verifica nesta matéria. Expliquemos.

A Lei Complementar nº 116/2003 tipificou novas hipóteses de cessões de direitos, mantendo as já existentes ao tempo da lei anterior. Só para exemplificar,podemos citar os subitens 1.05 (programas de computador); 3.02 (marcas e sinais de propaganda); 3.03 (exploração de locais para eventos); 3.04 (permissão de uso); 12 (diversões públicas); 15.09 (*leasing*); 17.08 (franquia); e item 25.05 (cessão de uso de espaços em cemitérios para sepultamento), este último incluído pela LC nº 157/2016.

Entretanto, o Presidente da República vetou os subitens 3.01 (locação de bens móveis) e 13.01 (distribuição de filmes). O primeiro, com base nas decisões do STF acerca da inconstitucionalidade do item 079 da lista antiga. O segundo, por se constituir pretensamente em *circulação de mercadorias*. Aí surge a inquietante questão: e os outros dispositivos que contemplam cessões de direito? Pela mesma razão, não seriam também inconstitucionais?

Pelo fundamento do veto e por amor à coerência, não restava outra alternativa ao Chefe do Executivo Federal a não ser vetar igualmente os demais tipos que também preveem verdadeiras cessões de direito. Inadvertidamente, porém, vetou-se apenas os subitens 3.01 e 13.01.

A dúvida reside na exata delimitação do objeto do ISS. A Constituição Federal diz que o município poderá tributar os *serviços de qualquer natureza*. Mas o que se deve entender por *serviço*? A velha prestação de serviços do direito civil ou *serviço* na acepção econômica do termo?

O mestre Geraldo Ataliba entende inconstitucional a tributação das cessões de direito pelo ISS, sob o argumento de que a lei complementar não pode prever serviços por mera definição legal. Assim, não se amoldando ao conceito civilista de

16. **Art. 96.** A expressão "legislação tributária" compreende as leis, os tratados e as convenções internacionais, os decretos e as normas complementares que versem, no todo ou em parte, sobre tributos e relações jurídicas a eles pertinentes. – Art. 113. A obrigação tributária é principal ou acessória. (...) § 2º. A obrigação acessória decorre da legislação tributária e tem por objeto as prestações, positivas ou negativas, nela previstas no interesse da arrecadação ou da fiscalização dos tributos.

serviço, mas se tratando de verdadeira cessão de direitos, não pode sofrer a incidência do imposto municipal.

A meu ver, a tese apresenta forte fundamento, uma vez que não é dado à lei complementar ampliar a competência tributária delineada pela Constituição Federal. Com relação a este ponto, parece-me acertada a posição do ilustre mestre. A dificuldade maior é saber se a locação de bens móveis se enquadra ou não no conceito de serviço.

De enorme relevância a lição de Bernardo Ribeiro de Moraes, que apresenta a perfeita delimitação do objeto do ISS, no exato sentido de que este tributo onera não a *prestação de serviços*, mas os *serviços* de qualquer natureza (*Doutrina...*, p. 43).

A distinção parece pôr fim à controvérsia estabelecida. Expliquemos: pelo Direito Civil (arts. 593 a 609 do novo CC), considera-se *prestação de serviços* o contrato pelo qual uma pessoa se compromete a prestar certa atividade a outrem, mediante contraprestação ou remuneração.

Como vemos, por esta conceituação, tem lugar a *prestação de serviços* quando uma parte fornece trabalho a outra mediante remuneração. O construtor civil, ao levantar um prédio para um empreendedor, estará inegavelmente prestando um serviço.

Por outro lado, a ciência econômica define *serviço* como a mera venda de um bem imaterial, ou ainda, *"o produto da atividade humana destinado à satisfação de uma necessidade, mas que não se apresenta sob a forma de bem material"*.[17]

Desse modo, não estaria a lei complementar, ao definir como serviço a locação de bens móveis e demais atividades não enquadradas no conceito de prestação de serviço, extrapolando a sua competência, mas apenas tornando explícita a vontade do constituinte nacional em adotar, para fins de incidência do ISS, a conceituação econômica de serviço.

A nosso sentir, essa é a melhor exegese a ser extraída do texto constitucional. A interpretação histórica não deixa margem para qualquer dúvida. Voltando um pouco no tempo, verificamos que o conceito de serviço sempre foi definido por exclusão ao de transferência de bens materiais. A segunda diretriz do Conselho da CEE, de 11 de abril de 1967, já considerava serviço *toda operação que não constitua transferência de um bem* (art. 6º). Por sua vez, o art. 5º do mesmo diploma, conceituava transferência de um bem *toda transferência do poder de dispor de um bem material como proprietário.*

Assim, pode-se concluir que o termo serviço, utilizado pela Constituição de 1988, não foi por acaso, mas induvidoso indicativo de que foi eleito, para a composição da hipótese de incidência do imposto em foco, o conceito econômico de serviço.

Os principais tribunais de nosso País sempre entenderam dessa forma, como se percebe pelas decisões do STF, transcritas a seguir:

---

17. Vocábulo "Serviço", in *Grande Enciclopédia Delta Larousse*. Rio de Janeiro: Delta, 1 ed., 1970.

> TRIBUTÁRIO – ISS NA LOCAÇÃO DE BENS MÓVEIS. O que se destaca, utilitatis causa, na locação de bens móveis, não é apenas o uso e gozo da coisa, mas a sua utilização na prestação de um serviço. Leva-se em conta a realidade econômica, que é a atividade que se presta com o bem móvel, e não a mera obrigação de dar, que caracteriza o contrato de locação, segundo o art. 1.188 do Código Civil. Na locação de guindaste, o que tem relevo é a atividade com eles desenvolvida, que adquire consistência econômica, de modo a tornar-se um índice de capacidade contributiva do Imposto sobre Serviços. Recurso não conhecido. (RE 112.947-6-SP, 2ª T. – j. em 19.6.1987, *DJU* de 7.8.1987, *RTJ* 125/361, *JSTF* 107/210)

> Locação de bens móveis, expressamente incluída no item 052 da lista de incidência. Inexistência de inconstitucionalidade. Conceito de serviços. Art. 24, II, da Constituição Federal não violado. Textos não prequestionados. Cabimento pela alínea "c" indemonstrado. Recurso extraordinário não conhecido. (RE-115103/SP, 1ª T., j. em 22.3.1988, *DJ* de 29.4.1988)

Contudo, o STF já há algum tempo mudou o entendimento até então predominante, concluindo que a locação de bens móveis não se configura como uma atividade de prestação de serviços, pelo que se torna inconstitucional o item 079 da lista de serviços (referente à Lei Complementar nº 56/1987). Foi editada até mesmo a Súmula Vinculante nº 31 sobre o assunto.

Friso que somente estará fora do campo do ISS a locação pura e sem qualquer serviço adicionado e desde que realizada como atividade-fim. Nesse sentido, locação de caçambas, de máquinas com operador, de banheiro químico, não se caracterizam propriamente como locação, mas respectivamente como serviços de retirada de entulho, construção civil e coleta de lixo.

E os demais itens, como ficam? Há uma forte tendência, que pode ser extraída dos próprios julgados do STF, de admitir a tributação de determinadas cessões de direito quando existe também algum tipo de serviço agregado. É o caso, por exemplo, da franquia. Há a cessão da marca, mas também os serviços de assessoria e consultoria prestados pelo franqueador ao franqueado.

A locação de salas para eventos pode apresentar – e normalmente apresenta – a mesma característica. Não se trata de apenas ceder o espaço. Agrega-se a isto vários serviços, como a arrumação do ambiente, a disponibilização de aparelhos audiovisuais, o serviço de *coffee-break* etc., o que acaba legitimando a incidência do ISS.

4.8. CONSTRUÇÃO CIVIL

4.8.1. Conceito de construção civil

A atividade de construção civil não se confunde com a de engenharia. Nesta não se explora a execução material da obra. O engenheiro apenas se preocupa com a parte técnica (intelectual) da construção, elaborando projetos, análises, vistorias, perícias, pareceres, além de fiscalizar a obra.

Paulo Joni Teixeira e Milton J. Pantaleão (2003, p. 58) assim definiram construção civil:

> Considera-se construção civil a realização material de obras de engenharia civil, entre as quais a construção de prédios, estradas de ferro ou de rodagem, saneamento, obras de terraplanagem e pavimentação em geral, de obras hidráulicas ou elétricas, de obras de montagem e construção de estruturas em geral.

José Eduardo Soares de Melo (2005, p. 76) traz os seguintes ensinamentos a respeito da definição de construção civil:

> A legislação reguladora das atividades de engenharia é que permite fixar o devido conceito, para fins de responsabilidades e obrigações, uma vez que o direito privado não apresenta elementos precisos e suficientes. O Conselho Federal de Engenharia e Arquitetura (CONFEA) apresenta a relação das atividades consideradas trabalhos, ou obras de engenharia, arquitetura ou agrimensura, que deve ser utilizada como diretriz para observância dos respectivos efeitos fiscais.
>
> O fato de as legislações (complementares ou ordinárias) cuidarem da construção civil de modo diferenciado (sucinto ou ampliativo) das normas ditadas pelo CONFEA, não deve constituir empeço à instituição da adequada incidência tributária, porque os critérios técnicos devem defluir das diretrizes fixadas pelo respectivo órgão de classe, e não de meras ficções legais.
>
> Tais atividades caracterizam-se pelo fazer, compreendendo a execução ou a elaboração de uma utilidade ou comodidade a alguém – concernente a uma atividade ou obra de engenharia – independendo da utilização de máquinas, equipamentos etc., ou a aplicação de materiais, situação em que tais bens corpóreos constituiriam meros elementos intermediários à atividade central das construtoras, como examinei em estudo específico.
>
> Para fins de qualificação da natureza jurídica das atividades concernentes à construção civil, é irrelevante considerar o fornecimento, trânsito, circulação ou emprego de coisas corpóreas, uma vez que se compreendem no contexto da atividade empresarial.

Por seu turno, Hely Lopes Meirelles (1979, p. 350-1) apresentou o seguinte conceito de construção civil, em sua antiga obra *Direito de Construir*:

> construção em sentido técnico, nos oferece o duplo significado de atividade e de obra. Como atividade, indica o conjunto de operações empregadas na execução de um projeto. Como obra, significa toda realização material e intencional do homem, visando a adaptar a natureza às suas conveniências. Neste sentido, até mesmo a demolição se enquadra no conceito de construção, porque objetiva, em última análise, a preparação do terreno para subsequente e melhor aproveitamento.

Já para Aires F. Barreto, em seu livro *ISS na Constituição e na Lei* (2003, p. 206):

> a construção civil é, para o direito, uma ação direta do homem sobre o meio natural – o solo, a terra, as águas – com o intuito de criar um bem, quer pela mera adaptação

do solo às suas necessidades, quer mediante um prolongamento artificial do próprio solo, objetivando seu melhor aproveitamento. Como exemplos, poderíamos mencionar a alteração dos cursos de água ou a implantação de unidades de distribuição de energia elétrica, a abertura de estradas, a construção de pontes, túneis, prédios, ou a instalação de máquinas de uma indústria ou de equipamentos para fixá-los ao solo, paredes, edifícios, silos, depósitos, torres etc."

No art. 1º da Resolução nº 218 do Conselho Federal de Engenharia, Arquitetura e Agronomia (CONFEA), de 29.6.1973, estão arroladas as seguintes atividades inerentes a tais profissões e que, por conseguinte, canalizam para o enquadramento como *obra de construção civil*: a supervisão, coordenação e orientação técnica; o estudo, planejamento, projeto e especificações; a assistência, assessoria e consultoria; a direção de obra; sua fiscalização e serviço técnico; a condução de equipe de instalação, montagem, operação, reparo ou manutenção; a execução de instalação, montagem e reparo; a operação e manutenção de equipamento e instalação; a execução de desenho técnico.

No art. 7º dessa mesma Resolução, constam as seguintes atribuições do engenheiro civil ou de fortificações e construção: o desempenho das atividades referentes a edificações, estradas, pistas de rolamento e aeroportos; sistemas de transportes, de abastecimento de água e de saneamento, portos, rios, canais, barragens; diques, drenagem e irrigação; pontes e grandes estruturas; seus serviços afins e correlatos.

A legislação do Município de Bauru,[18] de forma didática e contando com o abono da maioria da doutrina e jurisprudência nacionais, define os serviços de construção civil, *in verbis:*

> **Art. 423.** Para fins de incidência do ISSQN, são definidos como serviços:
>
> I – de construção civil:
>
> a) a edificação ou estruturação de prédios destinados à habitação e instalação industrial ou comercial, bem como a construção ou montagem nos referidos prédios, respectivamente, de estruturas de concreto armado ou metálicas;
>
> b) a terraplanagem, a pavimentação, a construção de estradas, portos, logradouros e respectivas obras de arte, excetuadas as de sinalização, decoração e paisagismo;
>
> c) a instalação e montagem de produtos, peças e equipamentos que não tenham funcionamento isolado ao do imóvel;
>
> d) a reparação, a conservação e a reforma dos bens imóveis relacionados nas alíneas a e b deste inciso.
>
> II – de execução de obras hidráulicas: a construção ou ampliação de barragens, sistema de irrigação e de drenagem, ancoradouros, construção de sistema de abastecimento de água e de saneamento, inclusive a sondagem e a perfuração de poços.

18. Decreto nº 10.645, de 10.4.2008 (Nova Consolidação da Legislação Tributária do Município de Bauru).

> III – auxiliares ou complementares das atividades de construção civil e de execução de obras hidráulicas:
>
> a) a elaboração de planos diretores, estudos de viabilidade, estudos organizacionais e outros, relacionados com obras e serviços de engenharia; elaboração de anteprojetos, projetos básicos e projetos executivos para trabalhos de engenharia;
>
> b) o acompanhamento e a fiscalização da execução de obras de construção civil e obras hidráulicas.
>
> Parágrafo único. Não são considerados serviços de construção civil:
>
> I – a instalação e a montagem de produtos, peças e equipamentos que não se incorpore ao imóvel e/ou que tenha funcionamento independente do mesmo;[19]
>
> II – a reparação, a manutenção, a conservação, a lubrificação, a limpeza, a carga e descarga, o conserto, a restauração, a revisão e a reforma de produtos, máquinas, motores, elevadores, equipamentos em geral, peças ou qualquer objeto, mesmo que tenha sido incorporado ao imóvel;
>
> III – a raspagem e calafetagem de assoalhos, inclusive enceramento ou colocação de sinteko ou material semelhante;
>
> IV – quaisquer outros serviços à parte, definidos como tributáveis pelo imposto.

Também vale a pena transcrever as preciosas lições de Kiyoshi Harada (2008, p. 121-3) acerca do conteúdo da construção civil:

> A construção civil em seu sentido amplo não se limita à estruturação de edifícios, mas abrange todas as obras de engenharia.
>
> O conteúdo das atividades concernentes à construção civil acha-se bem definido por Bernardo Ribeiro de Moraes, em sua obra escrita à luz da ordem constitucional antecedente. Seus ensinamentos, válidos sob a égide da Constituição de 1988 e da

19. Importante destacar que os subitens 7.02 ("instalação e montagem de produtos, peças e equipamentos") e 14.06 ("instalação e montagem de aparelhos, máquinas e equipamentos, inclusive montagem industrial, prestados ao usuário final, exclusivamente com material por ele fornecido") diferem porque, o primeiro subitem, pressupõe exatamente que os "aparelhos, máquinas e equipamentos" sejam agregados, incorporados ao solo, constituindo-se em bens imóveis, ao passo que, no subitem 14.06 os "aparelhos, máquinas e equipamentos" não ficam agregados ao solo, mantendo-se com bens móveis. É importante frisar que há muita confusão entre esses dois serviços na prática, principalmente porque o serviço do subitem 7.02 é tributado no local da sua execução (art. 3º, III, da LC nº 116/2003), e o serviço do subitem 14.06 deve ser tributado no local do estabelecimento do prestador do serviço (art. 3º, *caput*, LC nº 116/2003). Esse nosso entendimento também é compartilhado por Aires Barreto (*ISS na Constituição e na Lei*, São Paulo: Dialética, 2003, p. 207), para quem *"o elemento distintivo fundamental entre as atividades de instalação e montagem e a de construção civil está na "agregação" ou não ao solo, dos equipamentos ou aparelhos montados ou instalados"*. Ele lista os seguintes requisitos necessários para o enquadramento da atividade como construção civil: a) que sua execução seja precedida de projetos de engenharia (como o exige a farta legislação administrativa); b) que os serviços sejam efetivados fora do estabelecimento industrial, que produziu os materiais; c) que os serviços consistam na reunião de produtos, peças ou partes, de que resultem em edificação, construção ou obra, inclusive de complexo industrial, integrado permanentemente ao imóvel ("agregado ao solo").

atual lei de regência nacional do ISS, desdobram a construção civil em sete grupos, a seguir apontados:

- Primeiro grupo: obra de terra, assim consideradas as sondagens, as fundações e as escavações. Abrangem os serviços de preparação do terreno, de topografia e geofísica, de fundação, de refundação, de estaqueamento, de escavações, de desmontagens, de sondagens, de reconhecimento etc.;
- Segundo grupo: obras de edificação, onde se incluem as construções de edifícios em geral (prédios residenciais, comerciais, industriais, institucionais etc.);
- Terceiro grupo: obras de estrada e de logradouros públicos. Correspondem às de construção de ferrovias e rodovias; abertura de caminhos, arruamentos, loteamentos, praças etc.;
- Quarto grupo: obras de arte, assim consideradas as relativas às construções de pontes, viadutos, túneis, muros de arrimo, mirantes, decorações arquitetônicas etc.;
- Quinto grupo: obras de terraplanagem e de pavimentação em geral, abarcando qualquer espaço urbano ou rural como estradas, caminhos, ruas, avenidas e praças;
- Sexto grupo: obras hidráulicas, que se acham relacionadas com a dinâmica das águas ou de certos líquidos, tendo em vista a direção, o emprego ou o seu aproveitamento;
- Sétimo grupo: obras de instalação, de montagens e de estruturas em geral, abrangendo as obras assentadas ao solo ou fixadas em edificações. São os casos de instalação de máquinas, equipamentos ou aparelhos interligados ou dispostos para funcionar um complexo ou unidade industrial, bem como, de montagens industriais em que a reunião de várias peças, parte ou produtos individualizados formam uma unidade autônoma.

As obras hidráulicas e elétricas também estão inseridas no conceito de construção civil (subitem 7.02 da LC nº 116/2003), devendo ser tributadas no local da prestação. Entretanto, para assim serem consideradas, devem contextualizar a criação ou destruição de estruturas e não apenas referirem-se à manipulação de produtos que tenham funcionamento isolado ao do imóvel.

Assim, a instalação de aparelhos de ar-condicionado pode ser enquadrada como *construção civil,* mas a sua simples manutenção não, vez que a primeira atividade provoca alterações físicas no imóvel, o que não ocorre na segunda.

Por outro lado, serviços auxiliares ou complementares da construção civil são aqueles que não dizem respeito diretamente à construção da obra em si. Exemplos: serviços de canteiros de obras, de barracões, andaimes, vestiários, sanitários, retirada de entulhos por caçambas etc. Para estes prevalece a regra do local do estabelecimento prestador como elemento espacial do fato gerador do ISS.

A elaboração de planos diretores e de projetos executivos, os estudos de viabilidade e outros, relacionados com obras e serviços de engenharia consultiva, previstos no item 7.03 da Lista de Serviços anexa à LC nº 116/2003, devem ser tributados segundo a regra do *caput* do art. 3º da referida legislação.[20] Já o acompanhamento e a fiscalização da execução de obras civis (item 7.19) são tributados no local da prestação, conforme dispõe o inciso III do art. 3º da LC nº 116/2003.[20]

---

20. Não foi esse o entendimento do STJ em acórdão proferido recentemente (Notícias>STJ/ISS/20.1.2009), *in verbis:*

"O Imposto Sobre Serviços de Qualquer Natureza (ISS) incidente sobre os serviços de engenharia consultiva deve ser recolhido no local da construção, já que para efeito de recolhimento do tributo considera-se a obra como uma universalidade, sem divisão das etapas de execução. O entendimento foi pacificado pela Primeira Seção do Superior Tribunal de Justiça em julgamento pelo rito da Lei do Recurso Repetitivo e será aplicado para todos os demais casos semelhantes.

Em seu voto, a relatora do processo, ministra Eliana Calmon, sustentou que a Lei Complementar nº 116/2003 que alterou o Decreto-Lei nº 406/1968 e determinou o lugar da sede do prestador do serviço como o local de recolhimento do ISS, não modificou o entendimento em relação à construção civil. Ela ressaltou que o art. 3º da Lei Complementar abriu uma exceção em relação à construção civil para considerar, como antes, o local da prestação do serviço.

Assim, em se tratando de construção civil, antes ou depois da lei complementar, o imposto é devido no local da construção, destacou a ministra. Eliana Calmon lembrou que, durante a vigência do Decreto-Lei nº 406/1968, a jurisprudência do STJ era pacífica no sentido de reconhecer que o ISS deveria ser recolhido no município onde se deu o fato gerador do tributo, isto é, no local em que os serviços foram prestados.

Segundo a ministra, o fato relevante e a ser levado em consideração é o local onde será realizada a obra e para onde se direcionou todos os esforços e trabalho, mesmo quando alguns tenham sido realizados intelectual e materialmente na sede da empresa, sendo certo que a obra deve ser vista como uma unidade, uma universalidade.

"Seja sob a égide do DL nº 406/1968 seja ao advento da Lei Complementar nº 116/2003, o ISS incidente sobre os serviços de engenharia consultiva, obedecendo-se à unidade da obra de construção, deve ser recolhido no local da construção", concluiu em seu voto.

O julgado envolveu recurso interposto pelo município de Presidente Prudente (SP) contra acórdão do Tribunal de Justiça de São Paulo. No caso em questão, os projetos técnicos e de engenharia foram elaborados em São Paulo e os serviços de construção civil executados em Presidente Prudente.

"RECURSO ESPECIAL – ART. 543-C DO CPC E RESOLUÇÃO/STJ 08/2008 – ISS – SERVIÇO DE ENGENHARIA CONSULTIVA – MUNICÍPIO COM COMPETÊNCIA TRIBUTÁRIA PARA COBRANÇA. Cuida-se de recurso especial cuja questão central trata da competência tributária para a cobrança de ISS, quando da realização de serviço de engenharia consultiva. O acórdão impugnado firmou entendimento no sentido de que a competência tributária para a cobrança do sobredito imposto é do município onde se situa o estabelecimento do prestador. O Tribunal Estadual, após admitir o recurso especial, determinou sua subida com base na Resolução desta Corte nº 8, de 7 de agosto de 2008 (fl. 285). Verificada a competência da Primeira Seção (art. 2º, § 1º, da Resolução 08/2008), determino o processamento do presente recurso especial sob o rito do art. 543-C do CPC, regulamentado pela referida resolução e determino a adoção das seguintes providências: a) comunique-se, com cópia da presente decisão, aos Ministros da 1ª Seção e aos Presidentes dos Tribunais Estaduais, nos termos e para os fins previstos no art. 2º, § 2º, da Resolução nº 08/2008; b) suspenda-se o julgamento dos recursos sobre a matéria versada no presente apelo, conforme preceitua o § 2º do art. 2º da Resolução 08/2008; c) intime-se a Associação Brasileira de Municípios – ABM (§ 4º do art. 543-C – CPC); d) intime-se a Fazenda do Município de São Paulo

4.8.2. Espécies de contratos de construção civil

A atividade de construção civil pode se apresentar sob três formas: administração, empreitada e subempreitada.

O Código Civil Brasileiro (Lei nº 10.406/2002) trata do contrato de empreitada em seus arts. 610 a 626.

Na construção *por administração*, o construtor assume apenas a direção e responsabilidade técnica pela obra, ficando a cargo do tomador os encargos com material, pessoal e demais ônus decorrentes da construção.

Muito embora tenha sido revogada pela Resolução nº 214, de 10.11.1972, do Conselho Federal de Engenharia e Arquitetura (CONFEA), a Resolução nº 109, de 9.4.1956, em seu art. 35, "c", definia o contrato de execução por administração como *"ajuste em que o responsável assume a integral direção e responsabilidade da obra, ou do serviço de que foi encarregado por quem financia o custo da mesma e lhe remunera o serviço de administrador"*.

Diferentemente ocorre no contrato *de empreitada*, que se caracteriza como uma obrigação de resultado. O que interessa é a obra concluída e não o trabalho, seja de labor ou global.

Sobre o contrato de empreitada, José Eduardo Soares de Melo (2005, p. 79) escreveu:

> O anterior Código Civil (arts. 1237 e 1247), e Código Comercial (arts. 231 a 240), disciplinaram a empreitada, mas não a definiram, tendo o art. 1.237, do Código Civil (art. 610 do atual Código Civil), disposto que "o empreiteiro de uma obra pode contribuir para ela só com seu trabalho, ou com ele e os materiais".
>
> Os demais preceitos (arts. 1.243, 1.245 e 1.246 do antigo Código Civil, que correspondem aos arts. 616, 618 e 619 do atual Código Civil; e aos arts. 231 a 240 do Código Comercial) permitem delinear o conceito de empreitada como sendo o contrato em que o empreiteiro se obriga a fazer, ou mandar fazer certa obra, fixando retribuição, mediante a execução do seu trabalho, ou este com os materiais indispensáveis.

O Professor Kiyoshi Harada (2008, p. 123) alerta

> que o fato de o contrato de empreitada envolver fornecimento de materiais nele previstos não tem o condão de descaracterizar a obrigação de fazer, pois os materiais fornecidos são meros instrumentos para consecução do objeto contratado, que é a execução de serviço resultando em obra acabada e em condições de uso regular, incluída a propriedade material que nela integrou.

---

e, a seguir, e) dê-se vista ao Ministério Público para parecer, em quinze dias (art. 3º, II, da Resolução 08/2008). Intimem-se. Brasília (DF), 7 de agosto de 2009. Ministra Eliana Calmon." (Recurso Especial nº 1.117.121/SP (2009/0090826-0), Rel. Min. Eliana Calmon, Recorrente: Município de Presidente Prudente, Recorrido: Companhia Paulista de Obras e Serviços – CPOS).

E emenda:

> Assim, não concordamos com o posicionamento de autores que desdobram o contrato de empreitada, uno e indivisível, em contrato de fornecimento de materiais, de um lado, e em contrato de empreitada de lavor, de outro lado. Ora isso, é desconhecer data vênia, as duas modalidades de empreitada: a empreitada de lavor, que só abrange obra ou serviço, e a empreitada mista que, além da obra, o empreiteiro se obriga a fornecer os materiais necessários à execução da obra contratada.

Subempreitada nada mais é do que a terceirização dos serviços de construção assumidos por construtor-empreiteiro. É muito comum a delegação a terceiros dos serviços elétricos e hidráulicos, por exemplo, dada a sua especificidade.

4.8.3. Elemento material do fato gerador do ISS

Com relação à construção civil, a antiga Lista de Serviços do Decreto-Lei nº 406/1968 trazia os seguintes itens:

32. Execução por administração, empreitada ou subempreitada, de construção civil, de obras hidráulicas e outras obras semelhantes e respectiva engenharia consultiva, inclusive serviços auxiliares ou complementares (exceto o fornecimento de mercadorias produzidas pelo prestador de serviços, fora do local da prestação dos serviços, que fica sujeito ao ICM);
33. Demolição;
34. Reparação, conservação e reforma de edifícios, estradas, pontes, portos e congêneres (exceto o fornecimento de mercadorias produzidas pelo prestador dos serviços fora do local da prestação dos serviços, que fica sujeito ao ICM);
35. Pesquisa, perfuração, cimentação, perfilagem, (vetado), estimulação e outros serviços relacionados com a exploração e explotação de petróleo e gás natural;

Já na Lista de Serviços anexa à Lei Complementar nº 116/2003, encontram-se os seguintes subitens afetos à construção civil:

7.02. Execução, por administração, empreitada ou subempreitada, de obras de construção civil, hidráulica ou elétrica e de outras obras semelhantes, inclusive sondagem, perfuração de poços, escavação, drenagem e irrigação, terraplanagem, pavimentação, concretagem e a instalação e montagem de produtos, peças e equipamentos (exceto o fornecimento de mercadorias produzidas pelo prestador de serviços fora do local da prestação dos serviços, que fica sujeito ao ICMS).

7.03. Elaboração de planos diretores, estudos de viabilidade, estudos organizacionais e outros, relacionados com obras e serviços de engenharia; elaboração de anteprojetos, projetos básicos e projetos executivos para trabalhos de engenharia.

7.04. Demolição.

7.05. Reparação, conservação e reforma de edifícios, estradas, pontes, portos e congêneres (exceto o fornecimento de mercadorias produzidas pelo prestador dos serviços, fora do local da prestação dos serviços, que fica sujeito ao ICMS).

Aires F. Barreto (2005, p. 45-8) apresenta uma classificação dos serviços sujeitos ao ISS, segundo os meios, condições e modos de sua prestação, a saber: *a)* serviços puros; *b)* serviços com emprego de instrumentos; *c)* serviços com a aplicação de materiais; e *d)* serviços com emprego de instrumentos e aplicação de materiais. E assim trata desse tema, em seu livro:

> Essa proposta de classificação cobre todo o campo de possibilidades. Nenhum tipo, espécie ou classe escapa a esse quadro. Todo serviço nele encontrará lugar. O quadro é bastante abrangente e exaustivo. As espécies alvitradas, por outro lado, têm a virtude de servir de apoio aos critérios para exemplificação dos principais problemas fáticos que a interpretação da Constituição pode suscitar.
>
> Para bem serem compreendidos os critérios constitucionais que presidem o encaminhamento da solução de conflitos de competência tributária – critérios esses que a lei complementar não pode contravir – é imperioso não só ver com nitidez as hipóteses de incidência confrontantes, como, na hipótese de incidência do ISS, estabelecer discernimentos em função das subespécies de serviços que ele comporta.
>
> Esta análise da forma pela qual são prestados serviços faz emergir categorias nitidamente distintas, para fins de seu tratamento jurídico-tributário.
>
> Com efeito, os serviços, quanto à forma de sua prestação, são inconfundíveis. Essa diversificação postula que o intérprete os categorize, agrupe-os atinando para os diferentes caminhos jurídicos que hão de ser trilhados em relação a cada grupo. (...)
>
> *3.9.1. Serviços puros.*
>
> Serviço puro é aquele cuja prestação prescinde quer de instrumentos, quer de aplicação de materiais. Exemplo clássico é o do cantor ou do médico (que faz em exame clínico e emite verbalmente a sua opinião). O mesmo se diga do advogado, que se pode limitar a ouvir um relato e sugerir um comportamento ou formular uma advertência, orientação ou conselho verbal ao cliente.
>
> *3.9.2. Serviços com emprego de máquinas, veículos, instrumentos e equipamentos.*
>
> Neste segundo caso, o esforço humano é apoiado e viabilizado – ou tem sua eficácia assegurada ou apoiada – pelo emprego de coisas que, no contexto da prestação de serviços, surgem como seu requisito.
>
> Inúmeras prestações de serviços somente se viabilizam se o prestador se socorrer de máquinas, aparelhos, equipamentos ou instrumentos que tornem possível sua realização. É o aparelho do dentista, o raio X do médico, o ferro elétrico da lavanderia, a vassoura da limpadeira, a bicicleta ou carro do entregador, entre tantos outros.
>
> A essência está no esforço humano que a caracteriza, define e dá-lhe a natureza.
>
> Os serviços que integram essa subespécie são desempenhados mediante emprego de capital, sob forma de instrumentos, equipamentos, máquinas, ferramentas, veículos. Integram a categoria dos serviços menos puros, por força da conjugação de capital

com trabalho. Imprescindível à prestação é o emprego desses equipamentos, instrumentos ou veículos. Não se ultimam os serviços se faltam esses meios condicionais da viabilização do próprio desempenho humano.

Não deixa de configurar prestação de serviço o exercício de atividade que requeira o uso de instrumentos ou equipamentos, por mais sofisticados que sejam. Os meios viabilizam, aperfeiçoam, aumentam ou garantem a eficácia do esforço.

Casos há, inclusive, em que o serviço se traduz numa coisa material entregue ao beneficiário do serviço: é uma chapa de raio X, o relatório ou laudo do agrimensor, o quadro feito pelo pintor, a roupa feita costureira, além de outras cujo resultado é um bem material. Isto não descaracteriza a prestação do serviço, nem transforma a atividade do prestador em venda de mercadoria, embora a coisa possa incluir-se no preço do serviço.

Na maioria dos casos, o emprego de instrumentos de trabalho ou de ação não implica a entrega de coisas ao usuário do serviço. Quando isso se dê, o simples cunho de instrumentalidade da coisa já será bastante para evidenciar não ser mercadoria. Aí há serviço e só serviço. E, como tal, tributável pelo Município, como prevê o art. 156, III, da Constituição Federal. A coisa entregue é mero resultado, objetivação, testemunho ou registro do serviço (esforço humano) prestado a terceiro.

3.9.3. Serviços com aplicação de materiais.

Outra categoria de serviços é a que exige aplicação de materiais. A essência da atividade é o esforço humano. Os materiais são condições de sua viabilidade. Deveras, há serviços que requerem, como requisito de sua prestação, a aplicação de materiais, sob pena de não poderem ser prestados.

Tais materiais são elementos concretos envolvidos na prestação, por ela requeridos ou exigidos, sob pena de se tornar impossível o resultado (resultado esse almejado pelo tomador do serviço e escopo do esforço do prestador).

Aí – como a aplicação desses materiais é condição ou requisito da produção do serviço – sua presença integra essencialmente o próprio serviço. Dele é indissociável. Não se suponha que sejam mercadorias disfarçadas sob o rótulo de "materiais". Estes não são mercadorias porque não são bens móveis sujeitos ou destinados ao comércio. Nem eles, em si considerados, interessam quer ao prestador, quer ao tomador do serviço. Ao revés, são meros ingredientes, insumos, componentes, elementos integrantes do serviço. Sua presença, nesse contexto, é explicada exclusivamente em função do esforço humano, em que o serviço se traduz. (...)

3.9.4. Serviços complexos.

Serviços outros há que somente podem ser prestados mediante a conjugação de emprego de equipamentos, máquinas e veículos e aplicação de materiais.

O esforço humano, também aqui, é o principal, sendo os demais acessórios. Tais acessórios, nesta hipótese, são indispensáveis, funcionando como condições da sua prestação. O cerne prossegue sendo a prestação de serviços. Por mais sofisticados, complexos e significativos que sejam as ferramentas, instrumentos ou veículos, e por mais caros e volumosos que sejam os materiais empregados, a entidade não se desfigura; nem por isso deixa de caracterizar prestação de serviço. Muitas vezes, sob perspectiva leiga, econômica ou técnica, o observador pode impressionar-se com estes fatores, chegando a por em segundo plano – ou até mesmo a negligenciar – o esforço humano catalisador e centralizador de tudo.

A atividade de construção civil enquadra-se na modalidade de fato gerador *continuado,* estando, pois, configurado o *Tatbestand* a cada medição da obra efetuada.

É muito comum, no entanto, a verificação e o arbitramento do ISS ao final da construção (na fase do "habite-se"), baseado em pauta mínima de valores consubstanciada em ato normativo.

Relativamente aos subitens 7.04 e 7.05 da Lista de Serviços, que versam sobre a construção civil, o Professor Kiyoshi Harada (2008), assim consignou:

> Na verdade, os serviços de demolição, reparação, conservação e reforma de edifícios, estradas, pontes, portos e congêneres estão abrangidos pelos serviços de execução de obras de construção civil de que cuida o item 7.02.
>
> Demolição é o contrário de construção, exigindo observância de técnicas próprias para evitar acidentes, como, também, propiciar maior aproveitamento do material empregado na obra, salvo, quando a demolição é feita por meio de implosão, quando todo o material ficará prejudicado. Está ligada à construção, porque no lugar do prédio demolido surgirá outro, ou seja, haverá reconstrução a exigir reparação, conservação e reforma ao longo do tempo.
>
> O serviço de reparação consiste na execução de obras corretivas ou preventivas de pequena monta, para manutenção do estado original da construção. Esse serviço pode ser executado em edifícios, estradas, pontes, portos e congêneres. Abarca também os serviços de conserto de elevadores instalados em prédios.
>
> Conservação significa preservação no estado em que se encontra. Implica execução de serviço de preservação da obra (edifício, ponte, estrada etc.).
>
> Reforma implica execução de obra para aumentar ou diminuir a área construída; alterar a fachada do prédio para melhorar o seu visual; alterar as características da construção primitiva, tornando-a mais funcional ou mais confortável, em consonância com a nova destinação a ser dada etc.".
>
> Mais uma observação importante é de que o serviço deve ser prestado a alguém, obviamente que distinto do prestador do serviço, afinal de contas ninguém pode "prestar" serviço a si mesmo. Nesta linha de raciocínio, assim se pronunciou a 1ª Seção do STJ nos Embargos de Divergência no REsp nº 41.383, relator Ministro José Delgado, j. em 16.12.1997, *DJU* de 6.4.1998, p. 6:
>
> "TRIBUTÁRIO – EMBARGOS DE DIVERGÊNCIA – ISS – EMPRESA CONSTRUTORA – IMÓVEIS – INEXISTÊNCIA DE PROVA DE QUE A CONSTRUÇÃO DO BEM OCORREU EM TERRENO DE PROPRIEDADE DA EMPRESA RESPONSÁVEL PELA OBRA. 1 – Em se tratando de construção de imóveis, a empresa construtora só está livre do pagamento do tributo sobre prestação de serviços se provar que o referido bem está localizado em terreno de sua propriedade. (...)."

4.8.4. Sujeito passivo

Sujeito passivo é o contribuinte (o prestador dos serviços de construção civil) e o responsável tributário, por transferência ou substituição, como visto na parte geral deste livro.

Normalmente as legislações municipais elegem o tomador dos serviços (dono da obra) como responsável pelo ISS do prestador.

4.8.5. Base de cálculo

4.8.5.1. Dedução, ou não, dos materiais ou mercadorias

As exceções dos subitens 7.02 e 7.05 deixam fora do campo de incidência do ISS as mercadorias *produzidas* pelo prestador de serviços fora do local da prestação dos serviços, que estariam sujeitas ao ICMS.

Pela simples interpretação gramatical, só não farão parte da base imponível do ISS as mercadorias *fabricadas* pelo *prestador dos serviços* e ainda, *fora do local da prestação dos serviços.* Então, devem compor a base de cálculo as mercadorias compradas pelo empreiteiro-construtor das lojas de materiais de construção e utilizadas na obra. Da mesma forma, as mercadorias produzidas pelo construtor no próprio local da construção.

Entretanto, o raciocínio não deve parar por aí. A questão merece um aprofundamento maior. Pode-se dizer que o bem produzido especialmente para a obra contratada enquadra-se no conceito jurídico de mercadoria? Entendemos que não.

Divulguemos as nossas ideias. O conceito de mercadoria é dado pelo direito comercial, sendo assim considerada o bem móvel sujeito à mercancia. É certo que o direito tributário é um direito peculiar, que pode alterar os conceitos criados por outros ramos do direito. Entretanto, essa possibilidade encontra barreiras nos casos em que os termos, conceitos, institutos e formas de direito privado são utilizados pela Constituição Federal. Exatamente o que ocorre com o termo em estudo "mercadoria", que é citado pelo Texto Magno em várias passagens. Assim, a conceituação de mercadoria fornecida pelo direito comercial, não pode ser desprezada pelo legislador tributário, nem mesmo por lei complementar.

Prosseguindo no raciocínio invocado, percebemos que não é todo e qualquer bem móvel que é mercadoria, mas só aquele que se submete à mercancia. Podemos, pois, dizer que toda mercadoria é bem móvel, mas nem todo bem móvel é mercadoria. Só o bem móvel destinado à prática de operações mercantis é que assume a qualidade de mercadoria.

Podemos agora indagar: o bem móvel produzido pelo empreiteiro especificamente para a construção tem como destino a mercancia? Evidentemente que não. É pacífico que o contrato de empreitada tem por objeto a prestação de serviços e não a venda de bens. O fornecimento de materiais é conatural à empreitada. Logo, no contrato de empreitada, o construtor assume uma obrigação de fazer, e não, uma obrigação de dar. Melhor dizendo, obriga-se a criar uma utilidade material, fruível individualmente pelo contratado. Os materiais empregados não são mercadorias, mas apenas elementos acessórios do contrato de empreitada. Integram e possibilitam o cumprimento de obrigações de fazer.

A título de esclarecimento, podemos citar, como exemplo, a produção de concreto, que, longe de ser padronizada, é feita para atender às especificidades da construção. O cimento, a pedra britada, a areia e a água entram na composição do concreto, não segundo uma fórmula-padrão, mas de acordo com precisas instruções fornecidas pelos engenheiros responsáveis pela obra.

O bem, portanto, não estará posto no comércio, mas, ao contrário, terá como destinatário pessoa já determinada.

Diante disso, nos serviços de construção civil, mesmo os bens produzidos pelo prestador de serviços fora do local da prestação, devem ser tributados unicamente pelo ISS e não ICMS, caso tenham sido produzidos "sob encomenda", de forma personalizada.

O Superior Tribunal de Justiça tem atribuído essa interpretação quanto à exclusão das *mercadorias* apenas quando elas tiverem sido *produzidas* pelo prestador de serviços (na condição de industrial, de produtor, e não de prestador de serviço propriamente dito) fora do local da obra, recaindo o ICMS sobre essa base excluída da incidência do ISS.

Portanto, à luz da antiga jurisprudência do STJ, o art. 7º, § 2º, I, da Lei Complementar nº 116/2003, deve ser interpretado conjuntamente com os subitens 7.02 e 7.05 da Lista de Serviços, no sentido de excluir da base do ISS o valor dos materiais fornecidos pelo prestador dos serviços, desde que esses *materiais* (leia-se, corretamente, *mercadorias*) tenham sido *produzidos* (industrializados) pelo prestador de serviços (neste caso, na condição de industrial, comerciante, e não de prestador de serviço) fora do local da obra.

Todavia, no final de 2011, o mesmo STJ alterou radicalmente o seu entendimento sobre a matéria, passando a admitir a dedução também dos *materiais fornecidos* pelo prestador (AgRg no AgRg no Ag 1.410.608/RS). A mudança de entendimento foi fulcrada em decisão anterior do STF sobre a matéria, quando então a Ministra Ellen Gracie reconheceu a constitucionalidade do § 2º do art. 9º do Decreto-Lei nº 406/1968, admitindo a dedução de quaisquer materiais da base imponível do ISS (RE 603.497/MG).

Com a decisão do STF e a reviravolta na jurisprudência do STJ, quaisquer materiais passam a ser deduzidos da base de cálculo do ISS. Mas, qual a extensão desses "quaisquer materiais"? Eis uma nova discussão que poderá surgir a partir de agora.

O art. 7º, § 2º, inciso I, da Lei Complementar nº 116/2003 dispõe que não se incluem na base de cálculo do ISS "o valor dos materiais fornecidos" pelo prestador dos serviços enquadrados nos subitens 7.02 e 7.05. Enfim, a expressão utilizada é "materiais fornecidos".

Fica fácil concluir que todos aqueles materiais agregados à obra, incorporados ao imóvel, tornar-se-ão dedutíveis da base de cálculo do ISS, tais como os tijolos, cimento, concreto, pedras, cal, paredes pré-moldadas, madeiras, pregos etc.

Com efeito, o termo "fornecido" dá ideia de algo que foi dado, que foi entregue para o tomador de serviço, ou seja, bens que o construtor adquiriu e empregou na obra, ficando sob a propriedade do tomador de serviço, do dono da obra.

Materiais "fornecidos" implica num conceito mais restrito do que materiais "utilizados". Ora, em uma obra de engenharia, o construtor também se vale de vários outros materiais que não são "fornecidos" (transferidos) ao cliente. Eles são empregados na obra, mas não ficam incorporados à obra. Neste sentido, podemos exemplificar com os veículos, equipamentos, peças, máquinas, bens de consumo em geral, equipamentos de proteção individual (EPI) etc. Tais materiais "utilizados", porém não "fornecidos", deverão compor normalmente a base de cálculo do ISS.

A *comprovação* desses materiais fornecidos é ônus do contribuinte, podendo a Administração Tributária Municipal fixar normas ou obrigações acessórias para a efetivação desse direito de dedução. Muito provavelmente, também haverá a necessidade de se abrir processos administrativos especificamente para tratar dessa dedução, prévia ou posteriormente à apuração do imposto pelo próprio contribuinte ("autolançamento").

O Fisco Municipal poderá exigir essa comprovação *antes* da emissão da nota fiscal, sob pena de se cobrar o ISS retido do tomador do serviço sobre o valor total, sem deduções. Aliás, essa análise preventiva, se possível e operacionalizada de modo razoável, aumentará o controle fiscal e dará uma segurança jurídica ao próprio contribuinte ou responsável tributário (fonte pagadora, tomadora do serviço).

Enfim, os Municípios terão que criar uma estratégia fiscal para controlar essas deduções, mas sem mitigar o direito do contribuinte.

Esse controle será importante tanto para se conferir os materiais verdadeiramente "fornecidos", como, ainda, evitar que o contribuinte se valha, por exemplo, de uma mesma nota fiscal de compra de materiais em duas ou mais obras.

Diante da dificuldade e morosidade que um processo administrativo desse naipe poderá criar para a Administração Tributária e, é óbvio, para as próprias construtoras, nada impede que os Municípios instituam um regime de estimativa ou presunção de dedução dos materiais, de acordo com os critérios que a legislação tributária municipal adotar. A propósito, talvez isso seja até o mais recomendável, de acordo com a realidade local. Neste caso, a legislação municipal poderá fixar (presumir) um percentual fixo ou variável de dedução automática, que dispense a avaliação em concreto.

Vale dizer que os órgãos de classe da construção civil revelam frequentemente os índices e as tabelas pertinentes aos custos das obras de engenharia, o que facilita ou, ao menos, serve de orientação ou base para o estabelecimento desse percentual de presunção.

4.8.5.2. Dedução, ou não, das subempreitadas

A dedução de subempreitadas não foi expressamente prevista pela Lei Complementar nº 116/2003. Muitos falam em inconstitucionalidade em razão da tributação em "cascata", *bis in idem* etc. Nada disso. O ISS, ao contrário do IPI e do ICMS, é *constitucionalmente* um imposto cumulativo, não se podendo abater de sua base imponível o que porventura já houver sido pago em prestações pretéritas.

Ives Gandra da Silva Martins (1988, p. 29) também entende que o ISS é imposto cumulativo:

> Se alguém pretender que o imposto sobre serviços de qualquer natureza seja imposto não cumulativo, pois implícito estaria no texto constitucional, não encontraria um argumento a apoiá-lo, até porque sempre que o fez, a Magna Carta, ao adotar a técnica da não cumulatividade, também expressamente determinou de que forma esta técnica seria veiculada, no que os defensores da tese de que a Constituição não proíbe, no que vale dizer faculta a não cumulatividade para o ISS, enfrentariam este outro tipo de objeção, ou seja, de que forma se procederia, a saber "*basis on basis*", "*tax on tax*" ou "*periodic verification*"?

Entendo que a dedução de subempreitadas tem inegavelmente natureza de *benefício fiscal*, só sendo válida se prevista em lei *municipal* específica.

Omar Augusto Leite Melo (2012) vê a exclusão das subempreitadas como uma consequência da própria materialidade do fato gerador do ISS sobre a construção civil, sem qualquer correlação com a (inexistente) não cumulatividade ou, ainda, sem dependência de autorização em lei complementar federal (nacional) ou em lei municipal.

Aires Barreto, em sua obra (2003, p. 306-7) defende a *não cumulatividade* do ISS e, por conseguinte, a base de cálculo do ISS sobre serviços de construção civil deve ser o preço, "*mas com dedução das parcelas correspondentes: a) ao valor dos materiais fornecidos pelo prestador dos serviços e b) ao valor das subempreitadas já tributadas pelo imposto*". No seu entender:

> Ao prever a dedução dessas parcelas, parece claro que o sistema admitiu a) que, como regra, o valor dos materiais integra a base de cálculo do ISS, dela não podendo ser excluída para submetê-la ao ICMS; b) que, também por via de regra, o ISS não é cumulativo (melhor dito: não é de múltipla incidência econômica).

> Com efeito, se o valor dos materiais não integrasse normalmente a base de cálculo do ISS, que sentido teria prever a dedução dessa parcela? Parece inquestionável que, salvo expressa exceção, o valor dos materiais fornecidos pelo prestador é componente inafastável da base de cálculo do ISS, reforçando, pois, as afirmações anteriores de que ao fornecer materiais necessários à prestação dos serviços o prestador não se transforma em promovente de operações mercantis, isto é, não é vendedor de mercadorias. Indica, por conseguinte, a invalidade das exceções postas nas malfadas listas de serviço, que pretendem por sob a incidência de ICMS o fornecimento ou aplicação de simples materiais, que se constituem em requisitos da prestação de certos serviços.
>
> A possibilidade de dedução, no caso de serviços de construção civil, da parcela relativa ao valor das subempreitadas já tributadas pelo imposto, por sua vez, parece reafirmar que o ISS não é tributo de múltipla incidência econômica, impropriamente designado de cumulativo. De fato, se fosse imanente à estrutura desse imposto a possibilidade de "cumulação" ficaria sem nenhuma finalidade a permissão para deduzir o valor das subempreitadas já tributadas pelo imposto.

Para Omar Augusto Leite Melo, ao invés da canalizar a questão para o campo da "cumulatividade", ou não, do ISS, as "deduções" (*rectius*: *exclusões*) das subempreitadas devem ser analisadas à luz da própria *materialidade* do fato gerador, mais especificamente no que diz respeito à *efetividade* da prestação de serviço. Quem prestou o serviço? Se o serviço foi executado pelo subempreiteiro, e não pelo empreiteiro, não houve a ocorrência do fato gerador do ISS para o empreiteiro (afinal de contas ele *não* "prestou serviço", não praticou o fato gerador do ISS, que foi realizado pelo subempreiteiro!). Curiosamente, o mesmo Aires Barreto (2003, p. 379-80), acaba reconhecendo que esta é a melhor diretriz para o caso:

> Não se trata de matéria cuja análise se esgote no âmbito da base de cálculo desse imposto, como pensávamos. O tema, para ser bem equacionado, deve centrar-se no exame da própria materialidade do tributo. O rigoroso exame da consistência material do ISS implica a conclusão inexorável de que, incidindo esse imposto sobre a prestação de serviço e não sobre contratos de serviços, só poderá haver a exigência de imposto diante da concreta prestação de serviços, que manterá essa unidade, a despeito de para ela terem concorrido vários prestadores. Note-se que se terão vários prestadores, mas um só serviço. Logo, se faz possível uma única incidência. Com efeito, o ISS incide sobre a prestação de serviço e não sobre o número de pessoas que o prestou. Não é demais reiterar que o ISS incide sobre fatos e não sobre contratos.
>
> Para bem situar essa temática – aparentemente complicada –, convém destrinchá-la, mediante exame do número de serviços que foram prestados, independentemente do número de prestadores que hajam concorrido para obter o resultado.
>
> Se foi prestado um único serviço – apesar de, para a sua execução, terem agido vários prestadores –, ocorreu um único fato tributável, impondo-se, por conseguinte, a dedução dos valores pagos pelos vários prestadores, do valor total final (aquele des-

pendido pelo tomador). Se, diversamente, foram prestados vários serviços – e isso se verifica quando os serviços forem diferentes entre si –, a cada serviço corresponderá uma incidência. Por exemplo, se (a) prestou serviços de agenciamento e (b) prestou serviços de revelação de filmes, o ISS incidirá (a) pela prestação de serviço de agenciamento e (b) pela prestação dos serviços de revelação de filmes, uma vez que na hipótese alvitrada foram prestados dois específicos e diferentes serviços (um de agenciamento e outro de revelação de filmes). Vê-se que não caberia cogitar de cumulatividade, dada a circunstância de que, no caso, ocorrem duas distintas e inconfundíveis prestações. A solução seria diversa se, à guisa de exemplo, um mesmo e único serviço de construção civil fosse realizado por dois prestadores, um deles executando parte total da obra contratado pelo outro. Nesse caso, teríamos dois prestadores, mas uma única prestação de serviços, impondo-se, portanto, a dedução do valor da subempreitada tributável pelo imposto.

Dos problemas que esta colocação enseja merece atenção o da escrituração e contabilização do contribuinte, nesses casos. Se a lei municipal nada dispuser, o contribuinte pode – desde que escriture adequadamente – deduzir ISS pago. Se a lei municipal contiver disciplina a respeito, deve tal disciplina ser observada. Se o contribuinte não tiver documentação contábil e escrituração adequadas, não poderá – por razões de fato – proceder às deduções. Nesse caso, justifica-se a insistência do Fisco municipal em entender como base tributável o total cobrado pelo prestador.

O art. 9º, § 2º, "*a*" e "*b*", do Decreto-Lei nº 406/1968 assim estampava:

Art. 9º. (...)

§ 2º. Na prestação dos serviços a que se referem os itens 19 e 20 da lista anexa o imposto será calculado sobre o preço deduzido das parcelas correspondentes:

a) ao valor dos materiais fornecidos pelo prestador dos serviços;

b) ao valor das subempreitadas já tributadas pelo imposto.

A propósito, com relação à constitucionalidade do art. 9º, § 2º, "a" e "b", do Decreto-Lei nº 406/1968, o Supremo Tribunal Federal já defendeu a sua validade perante a Constituição Federal de 1988. No RE 214.414-2, foi redigida a seguinte ementa:

CONSTITUCIONAL – TRIBUTÁRIO – ISS – CONSTRUÇÃO CIVIL – DECRETO-LEI Nº 406/1968, ART. 9º, "a" E "b". I – Dedução do valor dos materiais e subempreitadas no cálculo do preço do serviço. Decreto-Lei nº 406/1968, art. 9º, "a" e "b": dispositivos recebidos pela CF. Citados dispositivos do art. 9º, § 2º, cuidam da base de cálculo do ISS e não configuram isenção. Inocorrência de ofensa ao art. 151, III, art. 34, ADCT/88, arts. 150, II e 145, § 1º, CF/88. RE 236.604-PR, Velloso, Plenário, 26.5.99. II – RE conhecido e provido.[21]

21. Mais recentemente, o STF confirmou o mesmo entendimento no AI nº 567.728-6, relator Ministro Joaquim Barbosa, j. 20.11.2006, *DJU* de 7.12.2006, p. 81. Outro julgado do STF nesse sentido: Ag. Reg. no RE nº 279.424-4.

Esse precedente jurisprudencial entendeu que o art. 9º do Decreto-Lei nº 406/1968 cuida da definição da base de cálculo do ISS, com amparo no art. 146, III, "a" , da Constituição Federal, ou seja, trata de uma norma geral em matéria de legislação tributária, no intuito de padronizar a base de cálculo do ISS em âmbito nacional.

Com o advento da Lei Complementar nº 116/2003, Omar Augusto Leite Melo leciona que o art. 9º do Decreto-Lei nº 406/1968 não foi revogado, mantendo-se integralmente válidas, portanto, as "deduções" ali previstas e, mais ainda, que esse critério de exclusão da base de cálculo também precisa ser estendido para os serviços afetos à construção civil prestados por subempreiteiras.

Agora, é importante dizer que o Presidente da República vetou o inciso II do art. 7º, § 2º, da Lei Complementar nº 116/2003, que previa a não inclusão do *valor de subempreitadas sujeitas ao Imposto sobre Serviços de Qualquer Natureza* na base de cálculo do ISS, com as seguintes justificativas:

> A norma contida no inciso II do § 2º do art. 7º do projeto de lei complementar ampliou a possibilidade de dedução das despesas com subempreitadas da base de cálculo do tributo. Na legislação anterior, tal dedução somente era permitida para as subempreitadas de obras civis. Dessa forma, a sanção do dispositivo implicaria perda significativa de base tributável. Agregue-se a isso o fato de a redação dada ao dispositivo ser imperfeita. Na vigência do § 2º do art. 9º do Decreto-Lei nº 406, de 31 de dezembro de 1968, somente se permitia a dedução de subempreitadas já tributadas pelo imposto. A redação do Projeto de Lei Complementar permitiria a dedução de subempreitadas sujeitas ao imposto. A nova regra não exige que haja pagamento efetivo do ISS por parte da subempreitada, bastando para tanto que o referido serviço esteja sujeito ao imposto. Assim, por contrariedade ao interesse público, propõe-se o veto ao dispositivo.

Mesmo com o veto ao inciso II do § 2º do art. 7º da Lei Complementar nº 116/2003, Omar Augusto Leite Melo repete seu posicionamento de que foi mantido intacto o disposto no art. 9º, § 2º, "b", do Decreto-Lei nº 406/1968, ou seja, excluindo ("deduzindo") as subempreitadas tributadas da base do ISS.

Gabriel Lacerda Troianelli e Juliana Gueiros (2003, p. 223-4) possuem o mesmo ponto de vista:

> A questão que se põe é a seguinte: dado o veto presidencial ao inciso II do § 2º do art. 7º da LC nº 116/2003, permanece em vigor a regra do art. 9º, "b" do Decreto--Lei nº 406/1968, que prevê a dedução das parcelas correspondentes "ao valor das subempreitadas já tributadas pelo imposto", ou cessa, simplesmente, a possibilidade de tal dedução?
>
> Tivesse o legislador, na LC nº 116/2003, optado por revogar, globalmente, a legislação anterior sobre ISS, não teríamos dúvida em afirmar a revogação da regra do art. 9º, § 2º, "b".

> Optou, todavia, o legislador por cláusula de revogação expressa, veiculada pelo art. 10, na qual se incluem os arts. 8º, 10, 11 e 12 do Decreto-Lei nº 406/1968, mas não o seu art. 9º.
>
> Ao ter, assim, optado o legislador pela revogação expressa, renunciou à possibilidade de proceder à revogação global das normas anteriores, tendo em vista que a revogação global é, por essência, implícita, ao contrário da expressa.
>
> Além disso, a opção do legislador pela revogação expressa, e, portanto, pela adoção de uma cláusula de revogação, deflagra a incidência do art. 9º da Lei Complementar nº 95, de 26 de fevereiro de 1988: "Art. 9º. A cláusula de revogação deverá enumerar, expressamente, as leis ou disposições revogadas.".
>
> Conclui-se, portanto, que, apesar do veto presidencial, permanecem os valores das subempreitadas já tributadas pelo imposto fora da base de cálculo do ISS, por força do art. 9º, § 2º, "b", do Decreto-Lei nº 406/1968.

Humberto Ávila (2003, p. 182) também defende o mesmo entendimento sobre esse assunto, se não vejamos:

> No caso de serviços de construção civil, que envolvem recebimento de valores já inicialmente destinados a subempreiteiros ou, no caso de plano de saúde, que envolvem o recebimento de valores a serem repassados a terceiros prestadores de serviços médicos, a base de cálculo do imposto sobre serviços somente englobará os valores correspondentes à remuneração pelo serviço próprio da construtora ou do plano de saúde. Sendo assim, o veto do inciso II do § 2º, que permitia a dedução do valor das subempreitadas na execução dos serviços de construção, não impede que os contribuintes deixem de pagar o imposto sobre serviços sobre esses valores. Como correspondem à remuneração de serviços de terceiros, não equivalem à remuneração de serviço próprio, não devendo, portanto, ser incluídos na base de cálculo do imposto. A previsão de dedução seria inócua, pois implicaria o direito de retirar da base de cálculo um valor que não a integra.

Ainda sobre o tema da "dedutibilidade" da subempreitada, ensina Hugo de Brito Machado em artigo intitulado "A base de cálculo do ISS e as subempreitadas" (*RDDT*, set. 2004, nº 108, p. 67-8):

> O valor de qualquer subempreitada deve ser excluído do valor da empreitada a que se vincula, mesmo que não exista disposição expressa a esse respeito, pois se trata de não incluir na base de cálculo do ISS, o que na verdade não pode ser incluído. (...)
>
> a) na subempreitada as partes contratantes são diversas daquelas que são partes na empreitada; (...) c) existem dois contratos e, assim, duas relações jurídicas distintas. Não obstante, o fato prestação de serviços é um só e em consequência não se pode admitir a dupla tributação.

A questão ainda será analisada e julgada de modo definitivo pelo STJ, que em alguns precedentes não admitiu a dedução de subempreitadas.

No AgRg no AgRg no AI nº 1.410.608, relator Ministro Benedito Gonçalvez, a 1ª Turma do STJ passou a admitir a exclusão das subempreitadas da base de cálculo do ISS, baseando-se em precedente do STF (AgRg no RE nº 599.582, relator Ministro Carlos Ayres Britto, *DJ* de 29.6.2011).

Vale a pena transcrever este acórdão recentíssimo da 1ª Turma do STJ:

> PROCESSUAL CIVIL E TRIBUTÁRIO – AGRAVO REGIMENTAL NO AGRAVO REGIMENTAL NO AGRAVO DE INSTRUMENTO – MANDADO DE SEGURANÇA – ISS – CONSTRUÇÃO CIVIL – BASE DE CÁLCULO – ABATIMENTO DOS MATERIAIS EMPREGADOS E DAS SUBEMPREITADAS – POSSIBILIDADE – ENTENDIMENTO DO SUPREMO TRIBUNAL FEDERAL. 1. O STF, por ocasião do julgamento do RE 603.497/MG, Rel. Min. Ellen Gracie, *DJ* de 16.9.2010, reconheceu a repercussão geral sobre o tema, consoante regra do art. 543-B, do CPC, e firmou entendimento no sentido da possibilidade da dedução da base de cálculo do ISS dos materiais empregados na construção civil. 2. No mesmo sentido, o eminente Ministro Carlos Ayres Britto, no Agravo Regimental no RE 599.582/RJ, *DJ* de 29.6.2011, assentou: "A jurisprudência do Supremo Tribunal Federal é firme no sentido de que o art. 9º do Decreto-Lei nº 406/1968 foi recepcionado pela Constituição Federal de 1988. Pelo que é possível a dedução da base de cálculo do ISS dos valores dos materiais utilizados em construção civil e das subempreitadas." 3. Este Tribunal já emitiu pronunciamento, respaldado na linha de pensar adotada pela Corte Suprema, confira-se: REsp 976.486/RS, Rel. Min. Teori Albino Zavascki, *DJ* de 10.8.2011 e AgRg no AgRg no REsp 1.228.175/MG, Rel. Min. Humberto Martins, *DJ* de 1º.9.2011. 4. Agravo regimental não provido.

4.8.6. Alíquota

A Lei Complementar nº 116/2003 estabeleceu percentual máximo para a instituição de alíquotas do ISS. De acordo com o art. 8º, II, da presente lei, a alíquota máxima será de 5%.

De outro lado, a EC nº 37/2002 estabelece a alíquota mínima de 2% e a impossibilidade da concessão de isenções no campo do ISS, exceção feita exatamente à atividade de construção civil, que pode ser agraciada com qualquer tipo de benesse. Tal determinação está no art. 88 do ADCT e agora também na LC nº 116/2003 (art. 8º-A com redação dada pela LC nº 157/2016).

4.8.7. Local de incidência do ISS

A atividade de construção civil, incluindo as obras hidráulicas e elétricas (itens 7.02 e 7.05 da Lista anexa à LC nº 116/2003), serão sempre tributadas no local da prestação.

De outra sorte, a elaboração de planos diretores e de projetos executivos, os estudos de viabilidade e outros, relacionados com obras e serviços de engenharia consultiva, previstos no item 7.03 da Lista de Serviços anexa à LC nº 116/2003, são serviços de engenharia e, portanto, devem ser tributados no local do estabelecimento prestador.

O STJ, contudo, entendeu o contrário em recente julgado, conforme visto no item 2 deste trabalho (REsp nº 1.117.121/SP). Esta decisão, aliás, parece confirmar a nova tendência do STJ de seguir o critério espacial do ISS previsto no art. 3º da LC nº 116/2003.

Caso interessante foi enfrentado por Ives Gandra da Silva Martins, cujo parecer intitulado "Serviços de construção civil prestados em territórios da União ou dos Estados não estão sujeitos ao ISS" (2000, p. 119-29).

Trata-se de saber se há, ou não, incidência do ISS sobre o serviço de construção civil de dragagens, terraplanagens e de infraestrutura (itens 32 e 14 da extinta lista do Decreto-Lei nº 406/1968; e subitens 7.02 e 7.18 da atual lista da LC nº 116/2003) executadas em rios estaduais ou federais e na plataforma continental.

A alegação da consulente é de que não se sujeita ao ISS porque não presta serviço em território municipal, logo, a prestação não se configuraria na área de nenhum município, mas sim em território pertencente à União ou aos Estados. Eis o problema colocado em discussão, que recebeu o seguinte parecer de Ives Gandra (p. 125-7):

> O terceiro aspecto a ser examinado diz respeito ao território onde as obras são executadas. Não pertence ao Município.
>
> Há que se distinguir claramente o que é "propriedade" da União ou dos Estados, de imóveis que se encontram nos territórios municipais, matéria que diz respeito ao direito de propriedade, e "território" que pertença exclusivamente à União ou aos Estados, como ocorre com a plataforma continental ou com o leito dos rios navegáveis, e que não se confundem com os prédios de uma repartição federal ou estadual, visto que são áreas fora do "território" dos Municípios.
>
> Em outras palavras, os leitos dos rios estaduais e a plataforma marítima não são territórios municipais onde se encontrem bens da União ou dos Estados, mas território da União e dos Estados, sem nenhuma participação dos Municípios.
>
> Reza, por outro lado, a Constituição Federal em seu art. 26, inciso I, que:
>
> *"Art. 26. Incluem-se entre os bens dos Estados:*
>
> *I – as águas superficiais ou subterrâneas, fluentes, emergentes e em depósito, ressalvadas, neste caso, na forma da lei, as decorrentes de obras da União".*
>
> Claro deixando que nestes bens, os Municípios não tem qualquer participação, vale dizer, tais áreas do país são áreas não incluídas no território de qualquer município.
>
> O mar territorial, por exemplo, é de 200 milhas, desde 25 de março de 1970, e pertence exclusivamente à União. É território da União, não pertencendo, sob nenhum aspecto, aos municípios lindeiros, pois onde começa a plataforma, termina a área do município. O mesmo se diga dos leitos dois rios, em que o território municipal chega até onde começa o território da União.

> Sendo, pois, rios e mares territórios dos Estados e da União, sobre eles não tem os Municípios qualquer competência ou "jurisdição" administrativa, pois sua ação não pode transcender seus próprios limites territoriais. (...)
>
> Ora, o local da prestação de serviços realizada pela consulente – obra nitidamente de construção civil, vinculada a utilização de técnicas hidráulicas para sua realização, sobre ser executada "no leito das águas fluviais e marítimas", sendo, pois, "obras hidráulicas" – não é território de um Município, não havendo como cobrar ISS de serviço, quer no domicílio do contribuinte, quer no local onde é prestado, já que a prestação ocorre em território fora do âmbito de qualquer município.
>
> O local da prestação de serviço é território ou do Estado ou da União, não havendo como qualquer município possa exigir tributo sobre serviço não prestado em seu território.

Com certeza, não há a necessidade de nenhum reparo nas lições do citado tributarista.

4.8.8. Incorporação imobiliária

A tributação da incorporação imobiliária mexe com dois impostos municipais: ISS e ITBI. Sobre a figura do incorporador:

> Considera-se incorporador qualquer pessoa, física ou jurídica, que compromisse ou realize a venda de frações ideais de terreno, efetivando a vinculação de tais frações e unidades autônomas a edificações em construção ou a serem construídas sob regime de condomínio, ou, ainda, a pessoa que meramente aceite proposta para efetivação dessas transações, coordenando e levando a termo a incorporação e responsabilizando-se, conforme o caso, pela entrega das obras concluídas, pelo seu preço e demais condições estipuladas. (§ 2º do art. 428 do Decreto nº 10.645/2008 – Nova Consolidação Tributária do Município de Bauru)

Na lei federal de incorporação imobiliária – Lei nº 4.591/1964, encontram-se as seguintes definições:

> **Art. 28.** As incorporações imobiliárias, em todo o território nacional, reger-se-ão pela presente lei.
>
> Parágrafo único. Para efeito desta Lei, considera-se incorporação imobiliária a atividade exercida com o intuito de promover e realizar a construção, para alienação total ou parcial, de edificações ou conjunto de edificações compostas de unidades autônomas.
>
> **Art. 29.** Considera-se incorporador a pessoa física ou jurídica, comerciante ou não, que embora não efetuando a construção, compromisse ou efetive a venda de frações ideais de terreno objetivando a vinculação de tais frações a unidades autônomas, em edificações a serem construídas ou em construção sob regime condominial, ou que meramente aceite propostas para efetivação de tais transações, coordenando e levando a termo a incorporação e responsabilizando-se, conforme o caso, pela entrega, a certo prazo, preço e determinadas condições, das obras concluídas.

A atividade de incorporação, muito praticada atualmente, induvidosamente apresenta as mesmas características do contrato de empreitada, visto que é previamente realizada promessa de venda e compra entre as partes. O STJ acolheu esta tese, entendendo que, na espécie, há a fusão de dois contratos: compra e venda e empreitada.[22] O mesmo não se diga caso o imóvel seja vendido após a sua conclusão. Neste caso, configurar-se-á fato imponível apenas de ITBI e não do ISS.

Incidirá ITBI sobre o terreno mais a construção ou somente sobre aquele?

Visualizamos nitidamente a ocorrência de dois fatos imponíveis: de um lado, a compra e venda ou mesmo o compromisso de compra e venda, ambos os sujeitos ao ITBI (transmissão de bens imóveis ou cessão de direitos à sua aquisição); de outro, a prestação de serviços de empreitada na construção civil, situação material que compõe a hipótese de incidência do ISS.

Com efeito, o próprio art. 29 da Lei de Incorporações Imobiliárias destaca a existência autônoma e simultânea de duas atividades (logo, dois contratos, dois fatos econômicos) na incorporação:

a) compra e venda (ou sua promessa): *"considera-se incorporador (...) compromisse ou efetive a venda de frações ideais de terreno (...)"*; e

b) construção civil: *"(...) em edificações a serem construídas ou em construção sob regime condominial (...)"*. Os arts. 48, 55 e 58 da Lei nº 4.591/1964 corroboram a presença intrínseca de uma obra de construção civil.

A nosso sentir, o ITBI incidirá apenas sobre o terreno vendido ou prometido à venda, enquanto que sobre a construção do apartamento recairá o ISS. Por con-

---

22. "TRIBUTÁRIO – RECURSO ESPECIAL – ATIVIDADE DE INCORPORAÇÃO DE IMÓVEIS – EXISTÊNCIA DE DOIS CONTRATOS: O DE COMPRA E VENDA E O DE EMPREITADA – CARACTERIZAÇÃO DE FATO GERADOR DE ISS – DL Nº 406/1968 – PRECEDENTES – RECURSO ESPECIAL CONHECIDO E PROVIDO. 1. Trata-se de recurso especial fundado nas alíneas "a" e "c" do permissivo constitucional, ajuizado pelo Município de Manaus em autos de execução fiscal por créditos de ICMS, contra acórdão que, ao ratificar a sentença, denegou a execução fiscal sob o fundamento de que a atividade de incorporação imobiliária não constitui fato gerador de ISS, por não estar prevista na Lista de Atividades anexa ao DL nº 406/1968, que é taxativa. Em recurso especial, alegam-se divergência jurisprudencial e violação dos arts. 8º do DL nº 406/1968 e 1º da LC nº 116/2003, e ao item 32 e 7.02 da Lista de Serviços anexa a essas normas, sob o fundamento de que a lista de serviços ensejadores de recolhimento de ISS não é taxativa; na atividade de incorporação estão presentes dois contratos: o de compra e venda e o de empreitada, o que caracteriza o fato gerador do ISS. 2. Ao que se constata, a pretensão é de inteira procedência, uma vez que o acórdão recorrido se encontra em diametral oposição ao entendimento adotado pela reiterada jurisprudência do STJ, que é no sentido de que a atividade de incorporação imobiliária, por compreender um contrato de compra e de venda e, também, um contrato de empreitada, constitui fato gerador do ISS. Precedentes: REsp nº 766.278/PR, *DJ* de 26.9.2007, Rel. Min. Eliana Calmon; REsp nº 766.278/PR, *DJ* de 26.9.2007, Rel. Min. Eliana Calmon. 3. Recurso especial conhecido e provido, para o fim de reconhecer legal a tributação do ISS." (REsp 998437/AM – Recurso Especial – 2007/0244825-0)

seguinte, a base de cálculo do ITBI corresponderá única e exclusivamente ao valor venal do terreno, desconsiderando-se o preço da empreitada (ou do valor do imóvel edificado).

É exatamente o que determina a legislação tributária de Bauru,[23] a título de exemplo, se não vejamos:

> **Art. 428.** Quando se tratar de incorporação imobiliária viabilizadora de negócio jurídico de compra e venda, o ISSQN incidirá sobre o preço da construção da unidade autônoma, devendo ser destacada a fração de terreno correspondente, sobre a qual recairá o Imposto de Transmissão Inter Vivos – ITBI.

Quando da averbação da construção, não se poderá exigir o ITBI, sob pena de configurar-se o ilegal e inconstitucional *bis in idem*. Nessa fase, deverá a Prefeitura fornecer atestado de que a obra já se encontra regularizada do ponto de vista tributário, não havendo incidência de ITBI. Este documento liberará a averbação sem a exigência do gravame por parte do cartório.

No entanto, diante das modalidades pelas quais pode ser realizada a incorporação imobiliária, atualmente tem-se entendido que na chamada *incorporação por contratação direta* não pode haver a cobrança do ISS.

A Lei nº 4.591/1964 prevê expressamente três espécies de incorporação imobiliária, a saber: por empreitada (art. 55); por administração (art. 58); e por contratação direta (art. 48, *in fine*). Os citados dispositivos estão assim redigidos:

> **Art. 48.** A construção de imóveis, objeto de incorporação nos moldes previstos nesta Lei poderá ser contratada sob o regime de empreitada ou de administração conforme adiante definidos e poderá estar incluída no contrato com o incorporador, ou ser contratada diretamente entre os adquirentes e o construtor. (*Destacamos*)
>
> **Art. 55.** Nas incorporações em que a construção seja feita pelo regime de empreitada, esta poderá ser a preço fixo, ou a preço reajustável por índices previamente determinados.
>
> **Art. 58.** Nas incorporações em que a construção for contratada pelo regime de administração, também chamado "a preço de custo", será de responsabilidade dos proprietários ou adquirentes o pagamento do custo integral de obra, observadas as seguintes disposições:
>
> I – todas as faturas, duplicatas, recibos e quaisquer documentos referentes às transações ou aquisições para construção, serão emitidos em nome do condomínio dos contratantes da construção;
>
> II – todas as contribuições dos condôminos para qualquer fim relacionado com a construção serão depositadas em contas abertas em nome do condomínio dos contratantes em estabelecimentos bancários, as quais, serão movimentadas pela forma que for fixada no contrato.

23. Decreto nº 10.645, de 10.4.2008 (Nova Consolidação Tributária do Município de Bauru).

Gustavo Masina (2009, p. 76) , traz lições esclarecedoras a respeito dessas três espécies contratuais de incorporação imobiliária:

> A incorporação por empreitada (art. 55, Lei nº 4.591/1964) é aquela em que o incorporador assume, frente aos adquirentes, a realização do empreendimento em terreno alheio, para tanto construindo diretamente ou mediante a contratação de terceiro.
>
> A incorporação por administração (art. 58, Lei nº 4.591/1964), por sua vez, caracteriza-se pelo fato de o incorporador assumir a administração do empreendimento a ser realizado em terreno de outrem. Nessa modalidade de incorporação, necessariamente deverá ser contratada empreiteira para a construção da obra – a construção não pode ser realizada pelo próprio incorporador. Tal contratação, porém, será feita diretamente pelo condomínio de adquirentes (condomínio x empreiteira). Não obstante, haverá também o contrato de incorporação, por meio do qual o incorporador se comprometerá a administrar o empreendimento e posteriormente vender as unidades imobiliárias. A contratação de construtor, a compra de materiais e os demais negócios atinentes à incorporação serão realizados diretamente pelo grupo de adquirentes (condomínio), através, porém, do incorporador, que agirá como seu mandatário.
>
> Já a incorporação por contratação direta (art. 48, Lei nº 4.591/ 1964) se diferencia das demais hipóteses de incorporação por ser realizada em terreno do incorporador. Em tal modalidade, o incorporador constrói em terreno próprio – diretamente ou através de terceiro (incorporador x empreiteira).

No REsp nº 1.012.552-RS, a 1ª Turma do Superior Tribunal de Justiça, relator Ministro José Delgado, v.u., j. em 3.6.2008, *DJe* de 23.6.2008, decidiu pela não incidência do ISS quando o incorporador, por conta própria, constrói em seu próprio terreno (contratação direta de incorporação), independentemente da ocorrência de "vendas na planta", cuja ementa foi assim redigida:

> "TRIBUTÁRIO – ISS – HIPÓTESE DE NÃO INCIDÊNCIA – INCORPORADOR QUE, POR CONTA PRÓPRIA, CONSTRÓI EM SEU PRÓPRIO TERRENO. 1. Não há prestação de serviços a terceiros quando o incorporador, por conta própria, constrói em terrenos de sua propriedade. 2. Inexistência de contrato de empreitada com terceiros. 3. A venda de imóvel pelo incorporador não é, por si só, fato gerador de ISS. 4. Recurso especial improvido.

No final do seu voto, o Ministro relator José Delgado ressaltou que *"a hipótese em discussão não é igual à apontada pelos precedentes constituídos pelos REsp nºs 489.383/PR e 746.861/MG. Nestes julgados, havia a formação de dois contratos: o de compra e venda e o de empreitada. Na situação analisada, não há contrato de empreitada firmado. O incorporador é o próprio construtor".*

Com efeito, no REsp nº 489.383, relator Ministro João Otávio de Noronha, j. em 3.5.2007, *DJ* de 24.5.2007, p. 342, que julgou pela incidência do ISS na incorporação de imóveis, ficou claro que a atividade tributada é a incorporação-*construção,* cuja incidência se dá apenas nas modalidades de incorporação *por empreitada* ou *por administração*, jamais na incorporação por contratação direta, se não vejamos:

> TRIBUTÁRIO – ISS – INCORPORAÇÃO DE IMÓVEIS – INCIDÊNCIA. 1. A incorporação-construção é também empreitada, atividade que se enquadra no tipo fiscal descrito no item 32 da tabela anexa ao Decreto-Lei nº 406/1968, razão pela qual está sujeita à incidência do Imposto sobre Serviços (ISS). 2. Recurso especial provido.

Este entendimento recente do STJ vem abalizar as conclusões elaboradas por Gustavo Masina (2009, p. 79-80):

> As competências tributárias foram distribuídas ao longo da Constituição Federal segundo diversos critérios, cada qual específico e determinada espécie tributária. A partição da competência à instituição de impostos teve por critério a definição de materialidades, previamente esboçadas pelo texto constitucional.
>
> A rigidez constitucional, que marca as regras de competência tributária, impede a decomposição dos fatos jurídicos que se enquadrarem em alguma das materialidades previstas na Constituição Federal.
>
> O exame da competência tributária concedida aos municípios para a tributação dos serviços de qualquer natureza (art. 156, III, CF) demonstra que o ISSQN somente pode recair sobre obrigações de fazer que configurem um fim em si mesmo (serviço-fim) – afastada, assim, a possibilidade de tributação dos chamados serviços-meio.
>
> As incorporações imobiliárias, regidas por legislação própria (Lei nº 4.591/1964), dividem-se em três espécies: incorporação por empreitada (art. 55), incorporação por administração (art. 58) e incorporação por contratação direta (art. 48).
>
> As incorporações por contratação direta caracterizam-se pelo fato de serem realizadas em terreno do próprio incorporador, que promove a construção das unidades imobiliárias ao final vendidas aos respectivos adquirentes, prontas ou não ("vendas na planta").
>
> A incorporação por contratação direta não se coaduna ao conceito constitucional de serviço, indispensável à incidência do ISSQN, pois a obrigação de fazer que compõe tal negócio é simples meio para alcançar a real finalidade do contrato, qual seja, a venda das unidades imobiliárias.
>
> Eventuais vendas de unidades inacabadas ("vendas na planta") não transmudam a natureza do fato jurídico "incorporação por contratação direta" para simples empreitada, nem permitem seja tal fato seccionado para dele extrair uma promessa de compra e venda e uma empreitada, o que reforça a impossibilidade de que sobre ele venha recair o ISSQN com pretenso arrimo no item 32 da Lista anexa ao DL nº 406/1968 e/ou no item 7.02 da lista anexa à LC nº 116/2003.
>
> A jurisprudência do Superior Tribunal de Justiça entendia que sobre as incorporações imobiliárias recai o ISSQN, sem, que, contudo, tivesse sido examinada a distinção entre as três modalidades previstas na legislação federal (incorporação por empreitada, incorporação por administração e incorporação por contratação direta).
>
> No recente julgamento do REsp nº 1.012.552/RS, porém, a 1ª Turma do Superior Tribunal de Justiça apresentou diverso entendimento, pelo qual, em razão da diferença que há entre a incorporação por contratação direta e as demais espécies de incorporação, foi declarada a não incidência do ISSQN sobre a primeira (incorporação por contratação direta).

> A conclusão obtida no julgamento do REsp nº 1.012.552/RS, pautada nas especificidades que marcam a chamada incorporação por contratação direta, deve prevalecer, por estar de acordo com os ditames legais e constitucionais que regem o Sistema Tributário Nacional.

Em votação realizada em 12.4.2011, a 2ª Turma do STJ, no REsp nº 1.212.888, relator Ministro Herman Benjamin, mudou a orientação novamente sobre o tema da incorporação imobiliária, agora para afastar de vez a incidência do ISS sobre a atividade do incorporador. Ficou decidido que o incorporador é *tomador* do serviço de construção, quando esta é realizada por um terceiro. Portanto, não se fala mais em um contrato misto, mas sim num único contrato de venda de imóvel para entrega futura. Sai de cena o ISS, e entra o ITBI, que passa a incidir sozinho, agora, sobre o valor total da venda do imóvel e não mais apenas sobre o terreno. O incorporador, no máximo, pode ser eleito como responsável tributário do ISS, relativamente aos serviços tomados. Eis a ementa:

> TRIBUTÁRIO – ISS SOBRE CONSTRUÇÃO – INCORPORADORA IMOBILIÁRIA – INEXIGIBILIDADE. 1. Conforme decidido no REsp 1166039/RN, a incorporação poderá adotar um dos seguintes regimes de construção: a) por empreitada, a preço fixo, ou reajustável por índices previamente determinados (Lei nº 4.591/64, art. 55); b) por administração ou "a preço de custo" (Lei nº 4.591/64, art. 58); ou c) por contratação direta entre os adquirentes e o construtor (Lei nº 4.591/64, art. 41). 2. Nas duas primeiras hipóteses, o serviço é prestado por terceira empresa, contratada pela incorporadora ou pelos adquirentes, que se organizam em regime de condomínio. Contribuinte do ISS sobre o serviço de construção, naturalmente, será a respectiva prestadora, e não o tomador. 3. Se houver contratação direta, a construção feita pela incorporadora em terreno próprio constitui "simples meio para atingir-se o objetivo final da incorporação; o incorporador não presta serviço de "construção civil" ao adquirente, mas para si próprio". 4. Conclui-se que a incorporadora imobiliária não assume a condição de contribuinte da exação. 5. Recurso Especial provido.

Enfim, mais uma vez, temos uma reviravolta no entendimento jurisprudencial, pelo menos por parte da 2ª Turma do STJ.

4.8.9. Responsabilização no "habite-se"

A maioria das legislações municipais elege o proprietário da obra como responsável solidário pelo pagamento do ISS não pago pelo construtor, o que vem sendo tranquilamente referendado pela jurisprudência.[24]

---

24. AÇÃO DECLARATÓRIA – ISS – Expedição de "habite-se" – Declaração do contribuinte – Obrigatoriedade – Serviços de mão de obra – Lançamento – Arbitramento – Possibilidade – Tabela específica – Atualização – UFIR – Conhecimento do ato pelo contribuinte – Cerceamento de defesa afastado – Confisco inexistente – Sentença mantida – Apelo improvido. (Apelação Sem Revisão nº 5838525900 (TJ/SP), Relator Silva Russo, registro em 8.11.2006)

E o ISS é cobrado do dono da obra no momento da protocolização do requerimento de "habite-se", ficando sua liberação condicionada à prévia quitação do imposto. Pergunta-se: é legítimo tal condicionamento? NÃO! A maioria da doutrina e jurisprudência não aprova essa exigência, considerando-a como forma oblíqua, abusiva e ilegal de cobrança de tributo, conforme Súmula 323 do STF.[25] Trata-se de uma sanção política que deturpa os princípios da proporcionalidade, do devido processo legal, contraditório e ampla defesa. Apenas a execução fiscal pode coagir o contribuinte a cumprir sua obrigação tributária. Não é possível forçar o recebimento de um tributo deixando de conceder um direito a que o contribuinte faça jus.

E a situação da mão de obra própria, quando o dono da obra a construiu com profissionais por ele mesmo registrados? Nesse caso não incide ISS, já que faltará o elemento autonomia para a configuração do seu fato gerador.

Também não haverá ISS caso a obra tenha sido executada por pedreiros autônomos isentos do imposto pela legislação municipal. O responsável (dono da obra) deverá provar tal circunstância.

É preciso ainda estar atento à decadência tributária (art. 173 do CTN), causa de extinção do crédito e da própria obrigação tributária, prevista no art. 156, V, do CTN. Transcorridos mais de 5 (cinco) anos do término da obra, é induvidoso que o crédito de ISS estará caduco, não mais podendo ser formalizado. O fato gerador é continuado e se consuma a cada medição de execução da obra. Muitos municípios, entretanto, contam a decadência a partir do requerimento de "habite-se", o que se revela algo totalmente injurídico.

4.8.10. O ISS das construtoras no Simples Nacional

As microempresas e as empresas de pequeno porte que atuem no ramo da construção civil poderão aderir ao Simples Nacional, vulgarmente conhecido como "Supersimples".

Nos moldes da Lei Complementar nº 116/2003, a Lei Complementar nº 123/2006 também admite a dedução de *materiais* no cálculo do ISS da atividade de construção civil e não prevê a dedução de subempreitadas sujeitas ao imposto.

Ocorre que a redação da LC nº 123/2006 é idêntica a da LC nº 116/2003, inclusive fazendo remissão aos itens 7.02 e 7.05 da Lista anexa ao Diploma específico do ISS.[26]

---

25. Súmula 323 do STF: *É inadmissível a apreensão de mercadorias como meio coercitivo para pagamento de tributos.*

26. **Art. 18.** (...) § 23. Da base de cálculo do ISS será abatido o material fornecido pelo prestador dos serviços previstos nos itens 7.02 e 7.05 da lista de serviços anexa à Lei Complementar nº 116, de 31 de julho de 2003.

Assim, também no campo do Simples Nacional, deve ser aplicado o mesmo entendimento do STF e do STJ quanto à possibilidade de se deduzir os materiais fornecidos pelo prestador de serviço, conforme estudado em linhas atrás.

Com relação às subempreitadas, ainda que a legislação municipal preveja a dedução, no regime do Simples Nacional não será possível aproveitá-la, uma vez que apenas os *benefícios* criados a partir de 1º de julho de 2007 e específicos para as microempresas e empresas de pequeno porte é que serão considerados no cálculo dos tributos inseridos naquele. De fato, no caso do Simples Nacional, somente se aplicam os benefícios concedidos por lei municipal a partir de 1º de julho de 2007, consoante se depreende dos arts. 31 a 36 da Resolução CGSN nº 94/2011.

Sobre os fatos geradores ocorridos até 31/12/2011, as construtoras optantes pelo Simples Nacional serão tributadas de acordo com as seguintes alíquotas fixadas no Anexo IV da Lei Complementar nº 123/2006,[27] a saber:

Anexo IV – Partilha do Simples Nacional – Serviços

Receita Bruta em 12 meses (em R$)	Alíquota	IRPJ	CSLL	Cofins	PIS/ Pasep	ISS
Até 120.000,00	4,50%	0,00%	1,22%	1,28%	0,00%	2,00%
De 120.000,01 a 240.000,00	6,54%	0,00%	1,84%	1,91%	0,00%	2,79%
De 240.000,01 a 360.000,00	7,70%	0,16%	1,85%	1,95%	0,24%	3,50%
De 360.000,01 a 480.000,00	8,49%	0,52%	1,87%	1,99%	0,27%	3,84%
De 480.000,01 a 600.000,00	8,97%	0,89%	1,89%	2,03%	0,29%	3,87%
De 600.000,01 a 720.000,00	9,78%	1,25%	1,91%	2,07%	0,32%	4,23%
De 720.000,01 a 840.000,00	10,26%	1,62%	1,93%	2,11%	0,34%	4,26%
De 840.000,01 a 960.000,00	10,76%	2,00%	1,95%	2,15%	0,35%	4,31%
De 960.000,01 a 1.080.000,00	11,51%	2,37%	1,97%	2,19%	0,37%	4,61%
De 1.080.000,01 a 1.200.000,00	12,00%	2,74%	2,00%	2,23%	0,38%	4,65%
De 1.200.000,01 a 1.320.000,00	12,80%	3,12%	2,01%	2,27%	0,40%	5,00%
De 1.320.000,01 a 1.440.000,00	13,25%	3,49%	2,03%	2,31%	0,42%	5,00%
De 1.440.000,01 a 1.560.000,00	13,70%	3,86%	2,05%	2,35%	0,44%	5,00%

27. **Art. 18.** (...). § 5º-C. Sem prejuízo do disposto no § 1º do art. 17 desta Lei Complementar, as atividades de prestação de serviços seguintes serão tributadas na forma do Anexo IV desta Lei Complementar, hipótese em que não estará incluída no Simples Nacional a contribuição prevista no inciso VI do *caput* do art. 13 desta Lei Complementar, devendo ela ser recolhida segundo a legislação prevista para os demais contribuintes ou responsáveis: I – construção de imóveis e obras de engenharia em geral, inclusive sob a forma de subempreitada, execução de projetos e serviços de paisagismo, bem como decoração de interiores; (...).

De 1.560.000,01 a 1.680.000,00	14,15%	4,23%	2,07%	2,39%	0,46%	5,00%
De 1.680.000,01 a 1.800.000,00	14,60%	4,60%	2,10%	2,43%	0,47%	5,00%
De 1.800.000,01 a 1.920.000,00	15,05%	4,90%	2,19%	2,47%	0,49%	5,00%
De 1.920.000,01 a 2.040.000,00	15,50%	5,21%	2,27%	2,51%	0,51%	5,00%
De 2.040.000,01 a 2.160.000,00	15,95%	5,51%	2,36%	2,55%	0,53%	5,00%
De 2.160.000,01 a 2.280.000,00	16,40%	5,81%	2,45%	2,59%	0,55%	5,00%
De 2.280.000,01 a 2.400.000,00	16,85%	6,12%	2,53%	2,63%	0,57%	5,00%

Com o advento da Lei Complementar nº 139/2011, que modificou tais anexos, a tributação sobre as construtoras optantes do Simples Nacional ficou da seguinte forma, a partir de 1º.1.2012:

Receita Bruta em 12 meses (em R$)	Alíquota	IRPJ	CSLL	Cofins	PIS/ Pasep	ISS
Até 180.000,00	4,50%	0,00%	1,22%	1,28%	0,00%	2,00%
De 180.000,01 a 360.000,00	6,54%	0,00%	1,84%	1,91%	0,00%	2,79%
De 360.000,01 a 540.000,00	7,70%	0,16%	1,85%	1,95%	0,24%	3,50%
De 540.000,01 a 720.000,00	8,49%	0,52%	1,87%	1,99%	0,27%	3,84%
De 720.000,01 a 900.000,00	8,97%	0,89%	1,89%	2,03%	0,29%	3,87%
De 900.000,01 a 1.080.000,00	9,78%	1,25%	1,91%	2,07%	0,32%	4,23%
De 1.080.000,01 a 1.260.000,00	10,26%	1,62%	1,93%	2,11%	0,34%	4,26%
De 1.260.000,01 a 1.440.000,00	10,76%	2,00%	1,95%	2,15%	0,35%	4,31%
De 1.440.000,01 a 1.620.000,00	11,51%	2,37%	1,97%	2,19%	0,37%	4,61%
De 1.620.000,01 a 1.800.000,00	12,00%	2,74%	2,00%	2,23%	0,38%	4,65%
De 1.800.000,01 a 1.980.000,00	12,80%	3,12%	2,01%	2,27%	0,40%	5,00%
De 1.980.000,01 a 2.160.000,00	13,25%	3,49%	2,03%	2,31%	0,42%	5,00%
De 2.160.000,01 a 2.340.000,00	13,70%	3,86%	2,05%	2,35%	0,44%	5,00%
De 2.340.000,01 a 2.520.000,00	14,15%	4,23%	2,07%	2,39%	0,46%	5,00%
De 2.520.000,01 a 2.700.000,00	14,60%	4,60%	2,10%	2,43%	0,47%	5,00%
De 2.700.000,01 a 2.880.000,00	15,05%	4,90%	2,19%	2,47%	0,49%	5,00%
De 2.880.000,01 a 3.060.000,00	15,50%	5,21%	2,27%	2,51%	0,51%	5,00%
De 3.060.000,01 a 3.240.000,00	15,95%	5,51%	2,36%	2,55%	0,53%	5,00%
De 3.240.000,01 a 3.420.000,00	16,40%	5,81%	2,45%	2,59%	0,55%	5,00%
De 3.420.000,01 a 3.600.000,00	16,85%	6,12%	2,53%	2,63%	0,57%	5,00%

A recente LC nº 155/2016 alterou radicalmente a sistemática de cálculo dos tributos inseridos no Simples Nacional, instituindo a progressividade graduada de alíquotas, com vigência a partir de 1º.1.2018.

O novo Anexo IV para a tributação das construtoras será o seguinte:

Anexo IV da Lei Complementar nº 123, de 14 de dezembro de 2006

(com redação dada pela LV nº 155, de 27 de outubro de 2016)

Alíquotas e Partilha do Simples Nacional – Receitas decorrentes da prestação de serviços relacionados no § 5º-C do art. 18 desta Lei Complementar

Receita Bruta em 12 Meses (em R$)		ALÍQUOTA	Valor a Deduzir (em R$)
1ª Faixa	Até 180.000,00	4,50%	–
2ª Faixa	De 180.000,01 a 360.000,00	9,00%	8.100,00
3ª Faixa	De 360.000,01 a 720.000,00	10,20%	12.420,00
4ª Faixa	De 720.000,01 a 1.800.000,00	14,00%	39.780,00
5ª Faixa	De 1.800.000,01 a 3.600.000,00	22,00%	183.780,00
6ª Faixa	De 3.600.000,01 a 4.800.000,00	33,00%	828.000,00

Faixas	Percentual de Repartição dos Tributos				
	IRPJ	CSLL	Cofins	PIS/Pasep	ISS (*)
1ª Faixa	18,80%	15,20%	17,67%	3,83%	44,50%
2ª Faixa	19,80%	15,20%	20,55%	4,45%	40,00%
3ª Faixa	20,80%	15,20%	19,73%	4,27%	40,00%
4ª Faixa	17,80%	19,20%	18,90%	4,10%	40,00%
5ª Faixa	18,80%	19,20%	18,08%	3,92%	40,00% (*)
6ª Faixa	53,50%	21,50%	20,55%	4,45%	–

(*) O percentual efetivo máximo devido ao ISS será de 5%, transferindo-se a diferença, de forma proporcional, aos tributos federais da mesma faixa de receita bruta anual. Sendo assim, na 5ª faixa, quando a alíquota efetiva for superior a 12,5%, a repartição será:

Faixa	IRPJ	CSLL	Cofins	PIS/Pasep	ISS
5ª Faixa, com alíquota efetiva superior a 12,5%	(Alíquota efetiva – 5%) x 31,33%	(Alíquota efetiva – 5%) x 32,00%	(Alíquota efetiva – 5%) x 30,13%	(Alíquota efetiva – 5%) x 6,54%	Percentual de ISS fixo em 5%

4.9. COOPERATIVAS

4.22 – *Planos de medicina de grupo ou individual e convênios para prestação de assistência médica, hospitalar, odontológica e congêneres.*

4.23 – *Outros planos de saúde que se cumpram através de serviços de terceiros contratados, credenciados, cooperados ou apenas pagos pelo operador do plano mediante indicação do beneficiário.*

Tributam-se nesses subitens os serviços médicos e odontológicos prestados por empresas, através de planos ou convênios, em que os usuários pagam mensalidades para ter direito à respectiva assistência quando precisar.

Interessa comentar neste tópico a prestação de serviços médicos por cooperativa, dada a antiga polêmica sobre a sua tributabilidade pelo ISS.

De fato, os municípios sempre encontraram enorme resistência por parte das cooperativas, que de modo algum concordam com a sujeição passiva que as prefeituras lhe imputam.

Na lista antiga não havia previsão expressa da incidência do ISS sobre tais pessoas jurídicas, fato que ensejava grandes discussões doutrinárias.

Depois de muitas decisões contrárias, o Judiciário passou a pronunciar-se de maneira favorável às prefeituras, em muitos julgados concluindo pela incidência do ISS. O próprio STJ, em passado recente, proferiu algumas decisões abarcando a tributação enfocada.

A nova lei, na intenção de acabar com a celeuma, prevê explicitamente as cooperativas como contribuintes do ISS. O Presidente da República vetou o § 3º do art. 7º, que ditava regra de dedução de base de cálculo nos serviços por aquelas prestados.

Contudo, em julgado recente, o STJ deixou claro que devem ser deduzidos da base de cálculo do ISS os valores que o contribuinte (empresa ou cooperativa) repassa aos prestadores de serviços médico-hospitalares.

O entendimento funda-se na ideia segundo a qual tais contribuintes apenas intermedeiam as prestações, aproximando o paciente daqueles que efetivamente prestam os serviços de saúde.

Eis o acórdão do STJ esclarecedor da matéria:

> PROCESSUAL CIVIL E TRIBUTÁRIO – ISS – PLANO DE SAÚDE – INCIDÊNCIA – BASE DE CÁLCULO – DESCONTOS. 1. Discute-se a validade da cobrança do ISS sobre planos de saúde e sua base de cálculo. 2. A solução integral da controvérsia, com fundamento suficiente, não caracteriza ofensa ao art. 535 do CPC. 3. Na hipótese dos autos, o Tribunal de origem consignou expressamente que "os Planos de Saúde foram incluídos na Lista de Serviços tributáveis pelo ISSQN, assim permanecendo na lista anexa à Lei Complementar nº 116/2003, o que tornou possível aos municípios exercitar sua competência tributária e exigir o imposto nos termos do art. 156, III da CF" (fls. 297-298 – grifei). 4. No caso em análise não existe, a rigor, discussão quanto à legislação federal, que prevê a exação nos itens 4.22 e 4.23

> da Lista Anexa à LC nº 116/2003 (isso jamais é negado pela contribuinte). A pretensão principal da recorrente, na presente demanda, implica infirmar a análise feita pelo TJ no tocante ao conceito de serviço fixado pelo art. 156, III, da CF e declarar inconstitucionais os dispositivos da lei complementar federal, o que é inviável em Recurso Especial. 5. Ainda que impossível acolher integralmente o pedido principal da contribuinte (não incidência do ISS sobre planos de saúde), é preciso reconhecer parcialmente o seu pleito, no que se refere à base de cálculo da exação. 6. A Segunda Turma ratificou jurisprudência de que a base de cálculo do ISS sobre planos de saúde é o preço pago pelos consumidores, diminuído dos repasses feitos pela contribuinte aos demais prestadores de serviços de saúde (hospitais, clínicas, laboratórios, médicos etc.). Com ressalva de meu entendimento, passo a acompanhar esses precedentes. 7. A empresa pretende afastar totalmente a tributação, pelo argumento de que a base de cálculo reconhecida pelo TJ-SP (preço pago pelo consumidor, sem abatimento) é incorreta. O pedido deve ser parcialmente provido, pois, embora devida a cobrança, o cálculo deve ser feito sobre base menor. 8. Não se trata de decisão extra petita, como aventado pelo Município, mas de deferimento, em parte, do pedido. 9. Recurso Especial parcialmente conhecido e, nessa parte, parcialmente provido." (REsp 1237312/SP, Recurso Especial 2011/0019397-6, Segunda Turma, Rel. Min. Herman Benjamin (1132), j. em 20.10.2011, *DJe* de 24.10.2011)

Por fim, é importante frisar que, com a edição da Lei Complementar nº 157/2016, os planos de saúde serão tributados no município do domicílio dos respectivos tomadores de seus serviços.

A nova Lei Complementar nº 157/2016 acabou afastando antigo entendimento que defendia a incidência do ISS no local das unidades administrativas das empresas ou mesmo cooperativas de planos de saúde.

Essa alteração legislativa, entretanto, foi suspensa pela medida cautelar do STF proferida na ADI nº 5835, conforme comentamos no item 5 deste livro.

4.10. CORREIOS

Destacamos neste item os denominados *serviços postais*, que agora se encontram expressamente incluídos na lista. O subitem 26.01 é bem abrangente, se não, vejamos:

> *26.01 – Serviços de coleta, remessa ou entrega de correspondências, documentos, objetos, bens ou valores, inclusive pelos correios e suas agências franqueadas; courrier e congêneres.*

Courrier é o serviço de transporte de documentos, cartas, encomendas etc., prestados a terceiros mediante contraprestação econômica.

A tributação sobre os correios (leia-se ECT) envolve a discussão da tese da imunidade recíproca. Afinal de contas, uma empresa pública faz jus ou não à imunidade recíproca?

O STF vem entendendo que sim no que tange à prestação de serviços públicos e desde que não haja finalidade lucrativa no sentido de distribuição de lucros.

Ninguém duvida que o serviço postal é público. Só que a ECT executa demais serviços em concorrência com a iniciativa privada, como a venda de jogos, correspondente bancário, e outros.

E para tais serviços, haveria também a imunidade?

O STF decidiu que sim, devendo a imunidade abranger todo e qualquer serviço prestado pela ECT. Na verdade, o "Guardião da Constituição" definiu que fazem jus à imunidade prevista no art. 150, VI, *a*, da CF, as *empresas públicas prestadoras de serviços públicos*, o que evidentemente é o caso da ECT.

Mas e os serviços não postais? A imunidade igualmente os alcança, segundo a exegese do STF. Entendeu-se que tais serviços são necessários para subsidiar o serviço postal, devendo, por isso, gozar da imunização.

Segue julgado recente do STF que confirma a assertiva aqui lançada:

> DIREITO TRIBUTÁRIO E PROCESSUAL CIVIL – EMBARGOS DE DECLARAÇÃO EM AGRAVO REGIMENTAL EM AÇÃO CIVIL ORIGINÁRIA – COMPETÊNCIA ORIGINÁRIA DO SUPREMO TRIBUNAL FEDERAL – RECONHECIMENTO DA IMUNIDADE RECÍPROCA À EMPRESA BRASILEIRA DE CORREIOS E TELÉGRAFOS. 1. Não há contradição ou omissão no acórdão questionado, o que afasta os pressupostos de embargabilidade explicitados no art. 1.022 do Código de Processo Civil vigente. 2. A decisão embargada enfrentou expressamente a preliminar suscitada pelo MPF, de incompetência da Corte para julgar, como conflito federativo (art. 102, I, "f", CF/1988), lide envolvendo a possibilidade de o Distrito Federal cobrar da ECT tributo inserido na competência municipal. 3. No mérito, a jurisprudência da Casa já assentou o entendimento de que a imunidade recíproca prevista no art. 150, VI, "a", e §§ 2º e 3º, da Constituição Federal é extensível à ECT, prestadora de serviços públicos essenciais, obrigatórios e exclusivos do Estado, quais sejam, o serviço postal e o correio aéreo nacional (art. 21, X, da CF/1988). Esta imunidade subsiste em relação a todas as suas atividades, incluídos os serviços não exclusivos, dispensados em regime concorrencial, os quais se prestam, via subsídio cruzado, ao financiamento do serviço postal deficitário. 4. Embargos de declaração rejeitados. (ACO 811 AgR-Segundo-ED/DF, Distrito Federal, Emb.Decl. no segundo AG.REG. na Ação Cível Originária, Primeira Turma, Rel. Min. Rosa Weber, j. em 9.12.2016, Acórdão Eletrônico *DJe*-268 de 16.12.2016 – Parte(s): Embte.(s): Distrito Federal; Proc.(a/s)(es): Procurador-Geral do Distrito Federal; Embdo.(a/s): Empresa Brasileira de Correios e Telégrafos – ECT; Adv.(a/s): Herbert Milhomens de Vasconcelos)

Já no que tange às agências franqueadas dos correios, não se verifica qualquer imunidade, dada a natureza de empresa privada daquelas, que pagarão normalmente o ISS sobre a comissão que recebem da ECT.

4.11. ENSINO

8 – *Serviços de educação, ensino, orientação pedagógica e educacional, instrução, treinamento e avaliação pessoal de qualquer grau ou natureza.*

8.01 – *Ensino regular pré-escolar, fundamental, médio e superior.*

8.02 – *Instrução, treinamento, orientação pedagógica e educacional, avaliação de conhecimentos de qualquer natureza.*

Ensino, instrução, treinamento, é a transmissão de conhecimentos e técnicas visando educar e preparar pessoas para determinada arte, ofício ou profissão.

O item em comentário abrange todos os graus de ensino, desde o nível primário até o de pós-graduação, bem como mestrado e doutorado. Ainda, quaisquer modalidades de ensino e treinamento estão abrangidas pela tributação, seja da área esportiva, cultural ou técnica.

A base de cálculo deverá ser composta pelo preço total do serviço. Aqui se faz necessária uma explicação. O serviço de ensino não se resume apenas às aulas ministradas, mas ao conjunto de elementos firmados no contrato de aprendizagem. Portanto, as utilidades oferecidas dentro do contexto da atividade de ensino, como, por exemplo, os uniformes, materiais didáticos, transporte, alimentação etc., deverão compor a base imponível do imposto.

Também devem ser incluídos na base imponível do ISS os descontos condicionados concedidos pelas escolas. É muito comum atualmente a entidade de ensino conceder um desconto para pagamento até o vencimento. Este desconto é condicionado, visto que se subordina a um evento futuro e incerto.

A nossa jurisprudência tem se inclinado por não admitir a exclusão da base de cálculo dos descontos condicionados, mas apenas dos incondicionados. Trata-se de uma regra que advém da jurisprudência e não da LC nº 116/2003 ou de qualquer outro diploma legal.

Já no campo do Simples Nacional, essa proibição está prevista explicitamente no § 1º do art. 3º da LC nº 123/2006.

A atividade de ensino não deve ser confundida com a assessoria. É certo que em ambas hipóteses há a transmissão de conhecimentos. Contudo, no ensino predomina a didática, metodologia sistemática e organizada direcionada à instrução, apresentando-se como fim precípuo a formação ou aperfeiçoamento do educando. Diferente é a função do assessor. Este limita-se a fornecer informações técnicas acerca de determinado assunto, normalmente vinculado a uma situação concreta. Não se propõe a educar, mas a assistir o seu cliente e lhe transmitir conhecimentos indispensáveis para melhorar sua situação competitiva no mercado.

Atualmente estão muito difundidos os "cursos à distância", ministrados através do recurso eletrônico da teleconferência. Pergunta-se: nesse caso o ISS é devido na sede da empresa ou no local onde o curso é exibido em telão?

A questão envolve a noção de estabelecimento prestador, analisada por nós em outros tópicos desta obra. Pois bem, defendemos o mero ponto de contato ou posto de atendimento como um autêntico estabelecimento prestador. A jurisprudência do STJ, contudo, tem firmado o entendimento segundo o qual é imprescindível – para a caracterização de estabelecimento prestador – que a unidade do contribuinte esteja apta a prestar o serviço.

Mesmo adotando a exegese do STJ, nos cursos a distância, sujeito ativo da obrigação será o Município do local da exibição das aulas, visto que esta unidade estará preparada para prestar efetivamente o serviço, ainda que por meio da transmissão das aulas ministradas em outras localidades. A presença de monitores locais reforçam ainda mais a nossa ideia.

Portanto, o certo é que no destino estará sendo desenvolvida a atividade de serviço de ensino, pouco importando o modo como isso se dê.

É o que defendemos. Porém a matéria se encontra em aberto, sem qualquer definição de nossa jurisprudência.

4.12. *FACTORING*

Factoring ou faturização consiste no negócio efetuado entre duas pessoas, faturizado e faturizador, em que a primeira cede à segunda créditos com vencimento a prazo, recebendo preço inferior à totalidade desses créditos. Tem-se como remuneração do faturizador a diferença entre o valor dos créditos cedidos e o pagamento com deságio por ele efetuado ao faturizado.

Situa-se tal operação no terreno do imposto municipal?

Absolutamente que não. Por quê? Exatamente por se tratar de uma operação de financiamento, sujeita, em tese, ao IOF.

Retornando ao nosso tema, segue-se que é tributável pelo ISS a intermediação, o agenciamento e a corretagem de contratos de *factoring*, conforme prevê o subitem 10.04 da LC nº 116/2003.

O que se tributa, pois, a título de ISSQN, é a comissão percebida pelo intermediário, que se situa entre o faturizador e o faturizado, aproximando as partes contratantes.

A atual Lei Complementar ainda previu outro subitem que guarda relação com as operações de faturização. Atentemos para o seu teor:

*17.23 – Assessoria, análise, avaliação, atendimento, consulta, cadastro, seleção, gerenciamento de informações, administração de contas a receber ou a pagar e em geral, relacionados a operações de faturização (*factoring*).*

Trata-se de atividades acessórias do *factor*, implicando em gestão de crédito. Deve-se aferir, porém, para fins de incidência do ISS, se tais serviços são realizados para terceiros ou em proveito próprio do faturizador, até como condição para a realização do negócio principal. Existindo *circulação econômica de serviços*, o fato será tributado pelo ISS. Diversamente, sendo caso de serviço *para si mesmo*, a operação será atípica para o imposto municipal.

Há forte tendência do STJ de considerar serviço tributável quando contratado de forma individualizada.

4.13. GRÁFICAS

Quaisquer serviços gráficos apresentam tipicidade tributária no que tange ao ISS?

A antiga Súmula nº 156 do STJ define o fato jurídico tributário em tal hipótese:

> A prestação de serviço de composição gráfica, personalizada e sob encomenda, ainda que envolva o fornecimento de mercadorias, está sujeita apenas ao ISS.

Por muitos anos entendeu-se não ser necessário para a configuração do fato imponível do ISS que o serviço gráfico fosse prestado ao consumidor final. Até o advento da Lei Complementar nº 157, de 29 de dezembro de 2016, o elemento literal do subitem 13.05 da Lista de Serviços não fazia observação alguma quanto a isso.

Destarte, quaisquer produtos confeccionados a pedido do encomendante, ainda que destinados a posterior industrialização e comercialização, estariam – a princípio – sujeitos ao imposto em foco.

A jurisprudência nacional vinha abonando referido entendimento, como se percebe pelo julgado da 1º T. do STF, RE 106.069-SP, de 11.10.1985. Vejamos:

> A composição gráfica, como feitura de rótulos, fitas, etiquetas adesivas e de identificação de produtos e mercadorias, sob encomenda e de maneira personalizada, tem incidência do ISS, o que não se desfigura por utilizá-los o cliente e encomendante na embalagem de produtos por ele fabricados e vendidos a terceiro.

Neste caso, temos a mercadoria (por exemplo, o refrigerante) e o serviço gráfico (rótulo). Este último, realizado para a fábrica de refrigerantes, como usuária final, vez que se prestará unicamente à identificação de sua marca. Aquela (bebida), com destino ao público em geral.

Nessa linha de raciocínio, tratando-se de impressos padronizados que serão utilizados por pessoas diversas que não os encomendantes, estaremos, inegavelmente, diante de fabricação e venda de mercadorias, fora, portanto, do raio de incidência do imposto municipal.

São os casos de formulários de imposto de renda, guia de recolhimento de tributos federais, estaduais e municipais, cartões de natal, envelopes etc., que são feitos para o público em geral.

Ao contrário, sendo encomendado o serviço e efetuado dentro das formas preestabelecidas pelo cliente, aí sim estará inaugurado o liame jurídico obrigacional do tributo em estudo, devendo o fato sofrer a tributação municipal.

Contudo, na ADI 4389, o STF concedeu liminar afastando o ISS da confecção de embalagens inseridas numa cadeia produtiva. O mérito ainda será julgado oportunamente. Vejamos a ementa:

> CONSTITUCIONAL. TRIBUTÁRIO - CONFLITO ENTRE IMPOSTO SOBRE SERVIÇOS DE QUALQUER NATUREZA E IMPOSTO SOBRE OPERAÇÃO DE CIRCULAÇÃO DE MERCADORIAS E DE SERVIÇOS DE COMUNICAÇÃO E DE TRANSPORTE INTERMUNICIPAL E INTERESTADUAL - PRODUÇÃO DE EMBALAGENS SOB ENCOMENDA PARA POSTERIOR INDUSTRIALIZAÇÃO (SERVIÇOS GRÁFICOS) - AÇÃO DIRETA DE INCONSTITUCIONALIDADE AJUIZADA PARA DAR INTERPRETAÇÃO CONFORME AO ART. 1º, *CAPUT* E § 2º, DA LEI COMPLEMENTAR Nº 116/2003 E O SUBITEM 13.05 DA LISTA DE SERVIÇOS ANEXA - FIXAÇÃO DA INCIDÊNCIA DO ICMS E NÃO DO ISS - MEDIDA CAUTELAR DEFERIDA. Até o julgamento final e com eficácia apenas para o futuro (*ex nunc*), concede-se medida cautelar para interpretar o art. 1º, *caput* e § 2º, da Lei Complementar nº 116/2003 e o subitem 13.05 da lista de serviços anexa, para reconhecer que o ISS não incide sobre operações de industrialização por encomenda de embalagens, destinadas à integração ou utilização direta em processo subsequente de industrialização ou de circulação de mercadoria. Presentes os requisitos constitucionais e legais, incidirá o ICMS.

A partir da LC nº 157/2016, que entrou em vigor, em parte, na data de 30.12.2016 (vigência imediata que alcança a nova incidência do imposto sobre os serviços gráficos), não há mais dúvidas: agora não incidirá o ISS se o serviço em comento for destinado a posterior operação de industrialização ou comercialização.

Vejamos o teor do novo item 13.05, com redação dada pela recente LC nº 157/2016:

13.05 – *Composição gráfica, inclusive confecção de impressos gráficos, fotocomposição, clicheria, zincografia, litografia e fotolitografia, exceto se destinados a posterior operação de comercialização ou industrialização, ainda que incorporados, de qualquer forma, a outra mercadoria que deva ser objeto de posterior circulação, tais como bulas, rótulos, etiquetas, caixas, cartuchos, embalagens e manuais técnicos e de instrução, quando ficarão sujeitos ao ICMS.*

Destarte, a antiga dúvida jurídica que persistia sobre a matéria foi resolvida, enfim, pela nova Lei Complementar nº 157/2016 em favor dos estados, ao menos para os fatos geradores ocorridos após a sua publicação.

4.14. HOSPEDAGEM

> *9.01 – Hospedagem de qualquer natureza em hotéis, apart-service condominiais, flat, apart-hotéis, hotéis residência, residence-service, suite service, hotelaria marítima, motéis, pensões e congêneres; ocupação por temporada com fornecimento de serviço (o valor da alimentação e gorjeta, quando incluído no preço da diária, fica sujeito ao Imposto Sobre Serviços).*

Trata-se a hospedagem de contrato inominado, já que não expressamente previsto em lei. É complexo, uma vez que envolve não só a locação de espaço em bem imóvel, mas também prestações de serviços de alojamento, alimentação e outros serviços inerentes a essa atividade.

É cediço que a grande maioria das casas de hospedagem presta os seguintes serviços: lavanderia, telefone, *room service*, frigobar, aluguel de salas, aluguel de equipamentos, restaurante e outros. A questão é, portanto, saber se incide o ISS sobre todos esses serviços prestados pelas empresas ligadas ao ramo.

Cremos que a resposta seja positiva, desde, é claro, que a prestação dos serviços esteja dentro do contexto da atividade de hospedagem.

Melhor esclarecendo, e como já dito anteriormente, o contrato de hospedagem não se confunde com a simples locação de bem imóvel. Esta, inegavelmente, está contida naquele, que, no entanto, engloba todos os serviços prestados pelo hotel e que estejam ligados, direta ou indiretamente, à hospedagem.

O atual subitem 9.01 determina a inclusão da alimentação e das gorjetas na base de cálculo do ISS, quando os respectivos valores fizerem parte da diária do cobrada pelo hotel.

Para nós, conforme dissemos em capítulos anteriores, o *fornecimento de alimentação,* seja em bares, restaurantes ou mesmo em hotéis, deve ficar sujeito unicamente ao ISS, uma vez que tal atividade se insere no conceito de *serviço*. Não é caso, pois, de venda de *mercadorias,* mas de prestação de serviços. Destarte, esteja ou não incluída na diária de hospedagem, integrará a base imponível do tributo municipal.

De outro lado, absolutamente descabida a inclusão das gorjetas na base tributável do ISS, ainda que englobadas no preço da diária. Tem a gorjeta natureza trabalhista, sendo que remunera o trabalho decorrente do contrato laboral. Não integra o preço do serviço, visto constituir-se em remuneração do empregado e não receita da empresa. Ademais, no Brasil a gorjeta é facultativa, não sendo o cliente obrigado a pagá-la. Diante disso, o melhor é considerar a regra como não escrita.

Serão, pois, tributados pelo preço total, a título de ISS, os serviços de lavanderia, telefone, *room service*, aluguel de salas, aluguel de equipamentos e demais serviços prestados aos hóspedes. O preço dos serviços realizados por terceiros (lavanderia e telefone, por exemplo) ao hotel, deverá compor a base de cálculo do imposto municipal, dada a cumulatividade que é intrínseca ao tributo.

4.15. INFORMÁTICA

Ao contrário da legislação anterior, a lista veiculada pela LC nº 116/2003 elenca vários tipos tributários relacionados à área da informática. São eles:

1.01 – Análise e desenvolvimento de sistemas.

1.02 – Programação.

1.03 – Processamento de dados e congêneres.

1.04 – Elaboração de programas de computadores, inclusive de jogos eletrônicos.

1.05 – Licenciamento ou cessão de direito de uso de programas de computação.

1.06 – Assessoria e consultoria em informática.

1.07 – Suporte técnico em informática, inclusive instalação, configuração e manutenção de programas de computação e bancos de dados.

1.08 – Planejamento, confecção, manutenção e atualização de páginas eletrônicas.

A nova LC nº 157/2016 promoveu mudanças no item 1 da Lista de Serviços, especialmente nos seus subitens 1.03, 1.04 e 1.09, como segue:

1.03 – Processamento, armazenamento ou hospedagem de dados, textos, imagens, vídeos, páginas eletrônicas, aplicativos e sistemas de informação, entre outros formatos, e congêneres.

1.04 – Elaboração de programas de computadores, inclusive de jogos eletrônicos, independentemente da arquitetura construtiva da máquina em que o programa será executado, incluindo tablets, smartphones e congêneres.

1.09 – Disponibilização, sem cessão definitiva, de conteúdos de áudio, vídeo, imagem e texto por meio da internet, respeitada a imunidade de livros, jornais e periódicos (exceto a distribuição de conteúdos pelas prestadoras de Serviço de Acesso Condicionado, de que trata a Lei nº 12.485, de 12 de setembro de 2011, sujeita ao ICMS).

Vê-se que foram inseridos no campo de incidência do ISS os serviços de:

- armazenamento/hospedagem de arquivos eletrônicos (*home pages*, imagens, vídeos, aplicativos e congêneres);
- disponibilização de acesso a programas assistidos pela internet, tipo "Netflix" e "Spotify". São os conhecidos serviços de *streaming*, que significa fluxo de mídia, caracterizando-se, na prática, como uma forma de distribuição de

> dados, geralmente de multimídia em uma rede através de pacotes. É um processo frequentemente utilizado para distribuir conteúdo multimedia através da internet. Em *streaming*, as informações não são armazenadas pelo usuário em seu próprio computador, não ocupando espaço no Disco Rígido (HD). Ele recebe o "stream" – a transmissão dos dados – e a mídia é reproduzida à medida que chega ao usuário.

Esta última inclusão certamente gerará grandes discussões em nosso universo tributário.

Muitos dirão tratar-se o *streaming* de mera obrigação de dar (cessão de direito), afastando-se do conceito de serviço que há muito é ligado às obrigações de fazer.

Penso diferente. Para mim é serviço, já que possui um formato de computação no qual aplicativos, dados e recursos de Tecnologia da Informação (TI) são compartilhados aos tomadores por meio da internet. É uma prestação de serviço com valoração econômica própria. O prestador obriga-se a manter uma infraestrutura própria composta por mão de obra, equipamentos e programa. Não se trata, pois, de mera "locação".

Admitindo-se a incidência do ISS sobre tais serviços, nova dúvida surgirá: onde o imposto será devido? Parece-me que será devido no local das unidades das operadoras que estiverem aptas a prestar efetivamente o serviço em questão. Isto é, onde mantiverem estrutura capaz de disponibilizar os sinais e garantirem transmissões tranquilas aos seus usuários.

Interessa-nos ainda destacar neste tópico a tributação dos *softwares*, dada a controvérsia instaurada no passado entre Estados e Municípios.

Duas hipóteses devem ser consideradas. A primeira, que não suscita maiores dúvidas, é a que se refere à elaboração de programas de computador para um tomador determinado. A outra, um tanto tormentosa, diz respeito aos *softwares* de prateleira. ISS ou ICMS? A questão está posta.

Estamos convencidos de que em ambos os casos incide somente o ISS. Por quê? É o que tentaremos explicar em seguida.

A programação efetuada para um cliente predeterminado, de acordo com as particularidades por este exigidas, amolda-se perfeitamente ao conceito de *prestação de serviços* e é, portanto, objeto de incidência do ISS. Tranquila esta questão.

O que tem gerado grande polêmica é a tributação da "venda" de *softwares*. Como o programa não foi desenvolvido para um usuário específico, mas se destina ao comércio em geral, certo segmento tributário tem entendido que se trata de *circulação de mercadorias*, fato imponível de ICMS e não ISS.

Discordamos.

Devemos ter em mente que nem sempre a entrega de um bem a terceiro tipifica uma operação mercantil. É preciso que se identifique, através da análise meticulosa do contrato, a essência do negócio realizado.

É muito comum a ação indicada no contrato, por exemplo, "revenda", ser mera etapa para se chegar ao fim desejado. Assim, necessário se faz a distinção entre atividade-meio e atividade-fim.

Como brilhantemente lecionam os professores Geraldo Ataliba e Aires Barreto (*RDT* 40/90), "a designação da ação humana pode representar: *a)* um ato, fato ou obra constitutiva de passo ou etapa para a consecução de um fim; e *b)* o próprio fim ou objeto".

Pois bem, o ICMS só pode incidir sobre a realização de operação mercantil como fim em si mesma e não sobre operação que se constitua tão somente como um meio para a obtenção de outra finalidade.

Prosseguindo nessa linha de raciocínio, é lícito afirmarmos que a entrega de bem corpóreo em decorrência de uma cessão de direitos, não se configura em hipótese de incidência do ICMS.

Ceder direitos pressupõe a realização de atividades acessórias (atividades-meio), como a distribuição de *softwares* através de disquetes, *cd-roms* etc.

Não há, de forma alguma, venda ou revenda de *softwares*. As empresas do setor não põem em mãos de outrem disquetes (o produto físico). Apenas cedem o direito de uso da obra intelectual materializada no instrumento de gravação. Praticam, pois, cessões de direito, isto é, dá-se a transferência de bens imateriais ou incorpóreos; jamais circulação de mercadorias. É impossível divulgar a obra intelectual de que se trata sem que ela passe pela gravação em disquetes.

Acerta, portanto, a nova lei complementar ao prever como serviço a *cessão de direitos de uso de programas de computador.*

Pelo exposto, entendemos que a "venda" de programas de computação é sujeita tão só à incidência do ISS, gravada agora no subitem 1.05 da Lista de Serviços.

Contudo, deixamos consignado o entendimento contrário da jurisprudência nacional. Assim se pronunciou o STJ, no RMS 5.934-RJ, Relator Ministro Hélio Mosimann:

> *Os programas de computação, feitos por empresas em larga escala e de maneira uniforme, são mercadorias, de livre comercialização no mercado, passíveis de incidência do ICMS. Já os programas elaborados especialmente para certo usuário, exprimem verdadeira prestação de serviços, sujeita ao ISS.*

Pela decisão do STJ, fica clara a sua posição, no sentido de que os *softwares de prateleira* estão sujeitos ao ICMS e não ISS, configurando-se, pois, como *mercadorias*. De outro lado, os programas elaborados sob encomenda seriam tipificados como *prestações de serviços*, sendo gravados pelo ISS no item em comentário.

4.16. INSEMINAÇÃO ARTIFICIAL

4.18 – Inseminação artificial, fertilização in vitro *e congêneres.*

Interessante a previsão que a nova lista faz dos serviços de *inseminação artificial*, muito disseminados na atualidade. A atividade está elencada em subitem próprio, como espécie do gênero *serviços de saúde* (item 4), mas poderia perfeitamente ter sido colocada no subitem 4.2, uma vez que a prática é desenvolvida por algumas daquelas entidades ali descritas.

Melhor teria sido a utilização do termo *reprodução assistida – RA, por* esta se constituir em gênero, do qual a *inseminação* é especialidade.

Reprodução Assistida é o segmento da medicina que trata da infertilidade absoluta (esterilidade) ou relativa (hipofertilidade), abrangendo as seguintes técnicas:

a) *IA – Inseminação Artificial,* que consiste na introdução de espermatozóides no aparelho genital feminino;
b) *GIFT – Gametha Intra Falopian Transfer (transferência de gametas).* Aqui, óvulos e espermatozóides, previamente isolados, são transferidos para o interior do aparelho genital feminino, ocorrendo a fecundação *"in vivo";*
c) *ZIFT – Zigot Intra Falopian Transfer (transferência de zigotos).* Nesta técnica, as células germinativas masculinas e femininas são unidas em laboratório, *in vitro*, daí resultando o *zigoto*, que é posteriormente implantado no aparelho genital feminino.
d) *FIVETE – Fertilização "in vitro".* A técnica é idêntica à anterior, apenas diferindo quanto à época de transferência dos zigotos para o útero, o que só ocorre quando eles entram em segmentação (no estágio de duas a oito células), passando a constituir embriões. *"Embrião é o organismo em seus primeiros estágios do desenvolvimento, desde as primeiras divisões do zigoto." (Dicionário Etimológico Nova Fronteira,* Antonio Geraldo da Cunha).

A fertilização *in vitro* é popularmente conhecida como "bebê de proveta".

A lista fala em *inseminação artifical* e *fertilização "in vitro",* utilizando ainda o termo "congêneres", pelo que passa a admitir a interpretação analógica, levando-nos a concluir que todas as espécies de RA integram o campo de incidência do ISS.

4.17. INTERNET

Estamos diante de mais um serviço extremamente controvertido no que tange à tributação.

Desde o surgimento da revolucionária internet no mercado, Municípios e Estados vêm travando um verdadeiro duelo para definir quem é o legítimo sujeito ativo da respectiva obrigação tributária.

Alguns serviços diretamente ligados à rede mundial de computadores merecem destaque. São eles: a) acesso à internet; b) criação e manutenção de *home-pages*; c) hospedagem de sites; d) veiculação de publicidade pela internet.

Antes de comentarmos as atividades relacionadas, comparemos inicialmente o disposto no projeto aprovado na Câmara dos Deputados com a redação final da Lei Complementar vigente.

Texto do projeto de LC não adotado:

1.08 – Acesso ao conteúdo e aos serviços disponíveis em redes de computadores, dados e informações, bem como suas interligações, provedores de acesso, Internet e congêneres.

1.09 – Planejamento, confecção, hospedagem, manutenção e atualização de páginas eletrônicas.

Texto em vigor veiculado pela LC nº 116/2003:

1.08 – Planejamento, confecção, manutenção e atualização de páginas eletrônicas.

Como vemos, o projeto aprovado pela Câmara continha previsão dos serviços de *acesso à Internet* e também de *hospedagem de páginas eletrônicas*. Entretanto, a redação foi alterada pelo Senado Federal, que acabou aprovando o projeto com a exclusão de tais serviços.

E o que levou o legislador a suprimir as atividades em estudo? Talvez o entendimento de que se trata de *serviços de comunicação*, tributáveis pelo ICMS, posição, aliás, abraçada por grande parte da doutrina. O egrégio STJ já decidiu nesse sentido.

Não pensamos assim. Adversamente, estamos convencidos de que os serviços de acesso à internet, bem como de hospedagem de *sites*, não se confundem com os serviços de comunicação que compõem a hipótese tributária do ICMS, imposto de competência estadual.

É o que nos aponta a própria legislação que rege a matéria (Lei nº 9.472/1997). O seu art. 61 classifica o provedor de acesso como *um prestador de serviço de valor adicionado*, isto significando a "atividade que acrescenta, a um serviço de telecomunicações que lhe dá suporte e com o qual não se confunde, novas utilidades relacionadas ao acesso, armazenamento, apresentação, movimentação ou recuperação de informações".

O § 1º do art. 61 da aludida legislação, afirma ainda textualmente, como se já não bastasse a assertiva do *caput*, que o serviço de valor adicionado não constitui serviço de telecomunicações, caracterizando o provedor (este sim) como *usuário* daquele serviço.

Portanto, pela clareza do disposto na lei ordinária federal, fica patente que o serviço está no raio de incidência do ISS.

A Lei Complementar nº 116/2003, como vimos, deixou de prever essas atividades em sua Lista Tributável.

A tributação da hospedagem (de dados, textos, imagens, vídeos, páginas eletrônicas, aplicativos e sistemas de informação, entre outros formatos, e congêneres) agora é autorizada pela recente Lei Complementar nº 157/2016, que deu nova redação ao item 1.03 da Lista de Serviços.

Já os provedores de acesso à internet continuam fora do campo de incidência do ISS.

Com relação à tributação da elaboração e manutenção de páginas eletrônicas, a partir da edição da Lei Complementar nº 116/03, segundo entendemos, a questão se tornou pacífica. De fato, tratando-se incontendivelmente de serviços (não de comunicação e nem tampouco de transporte intermunicipal ou interestadual) e apresentando tipificação induvidosa na lista atual, não há como negar que se inserem no fato gerador *in abstracto* do ISS.

Por fim, a veiculação de anúncios na internet (item 17.07 da lista veiculada pela LC nº 116/03 e vetado pelo Presidente da República) foi reinserida à hipótese de incidência do ISS, com o advento da nova LC nº 157/2016, que incluiu o item 17.25 na Lista de Serviços Tributáveis.

4.18. *LEASING*

4.18.1. Contrato de arrendamento mercantil

A Lei nº 6.099/1974, em seu art. 1º, parágrafo único, assim conceitua o *leasing*:[28]

> Considera-se arrendamento mercantil, para os efeitos desta Lei, o negócio jurídico realizado entre pessoa jurídica, na qualidade de arrendadora, e pessoa física ou jurídica, na qualidade de arrendatária, e que tenha por objeto o arrendamento de bens adquiridos pela arrendadora, segundo especificações da arrendatária e para uso próprio desta.

Trata-se de um contrato pelo qual uma pessoa jurídica ou física, pretendendo *utilizar*[29] determinado *bem*[30] (veículo, equipamento ou imóvel), procura uma ins-

---

28. No direito estrangeiro, esse contrato recebe os nomes de *hire purchase, locazione finanziaria, préstito locativo, finanziamento di locazione, crédit bail, location-financement, location de exploitation,* locação financeira (em Portugal). Há, ainda, quem "aportuguesou" o termo inglês, admitindo o nome "lisingue".

29. Vale destacar esse verbo "usar". A própria legislação estatui que o bem arrendado é para *uso* do arrendatário, e não para a sua compra.

30. Realmente, o objeto do contrato é o *bem* arrendado (coisa infungível, especificada pelo arrendatário no momento da celebração do contrato), e não o dinheiro (coisa infungível) empregado pela arrendadora para a aquisição desse bem.

tituição financeira (pessoa jurídica: sociedade de arrendamento mercantil ou banco múltiplo) que o adquire, arrendando-o ao interessado por tempo determinado, possibilitando-se ao arrendatário, ao final do prazo, optar[31] entre a devolução do bem, a renovação do contrato ou a aquisição do bem arrendado mediante o pagamento de um preço previamente fixado no contrato. Esse preço é chamado de valor residual, ou seja, o saldo depois da dedução das prestações até então pagas.

Essa operação guarda contornos próprios, resultante de uma fusão ou transformação de cláusulas encontradas em outros contratos tradicionais, tais como o comodato, alienação fiduciária, locação, compra e venda e financiamento.

Dentre outros tributaristas, Aires Barreto (2009, p. 318) entende que *serviço* tributável pelo ISS "*é o desempenho de atividade economicamente apreciável, tendente a produzir uma* utilidade *para outrem, desenvolvida sob regime de direito privado, mas sem subordinação, com fito de remuneração*".

Nesse mesmo diapasão, Péricles Prade (2003, p. 69) conceitua "*prestação de serviço como a relação jurídico-obrigacional decorrente de contrato bilateral em que uma das partes – o* prestador *– se compromete a proporcionar utilidade à outra – o* tomador *– em troca de remuneração pecuniária*".

Portanto, o oferecimento de uma *utilidade*, algo existente no arrendamento mercantil, desloca a natureza (ou característica) jurídica do contrato para o lado da prestação de serviço. Uma vez definida em lei complementar (*in casu*, Lei Complementar nº 116/2003), esse serviço passa a ser alvo de tributação pelo ISS.

Por outro lado, o *leasing* deve ser encarado como um contrato autônomo, particular, distinto de outros contratos com os quais guarda *certa* semelhança, ou melhor, com os quais possui cláusulas ou pontos em comum. Nesse ponto, merece transcrição o ensinamento de José Francisco Miranda Leão (2000, p. 22-3):[32]

> Não hesito, portanto – e não apenas por questões metodológicas –, em descartar o *leasing* como "misto de locação e compra". Também não tenho receio de dizer que não concordo com a classificação que se serve da ideia de "financiamento", primeiro porque esta, como á acentuado, não é noção jurídica, mas um fenômeno da economia; depois, porque essa conceituação, por si só, não é suficiente para deixar clara a natureza jurídica do negócio.
>
> Se, ao falar de "financiamento", o intérprete estiver pensando em "mútuo", a classificação é ainda mais inadequada, porque o objeto dos contratos de mútuo é, sempre, um bem fungível, ao passo que os contratos de *leasing* têm por objeto um bem infungível.

---

31. Essa opção tríplice para o arrendatário, quando do término do contrato, também serve para extremar o arrendamento mercantil de outras modalidades contratuais mais tradicionais.

32. Em sua obra *Leasing*, 2. ed. Revista dos Tribunais: São Paulo, 1999, p. 27-40, Rodolfo Camargo Mancuso também faz um cotejo entre o arrendamento mercantil e os contratos afins.

> E, finalmente, descarto a ideia de que o *leasing* seja um "negócio jurídico indireto", em que as partes utilizam uma forma contratual nominada para obter resultado diverso do que dela normalmente decorreria (a aquisição de propriedade através de um contrato de locação); isso porque, a meu ver, em regra é mesmo o acesso à utilidade do bem, e não à sua propriedade, o que origina a manifestação de vontade das partes no contrato.
>
> Na realidade, o *leasing* é, para o arrendador, um contrato de fruição (que lhe proporciona frutos civis do seu patrimônio), e, para o arrendatário, é um contrato de utilização, embora compreenda uma possibilidade de aquisição da propriedade, no final, pelo valor residual.
>
> Como "encaixar" esse contrato no quadro sistemático jurídico adotado no Brasil? Bem, com certeza o contrato nominado tradicional de que ele mais se aproxima é a locação. A venda e compra não serve, porque tem natureza real, e o *leasing* não tem. A promessa de venda e compra também é inadequada, porque tem natureza de pré-contrato, e seu objeto é conferir ao promitente o direito a uma nova manifestação de vontade futura, o que no *leasing* também não ocorre (a opção final de compra não é objeto do contrato, e depende de uma nova manifestação de vontade, tanto do arrendador quanto do arrendatário). De mútuo, também, não cabe falar, porque o objeto do *leasing* é um bem infungível, e o mútuo aplica-se a bens fungíveis.[33]
>
> No *leasing*, a circunstância clara de se tratar de um contrato que tem por objeto a utilização, pelo arrendatário, por certo tempo e mediante paga, de um bem do arrendador deixa absolutamente evidente que estão presentes todos os elementos que caracterizam a locação tradicionalmente definida quer no Código Comercial, quer no Código Civil.
>
> As semelhanças, no entanto, param por aí. A verdade é que o *leasing*, servindo-se embora da estrutura da locação tradicional, ostenta características categoriais próprias, dotadas de efeitos jurídicos relevantes, que permitem dizer que se trata de uma espécie distinta e própria de relação jurídica.

O mesmo autor arremata, quanto às *características categoriais* do arrendamento mercantil:

> Objetivamente, três são as características substanciais que qualificam a operação, e a distinguem claramente como espécie. Essas características estão vinculadas ao fato de se tratar aqui de uma atividade do sistema financeiro, e são, também, interdecorrentes entre si.

---

33. Rodolfo de Camargo Mancuso (1999, p. 30), transcreve um quadro comparativo entre o *leasing* e alienação fiduciária elaborado por Luiz Mélega *in O* Leasing *e o Sistema Tributário Brasileiro*, São Paulo: Saraiva, 1975, p. 33-4: *"Semelhanças: a) em ambos esses ajustes há desdobramento da posse, em direta, a favor do usuário, e indireta, a favor do proprietário; b) ambas as operações requerem, em regra, a intervenção de uma financeira; c) em se tratando de* lease back*, o usuário, nos dois casos, se utiliza da coisa pertencente a terceiro, a quem transferiu sua propriedade. Diferenças: a) no* leasing*, os pagamentos são a título de aluguel, e, na alienação fiduciária, a título de amortização; b) no* leasing*, ao contrário do que ocorre na alienação fiduciária, não há falar em propriedade resolúvel; c) o* leasing *pode ter por objeto bens móveis ou imóveis e não somente móveis, como ocorre na alienação fiduciária em garantia".*

> A primeira delas diz respeito à escolha do bem que será objeto do contrato. Como o arrendador é uma empresa do sistema financeiro, ocupa-se, como todos os operadores desse sistema, de captar e aplicar poupanças monetárias, e não – como acontece com as empresas simplesmente locadoras de bens – de fazer estoque de coisas que serão oferecidas ao mercado para alugar.
>
> No *leasing*, é o arrendatário quem escolhe, com absoluta exclusividade, o bem que será objeto do contrato, cabendo ao arrendador adquiri-lo segundo as indicações e especificações que lhe serão feitas, que incluem o próprio fornecedor da coisa.
>
> Dessa primeira característica objetiva decorre logicamente a segunda: uma vez que o objeto do contrato não é de escolha do arrendador, mas sim do arrendatário, as partes devem estar, desde logo, cientes de que a relação de arrendamento, via de regra, será única, e não múltipla, ou seja, ao contrário do que ocorre com as empresas simplesmente locadoras de bens, onde a multiplicidade de contratos sobre o mesmo bem é a tônica, no *leasing* a regra é que apenas uma vez seja celebrada, sobre cada bem, relação de arrendamento; encerrada essa relação jurídica, seguir-se-á, necessariamente, a alienação do bem por parte do arrendador, uma vez que não é do seu negócio receber de volta a coisa e oferecê-la para nova locação a terceiros.
>
> Como corolário das características anteriores, a terceira distinção objetiva acaba por ser, na prática, a mais relevante de todas, e a que melhor distingue o *leasing* dos demais negócios jurídicos, que têm como objeto fundamental o uso de coisa alheia mediante paga: é a formação do preço através de uma equação financeira, e não através da regra de oferta e procura de bens para alugar. (MANCUSO, 1999, p. 26)[34]

Já para Arnaldo Rizzardo (1997, p. 60-1), o *leasing* possui notadamente aspectos de locação e de financiamento, que distingue esse contrato dos demais:

> Não se trata de locação pura, posto que o valor dos aluguéis não expressa unicamente o custo do empréstimo da coisa, mas compreenderá o preço de aquisição do material, com acréscimo de impostos, despesas gerais da entidade financeira e o lucro que esta deverá ter pelo investimento do capital. (...)
>
> Perante a empresa arrendadora e em vista da conceituação do instituto, encerra o mesmo um caráter predominantemente financeiro. Tanto que é comum a sua definição como operação financeira peculiar em que a sociedade de *leasing* atua com recursos financeiros próprios, não para colocar o dinheiro ou crédito nas mãos do cliente, nos moldes da financeira tradicional, mas propicia a fruição direta de bens duráveis, equipamentos de produção ou de imóvel, unidade fabril, hospitalar etc., adquirindo-os e dando-os em locação sui generis ao interessado, sem possibilidade de desvio de recursos para outros fins por parte do locatário.

34. Como o próprio autor muito bem citou: o preço do arrendamento mercantil se baseia numa equação financeira peculiar, inerente a este contrato. Aliás, foi colocada inclusive como a característica mais relevante e marcante de todas! Obviamente, isso terá impacto tributário, mais especificamente com respeito à base de cálculo do ISS, conforme será tratado doravante. Para adiantar, defendemos que a base de cálculo do ISS sobre o *leasing* compreende tanto o valor das contraprestações (do aluguel) como o valor residual de garantia.

O comercialista Fran Martins (1998, p. 449), tal como acatado pelo STF, enxerga o arrendamento mercantil "*como uma modalidade de financiamento ao arrendatário, facilitando-lhe o uso e gozo de um bem de sua necessidade sem ter esse de desembolsar inicialmente o valor desse bem, e com a opção de, findo o prazo estipulado para a vigência do contrato, tornar-se o mesmo proprietário do bem, pagando nessa ocasião um preço calcado no valor residual do mesmo*". Esse mesmo jurista traz os seguintes ensinamentos relacionados à *natureza jurídica* do contrato:

> O arrendamento mercantil é de natureza complexa, compreendendo uma *locação*, uma *promessa unilateral de venda* (em virtude de dar o arrendador opção de aquisição do bem pelo arrendatário) e, às vezes, um *mandato*, quando é o próprio arrendatário quem trata com o vendedor na escolha do bem. Cada um desses atos e contratos dá origem a obrigações: pela *locação*, o arrendatário é obrigado a pagas as prestações, enquanto que o arrendante é obrigado a entregar a coisa para que o arrendatário dela use; pela *promessa unilateral* do arrendador, aceita pelo arrendatário, aquele se obriga irrevogavelmente a vender a coisa pelo valor residual, findo o contrato; pelo *mandato*, o arrendador, no caso mandante, responde pelos atos praticados pelo arrendatário, adquirindo a coisa por este escolhida pagando ao vendedor o preço convencionado. (1998, p. 459)

Nos dois acórdãos que serviram de *leading case* (RE nº 547.245 e nº 592.905), o Plenário do STF, por maioria de votos (voto contrário apenas do Ministro Marco Aurélio) adotou o entendimento de que o arrendamento mercantil, em suas modalidades financeira e *lease-back*, teria o aspecto jurídico de *financiamento*, ao passo que o *leasing* operacional é uma locação. Logo na ementa do acórdão essa posição veio escancarada:

> No arrendamento mercantil (*leasing* financeiro), contrato autônomo que não é misto, o núcleo é o financiamento, não uma prestação de dar. E financiamento é serviço, sobre o qual o ISS pode incidir, resultando irrelevante a existência de uma compra nas hipóteses do *leasing* financeiro e do *lease-back*.

Com efeito, analisando os votos proferidos pelos dez ministros do Supremo que votaram em favor da incidência do ISS sobre o contrato de arrendamento mercantil (financeiro e *lease-back*), percebe-se que ficou muito claro que o *leasing* não é uma espécie de contrato de locação (entendimento isolado do Ministro Marco Aurélio, que retrata o posicionamento majoritário até então encontrado na doutrina). O *leasing* é *um* contrato autônomo, inconfundível com outros negócios jurídicos.

Péricles Prade (2003, p. 71) elenca as seguintes obrigações de fazer (serviços) compreendidos nesse contrato: "*atos de procura do bem encomendado pelo arrendatário no mercado, de diligência para financiá-lo, de colocação do mesmo em condições de funcionamento e à disposição do arrendatário e de administração do* leasing".

Enfim, o *leasing* (financeiro e *lease*-back) não é locação,[35] não é operação de crédito, não é compra e venda, não é mandato, não é promessa unilateral de venda, o "*leasing* é *leasing*", com o perdão da redundância! Trata-se de um contrato distinto daqueles outros. É claro que no arrendamento mercantil *tem*[36] locação, *tem* promessa unilateral de venda, *tem* mandato, *tem* intermediação, *tem* crédito envolvido, mas a junção de todas essas obrigações contratuais acarreta num novo e autônomo contrato. Por isso, cabe a redundância: "arrendamento mercantil é arrendamento mercantil" (nas suas modalidades financeiro e *lease-back*), "*contrato autônomo que não é misto*", segundo a ementa do julgado acima transcrita.

Em outras palavras, o contrato de arrendamento mercantil (nas suas modalidades financeira e *lease-back*) possui várias atividades-meio que, uma vez somadas, geram um novo e inconfundível contrato. Assim, a locação (arrendamento) do bem é uma atividade-meio desse financiamento-serviço, assim como a intermediação, promessa unilateral de venda, mandado e outras atividades.

Vulgarmente, pode-se qualificar o *leasing* como um contrato "hermafrodita",[37] com várias características inerentes a outros contratos (que são, na verdade, atividades-meio que compõem o *leasing*).

Outro ponto pacificado pelo Supremo Tribunal Federal é que o *leasing* (financeiro e *lease-back*) tem como *núcleo* (ou seja, estrutura, base, centro, matriz, causa) um *financiamento*. A nosso ver, isso tem reflexo direto na composição da base de cálculo do ISS, pois, o *bem arrendado* é, então, um *bem financiado*, tornando o valor residual de garantia um inegável pagamento do preço desse financiamento. Portanto, trata-se de mais um importante argumento para ratificar a inclusão do VRG na base imponível do imposto municipal, eis que faz parte do *preço do serviço,* ou, se preferir, preço do *financiamento* (já que "*financiamento é serviço*", conforme decisão do STF).

A propósito, entendemos que o STF implicitamente já tratou dessa incidência *total* do ISS sobre o contrato de arrendamento mercantil, autorizando a sua cobrança sobre as contraprestações mensais mais o VRG. Com efeito, se o STF admitisse esse afastamento do VRG da base do ISS, já teria decidido isso nestes dois primeiros julgados. Para reforçar ainda mais esse nosso posicionamento, vale lembrar que o STF considerou o arrendamento *um* (único) contrato autônomo, não admitindo qualquer fragmentação do contrato e, por conseguinte, de sua remuneração (preço).

Ora, para justificar a não incidência do ISS sobre o VRG, os contribuintes terão que argumentar que essa parte estaria sujeita ao ICMS, algo totalmente inaceitável

35. Já o *leasing* operacional foi reputado como locação.

36. Destaca-se que "ter" não é "ser". Portanto, o fato do arrendamento mercantil *ter* uma locação não significa que ele *é* uma locação. Daí o destaque feito em itálico por nós.

37. Esse apelido – "contrato *hermafrodita*" – foi dado por Wander Cavalcante Garcia, em uma aula de pós-graduação no curso de Gestão e Planejamento Tributário da Integral/FECAP, em Bauru (SP).

após o julgamento da Suprema Corte, a nosso ver, até porque a opção de compra é uma etapa do próprio contrato de arrendamento mercantil, e não um *novo* contrato de compra e venda. Aliás, conforme explica Fernando Netto Boiteux (2001, p. 36-7), *"a finalidade do contrato* [de arrendamento mercantil] *é permitir ao arrendatário exercer a opção de ficar ou não com a coisa no final do contrato, pois, se essa opção não existisse seria locação ou compra e venda, conforme se desse, ou não, a compra"*.

Essa constatação (o *leasing* é financiamento) também traz consequências diretas no âmbito do *arbitramento* da base de cálculo. Temos ciência de que alguns municípios estão arbitrando a base do ISS sobre o *leasing* de veículos *apenas* com base no valor dos veículos (100% do valor de mercado do veículo). Esse arbitramento, no nosso ver, está incompleto, bem menor (ou distante) do que a base "real". E os "juros" e encargos desse financiamento? Ao se basear *apenas* em 100% do valor de mercado do veículo, esses lançamentos fiscais deixaram de considerar os custos, encargos e, mais ainda, os lucros desse *financiamento-serviço*.[38]

O enquadramento como *financiamento*, ao contrário do que pode sugerir, não atrai a incidência do IOF sobre o *leasing*, pelo menos enquanto em vigor a Lei Complementar nº 116/2003 e o Código Tributário Nacional.

Se, de um lado, a LC nº 116/2003 canalizou o contrato de arrendamento mercantil para o ISS, o art. 63, I, do CTN impede a incidência do IOF, na medida em que *define* (ou *declara*) que o imposto federal tem como fato gerador, quanto às operações de crédito, *"a sua efetivação pela entrega total ou parcial do* montante *ou do* valor *que constitua o objeto da obrigação, ou a sua colocação à disposição do interessado"*.

Destacou-se, propositadamente, as palavras "montante" e "valor", que se constituem no *objeto* da operação de crédito sujeita ao IOF. Em palavras mais diretas, o IOF somente pode incidir, segundo o CTN (que tem *status* de lei complementar) nas operações de créditos que envolvam ou transacionem *dinheiro* (daí as expressões "montante" e "valor"), é dizer, entrega de *dinheiro* (ou crédito) para o financiado, logo, contrato de *mútuo*.

No arrendamento mercantil não existe nenhuma entrega de *dinheiro* ("montante" ou "valor"), nem sua colocação à disposição do interessado (*crédito*, contrato de mútuo); no *leasing*, o objeto financiado é um bem (móvel ou imóvel) necessariamente *infungível* (dinheiro é bem fungível por sua natureza!), devidamente especificado pelo arrendatário. A parte final do parágrafo único do art. 1º da Lei nº 6.099/1974 deixa isso absolutamente claro:

> "Considera-se arrendamento mercantil, para os efeitos desta Lei, o negócio jurídico que tenha por objeto o arrendamento de bens adquiridos pela arrendadora, *segundo especificações da arrendatária* e para uso próprio desta."

---

38. Mais adiante, ao tratarmos do arbitramento do imposto, voltaremos a essa delicada questão, com muito mais detalhes.

Por outro lado, o art. 11 da Resolução CMN nº 2.309/1996 prevê que *"podem ser objeto de arrendamento bens móveis, de produção nacional ou estrangeira, e bens imóveis adquiridos pela entidade arrendadora para fins de uso próprio da arrendatária, segundo as especificações desta"*. O art. 29 dessa resolução também esclarece a diferença entre o contrato de arrendamento mercantil e o contrato de mútuo (empréstimo propriamente dito), na medida em que veda a celebração de contratos de mútuo entre as sociedades de arrendamento mercantil e pessoas físicas ou jurídicas não financeiras.

Essa diferenciação de seus respectivos *objetos*, torna o arrendamento mercantil diferente de uma *operação de crédito*.[39] Ambos são financiamentos ou operações financeiras, estão sujeitos ao controle do CMN e do BACEN, somente instituições financeiras estão autorizadas a contratá-los; porém, há esse ponto *incomum* (objetos completamente diferentes) que dá essa liberdade *política* para a *lei complementar* escolher um imposto diferente para cada uma dessas operações, à luz do art. 146, inciso I, e, também, do inciso III, letra "a", da Constituição Federal:[40] operações de crédito ("dinheiro") ficam sob o alcance do IOF; ao passo que o *leasing* ("bens infungíveis") pertence ao campo de incidência do ISS.

Essa repartição de competência tributária acima comentada foi alvo de comentário expresso do Ministro Joaquim Barbosa em seu voto no RE nº 547.245, ao explicar que o "ouro" pode ser tributado pelo IOF ou pelo ICMS, dependendo de sua utilização em concreto (ativo financeiro ou mercadoria, respectivamente).

Para Péricles Prade, *op. cit*, p. 70, o *leasing* não pode ser confundido com o "financiamento" (para adequar à jurisprudência do STF, troquemos por "operação de crédito"), pois *"o arrendatário não recebe recursos, mas, sim, o próprio bem de que precisa, cuja propriedade, durante a vigência do contrato, não é transferida pelo arrendador. Este aplica recursos próprios, adquire o bem e o mantém em seu nome até que se exerça a opção de compra"*.

---

39. Dessa forma, discordamos da conclusão de Fabio Soares de Melo, para quem *"o arrendamento mercantil (leasing) acaba por englobar diversos negócios jurídicos – dentre lês: compra e venda, locação, financiamento etc. – preponderando sua finalidade principal que consiste no financiamento do bem por intermédio da concessão de crédito por meio de uma instituição financeira (sociedade de financiamento)* ("Imposto sobre serviços de qualquer natureza. Arrendamento mercantil (*Leasing*). Critérios para definição do município competente, Lei Complementar nº 116/2003", *in Revista Dialética de Direito Tributário* nº 102, março de 2004, p. 70. De acordo com o entendimento sacramentado pelo STF, o *leasing* não é uma operação de crédito, muito embora seja um financiamento (financiamento-serviço).

40. **Art. 146.** Cabe à lei complementar: I – dispor sobre conflitos de competência, em matéria tributária, entre a União, os Estados, o Distrito Federal e os Municípios; (...) III – estabelecer normas gerais em matéria de legislação tributária, especialmente sobre: a) definição de tributos e de suas espécies, bem como, em relação aos impostos discriminados nesta Constituição, a dos respectivos fatos geradores, bases de cálculo e contribuintes.

Enfim, essas são as características jurídicas desse polêmico, complexo e autônomo contrato de arrendamento mercantil, que deslocam a competência tributária em prol dos Municípios, a título de ISS.

4.18.2. Modalidades de *leasing*

O STF, nos RE nº 547.245 e nº 592.905, apontou a existência de *três* modalidades de arrendamento mercantil, a saber: operacional, financeiro e *lease-back*. O Tribunal considerou o *leasing* operacional como uma *locação* (logo, não sujeita ao ISS, conforme Súmula Vinculante nº 31 do STF),[41] e como "financiamento-serviço" as outras duas espécies (financeiro e *lease-back*), admitindo a tributação do ISS apenas sobre elas. A ementa já deixa isso bem claro:

> RECURSO EXTRAORDINÁRIO – DIREITO TRIBUTÁRIO – ISS – ARRENDAMENTO MERCANTIL – OPERAÇÃO DE *LEASING* FINANCEIRO – ART. 156, III, DA CONSTITUIÇÃO DO BRASIL. O arrendamento mercantil compreende três modalidades, [i] o *leasing* operacional, [ii] o *leasing* financeiro e [iii] o chamado *lease-back*. No primeiro caso há locação, nos outros dois, serviço. (...).

Nos termos do art. 5º da Resolução CMN nº 2.309/1996, considera-se arrendamento mercantil *financeiro*[42] quando:

> I – as contraprestações e demais pagamentos previstos no contrato, devidos pela arrendatária, sejam normalmente suficientes para que a arrendadora recupere o custo do bem arrendado durante o prazo contratual da operação e, adicionalmente, obtenha um retorno sobre os recursos investidos;
>
> II – as despesas de manutenção, assistência técnica e serviços correlatos à operacionalidade do bem arrendado sejam de responsabilidade da arrendatária;
>
> III – o preço para o exercício da opção de compra seja livremente pactuado, podendo ser, inclusive, o valor de mercado do bem arrendado.

Por sua vez, o art. 6º da mesma Resolução CMN nº. 2.309/1996 (alterada pela Resolução CMN nº 2.465/98), caracteriza a operação de arrendamento *operacional*[43] quando:

> I – as contraprestações a serem pagas pela arrendatária contemplem o custo de arrendamento do bem e os serviços inerentes a sua colocação à disposição da arren-

---

41. Súmula Vinculante nº 31 do STF: "*É inconstitucional a incidência do imposto sobre serviços de qualquer natureza – ISS sobre operações de locação de bens móveis*". Recentemente, no RE nº 626.706, o Pleno do STF confirmou a não incidência do ISS sobre alocação de bens móveis, afastando, assim, qualquer dúvida de que essa Súmula Vinculante estaria "superada" em razão da tributação do *leasing* pelo ISS.

42. Também conhecido como *financial leasing* ou *full payout lease*. É o contrato de arrendamento mercantil "puro".

43. Também tratado como simples *renting*, por alguns doutrinadores.

> datária, não podendo o valor presente dos pagamentos ultrapassar 90% (noventa por cento) do custo do bem;
>
> II – o prazo contratual seja inferior a 75% (setenta e cinco por cento) do prazo de vida útil econômica do bem;
>
> III – o preço para o exercício da opção de compra seja o valor de mercado do bem arrendado;
>
> IV – não haja previsão de pagamento de valor residual garantido.
>
> § 1º. As operações de que trata este artigo são privativas dos bancos múltiplos com carteira de arrendamento mercantil e das sociedades de arrendamento mercantil.
>
> § 2º. No cálculo do valor presente dos pagamentos deverá ser utilizada taxa equivalente aos encargos financeiros constantes do contrato.
>
> § 3º. A manutenção, a assistência técnica e os serviços correlatos à operacionalidade do bem arrendado podem ser de responsabilidade da arrendadora ou da arrendatária.

Fabio Ulhoa Coelho, em seu *Manual de Direito Comercial* (Saraiva, 2007), distingue com propriedade as duas modalidades de arrendamento mercantil:

> A exploração da atividade de *leasing* está disciplinada pela Resolução BC nº 2.309, de 1996, que distingue duas modalidades de contrato: o *leasing* financeiro e o operacional. A primeira se caracteriza, basicamente, pela inexistência de resíduo expressivo. Isto é, para o exercício da opção de compra, o arrendatário desembolsa uma importância de pequeno valor, devendo a soma das prestações correspondentes à locação ser suficiente para a recuperação do custo do bem e o retorno do investimento da arrendadora. Na segunda modalidade, como essa soma não pode ultrapassar 90% do custo do bem arrendado, o resíduo a ser pago pela arrendatária, no momento da opção de compra, tende a ser expressivo. O resíduo pode ser pago antecipadamente, obrigando-se a arrendadora a restituí-lo, caso o arrendatário não opte pela aquisição do bem.

Vale destacar que o STF, nos RE nº 547.245 e nº 592.905, visualizou o contrato de arrendamento mercantil *operacional* como um contrato de *locação*, e não como um contrato autônomo. Daí a não incidência do ISS sobre essa modalidade de *leasing*.

Fran Martins (1998, p. 453-6) traz os seguintes ensinamentos em torno dessas duas modalidades de arrendamento mercantil:

> a) "*Leasing*" financeiro
>
> O *leasing* financeiro é aquele em que uma empresa se dedica habitual e profissionalmente a adquirir bens produzidos por outros para arrendá-los, mediante uma retribuição estabelecida, a uma empresa que deles necessite. Várias são as características dessa operação. Em primeiro lugar, a empresa arrendadora não é produtora ou proprietária primitiva do bem que vai ser arrendado. Esse bem é escolhido e indicado pela arrendatária, que tanto entra em contrato com o vendedor, podendo, inclusive, discutir o preço. Assim acontecendo, é feita a indicação do bem à empresa de *leasing*, que o adquire e em seguida arrenda ao cliente que o indicou.

Segunda característica do *leasing* financeiro é que, feito o arrendamento por tempo determinado, expressamente ficará facultada, no contrato, que, findo este, o arrendatário tem uma opção, irrevogável, de compra do bem. O valor dessa compra é, em regra, fixado no contrato, podendo, entretanto, este apenas dispor sobre o modo de ser encontrado o valor do bem no momento da opção. Em regra, com as prestações fixadas, que normalmente são altas, leva-se em conta o valor do bem e a remuneração do seu uso e gozo pelo arrendatário. Assim, ao pagar uma prestação, o arrendatário como que paga uma parte do valor do bem e uma parte do arrendamento propriamente dito. (...)

No *leasing* puro há assim, uma operação de financiamento por parte da empresa arrendadora, e por tal razão é que, em regra, as entidades que o praticam ficam sujeitas às normas das operações bancárias. (...)

"*Leasing*" operacional. "Renting". (...)

Por *leasing* operacional entende-se aquele em que uma empresa, proprietária de certos bens, os dá em arrendamento à pessoa, mediante o pagamento de prestações determinadas, incumbindo-se, entretanto, o proprietário dos bens a prestar assistência ao arrendatário durante o período do arrendamento. O que distingue essencialmente o *leasing* operacional do *leasing* financeiro é o fato de que, enquanto neste há sempre a cláusula da obrigatoriedade do contrato por todo o período do arrendamento, no *leasing* operacional o contrato pode ser rescindido a qualquer momento pelo arrendatário, desde que haja um aviso prévio. No *leasing* operacional o proprietário do bem pode, havendo cláusula contratual, adquirir o mesmo no fim da locação. Em regra, contudo, esses contratos são feitos por períodos curtos, de modo a que o bem devolvido possa ser novamente arrendado. Os bens devem ser devolvidos "em bom estado", para poderem ser relocados.

No *leasing* operacional a propriedade do bem continua com a arrendadora, de modo que essa responde pelos riscos da coisa.

Para José Eduardo Soares de Melo (2005, p. 103):

> a distinção básica entre tais modalidades reside no fato de que operacional guarda similaridade com a locação, e o pagamento de aluguéis por um período predeterminado, preço correspondente ao valor de mercado, e pagamento ao final do contrato no caso de aquisição com limite de 75% do custo do bem; enquanto que o financeiro constitui alternativa de investimento de longo prazo, com preço livremente acertado pelos contratantes, pago de forma antecipada, diluída, ou a final, e contraprestações de valor integral.[44]

Com relação ao *lease-back* (conhecido também como *leasing* de retorno), na verdade, trata-se de um exemplo (ou subespécie) de arrendamento mercantil *financeiro*. Com efeito, a própria Resolução CMN nº 2.309/1996, logo no parágrafo único do art. 1º, prevê que as operações de arrendamento mercantil *"podem ser dos tipos financeiro e operacional"*.

44. No mesmíssimo sentido, leciona Kiyoshi Harada em sua obra *ISS – Doutrina e Prática*. São Paulo: Atlas, 2008, p. 165.

Ademais, o art. 13 da mesma resolução prevê que as operações de *leasing* contratadas com o próprio vendedor do bem *"somente podem ser contratadas na modalidade de arrendamento mercantil financeiro"*.

No *lease-back* há apenas duas empresas participantes dessa operação, eis que a arrendatária é a própria vendedora do bem a ser adquiridos e posteriormente arrendado pela arrendadora. No mais, valem exatamente as mesmas cláusulas contratuais afetas ao tipo financeiro. Nesse sentido, leciona Rodolfo Camargo Mancuso (1999, p. 49):

> Em linhas gerais, [o *lease-back*] trata-se de um *leasing* de caráter financeiro, singularizando-se, porém, nisso que o locatário vende o bem ao locador, para o depois retoma-lo em locação, podendo, eventualmente ser inserida cláusula de denunciabilidade unilateral do contrato, pelo locatário. Como se vê, enquanto no *leasing* padrão a relação se mostra triangular (a locadora adquire o bem junto a terceiro, em ordem a arrenda-lo ao tomador do *leasing)*, já no *lease-back*, a relação se faz linear, entre "vendedor-locatário" e "adquirente-locador".

No *Plano de Contas COSIF*,[45] as operações de arrendamento mercantil estão arroladas nas seguintes contas, conforme Circular nº 1.273 do BACEN:

LEASING FINANCEIRO[46]

7.1.2.10.00-1 – RENDAS DE ARRENDAMENTOS FINANCEIROS – RECURSOS INTERNOS.

Função: registrar as rendas de arrendamento mercantil financeiro realizado com recursos internos.

7.1.2.20.00-8 – RENDAS DE ARRENDAMENTOS FINANCEIROS – RECURSOS EXTERNOS

Função: registrar as rendas de arrendamento mercantil financeiro realizado com recursos externos.

LEASING OPERACIONAL

7.1.2.15.00-6 – RENDAS DE ARRENDAMENTOS OPERACIONAIS – RECURSOS INTERNOS

Função: registrar as rendas de arrendamento mercantil operacional realizado com recursos internos.

7.1.2.25.00-3 – RENDAS DE ARRENDAMENTOS OPERACIONAIS – RECURSOS EXTERNOS

45. COSIF é o plano contábil das instituições do sistema financeiro nacional, disponível no *site* do Banco Central, e tem como objetivo *"uniformizar os registros contábeis dos atos e fatos administrativos praticados, racionalizar a utilização de contas, estabelecer regras, critérios e procedimentos necessários à obtenção e divulgação de dados, possibilitar o acompanhamento do sistema financeiro, bem como a análise, a avaliação do desempenho e o controle, de modo que as demonstrações financeiras elaboradas expressem, com fidedignidade e clareza, areal situação econômico-financeira da instituição e conglomerados financeiros"*, de acordo com a Circular nº 1.273 do BACEN.

46. O Plano COSIF trata o *lease-back* dentro dessa rubrica "*leasing* financeiro".

Função: registrar as rendas de arrendamento mercantil operacional realizado com recursos externos.

Enfim, para fins de incidência do ISS sobre a operação de *leasing*, interessa apenas a modalidade *financeira* (incluindo-se o *lease-back*), já que o arrendamento mercantil *operacional* foi reputado pela Suprema Corte como um simples contrato de locação.

Impressionantemente, colocando uma polêmica nesse assunto que, até então, estava tranquilo e sem questionamentos, a Deliberação CVM nº 554/2008 trouxe o Pronunciamento Técnico CPN nº 06, que modifica o critério para se diferenciar o *leasing* financeiro do operacional:

> O objetivo deste Pronunciamento é o de prescrever, para arrendatários e arrendadores, as políticas contábeis e divulgações apropriadas a aplicar em relação a arrendamentos mercantis.
>
> A classificação de arrendamentos mercantis adotada neste Pronunciamento baseia-se na extensão em que os riscos e benefícios inerentes à propriedade de um ativo arrendado são transferidos ao arrendatário ou permanecem no arrendador.
>
> Um arrendamento mercantil é classificado como financeiro se ele transferir substancialmente todos os riscos e benefícios inerentes à propriedade. Um arrendamento mercantil é classificado como operacional se ele não transferir substancialmente todos os riscos e benefícios inerentes à propriedade.

Resta saber até onde essa deliberação da CVM se aplica ao ISS, ou, até mesmo, se essa norma (jurídico-contábil) tem alguma validade, na medida em que destoa tanto da Lei nº 6.099/1974 como da Resolução CMN nº 2.309/1996. Será que a Comissão de Valores Mobiliários (CVM) tem competência para modificar os critérios estabelecidos por aquelas outras normas?

Referida Deliberação da CVM traz as seguintes definições, baseadas nos riscos e benefícios do contrato:

> 1. Os seguintes termos são usados neste Pronunciamento, com os significados especificados:
>
> *Arrendamento mercantil* é um acordo pelo qual o arrendador transmite ao arrendatário em troca de um pagamento ou série de pagamentos o direito de usar um ativo por um período de tempo acordado.
>
> *Arrendamento mercantil financeiro* é aquele em que há transferência substancial dos riscos e benefícios inerentes à propriedade de um ativo. O título de propriedade pode ou não vir a ser transferido.
>
> *Arrendamento mercantil operacional* é um arrendamento mercantil diferente de um arrendamento mercantil financeiro.

Agora, vale dizer que o impacto dessa deliberação não deve ser nada significante, na medida em que o *leasing financeiro* sempre descamba para a transferência dos riscos e benefícios para o arrendatário (tal como está na deliberação), ocorrendo o inverso no *leasing operacional*. Portanto, a princípio, essa divergência deve ficar apenas no campo "redacional" ou formal, sem grandes complicações.

Com efeito, José Francisco Lopes de Miranda Leão (2000, p. 35) traz as seguintes advertências acerca do *leasing operacional:*

> Compreende-se que a autoridade monetária tenha limitado esses contratos [*de arrendamento mercantil operacional*] a períodos curtos (no máximo, 75% do prazo de vida útil econômica do bem),[47] para diminuir os riscos envolvidos, uma vez que o asseguramento de limites razoáveis de risco e a proteção da liquidez do sistema como um todo são coisas inerente ao interesse público, que justifica a atuação da autoridade. Essa também é a razão pela qual estes contratos têm prazo mínio mais reduzido (noventa dias, contra vinte e quatro meses no *leasing* financeiro):[48] é mais seguro estimar o valor residual a curto do que a longo prazo. E, do mesmo, modo, é pela mesma causa que se permite às arrendadoras, no *leasing* operacional, assumir despesas com a conservação e manutenção do bem[49] (para garantir que, no final do arrendamento, ele esteja em bom estado e alcance efetivamente o preço estimado).

Arnaldo Rizzardo (1997, p. 39), citando José Wilson Nogueira de Queiroz, também leciona que esses riscos ficam por conta do arrendador no *leasing operacional*, logo, não há tal transferência, ao escrever que sobressaem os seguintes aspectos desta modalidade de arrendamento mercantil: *"e) o locador assume os riscos acarretados pelo equipamento, especialmente no que se refere à tecnologia, à obsolescência e ao mercado."*

Portanto, muito embora a Deliberação CVM nº 554/2008 tenha utilizado critério distinto da Lei nº 6.099/1974 e da Resolução CMN nº 2.309/1996, em todas essas normas acaba se chegando no mesmo lugar (na mesma modalidade), ou seja, são critérios diferentes mas compatíveis (ou cumulativos) entre si.

4.18.3. Decisão do STF em prol da incidência do ISS sobre o "*leasing* financeiro"

Enfim, o Supremo Tribunal Federal pôs fim à longa discussão sobre a tributação do arrendamento mercantil, validando a incidência do ISS sobre a sua modalidade *financeira* (inclui o *lease-back*).

Por maioria dos votos (10x1), os ministros do Supremo Tribunal Federal (STF) deram provimento aos Recursos Extraordinários nº 547.245, do Município de Itajaí (SC), e nº 592.905, do Município de Caçador (SC).

O STF decidiu, quanto ao caráter jurídico do contrato de arrendamento mercantil, que ele seria *contrato autônomo* que compreenderia *três* modalidades: 1) o *leasing* operacional; 2) o *leasing* financeiro e 3) o chamado *lease-back* (Resolução nº 2.309/1996 do BACEN, arts. 5º, 6º e 23, e Lei nº 6.099/1974, art. 9º, na reda-

---

47. Neste sentido: art. 6º, II, da Resolução CMN nº 2.309/1996.

48. Art. 8º da Resolução CMN nº 2.309/1996.

49. Art. 6º, § 3º, da Resolução CMN nº 2.309/1996.

ção dada pela Lei nº 7.132/1983). Asseverou-se que, no primeiro caso, haveria locação, e, nos outros dois, serviço.

Ressaltou-se, ainda, que o *leasing* financeiro seria a modalidade clássica ou pura de *leasing* e, na prática, a mais utilizada, sendo a espécie tratada nos recursos examinados. Foi esclarecido que, nessa modalidade, a arrendadora adquire bens de um fabricante ou fornecedor e entrega seu uso e gozo ao arrendatário, mediante pagamento de uma contraprestação periódica, ao final da locação abrindo-se a este a possibilidade de devolver o bem à arrendadora, renovar a locação ou adquiri-lo pelo preço residual combinado no contrato.

Os dez ministros do STF, que votaram em prol dos Municípios, observaram que preponderaria, no *leasing financeiro* o caráter de *financiamento* e nele a arrendadora, que desempenha função de locadora, surgiria como intermediária entre o fornecedor e arrendatário. Após salientar que a lei complementar (*in casu*, a LC nº 116/2003) não define o que é serviço, mas apenas o declara, para os fins do inciso III do art. 156 da CF, concluiu-se que, no arrendamento mercantil (*leasing* financeiro) – contrato autônomo que não é contrato misto, cujo núcleo é o financiamento e não uma prestação de dar —, por ser *financiamento serviço*, poderia sobre ele incidir o ISS, resultando irrelevante a existência de uma compra.

O único voto contrário foi do ministro Marco Aurélio, ao entender que *leasing* é locação, e esta não é serviço, como já julgado pelo STF em outros recursos. "*O tributo da competência dos municípios diz respeito a serviço prestado, ou seja, a desempenho de atividade, a obrigação de fazer e não de dar*", afirmou.

4.18.4. Elementos do fato gerador do ISS sobre o *leasing*

4.18.4.1. Elemento material

A partir das decisões do STF afirmando a constitucionalidade da incidência do ISS sobre o *leasing*, acabou ficando claro que o gravame só recairá sobre as operações de arrendamento mercantil financeiro.

O *leasing* operacional é locação na visão do STF e, portanto, não pode sofrer a incidência do imposto municipal.

As duas modalidades de arrendamento são diferençadas pelos arts. 5º e 6º da Resolução CMN nº 2.309/1996, conforme visto anteriormente.

Esse aspecto material da regra-matriz de incidência do ISS sobre o *leasing* está registrado no subitem 15.09 da Lista anexa à LC nº 116/2003:

> *15.09 – Arrendamento mercantil de quaisquer bens, inclusive cessão de direitos e obrigações, substituição de garantia, alteração, cancelamento e registro de contrato, e demais serviços relacionados ao arrendamento mercantil* (leasing).

Note-se que não é apenas o contrato propriamente dito de arrendamento mercantil que está previsto no referido subitem. A LC nº 116/2003 autoriza a cobrança do imposto também ("inclusive") sobre: a) cessão de direitos e obrigações; b) substituição de garantia; c) alteração, cancelamento e registro de contrato; e d) demais serviços relacionados ao arrendamento mercantil. Logo, o ISS incidirá sobre as tarifas bancárias cobradas nesses serviços.

Ademais, cumpre lembrar que a tributação do *leasing* não é inovação da Lei Complementar nº 116/2003, ou seja, não abrange apenas fatos geradores ocorridos em 2004 para frente (ou, exercício mais adiante, dependendo de quando o Município instituiu sua "nova" lei municipal do ISS, respeitando-se o princípio da anterioridade do exercício financeiro e nonagesimal, consoante art. 150, III, "b" e "c", da Constituição Federal). A previsão em lei complementar para a tributação do *leasing* a título de ISS vem desde a Lei Complementar nº 56/1987, portanto, a partir de 1988.

Por fim, o bem arrendado não precisa ser um bem móvel, como ocorria até o advento da Lei Complementar nº 116/2003. Esta nova legislação nacional do ISS contempla também o arrendamento mercantil de *quais bens*, incluindo, portanto, os bens imóveis arrendados. Tais contratos são conhecidos como *leasing* imobiliário.

Assim, o ISS somente incidirá sobre os contratos de arrendamento mercantil imobiliário em *andamento* a partir de 2004,[50] ou de outro ano posterior, dependendo da publicação da nova lei municipal.

4.18.4.1.1. Subarrendamento mercantil

Outro ponto interessante se refere ao *subarrendamento* mercantil, operação esta realizada pelos bancos múltiplos com carteira de arrendamento mercantil, ou pelas sociedades de arrendamento mercantil, relativamente a bens arrendados com entidades domiciliadas no exterior, visando a realização de um *novo* arrendamento mercantil, agora, com eles na condição de (sub)arrendadoras.

O subarrendamento está veiculado nos arts. 15 a 18 da Resolução CMN 2.309.

No subarrendamento, então, uma instituição financeira brasileira realiza operações de arrendamento com entidade estrangeira com vistas unicamente ao posterior subarrendamento dos bens a pessoas jurídicas sediadas no Brasil. Tem-se, então, dois contratos distintos e paralelos: a) primeiro contrato de arrendamento mercantil entre a instituição estrangeira (arrendadora) e a subarrendadora brasileira (na condição de arrendatária); e b) segundo contrato de *leasing* envolvendo a subarrendadora bra-

50. Entendemos que poderá haver a incidência do ISS mesmo sobre os contratos de *leasing* imobiliário *celebrados* antes de 2004, mas que tiveram suas *execuções* durante a vigência da nova norma geral do ISS, pois, na nossa visão, o contrato de *leasing* é de duração continuada.

sileira (agora, na posição de arrendadora) e arrendatária brasileira (que deve ser uma pessoas jurídica, segundo o referido art. 15).

Por se tratar de (maiş) um contrato de arrendamento mercantil, não vemos problemas para a tributação total do ISS sobre esse contrato, sem qualquer abatimento do que for pago na primeira operação de arrendamento mercantil, já que o ISS é um imposto cumulativo.

4.18.4.1.2. Cessão de contratos de arrendamento mercantil

A Resolução CMN nº 2.309, em seus arts. 22 a 25. versa sobre as operações de *cessão e aquisição de contratos de arrendamento mercantil*, ou seja, trata-se de uma transação entre instituições financeiras para a cessão/aquisição dos contratos de *leasing*.

Neste tipo contratual, não se está diante de um contrato de arrendamento mercantil. Na verdade, o contrato de *leasing* se transforma em *objeto* desse novo contrato, de transferência (cessão). Ou melhor: os créditos financeiros (contraprestações e VRG) ali previstos é que estão sendo cedidos.

A nosso ver, esse contrato configura uma *operação de crédito* sujeita ao IOF, pois se enquadra no conceito do art. 63, I, do CTN: o objeto desse contrato é a transação de um valor, de um montante.

O adquirente (cessionário) se sub-rogará na condição de arrendador no contrato de arrendamento mercantil transacionado. Por conseguinte, ele passará a ser o contribuinte do ISS incidente sobre este contrato (de *leasing*, vale especificar).

Por outro lado, o cessionário também poderá ser acionado como responsável tributário (por sucessão) dos créditos tributários devido antes da aquisição do contrato. O art. 131, I, do CTN fundamenta essa postura fiscal municipal, na medida em que a cessão do contrato de *leasing* implica na transferência do bem arrendado.

4.18.4.1.3. **Leasing***-importação*

O *leasing* internacional (ou *leasing*-importação) consiste em uma operação realizada entre uma sociedade arrendadora sediada em outro País e uma arrendatária brasileira, envolvendo bens novos ou usados, produzidos no Brasil ou no exterior.

O art. 11 da Resolução CMN nº 2.309/1996 admite expressamente o arrendamento mercantil de bens móveis de produção estrangeira. Da mesma maneira, o art. 17 da Lei nº 6.099/1974 prescreve sobre o assunto:

> **Art. 17.** A entrada no território nacional dos bens objeto de arrendamento mercantil, contratado com entidades arrendadoras domiciliadas no exterior, não se confunde com o regime de admissão temporária de que trata o Decreto-Lei nº 37, de 18 de novembro de 1966, e se sujeitará a todas as normas legais que regem a importação.

Na prática, o *leasing*-importação é um negócio que interessa *importadores* interessados no financiamento de bens de produção estrangeira, tais como as indústrias, companhias aéreas, hospitais e clínicas médicas. Aliás, caso se confirme a tributação exclusiva do ISS nesta operação, afastando-se o ICMS, é possível que essa modalidade contratual cresça bastante, pois o importador teria uma substancial redução na carga tributária, já que a alíquota do imposto estadual é de 18%, e a alíquota máxima do ISS é de 5%. Além dessa diferença de 13% entre as alíquotas do ICMS e do ISS, o importador brasileiro ainda obteria uma redução nas bases de outros tributos incidentes na importação cujo ICMS é incluído (caso do PIS/COFINS importação, por exemplo). Ademais, o enquadramento da operação como serviço também deve afastar o IPI até então cobrado das importações.

Enfim, a recente decisão do STF em prol da incidência do ISS sobre o *leasing* financeiro (e *lease-back*) deve repercutir também nas importações, gerando interesse jurídico-financeiro nos próprios importadores de trocar, eventualmente, a convencional compra e venda pelo arrendamento mercantil internacional, em busca de uma redução na carga tributária afeta à aquisição do bem.

Por outro lado, conforme admitido no art. 15 da Resolução CMN nº 2.309/1996 (matriz legal no art. 16 da Lei nº 6.099/1974), o *leasing* internacional pode ser contratado pelos bancos múltiplos com carteira de arrendamento mercantil e as sociedades de arrendamento mercantil, na condição de arrendatários, *"com vistas ao posterior subarrendamento dos bens a pessoas jurídicas, no País"*. Aliás, nessa hipótese de subarrendamento, haverá (ou "pode haver") duas incidências autônomas e *cumulativas* do ISS: I) arrendamento mercantil "original" entre a arrendadora estrangeira e a arrendatária nacional (banco/sociedade de arrendamento mercantil); e II) subarrendamento mercantil entre a subarrendadora brasileira (banco/sociedade de arrendamento mercantil) e a arrendatária pessoas jurídica.

Quanto ao aspecto tributário dos serviços (e o *leasing* é ou "tem" serviço, conforme decidido pelo STF), a *importação* também é tributável pelo ISS, ao contrário do que ocorre com a *exportação*, que goza de imunidade tributária (art. 156, §3º, II, CF; art. 2º, I, LC nº 116/2003).

O art. 1º, §1º, da Lei Complementar nº 116/2003 expressamente prevê a incidência do ISS na *importação* dos *serviços*:

> § 1º. O imposto incide também sobre o serviço proveniente do exterior do País ou cuja prestação se tenha iniciado no exterior do País.

Sendo assim, uma vez configurado como serviço ("financiamento-serviço") sujeito ao ISS, o chamado *leasing*-importação (ou *leasing* internacional) também deve compor o campo de incidência do imposto municipal, se o tipo do arrendamento mercantil for o financeiro ou o *lease-back*. Pelo menos, é a nossa opinião, a partir dos recentes *leading cases* do Supremo Tribunal Federal (RE nº 547.245 e nº 592.905), afinal de contas o contrato de arrendamento mercantil é um "financiamento-serviço".

No entanto, a validade da incidência do ISS sobre o arrendamento mercantil *financeiro* não é tão automática (simples) como pode se parecer, ou seja, a invocação dos RE nº 547.245 e nº 592.905 ainda não é suficiente para afastar claramente a incidência do ICMS em prol do imposto municipal.

Com efeito, a tributação em cima do *leasing*-importação já motivou muita polêmica, tendo chegado, inclusive, no STF e no STJ. Todos esses julgados abrangia apenas o ICMS, sem qualquer caso envolvendo o ISS nessas importações.

No Superior Tribunal de Justiça, havia jurisprudência uniforme *contra* a incidência do ICMS na importação mediante arrendamento mercantil. Neste sentido: REsp nº 146.389, nº 436.173, AgRg no Ag 385.174, entre outros. Essa orientação jurisprudencial do STJ interpretava e aplicava o art. 3º, VIII, da LC nº 87/1996. Ora, esse entendimento contrário ao ICMS, por outro lado, *reafirmaria* a tributação dessa importação pelo ISS.

Ocorre que o Pleno do Supremo Tribunal Federal, no RE nº 206.069, relatora Ministra Ellen Gracie, j. em 1º.9.2005, *DJU* de 1º.9.2006, decidiu de forma contrária ao STJ, no sentido de validar a cobrança do ICMS sobre a entrada de mercadoria importada do exterior mediante *leasing*. Eis o acórdão deste recurso extraordinário que se tornou o *leading case*:

> RECURSO EXTRAORDINÁRIO – TRIBUTÁRIO – ICMS – ARRENDAMENTO MERCANTIL – "*LEASING*". 1. De acordo com a Constituição de 1988, incide ICMS sobre a entrada de mercadoria importada do exterior. Desnecessária, portanto, a verificação da natureza jurídica do negócio internacional do qual decorre a importação, o qual não se encontra ao alcance do Fisco nacional. 2. O disposto no art. 3º, inciso VIII, da Lei Complementar nº 87/1996 aplica-se exclusivamente às operações internas de *leasing*. 3. Recurso extraordinário conhecido e provido.

Comentando essa decisão do STF, assim explicou José Eduardo Soares de Melo:

> O referido aresto decidiu que incide o ICMS independentemente da natureza do contrato internacional que motive a importação, apontando os fundamentos seguintes: a) negócio jurídico ensejador da importação fora realizado no exterior, fora do alcance do Fisco brasileiro, não sendo disciplinado pelas leis brasileiras, mas tendo o constituinte optado por sujeitar ao ICMS o resultado do ajuste; b) a transferência da posse do bem, do arrendatário brasileiro volta para o arrendador sediado no exterior, encontra obstáculos naturais, físicos e fáticos, numa indicação de que essa operação talvez não albergue a precariedade da posse sobre o bem; c) o art. 3º, VIII, da LC nº 87/1996, aplica-se somente a operações internas de arrendamento mercantil, pelo fato de que a opção de compra constante do contrato internacional não está no âmbito de incidência do ICMS, nem o arrendador sediado no exterior é contribuinte; d) por ocasião da opção de compra, a possibilidade da tributação em ICMS estará

exaurida, isto porque o bem já terá entrado no País em momento anterior; e) admite-se a incidência do ICMS sobre a entrada de mercadoria importada, qualquer que seja a natureza do ajuste internacional motivador da importação.

Esse entendimento do STF forçou o STJ a rever seu posicionamento; logo, o STJ também passou a reconhecer a legalidade da tributação do ICMS na importação via arrendamento mercantil, conforme se depreende do REsp nº 822.868.

A base constitucional utilizada pelo STF ao validar a incidência do ICMS na importação de bens via arrendamento mercantil é o art. 155, § 2º, IX, "a", da Constituição Federal, na redação dada pela Emenda Constitucional nº 33/2001:[51]

> **Art. 155.** (...)
>
> § 2º. (...)
>
> IX – [o ICMS] incidirá também:
>
> a) sobre a entrada de bem ou mercadoria importados do exterior por pessoa física ou jurídica, ainda que não seja contribuinte habitual do imposto qualquer que seja a sua finalidade, assim como sobre o serviço prestado no exterior, cabendo o imposto ao Estado onde estiver situado o domicílio ou o estabelecimento do destinatário da mercadoria, bem ou serviço; (...).

Para se adequar à nova redação do Texto Constitucional atribuído pela EC nº 33/2001, a Lei Complementar nº 114/2002 alterou o §1º do art. 2º da LC nº 87/1996 (Lei Nacional do ICMS), prevendo a incidência do imposto estadual *"sobre a entrada de mercadoria ou bem importados do exterior, por pessoa física ou jurídica, ainda que não seja contribuinte habitual do imposto, qualquer que seja a sua finalidade"*.

Dificultando ainda mais esse assunto, por meio do RE nº 461.968, relator Ministro Eros Grau (mesmo relator dos *leading cases* do ISS sobre o *leasing*), julgado em 30.5.2007, o Plenário do STF *flexibilizou* seu posicionamento anterior, no sentido de excluir a incidência do ICMS na importação de aeronaves, peças e equipamentos de aeronaves através de *leasing*.

Essa nova posição (ou "modulação") do STF implicou, mais uma vez, numa reviravolta nas decisões do STJ, cuja 1ª Seção consolidou os seguintes entendimentos no REsp nº 1.131.718, relator Ministro Luiz Fux, j. em 27.3.2010 (data posterior ao julgamento do STF nos *leading cases* do ISS no *leasing*):

> PROCESSO CIVIL – RECURSO ESPECIAL REPRESENTATIVO DE CONTROVÉRSIA – ART. 543-C, DO CPC – TRIBUTÁRIO – ICMS – IMPORTAÇÃO DE AERONAVE MEDIANTE CONTRATO DE ARRENDAMENTO

51. Essa EC nº 33/2001 foi aprovada como resposta ao entendimento sumulado pelo STF – Súmula 660 – baseado na redação original deste dispositivo constitucional, segundo o qual "não incide o ICMS na importação de bens por pessoa físicas ou jurídica que não seja contribuinte do imposto". Em outras palavras, a EC 33/2001 veio para "constitucionalizar" a cobrança do ICMS nas importações de quaisquer bens, independentemente do importador ser contribuinte "habitual" do imposto.

MERCANTIL (*LEASING*) – NOVEL JURISPRUDÊNCIA DO SUPREMO TRIBUNAL FEDERAL – INTERPRETAÇÃO DO ART. 155, INCISO IX, § 2.º, ALÍNEA "A", DA CONSTITUIÇÃO FEDERAL DE 1988 – ART. 3.º, VIII, DA LEI COMPLEMENTAR Nº 87/1996.

1. O ICMS incide sobre a entrada de bem ou mercadoria importados do exterior, desde que atinente a operação relativa à circulação desse mesmo bem ou mercadoria, por pessoa física ou jurídica, ainda que não seja contribuinte habitual do imposto, qualquer que seja a sua finalidade, *ex vi* do disposto no art. 155, § 2º, IX, "a", da Constituição Federal de 1988, com a redação dada pela Emenda Constitucional nº 33/2001 (exegese consagrada pelo Plenário do Supremo Tribunal Federal nos autos do RE 461.968/SP, Rel. Ministro Eros Grau, julgado em 30.5.2007, *DJ* de 24.8.2007). 2. O arrendamento mercantil, contratado pela indústria aeronáutica de grande porte para viabilizar o uso, pelas companhias de navegação aérea, de aeronaves por ela construídas, não constitui operação relativa à circulação de mercadoria sujeita à incidência do ICMS, sendo certo que "o imposto não é sobre a entrada de bem ou mercadoria importada, senão sobre essas entradas desde que elas sejam atinentes a operações relativas à circulação desses mesmos bens ou mercadorias" (RE 461.968/SP).

3. Ademais, revela-se apenas aparente a dissonância entre o aludido julgado e aquele proferido nos autos do RE 206.069-1/SP, da relatoria da Ministra Ellen Gracie, consoante se extrai da leitura do voto-condutor do acórdão da lavra do Ministro Eros Grau, *verbis*:

"E nem se alegue que se aplica ao caso o precedente do RE nº 206.069, Relatora a Ministra Ellen Gracie, no bojo do qual se verificava a circulação mercantil, pressuposto da incidência do ICMS. Nesse caso, aliás, acompanhei a relatora. Mas o precedente disse com a importação de equipamento destinado ao ativo fixo de empresa, situação na qual a opção do arrendatário pela compra do bem ao arrendador era mesmo necessária, como salientou a eminente relatora. Tanto o precedente supõe essa compra que a eminente relatora a certo ponto do seu voto afirma: "eis porque, em contraponto ao sistema da incidência genérica sobre a circulação econômica, o imposto será recolhido pelo comprador do bem que seja contribuinte do ICMS". Daí também porque não se pode aplicar às prestadoras de serviços de transporte aéreo, em relação às quais não incide o ICMS, como foi decidido por esta Corte na ADI 1.600." (RE 461.968/SP).

4. Destarte, a incidência do ICMS, mesmo no caso de importação, pressupõe operação de circulação de mercadoria (transferência da titularidade do bem), o que não ocorre nas hipóteses de arrendamento em que há "mera promessa de transferência pura do domínio desse bem do arrendante para o arrendatário".

5. A isonomia fiscal impõe a submissão da orientação desta Corte ao julgado do Pretório Excelso, como técnica de uniformização jurisprudencial, instrumento oriundo do Sistema da Common Law, reiterando a jurisprudência desta Corte que, com base no art. 3º, inciso VIII, da Lei Complementar nº 87/1996, propugna pela não incidência de ICMS sobre operação de *leasing* em que não se efetivou transferência da titularidade do bem (circulação de mercadoria), quer o bem arrendado provenha do exterior, quer não.

6. O Superior Tribunal de Justiça pode proceder ao juízo de admissibilidade do recurso especial adesivo reputado prejudicado, uma vez provido o agravo de instrumento contra a decisão denegatória de seguimento do recurso principal (Precedentes do STJ: AgRg no Ag 791.761/RS, Rel. Ministro Og Fernandes, Sexta Turma, julgado em 5.2.2009, *DJe* 9.3.2009; AgRg no AgRg no REsp 969.880/SP, Rel. Ministra Denise Arruda, Primeira Turma, julgado em 18.9.2008, *DJe* de 29.9.2008; REsp 337.433/PR, Rel. Ministro Antônio de Pádua Ribeiro, Terceira Turma, julgado em 4.11.2003, *DJ* de 1º.12.2003; REsp 264.954/SE, Rel. Ministro Carlos Alberto Menezes Direito, Terceira Turma, julgado em 30.5.2001, *DJ* de 20.8.2001; e REsp 93.537/SP, Rel. Ministro Carlos Alberto Menezes Direito, Terceira Turma, julgado em 4.12.1997, *DJ* de 16.2.1998).

7. Recurso especial adesivo da empresa provido, restando prejudicado o recurso principal manejado pela Fazenda Nacional (que se dirige contra a base de cálculo do ICMS, determinada pelo Juízo a quo). Acórdão submetido ao regime do art. 543-C, do CPC, e da Resolução STJ 08/2008.

Sendo assim, no que tange à importação, via arrendamento mercantil financeiro, de aeronaves, peças e equipamentos de aeronaves, a incidência do ISS se torna "menos complexa", pois já foi sacramentado o afastamento do ICMS. Logo, a operação fica aberta para a tributação do ISS, sem qualquer risco de *bitributação*.

Resta, portanto, verificar a incidência do ISS ou do ICMS na importação de "outros bens" (por exclusão, bens distintos de aeronaves, equipamentos e peças para aeronaves), através de arrendamento mercantil financeiro. A decisão do STF no RE nº 206.069 (em prol do ICMS) ainda está valendo? Será que as decisões dadas pelo STF nos RE nº 547.245 e 592.905 (*leasing financeiro* é serviço sujeito ao ISS) não implicaram na mudança de entendimento do STF sobre a tributação do *leasing* internacional?

Entendemos que, a partir do RE nº 547.245 e 592.905 (dezembro/2009), o Supremo Tribunal Federal modificou o entendimento até então dado acerca da importação de bens mediante arrendamento mercantil *financeiro*, no sentido de que essa operação deve ser tratada como *prestação de serviço* sujeita ao ISS, e não ao ICMS.

Por outro lado, quando se tratar de *leasing operacional*, mantêm-se intactas as decisões anteriores, ou seja: a) não incidirá ISS nem ICMS quando o bem importado via *leasing* for aeronave ou peças e equipamentos para aeronaves (RE nº 461.968); b) incidirá o ICMS quando o bem importado não for nenhum daqueles mencionados na hipótese anterior (RE nº 206.069); c) não haverá incidência do ISS no *leasing operacional* porque essa operação não é serviço, mas sim uma modalidade de locação (RE nº 547.245 e nº 592.905).

Com efeito, o art. 155, § 2º, IX, "a", da Constituição Federal (que legitima a cobrança do ICMS nas importações) deve ser interpretado e aplicado em conjunto com a sua alínea "b", segundo a qual o ICMS incidirá "*sobre o valor total da operação, quando mercadorias forem fornecidas com serviços não compreendidos na competência dos Municípios".*

Em outras palavras, o ICMS não incide quando o fornecimento de mercadorias se der com serviços sujeitos ao ISS, como é exatamente o caso do arrendamento mercantil financeiro. Especificando ainda mais esse dispositivo para o assunto em comento, o ICMS não incide quando a entrada do bem importado se der juntamente com serviços sujeitos ao ISS.

Reforça ainda mais esse nosso entendimento o art. 1º, §2º da LC nº 116/2003:

> § 2º. Ressalvadas as exceções expressas na lista anexa, os serviços nela mencionados não ficam sujeitos ao Imposto Sobre Operações Relativas à Circulação de Mercadorias e Prestações de Serviços de Transporte Interestadual e Intermunicipal e de Comunicação – ICMS, ainda que sua prestação envolva fornecimento de mercadorias.

Com efeito, nas chamadas "operações mistas" (atividades que envolvem serviços e fornecimento de mercadorias ou materiais), tanto o STF como o STJ vêm se pautando na Lista de Serviços do ISS (lei complementar): a) se o serviço está na lista, incide somente o ISS sobre o valor total da operação; a não ser que a própria lei complementar excepcione a tributação do ICMS (casos dos subitens 7.02, 7.05, 9.01, 14.01); b) se o serviço não está na lista, incidirá somente o ICMS, sobre o valor total da operação.

Neste diapasão, assim julgou o Supremo Tribunal Federal no RE nº 114.795 e nº 129.877, relator Ministro Ilmar Galvão:

> Na verdade, o que se verifica é que o legislador, diante da dificuldade que se oferecia, nessas operações mistas, para a distinção entre mercadoria e serviço, indispensável à dupla tributação, adotou a unicidade, mediante critério, de nítido caráter compensatório, pelo qual os serviços relacionados, ainda que acompanhados de fornecimento de mercadorias, são tributados pelo ISS, enquanto o fornecimento de mercadorias, com prestação de serviços não relacionados, ficam sujeitos ao ICMS, considerado, em ambos os casos, o valor total da operação.
>
> O fornecimento de alimentação e bebidas, para consumo no próprio estabelecimento, caso de restaurantes, bares, boates etc., compreende-se na hipótese de mercadoria fornecida com prestação de serviços, pelo singelo motivo de que não se acham relacionados em lei complementar, como exigido pela Constituição (art. 156, IV), o serviços envolvidos na operação, prestados por cozinheiros, maitres e garçons. Assim, sendo, sem que haja espaço para a mínima dúvida, estão sujeitos ao ICMS.

E o STJ segue a mesma trilha, como se verifica no REsp nº 881.035, nº 1.092.206, nº 882.526, nº 732.496, dentre outros:

> Segundo decorre do sistema normativo específico (art. 155, II, § 2º, IX, b e 156, III da CF, art. 2º, IV da LC nº 87/1996 e art. 1º, § 2º da LC nº 116/2003), a delimitação dos campos de competência tributária entre Estados e Municípios, relativamente

> a incidência de ICMS e de ISSQN, está submetida aos seguintes critérios: (a) sobre operações de circulação de mercadoria e sobre serviços de transporte interestadual e internacional e de comunicações incide ICMS; (b) sobre operações de prestação de serviços compreendidos na lista de que trata a LC nº 116/2003, incide ISSQN; e (c) sobre operações mistas, assim entendidas as que agregam mercadorias e serviços, incide o ISSQN sempre que o serviço agregado estiver compreendido na lista de que trata a LC nº 116/2003 e incide ICMS sempre que o serviço agregado não estiver previsto na referida lista. Precedentes de ambas as Turmas do STF.

Ademais, não há *lógica* alguma em separar o *leasing* internacional do *leasing* nacional, no sentido de atribuir a um (importação) a característica de circulação de mercadoria e, ao outro (nacional), a de prestação de serviço.

Noutro giro, também não vemos como se admitir a tributação *simultânea* do ICMS e do ISS, já que são impostos necessariamente excludentes, por força do art. 155, § 2º, IX, "b", da Constituição Federal, transcrito anteriormente.

Sendo assim, defendemos a tributação do ISS sobre o arrendamento mercantil financeiro, mesmo nas importações, não se aplicando mais o que fora decidido pelo STF no RE nº 206.069. Agora, com relação à importação, via *leasing financeiro*, de aeronaves, peças e equipamentos de aeronaves, o assunto está muito mais "tranquilo" em prol dos Municípios, eis que o STF, no RE nº 461.968, já havia afastado o ICMS sobre tais operações.

Por fim, no tocante ao local de ocorrência do fato gerador do ISS nas operações de *leasing* internacional, deve ser aplicado o art. 3º, inciso I, da Lei Complementar nº 116/2003, ou seja, o ISS será devido no local *"do estabelecimento do tomador ou intermediário do serviço ou, na falta de estabelecimento, onde ele estiver domiciliado"*. Logo, pelo menos no que tange ao elemento espacial do ISS nestas operações de importação via *leasing financeiro*, não há motivos para polemizar onde o imposto é devido.

4.18.4.2. Elemento temporal

O momento de incidência do ISS nas operações de *leasing* é a *data do vencimento de cada prestação mensal ajustada no contrato*. No nosso entender, o arrendamento mercantil é um "serviço" (contrato) de duração continuada, o qual se protrai no tempo até o final da contratação.

Com efeito, todos os doutrinadores pesquisados confirmam que o contrato de arrendamento mercantil é contrato classificado como *de duração continuada*. Arnaldo Rizzardo (1997, p. 63), traz essa lição com bastante objetividade:

> As obrigações, quanto ao seu cumprimento, podem ser instantâneas (de trato único), ou duradouras (de trato sucessivo). No *leasing*, as prestações do devedor se prolongam por um certo período de tempo. Satisfará ele o preço ao longo de um pra-

> zo, mas de forma periódica, sendo, pois, o contrato de execução sucessiva periódica. Com respeito à empresa, a obrigação imposta não se resume ao mero financiamento, mas se estende no futuro, mantendo e assegurando o gozo dos bens pelo usuário durante o tempo do contrato, de maneira continuada. Sua prestação é, assim, de execução sucessiva continuada.

Vale advertir que o ISS deverá incidir mesmo se *não* houver o pagamento, ou seja, em caso de inadimplência. Cabe a aplicação normal do *regime de competência*, ou seja, data em que nasceu o *direito ao respectivo crédito*, levando-se o nascimento da obrigação tributária do ISS para o dia do vencimento da parcela desse *financiamento-serviço*.

Sobre a irrelevância da efetiva adimplência do contrato para a cobrança do imposto, cite-se o AgReg nº 228.337 do STF, no qual foi julgado que a ocorrência do fato gerador do ISS *independe* da realização efetiva do pagamento do respectivo preço.

Esse comentário, vale frisar, é válido apenas quando o contrato não for rescindido pelo atraso no pagamento por parte da arrendatária (tomadora do serviço).

A propósito, a inadimplência pode provocar a rescisão do contrato de arrendamento mercantil, sendo, inclusive, a sua causa rescisória mais comum. Conforme ensina José Francisco Lopes de Miranda Leão (2000, p. 68), uma vez

> verificada a ocorrência de inadimplemento que provoque a extinção da relação jurídica, a primeira obrigação a ser cumprida pelo arrendatário consiste na restituição ao arrendador do bem objeto do contrato, o que é uma decorrência natural do direito de propriedade deste último e do desaparecimento do justo título de posse de que o arrendatário dispunha.

Dessa forma, uma vez rescindido o contrato (por inadimplência ou qualquer outro motivo), o ISS não incidirá mais sobre as parcelas não pagas, já que esse contrato – de duração continuada – não estará mais sendo executado. Faltará, a partir de então, o fato gerador do imposto municipal.

Por consequência, os contribuintes poderão invocar em suas avaliações contraditórias (art. 148 do CTN) administrativas ou judiciais a ocorrência de rescisões contratuais para desqualificar os trabalhos fiscais de arbitramento. Logo, é recomendável que o Fisco Municipal peça, em suas notificações ou intimações fiscais, informações dessa natureza, ou seja, que o contribuinte apresente, identifique e comprove a ocorrência de rescisões contratuais. Uma vez prestadas tais informações, o Fisco deverá considerá-las quando do levantamento fiscal por arbitramento (ou, até mesmo, sem arbitramento, já que, em tais casos, os contratos serão demonstrados). Caso contrário, o ônus da prova ficará com os contribuintes.

Para fins de conferência do prazo *decadencial* (art. 173 do CTN), o fato do ISS incidir sobre as prestações mensais do arrendamento mercantil leva à conclusão de que a incidência do imposto não se restringirá *apenas* aos *contratos celebrados nos últimos cinco anos*. Na verdade, a fiscalização tributária municipal poderá buscar as *prestações mensais vencidas nos últimos cinco anos*. Isso envolverá, pois, contratos celebrados *há mais de cinco anos*, cujas prestações venceram nos últimos cinco anos.

Exemplificando, imaginemos uma fiscalização iniciada em 2010 e, portanto, com poder para lançar imposto ocorrido (= prestações vencidas) desde 1º.1.2005 (art. 173, I, CTN). O ISS poderá incidir, como dito, sobre as prestações vencidas em contratos de *leasing* desde 1º.1.2005, e não apenas sobre os contratos celebrados nesse período. Dessa forma, um contrato celebrado em 2003, por exemplo, que teve prestações vencidas nesse período (*v.g.*, um *leasing* feito em 36 meses), poderá entrar normalmente nessa fiscalização hipotética.

Esse ponto também deverá ser levado em conta pela Administração Tributária, no instante de preparar as notificações e de indicar os documentos e informações que o sujeito passivo deverá lhe prestar. Mais ainda: quando do *arbitramento*, esse ponto também deverá ser devidamente pontuado pela Administração Tributária.

Por outro lado, a exigência antecipada do ISS sobre o valor integral do contrato acaba caindo em *ilegalidade*, uma vez que apenas *parte* do fato gerador do serviço terá ocorrido e, somente nesta parte, será exigível.

4.18.4.2.1. Arbitramento e momento de ocorrência do fato gerador

A conclusão de que o ISS incide sobre as (cada) prestações mensais vencidas durante o contrato, e não no início ou apenas no final do contrato, poderá trazer sérias discussões no plano do *arbitramento* fiscal, uma vez que muitos Municípios estão cobrando o ISS simplesmente com base em dados fornecidos pelo DETRAN (CIRETRAN) ou por concessionárias e revendedores de veículos.

Em tais arbitramentos, os Municípios estão cobrando o imposto levando em conta o valor total do veículo e como termo de ocorrência do fato gerador *o momento da transferência ou da emissão da nota de venda*. Enfim, o ISS está sendo 100% cobrado em *um* momento *único*, ou seja, antecipadamente, e não fragmentado em períodos que respeitem o prazo do financiamento (24, 48, 60 vezes).

Diante disso, os sujeitos passivos acabam tendo essa "arma" (ou alegação) na mão para desfigurar a razoabilidade do trabalho fiscal. Aliás, se a fiscalização somente tiver requisitado junto aos contribuintes informações relativas aos *contratos celebrados nos últimos cinco anos*, ou, ainda, se a Administração Tributária Municipal pedir para as instituições financeiras (contribuintes) se pronunciarem exclusivamente em torno desses contratos (celebrados nos últimos cinco anos), entendemos que haverá cobrança a maior de imposto e, principalmente, de juros e correção monetária nesse respectivo lançamento de ofício.

Com efeito, se a fiscalização se restringir aos contratos *celebrados* nos últimos cinco anos, qualquer lançamento tributário somente poderá levar em conta tais contratos. O parâmetro passará a ser os contratos em si mesmo. Logo, deverá haver o respeito ao elemento temporal do ISS, impedindo uma tributação antecipada, na origem do contrato.

No entanto, o Fisco Municipal que possuir apenas os documentos decorrentes de operações *celebradas* nos últimos cinco anos também poderão defender em seu arbitramento (baseado nos valores registrados no momento da transferência do veículo ou da emissão das notas), que os valores arbitrados levaram em consideração a existência de (inúmeros outros) contratos *celebrados há mais de cinco anos*, mas que tiveram suas *prestações vencidas dentro desse prazo*.

Em breves palavras, esses *contratos celebrados nos últimos cinco anos* não devem ser tratados como únicos *fatos geradores do arbitramento* do ISS. A Administração não deve reputar esses contratos como os únicos que estão sendo considerados na referida fiscalização. Conforme explicado, isso dá azo para os contribuintes derrubarem a cobrança, que estaria desassociada com o elemento temporal do fato gerador do ISS (cobrança antecipada do imposto) e, ainda, com princípios constitucionais da ampla defesa, do contraditório e do devido processo legal (art. 5º, LIV e LV, CF).

Na verdade, *esses contratos celebrados nos últimos cinco anos* merecem tratamento de meros *valores de referência* para o arbitramento, devendo ser expressamente esclarecido que o trabalho fiscal está apurando o imposto com total respeito ao seu momento de ocorrência, levando em conta *não apenas esses contratos celebrados nos últimos cinco anos*, mas, também, todos os *contratos celebrados anteriormente, cujos vencimentos se deram nos últimos cinco anos.*

Para tanto, é necessário esclarecer esse ponto de vista nas notificações e intimações fiscais, e, mais ainda, no próprio relatório do auto de infração.

Destarte, é importante enquadrar corretamente esses *contratos celebrados nos últimos cinco anos,* quando do arbitramento: eles não devem ser tratados como "fatos geradores do ISS", mas sim como simples "valores de referência para o arbitramento". Logo, na prática, o Município estará tributando inclusive contratos celebrados há mais de cinco anos, porém vencidos nos últimos cinco anos, aumentando o número de contratos abrangidos, com total respeito ao aspecto temporal do ISS, qual seja: o momento de vencimento das parcelas do arrendamento mercantil.

Conforme já adiantado no subitem anterior, também poderão servir como motivo válido para a contestação dos valores arbitrados eventuais rescisões contratuais que foram (supostamente) incluídas no trabalho fiscal, até porque elas realmente devem ser afastadas da tributação.

De um lado, é óbvio que o Município somente poderá considerá-las a partir de informações e documentos entregues pelo contribuinte. Para tanto, é *fundamental* que a fiscalização requisite tais informações e documentos, sob pena de ferir o devido processo legal, contraditório e ampla defesa. Ou, ainda, na hipótese do contribuinte, *a posteriori*, comprovar satisfatoriamente essas rescisões, o arbitramento certamente ficará enfraquecido e terá que ser reduzido nesta parte. Além disso, a ausência de tais requisições implicará em uma presunção de que o arbitramento não levou em conta essa possibilidade de existirem contratos rescindidos.

Do outro lado, também é óbvio que, uma vez requisitados pelo Fisco Municipal os documentos e informações relacionados à rescisão contratual, porém, não fornecidos pelo sujeito passivo, o ônus da prova recairá exclusivamente contra este. Para afastar as rescisões da incidência do ISS, ele terá, neste caso, que juntar os documentos correspondentes.

Uma vez juntados os documentos sobre a rescisão contratual, é recomendável a lavratura de um auto de infração "a parte" (no que tange, é claro, aos períodos em que o contrato ainda estava sob execução), pois o Fisco não precisará do (nem poderá mais fazer o) arbitramento, na medida em que terá elementos suficientes para tributar de acordo com os valores reais do contrato.[52]

4.18.4.3. Elementos pessoais

Os Municípios e o Distrito Federal são os sujeitos ativos do ISS incidente sobre a atividade de arrendamento mercantil. Mas *qual* Município? Aí que está o problema ou um dos principais dilemas atinentes à tributação do *leasing*, a título de ISS. Seria o Município onde se situa a *sede da arrendadora*? Ou o *local onde os serviços são prestados* (onde o bem arrendado é disponibilizado), como assim havia pacificado o STJ na vigência do Decreto-Lei nº 406/1968? Aprofundando ainda mais a questão, perguntamos: mas, afinal de contas, onde é prestado o serviço? Percebe-se, assim, que esse elemento *pessoal* está intimamente correlacionado com o elemento *espacial* da regra-matriz de incidência do ISS.

Primeiramente, é importante colocar que o STJ já emitiu uma outra opinião sobre o local de incidência do ISS, diferentemente do que vinha fazendo até a revogação do Decreto-Lei nº 406/1968. Com base na LC nº 116/2003, a regra "volta" a ser a do local do estabelecimento prestador (art. 3º), ressalvando-se as vinte hipóteses que deslocam a incidência do imposto para o *destino*. Aliás, importante destacar que a operação de arrendamento mercantil (subitem 15.09) não consta nos incisos do art. 3º, é dizer, não faz parte das exceções ali consignadas.

Portanto, na nossa opinião, os Municípios que não são sede de estabelecimento da arrendadora não podem amparar sua tributação no antigo (e radical)

52. O arbitramento será explorado mais adiante. No entanto, entendemos ser mais apropriado tratar desses assuntos neste item do elemento temporal, por guardar uma correspondência maior, ou seja, para fins puramente didáticos.

entendimento do STJ sobre o elemento espacial do fato gerador do ISS, qual seja: onde o serviço foi prestado, onde o bem foi disponibilizado. A partir da LC nº 116/2003, vale o que reza o seu art. 3º, digamos assim, em sua literalidade. Logo, os municípios deverão demonstrar a existência de *estabelecimento prestador da arrendadora* em seus territórios para que possam tributar validamente as operações de arrendamento mercantil.

Mais a frente trataremos desse tema com profundidade, mas desde já fazemos menção à decisão da 2ª Turma do STJ no EDcl no AgReg no Agravo de Instrumento nº 1.019.143, relator Ministro Herman Benjamin, que decidiu que o ISS sobre o arrendamento mercantil é devido no local onde o serviço foi efetivamente prestado (município da arrendatária), e não na sede da sociedade de arrendamento mercantil (arrendadora). Por outro lado, vale frisar que, na hipótese de *leasing financeiro* internacional, o Município competente será aquele do local do estabelecimento do *"tomador ou intermediário do serviço, ou, na falta de estabelecimento, onde ele estiver estabelecido"*, conforme art. 3º, I, da LC nº 116/2003.

Prosseguindo, nos termos dos arts. 1º e 6º, parágrafo único, ambos da Resolução CMN nº 2.309/1996, as operações de arrendamento mercantil somente podem ser realizadas:

- por pessoas jurídicas que tenham como objeto principal a prática de operações de arrendamento mercantil, tendo em sua razão social, obrigatoriamente, a expressão "arrendamento mercantil" (sociedades de arrendamento mercantil);
- pelos bancos múltiplos com carteira de arrendamento mercantil;
- por outras instituições financeiras, tais como bancos de investimento, bancos de desenvolvimento, caixas econômicas e sociedades de crédito imobiliário, quando a operação for contratada com o próprio vendedor do bem (*lease-back*) ou com pessoa a ele coligada ou interdependente, e somente na modalidade de arrendamento mercantil financeiro.

Tais pessoas jurídicas, portanto, estarão no polo passivo da obrigação tributária em questão, na condição de *contribuintes* (prestadores de serviços, conforme art. 5º da LC nº 116/2003). Porém, "terceiros" poderão ser eleitos como responsáveis tributários, como tentaremos demonstrar na sequência.[53]

53. Vale a pena recordar as definições trazidas pelo art. 121 do CTN a respeito de contribuinte e responsável tributário: "**Art. 121.** Sujeito passivo da obrigação tributária principal é a pessoa obrigada ao pagamento de tributo ou penalidade pecuniária. Parágrafo único. O sujeito passivo da obrigação principal diz-se: I – contribuinte, quando tenha relação pessoal e direta com a situação que constitua o respectivo fato gerador; II – responsável, quando, sem revestir a condição de contribuinte, sua obrigação decorra de disposição expressa de lei."

4.18.4.3.1. Substituição tributária

Com arrimo no art. 6º da Lei Complementar nº 116/2003, bem como, diretamente, no art. 128 do *Codex* Tributário Nacional, a *lei municipal* pode eleger as pessoas físicas e jurídicas *arrendatárias* como *substitutas (responsáveis) tributárias* do ISS nas operações de *leasing*, alterando, pois, o polo passivo da obrigação: ao invés do prestador do serviço (arrendadores, na condição de contribuintes), o Município pode inserir os tomadores de serviços (arrendatários) como sujeitos passivos da obrigação tributária. Convém, no entanto, escolher apenas as pessoas *jurídicas*, já que é muito difícil fiscalizar as inúmeras pessoas *físicas* contratantes do arrendamento. Sem qualquer exagero, a instituição de responsabilidade tributária para as arrendatárias pessoas *físicas* poderia, até mesmo, incorrer em inconstitucionalidade por desrespeito aos princípios da *proporcionalidade* e *razoabilidade*.

Essa medida traz algumas consequências interessantes nos campos prático e jurídico para os Municípios, quais sejam:

- inversão no ônus de ajuizar ação judicial, a partir do momento em que as arrendatárias fizerem as retenções nos pagamentos das instituições financeiras: as arrendadoras é quem teriam que tomar a iniciativa para barrar essa cobrança, e, por via reflexa, a retenção sobre os seus recebimentos mensais. O Município não teria mais que correr atrás do arrendador que, na esmagadora maioria das vezes, está sediado em outra cidade. Os arrendatários também têm legitimidade *ad causam* para fugir da substituição tributária;
- alteração da legitimidade para pedir eventual restituição de indébito: somente os *arrendatários* teriam esse direito, à luz do que dispõe o art. 166 do CTN, conforme remansosa jurisprudência do STJ;[54]

54. REsp 2009/0059347-3 (julgado de conformidade com o sistema dos "recursos repetitivos" do art. 543-C, do CPC): "TRIBUTÁRIO – RECURSO ESPECIAL REPRESENTATIVO DE CONTROVÉRSIA – ART. 543-C, DO CPC – ISS – LOCAÇÃO DE BENS MÓVEIS – REPETIÇÃO DE INDÉBITO – PROVA DA NÃO REPERCUSSÃO – EXIGIBILIDADE, *IN CASU* – ART. 166 DO CTN. 1. O ISS é espécie tributária que admite a sua dicotomização como tributo direto ou indireto, consoante o caso concreto. 2. A pretensão repetitória de valores indevidamente recolhidos a título de ISS incidente sobre a locação de bens móveis (cilindros, máquinas e equipamentos utilizados para acondicionamento dos gases vendidos), hipótese em que o tributo assume natureza indireta, reclama da parte autora a prova da não repercussão, ou, na hipótese de ter a mesma transferido o encargo a terceiro, de estar autorizada por este a recebê-los, o que não ocorreu *in casu*, consoante dessume-se do seguinte excerto da sentença, *in verbis*: "Com efeito, embora pudesse o autor ter efetuado a prova necessária, que lhe foi facultada, deixou de demonstrar que absorveu o impacto financeiro decorrente do pagamento indevido do ISS sobre a operação de locação de móveis, ou que está autorizado a demandar em nome de quem o fez. Omitiu prova de que tenha deixado de repassar o encargo aos seus clientes ou que tenha autorização destes para buscar a repetição, conforme exigência expressa inscrita no art. 166 do CTN." 3. Precedentes: REsp 1009518/RS, Rel. Ministra Eliana Calmon, Segunda Turma, j. em 6.8.2009, *DJe*

- mudança do *foro competente* para ajuizamento da execução fiscal: como as tomadoras substitutas estão sediadas em seu próprio território, em caso de não haver o pagamento do ISS que deveria ter sido retido e recolhido ao Erário Municipal, o Município executará o imposto diretamente em face do tomador inadimplente e em seu foro de jurisdição, não precisando se deslocar para outra cidade;
- caso haja a retenção do ISS por parte da tomadora substituta, o seu não pagamento (repasse) configura, em tese, crime contra a ordem tributária capitulado no art. 2º, II, da Lei nº 8.137/1990. Com isso, a *pressão* sobre o responsável tributário acaba sendo muito maior.

A previsão da substituição ou retenção na fonte obriga o sujeito passivo indireto (arrendatário) a negociar o ISS diretamente com a arrendadora, forçando, pois, a quitação regular do imposto.

Não havendo o pagamento e nem mesmo a retenção do ISS devido em tal hipótese, teria o arrendatário que arcar com o gravame às suas próprias expensas e, posteriormente, pleitear indenização contra a arrendadora. Quando não houver a retenção, caberia a *solidariedade* entre ambos.

Por outro lado, a Administração Tributária Municipal deve fiscalizar as suas arrendatárias, no intuito de obter os valores *exatos* (reais) do "financiamento". No caso das arrendatárias pessoas jurídicas, os contratos de *leasing* estarão contabilizados e, assim, passíveis de verificação por parte da fiscalização, o que, neste caso, até mesmo dispensaria o arbitramento.

4.18.4.3.2. Solidariedade

Na visão da doutrina, *solidariedade* é modalidade de sujeição passiva tributária indireta por transferência, ao lado da sucessão e da responsabilidade legal, contrapondo-se à substituição tributária.

Em matéria tributária, há solidariedade:

- quando verificada a ocorrência de *interesse comum* (art. 124, I, do CTN); ou

---

de 21.8.2009; AgRg no AgRg no REsp 947.702/RJ, Rel. Ministro Mauro Campbell Marques, Segunda Turma, j. em 4.8.2009, *DJe* de 17.8.2009; AgRg no REsp 1006862/SC, Rel. Ministro Humberto Martins, Segunda Turma, j. em 26.8.2008, *DJe* de 18.9.2008; REsp 989.634/PR, Rel. Ministro Luiz Fux, Primeira Turma, j. em 19.6.2008, de *DJe* 10.11.2008; AgRg no REsp n.º 968.582/SC, Rel. Min. Francisco Falcão, *DJU* de 18.10.2007; AgRg no Ag n.º 692.583/RJ, Rel. Min. Denise Arruda, *DJU* de 14.11.2005; REsp n.º 657.707/RJ, Rel. Min. José Delgado, *DJU* de 16.11.2004). 4. Recurso especial desprovido. Acórdão submetido ao regime do art. 543-C do CPC e da Resolução STJ nº 08/2008.

- quando a *lei* (no caso a municipal) *assim dispuser* (art. 124, II, do CTN). Claro que não deve ser ignorado o art. 128 do CTN,[55] que exige ao menos uma vinculação com o fato gerador para que alguém possa ser eleito responsável tributário.

A nosso ver, há evidente *interesse comum* entre "arrendadora" e o banco em cuja agência foi prestado o serviço. Por quê? Ora, o banco ganha *comissão pela intermediação da contratação do arrendamento* (subitem 10.04 da Lista); a arrendadora se vale do espaço físico e dos empregados do banco; este presta serviços-meio diretamente ao arrendatário e tem acesso ao sistema eletrônico da arrendadora.

Além disso, é fato que algumas arrendadoras são *subsidiárias integrais* dos bancos (ou seja, o banco é o único sócio da sociedade arrendadora – arts. 251 a 253 da Lei das S/A – nº 6.404/1976).

A soma desses fatores nos faz enxergar os *partícipes* (arrendadoras e bancos locais) como *responsáveis solidários* da obrigação de recolher o ISS.

A imputação da solidariedade da "agência bancária" também traria a vantagem da execução fiscal tramitar na comarca do Município, e não na comarca da arrendadora, nos exatos termos do art. 578, parágrafo único, do CPC.

A doutrina corrobora o nosso pensamento acerca da matéria:

> (...) Essa responsabilidade há de ser atribuída a quem tenha relação com o fato gerador, isto é, a pessoa vinculada ao fato gerador da respectiva obrigação (CTN, art. 128). Não uma vinculação pessoal e direta, pois em assim sendo configurada está a condição de contribuinte. Mas é indispensável uma relação, uma vinculação, com o fato gerador para que alguém seja considerado responsável, vale dizer, sujeito passivo indireto. (MACHADO, 2004, p. 148)

> (...) A lembrança desse obstáculo sobranceiro impede que o legislador ordinário, ao expedir a regra-matriz de incidência do tributo que cria, traga para o tópico de devedor, ainda que solidário, alguém que não tenha participado da ocorrência do fato típico. Ninguém pode ser compelido a pagar tributo sem que tenha realizado, ou participado da realização de um fato, definido como tributário pela lei competente" (CARVALHO, 1998, p. 226)

A jurisprudência do STJ, embora não acolhendo a solidariedade nos julgados a seguir transcritos, dá sustentação fático-normativa à tese aqui desenvolvida:

> (...) Destarte, a situação que evidencia a solidariedade, quanto ao ISS, é a existência de duas ou mais pessoas na condição de prestadoras de apenas um único serviço para o mesmo tomador, integrando, desse modo, o polo passivo da relação. Força-

55. **Art. 128.** Sem prejuízo do disposto neste Capítulo, a lei pode atribuir de modo expresso a responsabilidade pelo crédito tributário a terceira pessoa, vinculada ao fato gerador da respectiva obrigação, excluindo a responsabilidade do contribuinte ou atribuindo-a a este em caráter supletivo do cumprimento total ou parcial da referida obrigação.

> so concluir, portanto, que o interesse qualificado pela lei não há de ser o interesse econômico no resultado ou no proveito da situação que constitui o fato gerador da obrigação principal, mas o interesse jurídico, vinculado à atuação comum ou conjunta da situação que constitui o fato imponível. (REsp 884.845/SC, 1ª Turma, relator Ministro Luiz Fux)
>
> (...) Para se caracterizar responsabilidade solidária em matéria tributária entre duas empresas pertencentes ao mesmo conglomerado financeiro, é imprescindível que ambas realizem conjuntamente a situação configuradora do fato gerador, sendo irrelevante a mera participação no resultado dos eventuais lucros auferidos pela outra empresa coligada ou do mesmo grupo econômico. (REsp 834044/RS, Rel. Ministra Denise Arruda, Primeira Turma, julgado em 11.11.2008, *DJe* de 15.12.2008)
>
> PROCESSUAL CIVIL E TRIBUTÁRIO – EMPRESA DE MESMO GRUPO ECONÔMICO – SOLIDARIEDADE PASSIVA. Inexiste solidariedade passiva em execução fiscal apenas por pertencerem as empresas ao mesmo grupo econômico, já que tal fato, por si só, não justifica a presença do "interesse comum" previsto no art. 124 do Código Tributário Nacional. Precedente da Primeira Turma (REsp 859.616/RS, Rel. Min. Luiz Fux, DJU de 15.10.2007). Recurso especial não provido. (REsp 1.001.450/RS, 2ª Turma, Rel. Min. Castro Meira, *DJe* de 27.3.2008)
>
> *In casu*, verifica-se que o Banco Safra S/A não integra o polo passivo da execução, tão somente pela presunção de solidariedade decorrente do fato de pertencer ao mesmo grupo econômico da empresa Safra Leasing S/A Arrendamento Mercantil. Há que se considerar, necessariamente, que são pessoas jurídicas distintas e que referido banco não ostenta a condição de contribuinte, uma vez que a prestação de serviço decorrente de operações de *leasing* deu-se entre o tomador e a empresa arrendadora. (REsp 884.845)

O enquadramento como "interesse comum" pressupõe que duas ou mais pessoas realizem conjuntamente o fato gerador do tributo. No caso da solidariedade no campo do ISS sobre o *leasing*, haverá o interesse comum quando uma outra pessoa (banco, ou, eventualmente, uma concessionária ou revendedora de veículo) realizar o fato gerador do imposto (é dizer, contrato de arrendamento mercantil), *juntamente* com a sociedade arrendadora.

Para tanto, importa relembrar a extensão do *elemento material* do fato gerador em questão, que não envolve apenas a compra e a entrega do bem arrendado à arrendatária. Essa obrigação é apenas um componente dessa *operação de financiamento*. Com efeito, *há* serviços embutidos no contrato de arrendamento mercantil que não são prestados pela sociedade arrendadora, mas sim por *terceiros*, tais como: a intermediação do contrato de *compra e venda* entre *vendedor do bem* e *arrendador*, negociação com o vendedor do bem arrendado, análise cadastral e documental, atendimento ao arrendatário, elaboração da proposta do contrato de arrendamento mercantil etc. Quase sempre essas (outras) atividades componentes do contrato de arrendamento mercantil não são desenvolvidas pelo arrendador, mas sim por um banco (ligado jurídica e financeiramente a uma sociedade arrendadora), ou, também, por concessionária ou revendedora de veículos. Esses terceiros atuam como verdadeiros "procuradores" das sociedades arrendadoras.

No parecer exarado por Humberto Ávila intitulado "Imposto sobre prestação de serviços de qualquer natureza – ISS. Normas constitucionais aplicáveis. Precedentes do Supremo Tribunal Federal. Hipótese de incidência, base de cálculo e local da prestação. *Leasing* financeiro: análise da incidência", e publicado na *Revista Dialética de Direito Tributário* nº 122, de novembro de 2005, foi consignada uma relação das etapas que compõem esse contrato. Lendo esse rol, reforça-se a ideia de que a *agência local* (ou concessionária e revendas) está intimamente ligada nessa operação, pois é ela (seus empregados, gerentes) quem pratica, executa ou comunica (obrigação de fazer) a maioria desses atos, e não a sociedade arrendadora, se não vejamos:

> Para bem compreender a operação de *leasing* é preciso decompor as suas etapas, que ocorrem na seguinte cronologia: 1) a arrendadora capta recursos financeiros para a formação de um fundo; 2) o interessado na aquisição do veículo preenche a ficha cadastral na revenda/concessionária; 3) a arrendadora examina e aprova a ficha cadastral do proponente da operação de arrendamento mercantil; 4) a arrendadora analisa o crédito e propõe as condições do contato; 5) a arrendadora informa a aprovação do crédito à revenda/concessionária; 6) a arrendadora formaliza o contrato; 7) os documentos pessoais do proponente, bem como do veículo a ser arrendado, são enviados à arrendadora; 8) os documentos enviados são conferidos e a operação é cadastrada junto ao sistema de dados da empresa de *leasing*; 9) o instrumento contratual é remetido ao proponente que, ato contínuo, o assina e devolve à sede da arrendadora; 10) os documentos são guardados e arquivados na sede da arrendadora; 11) o pagamento do veículo é liberado a favor da revenda/concessionária; 12) é emitido o respectivo carnê para pagamento das contraprestações pelo arrendatário, encerrando-se, dessa maneira, a execução da atividade de concessão e formalização da operação de arrendamento mercantil; 13) a arrendadora libera o veículo e o arrendatário toma posse, passando a utilizá-lo pelo prazo contratual; 14) ao final do contrato, o arrendatário deverá optar por uma das seguintes alternativas: a) exercer a opção de compra do bem, caso em que a empresa de *leasing* emitirá um recibo de venda e endossará o certificado de registro do veículo; b) devolver o veículo, hipótese em que a empresa de *leasing* receberá em devolução o veículo, que ficará na sede para sua alienação a terceiros; c) renovar o contrato, situação em que a empresa de *leasing* procederá à confecção de novo instrumento contratual.

Humberto Ávila, defendendo a incidência do ISS no local da sede da arrendadora, parte do falso pressuposto de que apenas três etapas (2, 7 e 9 acima consignadas) ocorrem fora do local da sede da arrendadora. Com efeito, as outras etapas podem até "iniciar" na sede da arrendadora, no entanto, o contato, a execução dessas etapas termina na agência bancária local, na concessionária ou na revendedora. O arrendatário, sem medo de errar, nunca foi e nem sabe onde está a sede da arrendadora! Ao contrário, pela teoria da aparência, cria-se a sensação de que a arrendadora é o próprio banco!

Realmente, as atividades desempenhadas pelas agências bancárias locais vão muito além da mera *intermediação* (corretagem) entre a *arrendadora* e a *arrendatária*. É claro que *também* praticam essa atividade independente de corretagem sujeita ao ISS (subitem 10.04 da Lista de Serviços da LC nº 116/2003), intermediando o contrato entre a arrendadora e a arrendatária. Mas acontece que no *leasing* também há um outro serviço de *intermediação*, completamente distinto daquela outra, consistente na aproximação entre o *vendedor* do bem arrendado e a *arrendadora*, ou seja, partes distintas. Trata-se da primeira etapa do contrato de arrendamento mercantil: momento da compra do bem a ser arrendado, segundo especificações da arrendatária. Quem, na prática, realiza esse serviço (contato com o vendedor, solicitação dos documentos, análise documental ou cadastral, conferência do estado do bem e se este atende às especificações do arrendatário) são as *agências bancárias locais*, e não a sociedade de arrendamento mercantil. Por isso, são prestadores de serviços afetos diretamente ao *leasing*, viabilizando a solidariedade tributária por interesse comum.

Realmente, neste início de execução contratual do arrendamento mercantil, *quem* atua são os empregados da agência bancária local, e não da sociedade arrendadora. Outrossim, esses negócios são feitos na *sede da agência bancária local,* jamais no estabelecimento do arrendador. Em outras palavras, nenhum empregado da arrendadora entra em contato ou negocia com o vendedor do bem (ou vice-versa), mas sim os funcionários da agência local. Nenhuma tratativa se realiza no estabelecimento da arrendadora, todos os contatos, entrega de documentos, atendimento se dão na sede da agência bancária local.

Mas não é só. A própria *oferta* do contrato de *leasing* para o arrendatário é (quase) sempre feita ou disponibilizada nas agências bancárias ou *stands* dos bancos localizados em concessionárias ou revendedoras de veículos. Qual é o arrendatário que foi até a sede da sociedade arrendadora? Aliás, a esmagadora maioria dos arrendatários nem sabe diferenciar as agências bancárias locais (onde o serviço foi oferecido e contratado) das sociedades arrendadoras, *aparentando* ser a mesma pessoa.[56] O próprio nome das sociedades arrendadoras, que possuem a marca da instituição financeira acionista seguida da expressão "Arrendamento Mercantil S/A", levam à essa aparência. Não é nenhum exagero dizer que os arrendatário não tem a menor ideia sobre onde fica ou como é o "estabelecimento" da arrendadora, afinal de contas, nunca sequer pisaram lá.

56. Mais adiante, invocamos a consagrada teoria da aparência, que reforça o cabimento da solidariedade entre agência bancária local e sociedade de arrendamento mercantil.

No art. 34 do Código de Defesa do Consumidor (Lei nº 8.078/1990) consta uma solidariedade entre o fornecedor do serviço (*in casu*, a sociedade arrendadora) e os seus prepostos ou representantes (agências bancárias esparramadas em todo o país, que possuem vínculo jurídico-financeiro com as arrendadoras):

> **Art. 34.** O fornecedor do produto ou serviço é solidariamente responsável pelos atos de seus prepostos ou representantes autônomos.

No REsp nº 363.939, j. em 6.6.2002, a Relatora Ministra Nancy Andrighi, a 3ª Turma do STJ atribuiu responsabilidade ao fornecedor do bem, alegando o chamado *princípio da vinculação* a uma proposta oferecida por terceiro (*in casu*, uma concessionária). Outro ponto interessante desse acórdão, a seguir transcrito, refere-se à vinculação do fornecedor sobre a oferta ou informação de seu "preposto" ou "representante", pois essas informações *integram* o próprio contrato:

> CONSUMIDOR – RECURSO ESPECIAL – PUBLICIDADE – OFERTA. PRINCÍPIO DA VINCULAÇÃO – OBRIGAÇÃO DO FORNECEDOR. O CDC dispõe que toda informação ou publicidade, veiculada por qualquer forma ou meio de comunicação com relação a produtos e serviços oferecidos ou apresentados, desde que suficientemente precisa e efetivamente conhecida pelos consumidores a que é destinada, obriga o fornecedor que a fizer veicular ou dela se utilizar, bem como integra o contrato que vier a ser celebrado. – Constatado pelo eg. Tribunal a quo que o fornecedor, através de publicidade amplamente divulgada, garantiu a entrega de veículo objeto de contrato de compra e venda firmado entre o consumidor e uma de suas concessionárias, submete-se ao cumprimento da obrigação nos exatos termos da oferta apresentada. – Diante da declaração de falência da concessionária, a responsabilidade pela informação ou publicidade divulgada recai integralmente sobre a empresa fornecedora.

Outra obrigação constante nos financiamentos em geral (inclusive no *leasing*) se refere ao *atendimento* dos clientes, consumidores, arrendatários, para fins de esclarecimentos, contatos, reclamações, sugestões etc. Também é *fato notório* que tais atendimentos são realizados presencialmente pelas agências bancárias locais, e não pelas sociedades de arrendamento mercantil. Aliás, mesmo quando o atendimento é feito a distância (por telefone), nota-se que os telefones utilizados (centrais de atendimento, SAC) são os mesmos dos bancos acionistas das respectivas sociedades arrendadoras.

O art. 52 do Código de Defesa do Consumidor traz essas obrigações dos fornecedores (arrendadoras mercantis) afetas à comunicação que deve haver em prol dos consumidores, que também são prestados, na prática, pelas agências bancárias locais:

> **Art. 52.** No fornecimento de produtos ou serviços que envolva outorga de crédito ou concessão de financiamento ao consumidor, o fornecedor deverá, entre outros requisitos, informá-lo prévia e adequadamente sobre:
>
> I – preço do produto ou serviço em moeda corrente nacional;
>
> II – montante dos juros de mora e taxa efetiva anual de juros;

III – acréscimos legalmente previstos;
IV – número e periodicidade das prestações;
V – soma total a pagar, com e sem financiamento.

Enfim, essas obrigações também *fazem parte* do contrato de arrendamento mercantil, mas quem as pratica é a agência bancária local. Portanto, cabe a solidariedade tributária por "interesse comum".

Nessa linha de raciocínio, a lei municipal pode prever, por exemplo, a *responsabilidade solidária* da instituição financeira (não arrendadora), da concessionária ou revendedora de veículos, quando houver comprovação de que:

- desempenhou atividade-meio do arrendamento mercantil;
- presta atendimento aos clientes da arrendadora;
- seus empregados serviram de prepostos ou representantes da arrendadora na negociação do bem arrendado.

Tais requisitos podem ser cumulativos, ou não, e afastam (ou atenuam) o argumento de *responsabilidade objetiva* ou falta de *interesse comum*.

A comprovação de tais requisitos deve ficar a cargo da fiscalização municipal, observando-se o devido processo administrativo tributário local.

A solidariedade prevista em lei municipal apenas *reforçaria* o preceito do art. 124, I, do CTN, inibindo a discussão sobre o "interesse comum".

Mas, na verdade, sem qualquer exagero, pode-se dizer que banco e arrendadora são *contribuintes* do ISS na atividade de arrendamento mercantil, porquanto praticam *em conjunto* o serviço. A doutrina prefere falar em *responsabilidade por solidariedade*. Mas solidariedade por quê? Porque ambas as pessoas jurídicas realizam o fato imponível do imposto nas operações de que se cuida. E se ambas praticam o fato gerador do ISS, à luz do disposto no art. 121, I, do CTN, são *contribuintes*.

4.18.4.4. Elemento espacial

O ISS sobre o *leasing* deve incidir no local do "estabelecimento prestador", uma vez que tal serviço não é excepcionado pelos incisos do art. 3º da LC nº 116/2003. Isso, é claro, até a publicação definitiva da LC nº 157/2016, que alterou o elemento espacial do ISS para a atividade, conforme veremos adiante. Contudo, no caso do *leasing*-importação, o imposto é indiscutivelmente devido no local *"do estabelecimento do tomador ou intermediário do serviço ou, na falta de estabelecimento, onde ele estiver domiciliado"*, de acordo com o art. 3º, I, da LC nº 116/2003.

Mas, e a antiga jurisprudência do STJ (*v.g.*, EREsp nº 130.792, EmbDiv no REsp nº 168.023) em prol do princípio da *territorialidade*, segundo o qual o ISS era sempre devido no local da prestação? Conforme atuais decisões do STJ, já não mais vigora aquele entendimento *construído* por aquele tribunal, supostamente baseado no art. 12 do Decreto-Lei nº 406/1968! De fato, o notável tribunal passou a prestigiar a LC nº 116/2003, como se denota do REsp nº 1.119.517 da 2ª Turma do STJ, dentre vários outros julgados.[57] Com isso, podem (talvez!) ser derrubadas judicialmente aquelas cobranças municipais que pretendam se valer *apenas* naquele posicionamento antigo (ultrapassado) do STJ.

Mas o que vem a ser *estabelecimento prestador* para fins de ISS? O art. 4º da LC nº 116/2003 nos dá a resposta:

> **Art. 4º.** Considera-se estabelecimento prestador o local onde o contribuinte desenvolva a atividade de prestar serviços, de modo permanente ou temporário, e que configure unidade econômica ou profissional, sendo irrelevantes para caracterizá-lo as denominações de sede, filial, agência, *posto de atendimento, sucursal, escritório de representação ou contato* ou quaisquer outras que venham a ser utilizadas.

Pois bem, segundo o dispositivo retrotranscrito, *estabelecimento prestador* não é, necessariamente, a "sede" da empresa, nem tampouco a filial rigorosamente formalizada. Também não é imprescindível para a caracterização do *estabelecimento prestador* a presença de máquinas, equipamentos, vários funcionários, grande estrutura etc. Basta, apenas, que se verifique no município um *ponto de contato ou posto de atendimento.* Interpretando tais expressões, chegamos à conclusão de que para a caracterização de estabelecimento prestador basta a existência de um centro habitual de ocupações, ainda que temporário, isto é, que o contribuinte mantenha em determinado local uma "porta aberta" ao público com ânimo de permanência (de ali se "estabelecer").

Ademais, poderá ser tratado como estabelecimento do prestador o local onde ele presta "atendimento", faz "contato" ou "se faz representado". No caso do arrendamento mercantil, conforme já passado anteriormente, esses atendimentos, contatos e representações se dão nas agências bancárias locais, e não da sede da arrendadora. Isto também ocorre nas concessionárias e revendedoras de veículos.

Em breves palavras, o art. 4º da LC nº 116/2003 acata ou, ao menos, viabiliza a aplicação da chamada *teoria da aparência*, muito aplicada no campo das relações consumeristas, e assim analisada pelo STJ no REsp nº 369.971:

---

57. 1ª Seção do STJ: REsp nº 1.117.121: TRIBUTÁRIO – ISS – PRESTAÇÃO DE SERVIÇO – CONSTRUÇÃO CIVIL – PROJETO, ASSESSORAMENTO NA LICITAÇÃO E GERENCIAMENTO DA OBRA CONTRATADA – COMPETÊNCIA DO MUNICÍPIO ONDE SE REALIZOU O SERVIÇO DE CONSTRUÇÃO – CONTRATO ÚNICO SEM DIVISÃO DOS SERVIÇOS PRESTADOS. 1. A competência para cobrança do ISS, sob a égide do DL nº 406/1968 era o do local da prestação do serviço (art. 12), o que foi alterado pela LC nº 116/2003, quando passou a competência para o local da sede do prestador do serviço (art. 3º). 2. Em se tratando de construção civil, diferentemente, antes ou depois da lei complementar, o imposto é devido no local da construção (art.12, letra "b" do DL nº 406/1968 e art. 3º, da LC nº 116/2003). 3. Mesmo estabeleça o contrato diversas etapas da obra de construção, muitas das quais realizadas fora da obra e em município diverso, onde esteja a sede da prestadora, considera-se a obra como uma universalidade, sem divisão das etapas de execução para efeito de recolhimento do ISS.

> Depreende-se que o contrato foi firmado no interior da concessionária, através da intervenção direta de seus empregados, dando a ideia de que o negócio fora realizado com uma única empresa, circunstância que autoriza a aplicação da teoria da aparência, cujo escopo é a preservação da boa-fé nas relações jurídicas, fazendo com que, em determinados casos, os atos realizados por uma pessoa possam ter efeitos sobre os atos de outra.

Nessa esteira, não importa a grandiosidade do estabelecimento ou mesmo se o serviço é efetivamente nele prestado. O que tem relevo é o regular e habitual *contato* mantido em determinado município, visando a contratação dos serviços. Para a grande maioria dos consumidores (tomadores) do *leasing*, a agência bancária ("estabelecimento") *aparenta* ser o estabelecimento do próprio arrendador.

Interessante caso concreto, e similar, foi por nós analisado na cidade de Bauru (SP) enquanto julgadores do Conselho Municipal de Contribuintes: uma empresa de tingimento de roupas queria recolher o ISS apenas sobre a "comissão" que recebia de outra empresa de São Paulo, sendo esta a verdadeira prestadora dos serviços de tingimento. Alegava a empresa de Bauru que apenas angariava serviços para a outra. No entanto, seu estabelecimento se apresentava como sendo a própria empresa de tingimento, com cartazes, faixas e *banners* indicando tal condição. Ora, fulcrados na teoria da aparência, o Conselho Municipal de Contribuintes de Bauru afastou a pretensão do contribuinte, uma vez que a clientela contratava o *tingimento de roupas* e não a *corretagem* de tais serviços.

Da mesma forma, ocorre com os cursos "a distância" (gravados ou ao vivo), notadamente aqueles cursos especializados em concursos públicos. O aluno contrata a prestação de serviço com uma filial ou franqueada localizada em município distinto do estabelecimento (sala de aula) onde as aulas são presencialmente dadas. No entanto, o aluno assiste a aula no estabelecimento (sala) da referida filial ou franqueada, onde a aula é projetada e, portanto, onde o aluno está assistindo sua aula. Entendemos, com base no art. 4º da LC nº 116/2003, que o ISS sobre esse serviço de ensino é devido ao Município onde o aluno assistiu a aula (sala da filial ou franqueada), e não para o Município onde a aula foi ministrada presencialmente. Com efeito, a filial ou franqueada configura, evidentemente, uma unidade econômica ou profissional apta a atrair o local de ocorrência do fato imponível tributário.

É o que também acontece, *mutatis mutandis*, com o contrato de *leasing*, no qual a agência bancária local *aparenta* ser a própria empresa de arrendamento mercantil, bem como porque é onde diversos serviços inerentes ao contrato são realizados para o arrendatário ou para a arrendadora (aquisição do bem arrendado, intermediação com o vendedor do bem, contato, atendimento etc., estudos, oferecimento e entrega da proposta etc.). Caracterizado está, pois, o estabelecimento prestador em cada agência situada no território do município.

O *arrendador* ("principal" prestador do serviço de arrendamento mercantil) desenvolve essa sua operação financeira no estabelecimento bancário local (agência), através de pessoal e infraestrutura do "banco-parceiro" (com quem tem íntimas ligações jurídicas e financeiras), de modo permanente, inclusive, já que os seus clientes (arrendatários) podem, a qualquer tempo, deslocarem até essas agências para serem atendidos, fazerem contatos e, mais ainda, celebrarem os respectivos contratos.

Por outro lado, também está presente a exigida "unidade econômica ou profissional". Além de materiais publicitários (cartazes, panfletos) e de documentos afetos ao *leasing*, essas agências bancárias locais possuem acessos *diretos* ao sistema de informática da sociedade arrendadora.

Valem, no mais, as mesmas considerações feitas anteriormente, ou seja, as agências bancárias também atuam pessoalmente no contrato de arrendamento mercantil, paralela e conjuntamente com a sociedade arrendadora, valendo de seu pessoal e da sua própria infraestrutura (que inclui o estabelecimento propriamente dito).

Ora, uma vez acatada a tese de que as agências bancárias locais também prestam serviços de arrendamento mercantil (*para* e *com* a arrendadora), e, portanto, são corresponsáveis (*rectius:* contribuintes) solidários, o art. 4º da LC nº 116/2003 reforçará ainda mais que o local de ocorrência do ISS sobre o *leasing* não é na sede da arrendadora, mas sim no *estabelecimento da agência bancária local*. Conforme se procurou mostrar mais atrás, os arts. 34 e 52 do Código de Defesa do Consumidor dão base jurídica suficiente para emplacar a *teoria da aparência ou da vinculação* nessas operações e, por extensão, levam ao enquadramento da agência bancária local como o "estabelecimento prestador" do fato gerador do ISS sobre o arrendamento mercantil financeiro.

A fiscalização municipal, portanto, deverá demonstrar que a arrendadora tem, sim, "estabelecimento prestador" na sua cidade, ainda que "aparentemente", caracterizando a agência bancária local como "posto de atendimento", "escritório de representação ou contato". Esse estabelecimento, *in casu*, é o mesmo da agência bancária local, que *aparenta* ser também da arrendadora. Mais: a arrendadora (e a própria agência bancária local) se vale do estabelecimento da agência local na prática desse fato gerador.

De outro lado, mesmo adotando-se a tese da territorialidade das normas tributárias – em que o ISS é sempre devido no local da efetiva prestação dos serviços –, a conclusão é a mesma: o ISS deverá ser pago no local de cada agência bancária e não na matriz da arrendadora. É que os *serviços* constantes no arrendamento mercantil são efetivamente prestados pelas (nas) agências bancárias locais, que intermedeiam a compra e venda do bem arrendado entre arrendadora e vendedora, atuam efetivamente na celebração do contrato, prestam atendimento, servem de posto de contato etc.

Por outro lado, pode haver questionamentos, que partam da afirmação de que o núcleo do arrendamento mercantil é o financiamento e quem o faz é (somente) a arrendadora, cabendo aos bancos apenas as atividades acessórias ou secundárias.

Ocorre que a incidência do ISS sobre o *leasing* só foi julgada constitucional porque *há* também serviços nesta operação, ainda que sejam secundários ou não preponderantes, o que pouco importa para a configuração do fato gerador do imposto, consoante o que dispõe a parte final do *caput* do art. 1º da LC nº 116/2003.

O tributarista Roberto Tauil não diverge de tal exegese:

> Sabe-se que a Lei Complementar nº 116/2003 fixa como regra matriz que o local da incidência do ISS é no local do estabelecimento prestador. Diz ainda que, na falta de estabelecimento, o local será o do domicílio do prestador.
>
> Os serviços de arrendamento mercantil, constantes do subitem 15.09 da lista de serviços, estão enquadrados na regra matriz do estabelecimento prestador. Assim, o ISS é devido no Município onde estiver situado o estabelecimento prestador do serviço de *leasing*.
>
> Apenas para relembrar, o art. 4º da referida lei complementar considera estabelecimento prestador o local onde o contribuinte desenvolva a atividade de prestar serviços, de modo permanente ou temporário, e que configure unidade econômica ou profissional, sendo irrelevantes para caracterizá-lo as denominações de sede, filial, agência, posto de atendimento, sucursal, escritório de representação ou contato ou qualquer outra que venham a ser utilizadas.
>
> Já foi dito que as operações de *leasing* financeiro podem ser executadas por empresas de arrendamento mercantil, por bancos múltiplos com carteira de arrendamento mercantil e, também, por outras instituições financeiras, tais como bancos de investimento, bancos de desenvolvimento, caixas econômicas e sociedades de crédito imobiliário, quando a operação for contratada com o próprio vendedor do bem ou com pessoa a ele coligada ou interdependente.
>
> Pois a maioria das instituições financeiras brasileiras são hoje bancos múltiplos. Isso significa que as agências bancárias desses bancos, espalhadas pelos municípios brasileiros, não atuam somente com operações de banco comercial, mas, também, com operações que compõem suas carteiras, inclusive a de *leasing*.
>
> Não há, portanto, a menor dúvida de que as operações de *leasing* efetuadas através de bancos múltiplos são prestadas no local do estabelecimento prestador, que é justamente a agência do banco múltiplo lá localizada. Por exemplo, o Banco do Brasil é um banco múltiplo com carteira de arrendamento mercantil. Assim, as operações realizadas num determinado Município que possui agência daquele banco, por evidência, atende a regra matriz do local da incidência do ISS, pois ali tem estabelecimento prestador.
>
> Deste modo, o fisco municipal deve exigir que os bancos múltiplos apresentem os seus balancetes de receitas mensais de *leasing* por agência, da mesma forma que apresentam as receitas de suas operações bancárias. Aliás, o Banco Central não abre qualquer exceção de operações realizadas nas agências, mas os bancos múltiplos costumam centralizar as receitas de *leasing* na sede, o que prejudica a apuração da base de cálculo nos locais da incidência.
>
> Uma possível dúvida poderia ocorrer em relação às empresas puras de arrendamento mercantil, não instituídas como banco múltiplo. No entanto, tais operações

> são claramente executadas no local do seu resultado, levando em conta que a prestação do serviço foi totalmente prestada naquele local, não tendo o tomador que se locomover, nem para contratar, nem para tomar o serviço.
>
> Não vem ao caso que os procedimentos administrativos de elaboração de contrato foram feitos na sede da empresa arrendadora. Ora, a simples confecção do contrato não define o momento da ocorrência da prestação do serviço. Nas palavras de Aires F. Barreto, considera-se ocorrido o fato tributável no momento em que se perfaz a prestação do serviço. E é evidente que a prestação do serviço não ocorreu no momento da elaboração e assinatura do contrato. Só ocorre a incidência do ISS quando consumada a prestação. Repetindo o autor: "O local de incidência do ISS não se define pelo lugar em que são celebrados os contratos, pois, como visto, esse imposto não incide sobre contratos, mas sobre fatos objetos de contrato".
>
> É preciso deixar claro que não estamos a dizer que o ISS deve ser cobrado levando em conta apenas o domicílio do tomador do serviço. Evidente que tal fato não enseja, por si só, o local da tributação. O que estamos a dizer é que o estabelecimento prestador lá está, ou na figura de uma agência bancária, ou na figura do estabelecimento vendedor do bem, pois este atua como posto de atendimento ou de representação da empresa arrendadora. São nesses estabelecimentos onde, efetivamente, são prestados os serviços, restando à sede da empresa arrendadora somente os serviços-meios, tais como elaboração do contrato, contabilização, recebimento dos pagamentos etc. (*extraído do site <www.consultormunicipal.com.br>*)

Em 13.10.2009 (curiosamente, poucos dias após a decisão do STF em prol da constitucionalidade da cobrança em foco), a 2ª Turma do Superior Tribunal de Justiça, no EDcl no AgReg no Agravo de Instrumento nº 1.019.143, relator Ministro Herman Benjamin, decidiu que o ISS sobre o arrendamento mercantil é devido no local onde o serviço foi efetivamente prestado (município da arrendatária), e não na sede da sociedade de arrendamento mercantil (arrendadora).

Essa decisão repetiu *ipsis literis* os julgados que já existiam à luz do Decreto-Lei nº 406/1968. Aliás, aqui está o ponto positivo da referida decisão: houve enfrentamento expresso do art. 3º da Lei Complementar nº 116/2003; logo esse precedente já se refere ao período pós-LC nº 116 (2004 em diante).

O Tribunal entendeu que, para este serviço ("financiamento-serviço"), não houve nenhuma alteração da LC nº 116/2003 com relação ao DL nº 406/1968.

O acórdão ganhou a seguinte ementa (aliás, um pouco confusa):

> TRIBUTÁRIO – PROCESSUAL CIVIL – EMBARGOS DECLARATÓRIOS – OMISSÃO CONFIGURADA – ISS – ARRENDAMENTO MERCANTIL – COMPETÊNCIA PARA COBRANÇA DO TRIBUTO – FATO GERADOR – MUNICÍPIO DO LOCAL DA PRESTAÇÃO DO SERVIÇO. 1. A jurisprudência do STJ firmou-se no sentido de que competente para a cobrança do ISS é o município em que ocorre a prestação do serviço, ou seja, onde se concretiza o fato gerador. 2. Na hipótese, discutem-se fatos geradores posteriores à LC nº 116/2003,

o que não altera a sorte da demanda, pois a LC nº 116/2003 determina, em caso de arrendamento mercantil, que "o serviço considera-se prestado e o imposto devido no local do estabelecimento prestador" (art. 3º, *caput*, c/c o item 15.09 da lista anexa), a exemplo do que era previsto pelo DL nº 406/1968 (art. 12, "a"). 3. Dito de outra forma, as exceções à regra geral prevista no caput do art. 3º da LC nº 116/2003 (ISS devido no local do estabelecimento prestador), apesar de mais numerosas e amplas que aquelas previstas no DL nº 406/1968 (art. 12, "b" e "c"), não abarcam o arrendamento mercantil (art. 3º, incisos I a [*sic*] XII, da LC nº 116/2003.)"

Veja que esse item 3 do acórdão pode gerar uma falsa impressão de que o STJ teria dado ganho de causa para a sociedade arrendadora, pois ficou consignado que o arrendamento mercantil não se encontra nas exceções dos incisos I a "XII" (*rectius*: "XXII"). Mas, o que o STJ quis realmente dizer é que o "estabelecimento prestador", no caso do *leasing*, é aquele onde houve a disponibilização do bem arrendado.

O seguinte trecho do voto do ministro relator ajuda a entender melhor (corretamente) essa decisão:

> A jurisprudência do STJ é firme no sentido de que o Município competente para a cobrança do ISS é aquele em cuja esfera territorial se realizou o fato gerador, e não aquele onde se encontra a sede do estabelecimento prestador, em homenagem ao princípio constitucional implícito que atribui àquela esfera política o poder de tributar os serviços ocorridos em seu território.

Com isso, os Municípios que não são sede de arrendadoras ganham mais segurança jurídica para realizarem suas fiscalizações, no intuito de tributarem os arrendamentos mercantis (modalidade financeira, ou o *lease-back*) realizados por arrendatárias localizadas em seus territórios.

Ademais, entendemos que o próprio Supremo Tribunal Federal, quando do julgamento dos RE 547.245 e nº 592.905, *implicitamente* interpretou essa questão no sentido que estamos defendendo, na medida em que decidiu pela incidência do ISS sobre o *leasing* em prol das cidades de Itajaí (SC) e Caçador (SC), que são municípios sem sede ("estabelecimento") de sociedade arrendadora. Logo, é possível apoiar o nosso entendimento nos próprios recursos extraordinários que serviram como *leading case* ou *avant-première* dessa tributação polêmica.

Fabio Soares de Melo, em seu artigo "Imposto sobre serviços de qualquer natureza (ISS). Arrendamento mercantil (*leasing*). Critérios para definição do município competente. Lei Complementar nº 116/2003" publicado na *Revista Dialética de Direito Tributário* nº 102, março/2004, p. 68-85, aponta três *critérios* para definir a competência tributária para a cobrança do ISS sobre o *leasing*, a saber: a) local da assinatura do contrato; b) local da tradição do bem; e c) local do financiamento.

Com relação ao primeiro critério sugerido – *local da assinatura do contrato* – o autor rechaça sua adoção porque

> a simples contratação de prestações de serviços não compreende o fato jurídico-tributário do ISS (materialidade do tributo), e sim, a sua efetiva prestação, que implicará o nascimento da obrigação tributária. Ou seja, é patente que o ISS não incide sobre a mera contratação de prestação de serviço, mas sim, sobre a efetiva prestação de serviço (p. 82).

Sob este ponto, ainda restaria verificar o que o autor quis dizer com o local da assinatura do contrato: local indicado no instrumento contratual, ou o local onde o financiamento-serviço foi celebrado ("fechado")? É que as sociedades arrendadoras consignam nos instrumentos contratuais o local onde está sua sede, e não o local onde o contrato foi verdadeiramente acordado (ou seja, nas agências bancárias, concessionárias ou revendedoras). Mas, realmente, entendemos que não é correto apontar esse critério, isoladamente, como o local de ocorrência do ISS sobre esse negócio jurídico.

Na realidade, o local de ocorrência do ISS sobre o *leasing* é aquele onde o contrato foi *concretizado*, onde houve a acerto *final* de vontade, ou seja, o local onde o arrendatário foi *atendido*. Enfim, o local do "estabelecimento prestador" segundo a definição do art. 4º, parte final da LC nº 116/2003, não devendo ser confundido com matriz ou filial da companhia arrendadora.

Logo, não é o local onde o bem foi disponibilizado, não é, necessariamente, o domicílio do arrendatário. O fato gerador nasce no local onde o contrato foi discutido e fechado (concluído).

Um exemplo vai facilitar o nosso entendimento (seguido pelo STJ): sociedade arrendadora com sede em Barueri (SP); arrendatário com sede em Jaú (SP); negócio *concluído* no estabelecimento da agência bancária,[58] na concessionária ou na revenda de veículo em Bauru (SP). Defendemos, com amparo na jurisprudência do STJ, que o Município competente para cobrar o ISS é Bauru, local onde o arrendamento mercantil foi *concretizado*.

Diante dessa constatação, é importante a fiscalização tributária municipal indagar o sujeito passivo a respeito dos contratos celebrados (concluídos, fechados) em seu território. Não vemos problemas em *presumir* que os contratos foram realizados no local onde está domiciliado o arrendatário, até porque isso é a regra, o normal. Por outro lado, é óbvio que o sujeito passivo poderá derrubar administrativa ou judicialmente aquelas cobranças tributárias que se divorciarem desse critério.

58. Essa hipótese ocorre quando no município da arrendatária não há agência bancária local (concessionária ou revenda), ou, então, quando a arrendatária é atendida por uma agência regional, até mesmo para obter um tratamento mais particularizado e sofisticado. Agora, vale dizer que não é a regra. Trata-se de uma situação excepcional, que pode muito bem ser provada pelo sujeito passivo em processo administrativo ou judicial.

Hugo de Brito Machado e Raquel Cavalcanti Ramos Machado, no artigo "ISS e operações de *leasing*", publicado na *Revista Dialética de Direito Tributário* nº 139, de abril de 2007, deslocam a competência para cobrar o imposto sobre o *leasing* para o Município onde está a "sede" da sociedade arrendadora, desconsiderando que a execução, o contato, o "acerto final" com o arrendatário se dá sempre em outro local. Outrossim, eles se equivocam ao equiparar "estabelecimento prestador" a filial. Assim comentam o assunto:

> Ora, mesmo quando se trata de empresa com estabelecimentos nas mais diversas localidades do País, via de regra, todas essas etapas são realizadas na sede. E há casos em que a instituição sequer possui estabelecimento no local onde reside a pessoa que arrendou o bem, nem mesmo tendo domicílio tributário no lugar. É claro, portanto, que o ISS, se devido fosse, seria ao Município onde se situa a sede da empresa de *leasing*. (p. 66)

Ao contrário da posição acima, entendemos que a agência bancária, a concessionária e/ou revenda de veículos se encaixam perfeitamente no conceito de "estabelecimento prestador" definido no art. 4º da Lei Complementar nº 116/2003, para fins de definição do local de ocorrência do fato gerador do ISS sobre o arrendamento mercantil financeiro, na condição de *agência, posto de atendimento, escritório de atendimento ou contato ou quaisquer outras que venham a ser utilizadas*. Com efeito, o art. 3º, *caput*, deve ser conjugado com o referido art. 4º, para afastar a interpretação equivocada que "estabelecimento prestador" seria o mesmo que estabelecimento matriz (sede) ou filial do prestador.

Entretanto, contrariando todas as expectativas, o STJ acabou firmando o entendimento de que o local de incidência do ISS sobre o *leasing* é o do Município onde a arrendadora mercantil possua estabelecimento apto a decidir sobre a liberação do financiamento.

É o que se extrai do célebre RE 1.060.210/SC:

> RECURSO ESPECIAL – TRIBUTÁRIO – EMBARGOS À EXECUÇÃO FISCAL – INCIDÊNCIA DE ISS SOBRE ARRENDAMENTO MERCANTIL FINANCEIRO – QUESTÃO PACIFICADA PELO STF POR OCASIÃO DO JULGAMENTO DO RE 592.905/SC, REL. MIN. EROS GRAU, *DJE* DE 5.3.2010 – SUJEITO ATIVO DA RELAÇÃO TRIBUTÁRIA NA VIGÊNCIA DO DL Nº 406/1968: MUNICÍPIO DA SEDE DO ESTABELECIMENTO PRESTADOR – APÓS A LEI Nº 116/2003: LUGAR DA PRESTAÇÃO DO SERVIÇO – *LEASING* – CONTRATO COMPLEXO – A CONCESSÃO DO FINANCIAMENTO É O NÚCLEO DO SERVIÇO NA OPERAÇÃO DE *LEASING* FINANCEIRO, À LUZ DO ENTENDIMENTO DO STF – O SERVIÇO OCORRE NO LOCAL ONDE SE TOMA A DECISÃO ACERCA DA APROVAÇÃO DO FINANCIAMENTO, ONDE SE CONCENTRA O PODER DECISÓRIO, ONDE SE SITUA A DIREÇÃO GERAL DA INSTITUIÇÃO – O FATO GERADOR NÃO SE CONFUNDE COM A VENDA DO BEM OBJETO DO *LEASING* FINANCEIRO, JÁ QUE O NÚCLEO DO SERVIÇO PRESTADO É O FINANCIAMENTO – IRRELEVANTE O LO-

CAL DA CELEBRAÇÃO DO CONTRATO, DA ENTREGA DO BEM OU DE OUTRAS ATIVIDADES PREPARATÓRIAS E AUXILIARES À PERFECTIBILIZAÇÃO DA RELAÇÃO JURÍDICA, A QUAL SÓ OCORRE EFETIVAMENTE COM A APROVAÇÃO DA PROPOSTA PELA INSTITUIÇÃO FINANCEIRA – BASE DE CÁLCULO – PREJUDICADA A ANÁLISE DA ALEGADA VIOLAÇÃO DO ART. 148 DO CTN E 9º DO DL Nº 406/1968 – RECURSO ESPECIAL DE POTENZA LEASING S/A ARRENDAMENTO MERCANTIL PARCIALMENTE PROVIDO PARA JULGAR PROCEDENTES OS EMBARGOS À EXECUÇÃO E RECONHECER A ILEGITIMIDADE ATIVA DO MUNICÍPIO DE TUBARÃO/SC PARA EXIGIR O IMPOSTO – INVERSÃO DOS ÔNUS DE SUCUMBÊNCIA – ACÓRDÃO SUBMETIDO AO PROCEDIMENTO DO ART. 543-C DO CPC E DA RESOLUÇÃO Nº 8/STJ. 1. O colendo STF já afirmou (RE 592. 905/SC) que ocorre o fato gerador da cobrança do ISS em contrato de arrendamento mercantil. O eminente Ministro EROS GRAU, relator daquele recurso, deixou claro que o fato gerador não se confunde com a venda do bem objeto do *leasing* financeiro, já que o núcleo do serviço prestado é o financiamento. 2. No contrato de arrendamento mercantil financeiro (Lei nº 6.099/1974 e Resolução nº 2.309/1996 do BACEN), uma empresa especialmente dedicada a essa atividade adquire um bem, segundo especificações do usuário/consumidor, que passa a ter a sua utilização imediata, com o pagamento de contraprestações previamente acertadas, e opção de, ao final, adquiri-lo por um valor residual também contratualmente estipulado. Essa modalidade de negócio dinamiza a fruição de bens e não implica em imobilização contábil do capital por parte do arrendatário: os bens assim adquiridos entram na contabilidade como custo operacional (arts. 11 e 13 da Lei nº 6.099/1974). Trata-se de contrato complexo, de modo que o enfrentamento da matéria obriga a identificação do local onde se perfectibiliza o financiamento, núcleo da prestação do serviço nas operações de *leasing* financeiro, à luz do entendimento que restou sedimentado no Supremo Tribunal Federal. 3. O art. 12 do DL nº 406/1968, com eficácia reconhecida de lei complementar, posteriormente revogado pela LC nº 116/2003, estipulou que, à exceção dos casos de construção civil e de exploração de rodovias, o local da prestação do serviço é o do estabelecimento prestador. 4. A opção legislativa representa um potente duto de esvaziamento das finanças dos Municípios periféricos do sistema bancário, ou seja, através dessa modalidade contratual se instala um mecanismo altamente perverso de sua descapitalização em favor dos grandes centros financeiros do País. 5. A interpretação do mandamento legal leva a conclusão de ter sido privilegiada a segurança jurídica do sujeito passivo da obrigação tributária, para evitar dúvidas e cobranças de impostos em duplicata, sendo certo que eventuais fraudes (como a manutenção de sedes fictícias) devem ser combatidas por meio da fiscalização e não do afastamento da norma legal, o que traduziria verdadeira quebra do princípio da legalidade tributária. 6. Após a vigência da LC nº 116/2003 é que se pode afirmar que, existindo unidade econômica ou profissional do estabelecimento prestador no Município onde o serviço é perfectibilizado, ou seja, onde ocorrido o fato gerador tributário, ali deverá ser recolhido o tributo. 7. O contrato de *leasing* financeiro é um contrato complexo no qual predomina o aspecto financeiro, tal qual assentado pelo

> STF quando do julgamento do RE 592.905/SC. Assim, há se concluir que, tanto na vigência do DL nº 406/1968 quanto na vigência da LC nº 116/2003, o núcleo da operação de arrendamento mercantil, o serviço em si, que completa a relação jurídica, é a decisão sobre a concessão, a efetiva aprovação do financiamento. 8. As grandes empresas de crédito do País estão sediadas ordinariamente em grandes centros financeiros de notável dinamismo, onde centralizam os poderes decisórios e estipulam as cláusulas contratuais e operacionais para todas suas agências e dependências. Fazem a análise do crédito e elaboram o contrato, além de providenciarem a aprovação do financiamento e a consequente liberação do valor financeiro para a aquisição do objeto arrendado, núcleo da operação. Pode-se afirmar que é no local onde se toma essa decisão que se realiza, se completa, que se perfectibiliza o negócio. Após a vigência da LC nº 116/2003, assim, é neste local que ocorre a efetiva prestação do serviço para fins de delimitação do sujeito ativo apto a exigir ISS sobre operações de arrendamento mercantil. 9. O tomador do serviço ao dirigir-se à concessionária de veículos não vai comprar o carro, mas apenas indicar à arrendadora o bem a ser adquirido e posteriormente a ele disponibilizado. Assim, a entrega de documentos, a formalização da proposta e mesmo a entrega do bem são procedimentos acessórios, preliminares, auxiliares ou consectários do serviço cujo núcleo – fato gerador do tributo – é a decisão sobre a concessão, aprovação e liberação do financiamento. 10. Ficam prejudicadas as alegações de afronta ao art. 148 do CTN e ao art. 9º do Decreto-Lei nº 406/1968, que fundamente a sua tese relativa à ilegalidade da base de cálculo do tributo. 11. No caso dos autos, o fato gerador originário da ação executiva refere-se a período em que vigente a DL nº 406/1968. A própria sentença afirmou que a ora recorrente possui sede na cidade de Osasco/SP e não se discutiu a existência de qualquer fraude relacionada a esse estabelecimento; assim, o Município de Tubarão não é competente para a cobrança do ISS incidente sobre as operações realizadas pela empresa Potenza Leasing S.A. Arrendamento Mercantil, devendo ser dado provimento aos Embargos do Devedor, com a inversão dos ônus sucumbenciais. 12. Recurso Especial parcialmente provido para definir que: (a) incide ISSQN sobre operações de arrendamento mercantil financeiro; (b) o sujeito ativo da relação tributária, na vigência do DL nº 406/1968, é o Município da sede do estabelecimento prestador (art. 12); (c) a partir da LC nº 116/2003, é aquele onde o serviço é efetivamente prestado, onde a relação é perfectibilizada, assim entendido o local onde se comprove haver unidade econômica ou profissional da instituição financeira com poderes decisórios suficientes à concessão e aprovação do financiamento – núcleo da operação de *leasing* financeiro e fato gerador do tributo; (d) prejudicada a análise da alegada violação ao art. 148 do CTN; (e) no caso concreto, julgar procedentes os Embargos do Devedor, com a inversão dos ônus sucumbenciais, ante o reconhecimento da ilegitimidade ativa do Município de Tubarão/SC para a cobrança do ISS. Acórdão submetido ao procedimento do art. 543-C do CPC e da Resolução STJ nº 8. (REsp 1060210/, Recurso Especial 2008/0110109-8, S1, Primeira Seção, Rel. Min. Napoleão Nunes Maia Filho (1133), j. em 28.11.2012, *DJe* de 5.3.2013, *RSTJ* 230/337)

O Município derrotado tentou ainda a modulação dos efeitos, com o escopo de dar eficácia apenas prospectiva ao julgado, sem sucesso, contudo, já que a 1ª Seção do STJ rejeitou o recurso de Embargos de Declaração (EDcl no REsp 1060210/SC).

A questão chegou até o STF, que sequer analisou o pedido de modulação dos efeitos (RE 845766 AgR/SC).

Recentemente os municípios comemoraram o Projeto de Lei Complementar que deu origem à LC nº 157/2016, justamente porque o texto final aprovado no Congresso Nacional autorizava a tributação "pulverizada" do ISS sobre o *leasing*, no sentido de sua incidência nos locais dos domicílios dos tomadores de serviços.

Todavia, foram vetados pelo Presidente da República os dispositivos que assim dispunham (inciso XXV do art. 3º e § 3º do art. 6º da Lei Complementar nº 116, de 31 de julho de 2003, alterados pelo art. 1º do Projeto de Lei Complementar que deu origem à Lei Complementar nº 157/2016).

Para a satisfação da esmagadora maioria dos municípios brasileiros, o Congresso Nacional rejeitou os presentes vetos, restabelecendo a redação original do referido projeto. Em 1º de junho de 2017 foi novamente publicada a Lei Complementar nº 157/2016, agora completa.

Isso implica na mudança do local de incidência do ISS sobre o arrendamento mercantil. Sempre defendemos a tributação no destino, mas, como colocamos anteriormente, o STJ optou pelo local do estabelecimento da arrendadora que possua poderes para a liberação do financiamento.

Com a alteração legislativa, fica superado o entendimento do STJ, uma vez que agora o elemento espacial do fato gerador do ISS, para o *leasing*, é muito claro, isto é, incidirá o imposto municipal *no local do domicílio dos tomadores do aludido serviço*.

Desse modo, os municípios garantem mais uma boa fonte de receita!

Todavia, no fim de março de 2018 foi concedida medida cautelar pelo ministro Alexandre de Moraes, na análise da Ação Direta de Inconstitucionalidade nº 5835, ajuizada pela Confederação Nacional do Sistema Financeiro (Consif) e Confederação Nacional das Empresas de Seguros Gerais, Previdência Privada e Vida, Saúde Suplementar e Capitalização (CNseg), suspendendo justamente a vigência da nova LC nº 157/2016, que alterou o elemento espacial do fato gerador no tocante às atividades de *leasing*, administração de cartões de crédito e débito, planos de saúde e outros.

A decisão também suspendeu a aplicação de qualquer legislação municipal editada para regulamentar a lei federal, o que – ao menos por ora – impede a tributação pulverizada do ISS em relação a tais serviços.

4.18.4.5. Elementos quantitativos

A base de cálculo do ISS nas operações de arrendamento mercantil deve ser composta pelo *preço total do serviço*, isto é, pelas mensalidades mais todo e qualquer valor cobrado a título da negociação, inclusive o valor residual de garantia (VRG). A base de cálculo do ISS, neste caso, deve ser o valor do "financiamento", que inclui as contraprestações mensais mais o VRG.

Ora, como o *leasing* é um financiamento (financiamento-serviço), o valor que mensura (ou dimensiona) esse fato é o valor *financiado*. Sendo assim, a base de cálculo não é o *valor do bem arrendado*, já que os arrendatários podem dar entrada para reduzir o valor do financiamento (e, por conseguinte, das contraprestações mensais e do VRG).

Por outro lado, não há como sustentar a vigência do art. 3º, VIII, da Lei Complementar nº 87/1996 (lei nacional do ICMS). Primeiramente porque a LC nº 116/2003 (ISS) é posterior àquela e não fez qualquer ressalva nesse sentido, logo, revogou referido artigo.[59]

Em segundo lugar porque o bem arrendado não guarda características de mercadoria, justamente por não estar posto *in commercium,* mas inserido numa contratação de *leasing.* Roque Antonio Carrazza (2001, p. 112), também defende a não incidência do ICMS por este motivo, e acrescenta mais um argumento para afastar o art. 3º, VIII, da LC nº 87/1996, qual seja: a opção de compra é a última etapa desse financiamento-serviço:

> Deveras, no arrendamento mercantil inexiste venda de mercadoria, mas, apenas, um contrato, pelo qual uma parte (empresa de "*leasing*", financiadora ou arrendadora) dispõe-se a adquirir, de terceiro, a pedido de outra parte (empresa financiada ou arrendatária), bens, para serem por esta utilizados, por prazo determinado. (...)
>
> Insistimos em que não há incidência de ICMS ainda quando o arrendatário exercita a sua "opção de compra", porquanto ela corresponde à última etapa do processo de financiamento.[60]

Nesse mesmo sentido, é o que defende Péricles Prade, em seu artigo "Competência tributária privativa do Município para instituir o ISSQN nas operações de *leasing*: aspectos revisitados e novos", publicado na *Revista Dialética* nº 96, p. 74.

Diferentemente do nosso entendimento, Roberto Tauil defende que o VRG não deve integrar a base de cálculo do ISS:

> *A BASE DE CÁLCULO DO ISS*
>
> Há duas regras intransponíveis no cálculo da receita tributável pelo ISS:
>
> 1ª) a base de cálculo do ISS é o preço do serviço;
>
> 2ª) o custo decorrente do serviço prestado não é abatido da base de cálculo do ISS.

---

59. Esse posicionamento também é defendido por José Eduardo Soares de Melo, "O ICMS e o *leasing* na importação", in *ICMS – Aspectos Jurídicos Relevantes*, coord. Paulo A. Fernandes Campilongo, São Paulo: Quartier Latin, p. 21: *"Considerando que a LC nº 116/2003 reiterou a incidência do ISS sobre o* leasing *(item 15.09), sem nenhuma ressalva da incidência do ICMS, no plano normativo pode-se entender que teria implicitamente revogado o preceito da LC nº 87/1996 (art. 3º, VIII), que dispusera sobre a tributação estadual no tocante à alienação do bem arrendado, em razão do que ficara prejudicada a previsão de incidência do ICMS".* Este mesmo autor, no livro *ISS – Aspectos Teóricos e Práticos*, 4. ed. São Paulo: Dialética, 2005, p. 105, repete tal entendimento, *"considerando que a LC nº 116/2003 reiterou a incidência do ISS sobre o o* leasing *(item 15.09), sem nenhuma ressalva de incidência do ICMS".*

60. Este autor, no entanto, entende que o imposto devido sobre o contrato de arrendamento mercantil seria o IOF, e não o ISS.

A primeira regra deve ser examinada com os devidos cuidados. Considera-se preço do serviço, para efeitos de cálculo do ISS, o valor que se incorpora ao patrimônio do prestador, ou seja, o valor que é lançado como receita do prestador. Deste modo, não seria integrante da base de cálculo do imposto a parcela contida no preço por força de uma cobrança a favor de terceiro, não registrada em conta de resultado, mas, sim, no passivo, como obrigação a pagar.

A segunda regra diz respeito aos custos que integram a prestação do serviço, isto é, as despesas operacionais, administrativas, financeiras e tributárias incorridas para a determinação do preço do serviço. Na maioria dos casos, a prestação de serviço envolve aplicação de materiais e o esforço humano, e nenhum dos dois componentes de custo pode ser deduzido da base de cálculo do imposto, a não ser quando os bens aplicados são fornecidos ou suportados pelo tomador do serviço, ou, então, ressarcidos por este. Pois bem, partindo de tais premissas, comentamos as operações de *leasing*:

1 – O Leasing *Financeiro*

Nas operações de *leasing* financeiro, o bem a ser arrendado é parte integrante do ativo permanente do arrendador. Em outras palavras, não é custo da operação, mas um ativo da empresa arrendadora. A questão nos leva ao ICMS: quando a arrendadora adquire o bem da empresa vendedora, há a incidência normal do ICMS em tal operação. O bem é incorporado ao ativo da empresa de arrendamento mercantil. Quando, ao final do contrato, a propriedade do bem passa a ser do arrendatário, que assim optou, não haveria, na verdade, uma venda de mercadoria, pois não há mais como caracterizar o bem com a denominação jurídica de mercadoria, ou seja, esta operação não deveria ser entendida como de natureza mercantil. Para tanto, leva-se em conta que a instituição de arrendamento mercantil não é indústria, comércio ou produtora. Diz Roque Antonio Carrazza que "já não há, aí, mercadoria, mas, apenas, um bem de uso *extra commercium*".

No entanto, a Lei Complementar nº 87/1996, em seu art. 3º, VIII, prescreve: "Art. 3º. O imposto não incide sobre: (...) VIII – operações de arrendamento mercantil, não compreendida a venda do bem arrendado ao arrendatário".

Neste aspecto, e em nossa opinião, há uma grande diferença entre o *leasing* financeiro e o *leasing* operacional: no primeiro, o bem integra o ativo permanente da arrendadora e não deveria sofrer incidência do ICMS na sua transferência ao arrendatário, pois mercadoria não é mais; no segundo, o bem integra o estoque (ativo circulante) do arrendador, mantendo-se, portanto, como mercadoria, e caberia, assim, a incidência do ICMS quando ocorresse a transferência do bem ao arrendatário.

Há de convir, ainda, que no *leasing* financeiro ocorreu a tributação do ICMS na primeira operação, quando o arrendador adquiriu o bem do fabricante ou comerciante. No *leasing* operacional, caso a arrendador seja o fabricante, não houve a tributação do ICMS, pois o bem, durante a operação do *leasing*, permanece sob a propriedade do fabricante. E deste modo, na saída da mercadoria do seu estoque, com a transferência de titularidade do bem, ao final do contrato, aí, então, caberia a incidência do imposto estadual.

Deste modo, o ISS não deveria incidir sobre o valor bruto do contrato, pois este leva em conta, inclusive, o valor do custo do bem arrendado que, a nosso ver, nada tem a ver com a base de cálculo do imposto. Esse entendimento leva em conta o conceito do preço do serviço, da forma já comentada. No caso do *leasing* financeiro, o valor do bem não é custo da arrendadora, mas, sim, ativo permanente, isto é, integra o seu ativo, não sendo lançado como despesa operacional em conta de resultado.

Em outras palavras, pode-se dizer que a base de cálculo do ISS é o valor da prestação do serviço, ou, como diz Marcelo Caron Baptista, o resultado do esforço que o prestador direciona ao tomador no desempenho de sua atividade. E sendo assim, nada tem a ver com a mensuração de tal esforço o valor original do bem arrendado, nem, tampouco, adicionando-se aos valores gastos agregados ao esforço do prestador.

Sob outro enfoque, se o valor do bem arrendado fosse considerado no preço da prestação do serviço, a operação se inverteria, passando a ser muito mais uma "venda" financiada do que uma prestação de serviço.

Deste modo, a base de cálculo do ISS nas operações de *leasing* financeiro é a receita auferida mensalmente no decorrer da operação, e especificadas nas contas de receita determinadas no COSIF.

Mas, além daquelas receitas registradas em contas específicas do COSIF, temos, ainda, outras receitas tributáveis constantes de outras contas. As empresas de arrendamento mercantil e os bancos múltiplos que tenham carteira de *leasing* são autorizados a cobrar do arrendatário valores decorrentes de outros serviços prestados, a saber:

Tipo do Serviço	Preço máximo permitido – R$
Confecção de Cadastro	990,00
Cópia de microfilme ou microficha	15,00
Renovação de ficha cadastral	580,00
Consulta a serviço de proteção ao crédito	650,00
Entrada por borderô – listagem de títulos	8,00 por evento
Entrada por meio magnético	3,00 por evento
Entrada sem registro	2,00 por boleto
Manutenção de título vencido	6,00 cada 30 dias
Envio para protesto	7,00 por evento
Sustação de protesto	7,00 por evento
Devolução de título	5,00 por evento

Abertura de crédito	1.200,00 p/evento
Renegociação da dívida	800,00 p/evento
Substituição de garantia	800,00 p/evento
Rescisão contratual – Quitação antecipada	3.000,00 p/evento
Segunda via de documento	250,00 p/evento
Ressarcimento de despesa de telefonema	3,00 por evento
Ressarcimento de despesa de fax	3,00 por evento
Envelopamento de documentos	250,00 p/evento

Essas receitas são lançadas nas contas específicas de receita, conforme estabelece o COSIF. E todas sofrem tributação do ISS, lembrando os termos do subitem 15.09 da lista de serviços:

15.09 – Arrendamento mercantil (*leasing*) de quaisquer bens, inclusive cessão de direitos e obrigações, substituição de garantia, alteração, cancelamento e registro de contrato, e demais serviços relacionados ao arrendamento mercantil (*leasing*).

A jurisprudência do STJ, construída sob a égide do Decreto-Lei nº 406/1968 corrobora o nosso entendimento acerca da *inclusão* do valor residual de garantia (VRG) na base de cálculo do imposto municipal.

Para nós, a opção pela aquisição do bem é mero exaurimento do contrato de arrendamento mercantil, sendo a coisa – móvel ou imóvel – elemento do contrato de prestação de serviços.

Nesse diapasão, como a LC nº 116/2003 não prevê qualquer dedução e a entrada do valor adquirido com a transferência do bem é claramente uma receita, não vemos como dissociar tal valor da base imponível do ISS.

Realmente, voltando aos *leading cases*, lembramos que o STF decidiu que o *leasing* financeiro é um "financiamento". Ora, o valor residual de garantia é um dos dois componentes do pagamento (receita), do preço desse serviço, ao lado das contraprestações do arrendamento. Ou seja, no momento de se calcular o valor do preço desse serviço, tanto a "locação" como o VRG são levados em consideração pela sociedade arrendadora. Daí a impossibilidade de tirar uma outra receita da base imponível do ISS.

Quanto à alíquota, ela deve ficar entre 2% e 5%. O limite máximo é previsto pelo art. 8º da LC nº 116/2003; o mínimo, pelo art. 88 do Ato das Disposições Constitucionais Transitórias, acrescentado pela Emenda Constitucional nº 37/02.

4.19. ADMINISTRAÇÃO DE CARTÕES DE DÉBITO E CRÉDITO

4.19.1. Definição do contrato de administração de cartões

A expressão "administração de cartão de crédito" designa a atividade que tem por cerne assegurar ou garantir crédito, dentro de limites previamente definidos, às pessoas que se associam às empresas do gênero, para aquisição de mercadorias ou serviços, mediante a simples apresentação de um cartão próprio, aos fornecedores desses bens, que a ela sejam filiados (RONCAGLIA, Marcelo Marques. *Tributação no Sistema de Cartões de Crédito*. São Paulo: Quartier Latin, 2004, p. 132).

Com efeito, a atividade desempenhada pela Administradora de cartão de crédito consiste em assumir perante o comerciante ou prestador de serviço o compromisso de honrar o pagamento dos produtos ou serviços adquiridos por seu cliente, bem como garantir crédito aos seus associados, mediante remuneração.

Nesse sentido, recente decisão do STJ sobre a matéria:

> PROCESSUAL CIVIL – TRIBUTÁRIO – RECURSO ESPECIAL – ISSQN – ADMINISTRAÇÃO DE CARTÃO DE CRÉDITO – COMPETÊNCIA PARA A COBRANÇA – LOCAL DA OCORRÊNCIA DO FATO GERADOR – PRESTAÇÃO DO SERVIÇO – MATÉRIA DECIDIDA NO REsp 1.117.121/SP, SOB O REGIME DO ART. 543-C, DO CPC – NÃO INCIDÊNCIA SOBRE A ADMINISTRAÇÃO DE CARTÃO DE CRÉDITOS – INTERPRETAÇÃO EXTENSIVA QUE NÃO SE VERIFICA – VIOLAÇÃO DO ART. 535 DO CPC – NÃO OCORRÊNCIA.
>
> 1. Caso em que o Tribunal a quo entendeu que a competência para a cobrança do ISSQN é do local da prestação dos serviços e que mesmo sem previsão expressa da incidência de tal imposto sobre administração de cartão de crédito, no período compreendido entre julho de 1992 e janeiro de 1996, o serviço devia ser tributado com base na interpretação extensiva ao item 43 da Lista de Serviços do Decreto-Lei nº 406/1968, que dispunha sobre incidência de ISSQN sobre "administração de bens e negócios de terceiros e de consórcios".
>
> 2. A violação do art. 535 do CPC não se configura quando o Tribunal de origem, embora sucintamente, pronuncia-se de forma clara e motivada sobre a questão posta nos autos.
>
> 3. Esta Corte Superior de Justiça pacificou o entendimento de que o Município competente para realizar a cobrança do ISSQN é o do local da prestação dos serviços em que se deu a ocorrência do fato gerador do imposto. (REsp 1.117.121/SP, Primeira Seção, Min. Eliana Calmon, *DJe* de 29.10.2009, julgado sob o regime do art. 543-C do CPC).
>
> 4. A jurisprudência desta Corte, por ocasião do julgamento do REsp 1.111.234/PR, da relatoria da Min. Eliana Calmon, julgado pela sistemática do art. 543-C do CPC, firmou entendimento de que é taxativa a Lista de Serviços anexa ao DL nº 406/1968, para efeito de incidência de ISSQN, admitindo-se, aos já existentes

apresentados com outra nomenclatura, o emprego da interpretação extensiva para serviços congêneres. Nesse contexto, o deslinde da presente controvérsia reside em saber, mediante interpretação do citado item da lista anexa, se a administração de serviços de cartão de crédito possui identidade com "administração de bens e negócios de terceiros e de consórcios", a fim de fazer incidir ISSQN.

5. A doutrina especializada entende que a expressão "administração de cartão de crédito" designa a atividade que tem por cerne assegurar ou garantir crédito, dentro de limites previamente definidos, às pessoas que se associam às empresas do gênero, para aquisição de mercadorias ou serviços, mediante a simples apresentação de um cartão próprio, aos fornecedores desses bens, que a ela sejam filiados (RONCAGLIA, Marcelo Marques. *Tributação no Sistema de Cartões de Crédito*. São Paulo: Quartier Latin, 2004, p. 132).

6. Com efeito, consistindo a atividade desempenhada pela administradora de cartão de crédito em assumir perante o comerciante ou prestador de serviço o compromisso de honrar o pagamento dos produtos ou serviços adquiridos por seu cliente, bem como em garantir crédito aos seus associados, mediante remuneração, não há que se falar em interpretação extensiva para enquadrá-la no conceito de administração de bens ou negócios de terceiros, afastando-se, assim, a incidência do ISSQN. Precedente: REsp 439.432/RJ, Rel. Ministro João Otávio de Noronha, Segunda Turma, *DJ* de 18.8.2006.

7. Recurso especial provido.

[Recurso Especial nº 1.170.222/RJ (2009/0239325-6) – Relator: Ministro Benedito Gonçalves – Recorrente: Banco Bradesco S/A – Advogado: Alberto de Orleans e Bragança e outro(s) – Recorrido: Município do Rio de Janeiro – Procurador: Elaine Tisser e outro(s).]

Relatório

O Senhor Ministro Benedito Gonçalves (Relator): Cuida-se de recurso especial interposto pela Banco Bradesco S/A, com fulcro no art. 105, III, alíneas "a" e "c", da Constituição Federal, contra acórdão proferido pelo Tribunal de Justiça do Estado do Rio de Janeiro, assim ementado:

> "DIREITO TRIBUTÁRIO – ISSQN – ADMINISTRAÇÃO DE CARTÃO DE CRÉDITO – INCIDÊNCIA – PERÍODO DE JULHO DE 1992 E JANEIRO DE 1996 – HIPÓTESE DE INCIDÊNCIA PREVISTA NO DECRETO-LEI Nº 406/1968 – LISTA DE SERVIÇOS – INTERPRETAÇÃO AMPLIATIVA – CABIMENTO."

Aliomar Baleeiro leciona que não "se pode incluir na lista categoria que nela inexiste. Mas o que existe pode ser interpretado amplamente". Em outras palavras, "a lei complementar pode ser mais ou menos compreensiva e pode designar gêneros, dos quais o intérprete extrai as espécies." Precedentes do Superior Tribunal de Justiça.

"Expressiva jurisprudência da Suprema Corte, tem orientado que a lista de serviços é taxativa e exaustiva, sendo vedada a ampliação das atividades ali indicadas, mas seus itens comportam interpretação ampla e analógica para a compreensão das nomenclaturas, seu sentido e alcance, porque que uma atividade (espécie) poderia estar contida em outra (gênero), evitando-se com isso, que os efeitos tributários de um ato jurídico se confira a seus negócios ou atos jurídicos, propiciando um canal livre à evasão fiscal. Inúmeras são as hipóteses em que a diversidade terminológica não altera a substância da atividade desenvolvida, a ponto de desautorizar sua exclusão do campo de abrangência da atividade especificada em determinado item da Lista de Serviços." (AgRg no REsp 763.958/MG, Rel. Ministro Luiz Fux, Primeira Turma, julgado em 17.5.2007, *DJ* 31.5.2007 p. 342).

Justamente em razão do princípio da derrotabilidade, que esclarece que os fatos derrotam a lei porque esta não pode prever todo o universo de situações sobre as quais o juiz deve decidir. (v. Jean Cruet, A vida do Direito ou a inutilidade das leis. 1908), impõe-se a interpretação da lista de serviços de forma a considerar as espécies de atividades e não o seu gênero.

Desprovimento do recurso." (fl. 87).

Recolhe-se dos autos que o Juízo de Direito da 12ª Vara da Fazenda Pública da Comarca do Rio de Janeiro/RJ negou provimento aos embargos à execução opostos pelo requerente, reconhecendo a validade da cobrança de ISS concernente a serviços de administração de cartão de crédito (fls. 54/57).

O recurso de apelação foi improvido conforme ementa acima e os embargos de declaração foram rejeitados (fls. 256-262).

Nessa oportunidade, o recorrente alega violação ao art. 535, I, II, do CPC, sob os seguintes argumentos:

a) contradição quanto à qualificação da atividade de cartão de crédito;

b) omissão quanto à aplicação dos arts. 9º, I, do CTN e 150, I, e 156, III, da CF;

c) omissão quanto à ilegitimidade do Município do Rio de Janeiro para exigir o imposto em tela (ISS), uma vez que a administração de cartão de crédito, no período da autuação, estava centralizada na sede da empresa, no Município de Osasco, sendo ilegítimo o Município do Rio de Janeiro para cobrar o ISS sub judice.

Quanto ao mérito, aduz violação ao art. 9º, I, do CTN, pois, a época da ocorrência dos fatos geradores em análise, a atividade de administração de cartão de credito não se encontrava prevista na lista de serviços tributáveis pelo ISS, de modo que é inviável sua exigência.

Alega, ainda, violação ao art. 142 do CTN, pois o Município do Rio de Janeiro não detém legitimidade para exigir o imposto em tela (ISS), uma vez que a administração de cartão de crédito, no período da autuação, estava centralizada na sede da empresa, no Município de Osasco, sendo ilegítimo o Município do Rio de Janeiro para cobrar o ISS sub judice.

Por fim, apresenta dissidio jurisprudencial com acórdão desta Corte Superior.

Contrarrazões às fls. 361-378.

Juízo positivo de admissibilidade às fls. 440-441.

Nesse interregno, a ora recorrente propõe Medida Cautelar visando à atribuição de efeito suspensivo ao presente recurso especial, a qual, na da data de 19.7.2010, teve liminar deferida pelo Min. Hamilton Carvalhido, no exercício da Presidência, para suspender a determinação de pagamento dos honorários advocatícios, até ulterior deliberação do relator.

A decisão monocrática que negou seguimento ao recurso especial, na data de 2.12.2010, foi tornada sem efeito, para inclusão do presente recurso especial em pauta.

É o relatório.

Voto

O Senhor Ministro Benedito Gonçalves (Relator): Não se vislumbra a ocorrência de nenhum dos vícios elencados no art. 535 do CPC a reclamar a anulação do julgado, mormente quando o aresto recorrido está devidamente fundamentado. A jurisprudência desta Corte é uníssona no sentido de que o julgador não está adstrito a responder a todos os argumentos das partes, desde que embase sua decisão.

Nesse sentido, confiram-se os seguintes precedentes:

> "ICMS – SUBSTITUIÇÃO TRIBUTÁRIA – MANDADO DE SEGURANÇA – INVIABILIDADE DE DILAÇÃO PROBATÓRIA – EMBARGOS DE DECLARAÇÃO OPOSTOS À CORTE A QUO – ART. 535, II, DO CPC – OMISSÃO – INOCORRÊNCIA. I – Não há violação do art. 535, II, do Código de Processo Civil, em razão da rejeição dos embargos declaratórios, quando as questões relevantes ao deslinde da causa foram devidamente enfrentadas, restando expostas as razões de convencimento do órgão julgador. Hipótese na qual o aresto a quo externou a inadmissibilidade de dilação probatória em autos de mandado de segurança, deixando, então, de adentrar às questões de mérito suscitadas pelo apelante. II – Agravo regimental improvido (AgRg no REsp 1085018/SP, Rel. Ministro Francisco Falcão, Primeira Turma, *DJe* 19.12.2008)."

Confiram-se, ainda, os seguintes julgados: AgRg no REsp 915.891/MG, Rel. Ministro Luiz Fux, Primeira Turma, *DJe* 15.12.2008; REsp 698.208/RJ, Rel. Ministro Teori Albino Zavascki, Primeira Turma, *DJe* 8.9.2008; REsp 819.597/RJ, Rel. Ministra Denise Arruda, Primeira Turma, *DJe* 3.11.2008; AgRg no REsp 643.255/SC, Rel. Ministro Mauro Campbell Marques, Segunda Turma, *DJe* 25.11.2008 e REsp 1029422/SP, Rel. Ministra Eliana Calmon, Segunda Turma, *DJe* 16.12.2008.

Quanto à competência para cobrança do ISS, se é do Município onde se localiza a sede da empresa prestadora de serviços, conforme determina o art. 12 do Decreto-Lei nº 406/1968, ou do Município onde aqueles são prestados, esta Corte Superior de Justiça pacificou o entendimento de que o Município competente para realizar a cobrança do ISS é o do local da prestação dos serviços em que se deu a ocorrência do fato gerador do imposto.

Essa interpretação harmoniza-se com o disposto no art. 156, III, da Constituição Federal, que atribui ao Município o poder de tributar as prestações ocorridas em seus limites territoriais.

Essa orientação foi confirmada no REsp 1.117.121/SP, da relatoria da Min. Eliana Calmon, julgado pela Primeira Seção (*DJe* de 29.10.2009) sob o regime do art. 543-C do CPC, em acórdão assim ementado:

> "TRIBUTÁRIO – ISS – PRESTAÇÃO DE SERVIÇO – CONSTRUÇÃO CIVIL – PROJETO, ASSESSORAMENTO NA LICITAÇÃO E GERENCIAMENTO DA OBRA CONTRATADA – COMPETÊNCIA DO MUNICÍPIO ONDE SE REALIZOU O SERVIÇO DE CONSTRUÇÃO – CONTRATO ÚNICO SEM DIVISÃO DOS SERVIÇOS PRESTADOS. 1. A competência para cobrança do ISS, sob a égide do DL nº 406/1968 era o do local da prestação do serviço (art. 12), o que foi alterado pela LC nº 116/2003, quando passou a competência para o local da sede do prestador do serviço (art. 3º). 2. Em se tratando de construção civil, diferentemente, antes ou depois da lei complementar, o imposto é devido no local da construção (art.12, letra "b" do DL nº 406/1968 e art.3º, da LC nº 116/2003). 3. Mesmo estabeleça o contrato diversas etapas da obra de construção, muitas das quais realizadas fora da obra e em município diverso, onde esteja a sede da prestadora, considera-se a obra como uma universalidade, sem divisão das etapas de execução para efeito de recolhimento do ISS. 4. Discussão de honorários advocatícios prejudicada em razão da inversão dos ônus da sucumbência. 5. Recurso Especial conhecido e provido. 6. Recurso especial decidido sob o rito do art. 543-C do CPC. Adoção das providências previstas no § 7º do art. 543-C do CPC e nos arts. 5º, II e 6º da Resolução STJ nº 8/2008." (REsp 1117121/SP, Rel. Ministra Eliana Calmon, Primeira Seção, julgado em 14.10.2009, *DJe* 29.10.2009, grifo nosso).

Assim, considerada a especial eficácia vinculativa desse julgado (CPC, art. 543-C, § 7º), impõe-se sua aplicação, nos mesmos termos, aos casos análogos, como o dos autos.

Outrossim, a Primeira Seção desta Corte Superior, discutindo a incidência de ISS sobre serviços bancários, pacificou o entendimento no julgamento do Recurso Especial nº 1.111.234/PR, submetido ao regime previsto no art. 543-C, do CPC, de que a lista anexa do DL nº 406/1968 é taxativa para fins de incidência do ISS, admitindo-se, contudo, uma leitura extensiva de cada item, a fim de se enquadrar serviços idênticos aos expressamente previstos, consoante entendimento perfilhado pelo Eg. STF. Eis o precedente repetitivo:

> "TRIBUTÁRIO – SERVIÇOS BANCÁRIOS – ISS – LISTA DE SERVIÇOS – TAXATIVIDADE – INTERPRETAÇÃO EXTENSIVA. 1. A jurisprudência desta Corte firmou entendimento de que é taxativa a Lista de Serviços anexa ao Decreto-lei 406/1968, para efeito de incidência de ISS, admitindo-se, aos já existentes apresentados com outra nomenclatura, o emprego da interpretação extensiva para serviços congêneres. 2. Recurso especial não provido. Acórdão sujeito ao regime do art. 543-C do CPC e da Resolução STJ nº 08/2008." (REsp 1111234/PR, Rel. Ministra Eliana Calmon, Primeira Seção, j. em 23.9.2009, *DJe* de 8.10.2009).

Conclui-se, assim, que mesmo sendo taxativa a lista anexa do DL nº 406/1968 para fins de incidência do ISS, admite-se interpretação extensiva de cada item, a fim de que não se deixe de tributar serviços idênticos, mas com nomenclaturas diferentes dos expressamente previstos na norma legal.

No caso em tela, a Corte local entendeu que, mesmo sem previsão expressa da incidência de ISSQN sobre administração de cartão de crédito no período compreendido entre julho de 1992 e janeiro de 1996, o serviço devia ser tributado com base na interpretação extensiva ao item 43 da Lista de Serviços do Decreto-Lei nº 406/1968, que dispunha sobre incidência de ISSQN sobre "administração de bens e negócios de terceiros e de consórcios".

Observa-se, pois, que o deslinde da presente controvérsia reside em saber, mediante interpretação do citado item da lista anexa, se a administração de serviços de cartão de crédito possui identidade com "administração de bens e negócios de terceiros e de consórcios", a fim de fazer incidir ISS.

Nesse passo, o art. 146 do CTN dispõe que a "modificação introduzida, de ofício ou em consequência de decisão administrativa ou judicial, nos critérios jurídicos adotados pela autoridade administrativa no exercício do lançamento somente pode ser efetivada, em relação a um mesmo sujeito, quanto a fato gerador ocorrido posteriormente à sua introdução", motivo pelo qual a análise do recurso deve ficar restrita a compatibilidade do serviço de cartão de crédito com a capitulação legal (critério jurídico) utilizado por ocasião do lançamento.

Sobre esse enfoque, vejamos a conceituação dada por Fran Martins sobre a entidade que administra o cartão de crédito:

> "[...] um intermediário entre o comprador e o vendedor, percebendo essa empresa duas espécies de remuneração: a primeira, pertinente ao fornecimento de cartão, a cargo do portador; sendo o cartão fornecido por prazo determinado mas renovável, em cada renovação será devida uma taxa, que representa receita para o Diner"s. Por outro lado, para atender os serviços prestados aos fornecedores, trazendo-lhes novos clientes, e contrabalançar o risco da obrigação assumida pelos Diner"s de reembolsá-los antes do recebimento das contas do comprador, percebe o emissor uma comissão sobre as vendas pagas, de acordo com uma percentagem fxada pelo emissor e aceita pelo vendedor" (MARTINS, Fran. *Cartões de Crédito*. Rio de Janeiro: Forense, 1976, p. 27).

Por sua vez, transcrevo Marcelo Marques Roncaglia, que cita Aires Fernandino Barreto:

> "A expressão "administração de cartão de crédito" designa a atividade que tem por cerne assegurar ou garantir crédito, dentro de limites previamente definidos, às pessoas que se associam às empresas do gênero, para aquisição de mercadorias ou serviços, mediante a simples apresentação de um cartão próprio, aos fornecedores desses bens, que a ela sejam filiados" (RONCAGLIA, Marcelo Marqus. Tributação no Sistema de Cartões de Crédito. São Paulo: Quartier Latin, 2004, p. 132).

Com efeito, entendo que a atividade desempenhada pela Administradora de cartão de crédito consiste em assumir perante o comerciante ou prestador de serviço o compromisso de honrar o pagamento dos produtos ou serviços adquiridos por seu cliente, bem como garantir crédito aos seus associados, mediante remuneração, não se enquadrando, assim, no conceito de administração de bens ou negócios de terceiros, o que afasta, portanto, a incidência do ISS.

Especificamente quanto a administração de cartão de crédito, a Segunda Turma desta Corte Superior possui precedente, da relatoria do Min. João Otávio de Noronha, entendendo pela não incidência de ISS sobre os serviços prestados pelas empresas administradoras de cartão de crédito, ao argumento de que tendo as atividades de emissão e administração de cartões não integram a lista de serviços anexa ao Decreto-Lei nº 406/1968. A propósito, transcrevo a ementa do julgado:

"PROCESSUAL CIVIL E TRIBUTÁRIO – RECURSO ESPECIAL – VIOLAÇÃO DO ART. 535, I E II, DO CPC – INEXISTÊNCIA – ADMINISTRADORA DE CARTÃO DE CRÉDITO – ISS – NÃO INCIDÊNCIA. 1. Inexiste ofensa ao art. 535, II, do CPC na hipótese em que todas as questões suscitadas foram examinadas no acórdão embargado. 2. Não incide ISS sobre os serviços prestados pelas empresas administradoras de cartão de crédito, tendo em vista que as atividades de emissão e administração de cartões não integram a lista de serviços anexa ao Decreto-Lei nº 406/1968. 3. Recurso especial provido." (REsp 439432/RJ, Rel. Ministro João Otávio de Noronha, Segunda Turma, julgado em 3.8.2006, *DJ* 18.8.2006).

Com essas considerações, dou provimento ao recurso especial para determinar a não incidência de ISSQN sobre os serviços prestados pelas empresas administradoras de cartão de crédito.

É como voto.

Algumas definições doutrinárias são importantes para uma melhor concepção desse contrato.

4.19.1.1. Cartão de crédito

Segundo o saudoso Fran Martins, o cartão de crédito é "uma peça de plástico, de tamanho uniforme, tendo impresso e em relevo certos dizeres – nome do organismo emissor, número em código do portador, data da emissão, período de validade, nome e assinatura do portador –, que tem a natureza de um documento de identificação" (*Contratos e Obrigações Comerciais*, 16. ed. Rio de Janeiro: Forense, 2010, p. 460).

Portanto, o "cartão" é um documento de identificação.

No site da ABECS – Associação Brasileira das Empresas de Cartões de Crédito e Serviços (www.abecs.org.br), encontra-se a seguinte definição para o cartão de *crédito*: meio de pagamento que tem uma linha de crédito pré-definida pelo emissor do cartão, que define esse limite levando em conta vários fatores, como por exemplo, seu salário/renda mensal. À medida em que o portador realiza compras com cartão, o limite de crédito disponibilizado diminui, sendo restabelecido após o recebimento do pagamento da fatura, pelo emissor do cartão de crédito.

Neste mesmo site, o cartão de *débito* está assim definido: meio eletrônico de pagamento vinculado a uma conta bancária em instituição financeira que, dentre outras funções, é utilizado para saques e aquisição de bens e/ou serviços mediante uso de senha, havendo saldo ou limite disponível no momento da transação, uma vez que o valor é debitado diretamente na conta bancária do portador.

Quando o cartão possuir as duas funções (crédito e débito), fala-se em "cartão múltiplo".

4.19.1.2. Contrato

Segundo Luiz Antonio Guerra da Silva, a administração de cartão de crédito é um "serviço de intermediação, que permite ao consumidor adquirir bens e serviços em estabelecimentos comerciais previamente credenciados, mediante a comprovação de sua condição de usuário, que ocorre via de regra, pela apresentação do cartão" (*Contratos Mercantis Diferenciados*. 1. ed. Brasília: Brasília Jurídica, 2007, p. 33).

Para Alcio Manoel de Sousa Figueiredo (*Cartão de Crédito: Questões Controvertidas*. Curitiba: Juruá, 2000, p. 29), esse contrato se classifica como um contrato plurilateral, um contrato atípico, um contrato de crédito, um contrato de adesão e um contrato de consumo. Sua definição: "negócio jurídico complexo, do qual participam no mínimo três partes, haja vista que se origina de contratos distintos e que possuem a mesma finalidade".

Dessa forma, conforme leciona Rafael Roberto Hage Tonetti (A incidência do imposto sobre operações de crédito no âmbito dos cartões de crédito. In *Revista Dialética de Direito Tributário*, nº 190, jul. 2011, p. 83):

> Observa-se que o titular do cartão de crédito celebra um contrato de compra e venda ou prestação de serviços com o lojista/prestador de serviços, em que este último dá a quitação do preço à vista contra a promessa de pagamento por parte da administradora do cartão, que, por sua vez, obriga-se a efetuar o desembolso do valor exatamente igual ao valor da operação feita pelo titular do cartão, subtraído de uma taxa cujo montante já foi previamente estabelecido entre o lojista/prestador de serviços e a administradora.
>
> Desta feita, têm-se três relações jurídicas principais a serem destacadas:
>
> i) entre o titular do cartão de crédito e o lojista/prestador de serviços;
>
> ii) entre o titular do cartão de crédito e a administradora;
>
> iii) entre a administradora e o lojista/prestador de serviços.

Referido autor, neste artigo, conclui que "as três relações jurídicas básicas decorrentes da utilização do cartão de crédito para a compra e venda à vista de bens e serviços não se encaixam no conceito constitucional de operação de crédito, não ocorrendo, consequentemente, os seus enquadramentos no critério material da RMI do IOF/crédito". Nesta linha de raciocínio, teríamos um campo totalmente aberto e reservado para o ISS.

Ele chega a essa conclusão, a partir dos seguintes argumentos:

> Muito embora o cartão de crédito contenha elementos de vários contratos típicos, na sua essência, trata-se de um contrato atípico, complexo, de adesão, oneroso e comutativo.

> Pode-se indicar como elemento característico da estrutura da relação jurídica de cartão de crédito a sua natureza de meio de pagamento, bem como a consequente substituição da obrigação de pagamento, pelo cliente, do preço do produto ou serviço adquirido pela obrigação da administradora de realizar referido pagamento ao lojista/prestador de serviço, devendo aquela cobrar do cliente os valores pagos de acordo com os seus próprios critérios.
>
> Assim, a administradora, quando efetua o pagamento ao lojista/prestador de serviço, para obrigação própria, decorrente da relação jurídica de cartão de crédito – não paga ao lojista em nome ou por conta e ordem do cliente. Da mesma forma, a administradora, quando cobra do cliente a cobertura dos valores pagos ao lojista, faz em nome e por direito próprio – não atua, aqui, em nome ou por conta do lojista. (p. 88)

Em geral, as administradoras cobram do estabelecimento (lojista / prestador de serviço) duas "taxas" (remunerações). São elas:

- Taxa de *aluguel do equipamento*: cobrada mensalmente. Esse equipamento se chama POS (do inglês *point of sale*, ou seja, ponto de venda ou ponto de serviço). Garante o funcionamento do equipamento, suporte técnico, substituição de equipamento sem custo em caso de pane, atualização de softwares, entrega de bobinas para impressão do comprovante, entre outros serviços. Cabe lembrar que, caso desejar, o estabelecimento comercial pode comprar seu próprio equipamento. Neste caso, não há cobrança de aluguel e os serviços acima descritos devem ser contratados a parte, caso haja interesse. No âmbito tributário (jurídico-contratual), indaga-se: trata-se de um contrato autônomo, ou seria uma mera atividade-meio? Isso tem repercussão direta no campo do ISS, pois, uma demonstrada a natureza de mera atividade-meio, essas receitas com a "locação" deverão ser embutidas na base de cálculo do imposto municipal.
- Taxa de *desconto*: percentual do valor da venda. Varia de acordo com a negociação entre o Estabelecimento comercial e a Credenciadora.

4.19.1.3. Pessoas envolvidas na operacionalização

No *site* da ABECS, encontra-se uma relação de todos os personagens que participam desse contrato:

a) Emissor (administrador do cartão): empresa responsável pela emissão do cartão e pelo relacionamento com o portador para qualquer questão decorrente da posse, uso e pagamento das despesas do cartão. Os cartões podem ser emitidos por instituições financeiras e/ou administrativas. Ex.: bancos (BB, Santander, Itaú, Bradesco etc.) ou uma loja (Walmart, C&A, Magazine Luiza, Pão de Açúcar, "cartões corporativos" etc.).

b) *Administradora/Credenciadora:* empresa que credencia estabelecimentos para aceitação dos cartões como meios eletrônicos de pagamento na aquisição de bens e/ou serviços. O Credenciamento possibilita ao estabelecimento comercial, ou profissional autônomo, a aceitação do cartão como meio de pagamento, ampliando o seu potencial de clientes através da oferta de uma valiosa comodidade para os consumidores. É a empresa responsável pela comunicação da transação entre o estabelecimento e a bandeira. Ex.: American Express, Cielo, Getnet, Hipercard, Oboé, Redecar, Verifone.
c) *Bandeira:* empresa que oferece a organização, estrutura e normas operacionais necessárias ao funcionamento do sistema de cartão. A bandeira licencia o uso da logomarca para cada um dos emissores e credenciadoras. A bandeira vem indicada nos estabelecimentos credenciados e está impressa nos respectivos cartões, e viabiliza a liquidação dos eventos financeiros decorrentes do uso dos cartões e a expansão da rede de estabelecimentos comerciais credenciados no País e no exterior. Ex. VISA, Mastercard, DINERS, American Express, Rede Shop etc.
d) *Processadora*: empresa que presta serviços operacionais aos emissores e às credenciadoras, relacionados à administração de cartões e respectivas transações, como: emissão da fatura, processamento de transações, atendimento aos portadores, atendimento aos estabelecimentos, entre outros. Ex.: Orbitall, CSU, Certegy e EDS. Segundo estudos do IBOPE, tais processadoras estão perdendo mercado nos últimos anos, na medida em que os bancos emissores absorveram tal atividade para si. Essa atividade entra no subitem 15.10 da Lista anexa à LC nº 116/2003.

4.19.1.4. Normas aplicáveis: autorregulação

Todas as normas aplicáveis às instituições que atuam nesse setor encontram-se disponíveis em: <http://www.abecs.org.br/site/autorregulacao/normas.aspx>.

Basicamente, percebe-se que esse mercado não possui legislação própria ou específica, não há, assim, uma lei, decreto ou norma do BACEN ou da CMN em torno desse contrato.

Logo, o mercado acaba sendo autorregulamentado pelas próprias instituições, que constituíram um Conselho de Ética e Autorregulação dentro da ABECS, até porque essa antiga associação, fundada em 7.7.1971, com sede da cidade de São Paulo, contempla cerca de 95% do mercado de cartões.

Sobre esta autorregulação do setor, vale a pena transcrever a apresentação feita pela própria ABECS em seu site:

> A construção do sistema de autorregulação da indústria de meios eletrônicos de pagamento começou a ganhar vida após dois anos de estudos e debates entre as Asso-

ciadas e uma empresa de consultoria contratada especificamente para esse fim, tendo como foco principal o relacionamento com os consumidores.

Foi criado um grupo de trabalho para fazer um levantamento bastante minucioso dos principais pontos em comum nas demandas de consumo junto aos órgãos do Sistema Nacional de Defesa do Consumidor e às suas Ouvidorias, nos últimos anos.

Efetivado o levantamento, teve início a construção normativa das condutas do setor, sendo encaminhada ao Banco Central, Departamento de Proteção e Defesa do Consumidor (DPDC/MJ) e outros órgãos e entidades de defesa do consumidor para que pudessem apresentar críticas e/ou sugestões que entendessem oportunas.

Após as considerações recebidas, o texto passou por uma modificação, a fim de incorporar algumas sugestões.

Por fim, em 19 de dezembro de 2008 o Conselho de Ética e Autorregulação da ABECS aprovou o Código de Ética e Autorregulação, determinando o início de sua vigência a partir de 1º de janeiro de 2009.

O Código de Ética e Autorregulação é um sistema de autodisciplina complementar às normas já existentes, cujos princípios fundamentais são (a) a transparência das relações, (b) o respeito e cumprimento à legislação vigente, (c) a expansão sustentável do número de portadores de cartões no mercado brasileiro e de estabelecimentos credenciados, (d) a adoção de comportamento ético e compatível com as boas práticas comerciais; (e) a liberdade de iniciativa, livre concorrência e função social; (f) a proibição de práticas que infrinjam ou estejam em desacordo com o Código de Ética e Autorregulação e, (g) o estímulo às boas práticas de mercado.

Ainda, prevê regras gerais de conduta para as Associadas, englobando políticas de atendimento aos clientes, orientação para o uso consciente do cartão, diretrizes de relacionamento, publicidade consciente e adequação legal.

Além disso, um dos objetivos da Autorregulação é dar maior especificidade ao ordenamento já existente, detalhando, do início ao fim, todo o processo de uso do cartão de crédito, ou seja, da oferta até o seu eventual cancelamento.

Desde então, a Autorregulação da abecs vem crescendo e normatizando outros temas relevantes ao setor de meios eletrônicos de pagamento em seus Anexos e Normativos (todos disponíveis, na íntegra, na sessão de normas da Autorregulação).

4.19.2. Natureza jurídica da operação

Conforme a conceituação apresentada acima, a operação consiste em oferecer garantia às partes, seja ao comerciante ou prestador de serviço com relação aos recebimentos, seja ao associado, no sentido de lhe garantir crédito perante os lojistas.

4.19.3. Enquadramento na lista de serviços

Conforme visto acima, não se trata de serviço de intermediação ou agenciamento, o que afasta o item 10, relativamente às administradoras de cartões.

O correto, portanto, na visão do STJ, é enquadrar a atividade de "administração de cartões de crédito/débito" no subitem 15.01 da Lista de Serviços anexa à LC nº 116/2003.

> *15.01 – Administração de fundos quaisquer, de consórcio, de cartão de crédito ou débito e congêneres, de carteira de clientes, de cheques pré-datados e congêneres.*

Ademais, vale ressaltar que o subitem 15.14 menciona especificamente o *fornecimento, emissão, reemissão, renovação e manutenção de cartão magnético, cartão de crédito, cartão de débito, cartão salário e congêneres.* Logo, as tarifas cobradas relativamente a tais serviços, deverão ser cobradas debaixo dessa tipificação legal.

Diante desses dois subitens – 15.01 e 15.14 da Lista de Serviços do ISS, é importante relacioná-los com as duas remunerações recebidas pelas administradoras:

- *Comissão* cobrada dos *lojistas e prestadores* de serviços credenciados: subitem 15.01;
- *Anuidades* pagas pelos *portadores* (titulares) dos cartões: subitem 15.14.

Finalmente, as empresas *processadoras* prestam os serviços tipificados no subitem 15.10 da referida Lista de Serviços: *serviços relacionados a cobranças, recebimentos ou pagamentos em geral, de títulos quaisquer, de contas ou carnês, de câmbio, de tributos e por conta de terceiros, inclusive os efetuados por meio eletrônico, automático ou por máquinas de atendimento; fornecimento de posição de cobrança, recebimento ou pagamento; emissão de carnês, fichas de compensação, impressos e documentos em geral.*

4.19.4. Objeto da tributação pelo ISS

Inicialmente, vale destacar a enorme relevância dessa tributação, à luz da capacidade contributiva dos contribuintes envolvidos (= grandes instituições financeiras), do número cada vez mais crescente da utilização desse produto financeiro, o que descamba, obviamente, na geração de uma tributação bastante rentável. Ainda sob o ângulo do contribuinte envolvido, tratam-se de empresários de fácil localização, detentores de patrimônio mais do que suficiente para garantir a cobrança (notadamente dinheiro), além de serem agentes econômicos de expressão mundial (ou nacional), o que também reduzir o próprio impacto negativo ("rejeição social") naturalmente visto em qualquer tributação, isto é, não afeta diretamente cidadãos locais ("eleitores"), o que também diminui ou anula qualquer ingerência política nesse trabalho fiscal.

Conforme comenta Rafael Roberto Hage, em seu artigo: A incidência do imposto sobre operações de crédito no âmbito dos cartões de crédito. In *Revista Dialética de Direito Tributário*, nº 190, jul. 2011, p. 76:

> O cartão de crédito, atualmente, é um instrumento largamente utilizado por pessoas físicas e jurídicas para o adimplemento de obrigações pecuniárias decorrentes da compra de bens ou da contraprestação de prestações de serviços.
>
> Esse instrumento de movimentação da riqueza na sociedade foi introduzido no Brasil na década de 1960 do século passado e, paulatinamente, vem substituindo o papel-moeda em sua função de meio de pagamento.
>
> Uma característica básica do cartão de crédito é o possível descasamento existente entre o pagamento da fatura por parte do titular do cartão de crédito e o recebimento da contraprestação, pelo vendedor do bem ou prestador de serviço, da administradora do cartão de crédito.

No site *www.abecs.org.br* (ABECS – Associação Brasileira das Empresas de Cartões de Crédito e Serviços), temos vários indicadores em torno do crescimento vertiginoso nessa atividade em nosso País. Apenas para se ter uma ideia, o total de cartões de crédito, cartões de débito, cartões de loja e cartões de rede era 118.249.000 no ano 2000, saltando para 565.228.000 em 2009, num crescimento de 447%.

De acordo com a 6ª edição da *Revista ABECS*, do 4º trimestre de 2011, 72,4% dos brasileiros já têm cartões!

Deverá ser tributado todo e qualquer serviço remunerado prestado pelas empresas administradoras de cartões.

Portanto, não é só a comissão recebida (%) sobre as vendas que deverá ser levada à tributação, mas também as taxas cobradas pelas administradoras, tais como taxas de cadastro, atualização, elaboração de contrato, fornecimento e emissão do cartão etc.

Agora, conforme já salientado, há dois enquadramento distintos para as remunerações das administradoras de cartões:

- Comissão recebida dos lojistas e dos prestadores de serviços: subitem 15.01 da Lista;
- Anuidades recebidas dos portadores: subitem 15.14.

E a "locação" das máquinas de leitura dos cartões (*POS – point of sale,* ponto de serviço, ponto de venda)? Essas máquinas, vale enfatizar, são "alugadas" pelas administradoras. Entendemos tratar-se igualmente de serviço tributável pelo ISS, uma vez que são utilizadas para a obtenção da atividade-fim, que é a utilização do sistema de pagamentos através de cartões magnéticos.

A "locação" da máquina é uma mera atividade-meio, ou seja, está inserida na gama de serviços prestados pela credenciadora para que a administração de cartões seja exercida. Dessa forma, defendemos a sua incidência como inserida na atividade de administração (15.01).

4.19.5. Sujeito ativo na operação

O Município, claro, é o sujeito ativo do ISS incidente sobre a atividade de administração de cartões de crédito/débito. Mas qual Município? Aí que está o problema ou um dos problemas atinentes à tributação das administradoras. Seria o Município onde se situa a sede da administradora? Ou o local onde os serviços são prestados, como assim havia pacificado o STJ na vigência do Decreto-Lei nº 406/1968? Aprofundando ainda mais a questão, perguntamos: mas afinal de contas, onde é prestado o serviço?

Primeiramente, é importante colocar que o STJ já mudou de opinião em relação ao local de incidência do ISS (REsp nº 1.119.517 da 2ª Turma).

Com base na LC nº 116/2003, a regra volta a ser a do local do estabelecimento prestador (art. 3º), ressalvando-se 20 hipóteses que deslocam a incidência do imposto para o destino.

Portanto, a tributação não deve ser amparada no antigo entendimento do STJ sobre o elemento espacial do fato gerador do ISS. A partir da LC nº 116/2003, vale o que reza o seu art. 3º. Assim, os municípios deverão demonstrar a existência de estabelecimento prestador da administradora em seus territórios para que possam tributar validamente as operações de administração de cartões.

O art. 4º da LC nº 116/2003 define "estabelecimento prestador":

> **Art. 4º.** Considera-se estabelecimento prestador o local onde o contribuinte desenvolva a atividade de prestar serviços, de modo permanente ou temporário, e que configure unidade econômica ou profissional, sendo irrelevantes para caracterizá-lo as denominações de sede, filial, agência, posto de atendimento, sucursal, escritório de representação ou contato ou quaisquer outras que venham a ser utilizadas.

"Estabelecimento", pelo que se extrai do artigo supra, não é a sede da empresa, mas o local onde a atividade é desenvolvida com "ânimo de permanência".

Basta, pois, para configurar "estabelecimento prestador", que haja "escritório", "ponto de contato" ou "atendimento" no município, que garantam a prática de uma atividade habitual.

É exatamente o que acontece com os serviços de administração de cartões, em que a *agência bancária local* aparenta ser a própria administradora. Caracterizado está, pois, o estabelecimento prestador em cada agência situada no território do município.

Esse mesmo raciocínio também se aplica quanto a administradora é uma loja (C&A, Casas Bahia, Maganize Luiza, Marisa etc.), ou seja, haverá um estabelecimento prestador onde houver o estabelecimento dessa loja.

A fiscalização, portanto, deverá demonstrar que a administradora tem "estabelecimento prestador" na sua cidade, caracterizando-a como "posto de atendimento", "escritório de representação ou contato".

Ora, ninguém sai do seu Município para contratar os serviços de cartões, dirigindo-se, normalmente, a um banco local.

De outro lado, mesmo adotando-se a tese da territorialidade das normas tributárias – em que o ISS é sempre devido no local da efetiva prestação dos serviços –, a conclusão é a mesma: o ISS deverá ser pago no local de cada agência bancária e não na matriz da administradora. É que os serviços de administração são efetivamente prestados pelos bancos.

Basta uma leitura ao contrato-padrão das operadoras e verificaremos que é através das agências locais que os valores são movimentados (recebíveis e pagamentos).

Ainda no tocante às administradoras (REDECARD, CIELO etc.), seus estabelecimentos também devem ser extraídos do local onde estão as máquinas, chamadas de POS (*point of sale*, isto é, ponto de venda, ponto de serviço). Enfim, o próprio nome sugere o posto de serviço, o estabelecimento prestador.

Com a rejeição dos vetos à Lei Complementar nº 157/2016 levada a efeito pelo Congresso Nacional em maio de 2017 e, portanto, publicada novamente tal legislação agora com o seu conteúdo integral, podemos dizer que a polêmica que residia em torno do sujeito ativo da presente obrigação tributária acabou.

Pela nova Lei Complementar nº 157/2016, temos agora a tributação descentralizada do imposto das administradoras de cartões de crédito e débito (inciso XXIV do art. 3º e § 4º do art. 6º da Lei Complementar nº 116/2003, com redação dada pela Lei Complementar nº 157/2016).

Destarte, os municípios devem adequar suas legislações às novas disposições sobre a matéria em 2017, para que no ano que vem já possam tributar os serviços das administradoras de cartões de crédito e débito realizados em seus territórios.

Por fim, frisamos que a comentada alteração da tributação para o destino não se restringe à atividade de administração de cartões de crédito e débito, uma vez que o inciso XXIV do art. 3º da LC nº 116/2003 se refere também a "*demais (serviços) descritos no subitem 15.01*".

Isto implica concluir que o imposto será igualmente devido no domicílio dos *investidores em fundos de investimentos, dos consorciados, dos portadores de cheques pós-datados etc.*

Vide, no item 5 desta obra, comentários sobre a ADI nº 5835 do STF, que suspendeu a vigência da nova regra do local de incidência do ISS para a atividade de administração de cartões de crédito e débito, dentre outras.

4.19.6. Sujeito passivo

4.19.6.1. Administradoras de cartões

As administradoras, normalmente com sede em Barueri (SP), são inequivocamente contribuintes do ISS, já que elas executam a "administração" no Brasil inteiro.

No entanto, acreditamos que os bancos, que possuem agências na grande maioria dos municípios, também podem ser taxados de "contribuintes", precisamente por praticar – juntamente com as administradoras de cartões – a referida atividade.

Expliquemos melhor no item subsequente.

Quando se tratar de uma loja como administradora, esse enquadramento fica ainda mais tranquilo, na hipótese de existência de estabelecimento de tais lojas no Município.

4.19.6.2. Bancos

Na visão da doutrina, solidariedade é modalidade de sujeição passiva tributária indireta por transferência, ao lado da sucessão e da responsabilidade legal, contrapondo-se à substituição tributária.

Em matéria tributária, há solidariedade:

- quando verificada a ocorrência de interesse comum (art. 124, I, do CTN); ou
- quando a lei (no caso a municipal) assim dispuser (art. 124, II, do CTN). Claro que não deve ser ignorado o art. 128 do CTN, que exige ao menos uma vinculação com o fato gerador para que alguém possa ser eleito responsável tributário.

A nosso ver, há evidente interesse comum entre "administradora" e o banco em cuja agência foi "prestado o serviço". Por quê? Ora, o banco ganha comissão pela intermediação da contratação dos cartões (item 10 da Lista); a administradora se vale do espaço físico e empregados do banco; este participa da administração realizada e tem acesso ao seu sistema eletrônico.

A soma desses fatos nos faz enxergar ambos os *partícipes* (administradoras e bancos) como responsáveis solidários da obrigação de recolher o ISS.

Destarte, em virtude da solidariedade existente entre administradoras e bancos, estes últimos seriam igualmente contribuintes do ISS incidente sobre a atividade prevista nos subitens 15.01 e 15.14 da Lista de Serviços.

4.19.7. Obrigação acessória

A partir da Lei Complementar nº 157/2016 pode-se pensar na criação de valiosas obrigações acessórias, endereçadas às administradoras de cartões de crédito e débito e também aos seus tomadores de serviços (lojistas).

De um lado, pode-se pensar em uma declaração eletrônica, voltada às administradoras, que exija informações individualizadas de suas remunerações junto aos seus credenciados lojistas, incluindo a porcentagem (%) de comissão (chamada de "Taxa de Desconto") devida por cada um destes.

Dessa forma, conheceríamos a base de cálculo do ISS das administradoras e teríamos ainda dados para calcularmos os valores que foram creditados aos lojistas, visando à implementação de uma abrangente malha fiscal que possibilite o cruzamento de tais dados com a NFS-e e com o PGDAS-D do Simples Nacional.

Em outras palavras, teríamos informações financeiras das administradoras e também dos prestadores de serviços da cidade, estes últimos no tocante ao que recebem por meio de cartões de crédito e débito.

De outro lado, é possível requerer a DECRED da RFB e as declarações que as administradoras enviam às Fazendas Estaduais, mediante convênio com esses entes.

Tais documentos podem ser úteis em caso de necessidade de arbitramento.

4.20. MANIPULAÇÃO DE FÓRMULAS

Qual a atividade exercida pelas farmácias de manipulação? É um serviço prestado ou a venda de uma mercadoria?

A prestação de serviço, hipótese de incidência do ISS, é uma obrigação de "fazer", não uma obrigação de "dar". Em outras palavras, o consumidor, ao se dirigir a uma farmácia de manipulação busca a prestação de um serviço, qual seja, a fabricação de um produto, o qual é específico para a utilização em sua enfermidade.

A matéria, contudo, será ainda analisada e julgada pelo STF, que reconheceu a repercussão geral da questão constitucional suscitada (RE 605552 RG/RS).

É importante salientar que a LC nº 147/2014 ratificou o posicionamento do STJ em favor da incidência do ISS sobre os serviços de manipulação de fórmulas. Vejamos o art. 18, §4º, VII, da LC nº 123/2006, com a redação dada pela LC nº 147/2014:

> § 4º. O contribuinte deverá considerar, destacadamente, para fim de pagamento, as receitas decorrentes da:
>
> VII – comercialização de medicamentos e produtos magistrais produzidos por manipulação de fórmulas:
>
> a) sob encomenda para entrega posterior ao adquirente, em caráter pessoal, mediante prescrições de profissionais habilitados ou indicação pelo farmacêutico, produzidos no próprio estabelecimento após o atendimento inicial, que serão tributadas na forma do Anexo III desta Lei Complementar;
>
> b) nos demais casos, quando serão tributadas na forma do Anexo I desta Lei Complementar.

Falando ainda da LC nº 147/2014, esta legislação trouxe um inusitado art. 13 para o nosso ordenamento jurídico, *in verbis*:

> **Art. 13.** Ficam convalidados os atos referentes à apuração e ao recolhimento dos impostos e contribuições da União, dos Estados, do Distrito Federal e dos Municípios mediante regime previsto na Lei Complementar nº 123, de 14 de dezembro de 2006, e alterações posteriores, inclusive em relação às obrigações acessórias, pelas empresas que desenvolveram as atividades de comercialização de medicamentos produzidos por manipulação de fórmulas magistrais, até a data de publicação desta Lei Complementar.

Após a publicação da referida lei, muitos municípios nos questionaram sobre a correta interpretação deste art. 13. Surgiram muitas dúvidas, dentre as quais:

- Qual a natureza desse art. 13: remissão? Norma meramente interpretativa (declaratória)?
- E os autos de infração lavrados? O Município que não autuou pode autuar agora?
- Contribuinte pode requerer a restituição do que pagou a título de ISS? Município pode pedir um ressarcimento à União?
- Aplica-se o art. 106 do CTN (retroatividade benéfica)?

Basicamente, entendemos que essa convalidação somente serviu para manter as farmácias de manipulação no Simples Nacional, ainda que essa atividade estivesse vedada pela LC nº 123/2006, por ser um serviço legalmente regulamentado (serviço farmacêutico). Ou seja, ajudou as farmácias apenas no quesito ADESÃO ao Simples Nacional.

Por outro lado, o artigo não conseguiu resolver o conflito entre ICMS e ISS, até porque convalidou os atos dos Estados (ICMS) e dos Municípios (ISS). No nosso entender, essa convalidação "geral" só pode valer se for quanto à ADESÃO dessas empresas no Simples Nacional.

A respeito da correta incidência, quem decidirá em última instância será mesmo o STF.

Desta forma, há um negócio jurídico entre este consumidor e a farmácia de manipulação, sendo que esta obriga-se a fazer um produto para aquele cliente. Ainda, esta atividade exercida pelo estabelecimento de manipulação é sua atividade fim, mediante esforço pessoal.

Atualmente a matéria se encontra pacificada nos quadros do STJ (1ª e 2ª Turmas), no sentido da incidência exclusiva do ISS sobre a manipulação de fórmulas (REsp 975.105 e 881.035).

Apenas os produtos de prateleira (óleos, *shampoos*, cremes), destinados ao público em geral, é que estão fora do raio de incidência do ISS, sujeitando-se ao ICMS por constituírem verdadeiras mercadorias.

A base de cálculo será formada pelo preço total do serviço, incluindo a matéria-prima empregada.

No Simples Nacional, as farmácias deverão recolher o ISS com base no Anexo III e o ICMS segundo o Anexo I.

4.21. *PAGING*

O "*paging*" pode ser definido como um serviço de radiochamada, que consiste na transmissão de recados feita por uma central ao assinante do serviço. Exemplo: uma pessoa, interessada em falar com o assinante do serviço de "*paging*", telefona para a central de comunicação. Esta, por sua vez, anota o recado e o transmite ao assinante por meio de um aparelho denominado *pager*, que o mesmo porta consigo.

Roque Carrazza defende a colocação do *paging* no campo do ICMS, ensinando tratar-se de serviço de comunicação. Diz o mestre:

> Este é um serviço de comunicação típico, perfeitamente tributável pelo ICMS. Deveras, cobra-se, do assinante, pela prestação deste serviço, que vai permitir que ele receba mensagens de terceiros. Configuram-se, neste caso, não só a chamada relação comunicativa como a efetiva prestação do serviço em tela. (2001, p. 139).

Não comungamos do mesmo ponto de vista. Para nós, não existe a tal *relação comunicativa* no presente caso. Na verdade, o assinante do serviço não paga para comunicar-se, mas sim para ter direito a um serviço de *secretaria*, em que são anotados e transmitidos os avisos a ele destinados.

Destarte, apesar do abalizado entendimento antes transcrito, somos de opinião que o serviço de *paging* é sujeito unicamente ao ISS, perfeitamente enquadrável no subitem 17.02 da vigente lista de serviços tributáveis. Eis o seu teor:

> *17.02 – Datilografia, digitação, estenografia, expediente, secretaria em geral, resposta audível, redação, edição, interpretação, revisão, tradução, apoio e infraestrutura administrativa e congêneres.*

4.22. PEDÁGIOS

A Lei Complementar nº 100/1999, que instituiu o serviço de "exploração de rodovias" (item 101), foi também expressamente revogada pelo novo regramento complementar, que no entanto, mantém a tributação da atividade, prevendo-a em seu subitem 22.01, em termos quase idênticos ao do dispositivo revogado:

> *22.01 – Serviços de exploração de rodovia mediante cobrança de preço ou pedágio dos usuários, envolvendo execução de serviços de conservação, manutenção, melhoramentos para adequação de capacidade e segurança de trânsito, operação, monitoração, assistência aos usuários e outros serviços definidos em contratos, atos de concessão ou de permissão ou em normas oficiais.*

Tratemos então dos elementos que compõem o fato gerador dos serviços em análise.

O elemento espacial de tal atividade foi fixado de acordo com o princípio constitucional da territorialidade, devendo o ISS ser exigido no município onde o serviço é realizado, ou como dispõe o § 2º do art. 3º da Lei Complementar vigente, no "*município em cujo território haja extensão de rodovia explorada.*"

A base de cálculo é o preço do serviço, diga-se de passagem a única possível diante da regra-matriz constitucional do imposto. E o preço do serviço, neste caso, é constituído pelo montante arrecadado com a cobrança de tarifas (pedágio).

Entretanto, como normalmente a extensão da rodovia explorada abrange diversos municípios, a base imponível deve ser proporcional à parcela da mesma rodovia (em km) que se situa dentro dos limites territoriais do município.

A regra da proporcionalidade vem prevista no § 4º do art. 9º do Decreto-Lei nº 406/1968, parágrafo incluído pela LC nº 100/1999).

A título de exemplo, figuremos a hipótese de rodovia explorada que corta três municípios, designados de "A", "B" e "C". A extensão total da rodovia é de 100 km, distribuídos da seguinte forma:

- Município "A".. 50 km
- Município "B".. 30 km
- Município "C".. 20 km

Imaginemos ainda que a receita bruta da concessionária ou mesmo autarquia seja de R$ 1.000.000,00.

Pelo que determina a regra acima, o valor total deverá ser dividido proporcionalmente entre os municípios, levando-se em conta a quilometragem que corta cada município. Assim, teríamos o seguinte:

- BC Município "A":................. R$ 500.000,00
- BC Município "B":................. R$ 300.000,00
- BC Município "C":................. R$ 200.000,00

Ocorre que o § 5º (incluído pela mesma LC nº 100/1999 no art. 9º do Decreto-Lei nº 406/1968) determina que a base de cálculo apurada para os municípios não "agraciados" com posto de pedágio seja reduzida em 40%, percentual que será revertido ao município possuidor de posto em funcionamento. Tomando como base o exemplo anterior, teríamos o seguinte quadro:

- BC Município "A":................. R$ 700.000,00
- BC Município "B":................. R$ 180.000,00
- BC Município "C":................. R$ 120.000,00

O problema é saber se tais parágrafos incluídos pela LC nº 100/99 no antigo diploma federal ainda estão em vigor, já que o art. 10 da LC nº 116/2003 revogou expressamente a Lei Complementar dos pedágios.

Acreditamos que sim. E o nosso pensamento está embasado em decisões do STJ (AgRg no AgRg bo REsp 1.013.002/RS) que já afirmaram a vigência dos §§ 1º e 3º do art. 9º do Decreto-Lei nº 406/1968, inobstante ter sido revogada a LC nº 56/1987, que alterou a redação do § 3º.

Para esse Tribunal e para boa parte da doutrina, só a revogação expressa dos parágrafos comentados é que afastaria a sua vigência e não a revogação das leis que os veicularam, já que passaram a fazer parte do Decreto-Lei nº 406/1968, justamente por terem sido incluídos nesse diploma.

4.23. PROFISSIONAIS LIBERAIS

A nova lista de serviços anexa à Lei Complementar nº 116/2003, estende o elenco de profissionais liberais sujeitos à tributação pelo ISS, prevendo certas profissões que não constavam no regramento passado.

Por profissionais liberais devem ser entendidos aqueles que possuem graduação em atividade de nível superior, devidamente regulamentada em Lei Federal.

Foram mantidas as atividades que já eram objeto de tributação, como as privativas de médicos, advogados, contadores, engenheiros, arquitetos, dentistas, economistas etc. Passaram a integrar o rol do gravame, entre outros, os serviços de: farmacêuticos; terapeutas ocupacionais; biólogos e químicos.

Geralmente, os profissionais liberais exercem suas atividades de forma autônoma, em caráter pessoal. É o caso do advogado, por exemplo, que presta serviços advocatícios individualmente em seu escritório, sem a colaboração de outros profissionais que interfiram no produto principal de seu trabalho. A existência de empregados que exerçam funções não relacionadas à atividade principal do profissional, não desconfiguram o caráter pessoal do serviço realizado. A funcionária de limpeza ou mesmo a secretária do escritório de advocacia, não desnaturam a condição personalíssima do serviço prestado.

Por outro lado, empregando profissionais que o auxiliem em sua atividade principal, como o médico que trabalha com a ajuda de outros médicos e também enfermeiros a ele subordinados, será considerado *empresa* para fins de tributação. Assim vem entendendo o STJ (REsp 1.185.119/SP).

As sociedades profissionais podem contratar funcionários habilitados sem perder o direito ao ISS fixo. Contudo, os sócios devem prestar os serviços na sociedade.

O STJ pacificou exegese quanto à tributação *ad valorem* das sociedades empresárias (com registro na Junta Comercial ou ainda que no cartório, mas quando adotem forma empresarial). Nesse sentido, o seguinte julgado:

> PROCESSUAL CIVIL E TRIBUTÁRIO – IMPOSTO SOBRE SERVIÇOS DE QUALQUER NATUREZA – ISS – BASE DE CÁLCULO – TRATAMENTO DIFERENCIADO CONFERIDO AOS PROFISSIONAIS LIBERAIS E ÀS SOCIEDADES UNIPROFISSIONAIS – ART. 9º, §§ 1º E 3º, DO DECRETO-LEI Nº 406/1968 – NORMA NÃO REVOGADA PELA LEI COMPLEMENTAR Nº 116/2003 – PRECEDENTES – EMPRESÁRIO INDIVIDUAL OU SOCIEDADE EMPRESÁRIA. INAPLICABILIDADE – PRECEDENTES DA PRIMEIRA SEÇÃO – EXERCÍCIO DE PROFISSÃO INTELECTUAL COMO ELEMENTO DE EMPRESA – CONFIGURAÇÃO. 1. A Primeira Seção consolidou o entendimento de que "as sociedades uniprofissionais somente têm direito ao cálculo diferenciado do ISS, previsto no art. 9º, § 3º, do Decreto-Lei nº 406/1968, quando os serviços são prestados em caráter personalíssimo e, assim, prestados no próprio nome dos profissionais habilitados ou sócios, sob sua total e exclusiva responsabilidade pessoal e sem estrutura ou intuito empresarial" (EREsp 866.286/ES, Rel. Ministro Hamilton Carvalhido, julgado em 29.9.2010, *DJe* de 20.10.2010). 2. Segundo o artigo 966 do Código Civil, considera-se empresário aquele que exerce atividade econômica (com finalidade lucrativa) e organizada (com o concurso de mão-de-obra, matéria-prima, capital e tecnologia) para a produção ou circulação de bens ou de serviços, não configurando atividade empresarial o exercício de profissão intelectual de natureza científica, literária ou artística, ainda que com o concurso de auxiliares ou colaboradores, que não constitua elemento de empresa. 3. A tributação diferenciada do ISS não se aplica à pessoa física ou jurídica cujo objeto social é o exercício de profissão intelectual como elemento integrante da atividade empresarial (vale dizer, o profissional liberal empresário e a sociedade empresária profissional). No caso, configurado o caráter empresarial da atividade desempenhada, fica afasta a incidência do art. 9º, §§ 1º e 3º, do Decreto-Lei nº 406/1968. 4. Recurso especial desprovido." (REsp 1028086/RO, Recurso Especial 2007/0185621-3, Primeira Turma, Rel. Min. Teori Albino Zavascki (1124), j. em 20.10.2011, *DJe* de 25.10.2011)

Citamos ainda outro julgado, ainda mais esclarecedor, que indica – como critério essencial para determinar a tributação fixa do ISS – a *responsabilidade ilimitada* dos sócios junto aos fornecedores da pessoa jurídica:

> PROCESSUAL CIVIL E TRIBUTÁRIO – AGRAVO REGIMENTAL NO AGRAVO EM RECURSO ESPECIAL – ISSQN – SOCIEDADE POR COTA DE RESPONSABILIDADE LIMITADA – RECOLHIMENTO POR VALOR FIXO – ART. 9º, § 3º, DECRETO-LEI Nº 406/1968 – DESCABIMENTO – PRECEDENTES – SOCIEDADE ORGANIZADA SOB A FORMA EMPRESARIAL – AGRAVO REGIMENTAL DA EMPRESA CONTRIBUINTE AO QUAL SE NEGA PROVIMENTO. 1. Segundo a jurisprudência firmada no âmbito da 1ª Seção do STJ, o tratamento diferenciado dispensado às sociedades pro-

> fissionais, nos moldes do art. 9º do Decreto-Lei nº 406/1968, não foi revogado pela Lei Complementar nº 116/2003 (REsp. 919.067/MG, Rel. Ministro Teori Albino Zavascki, *DJe* de 9.8.2011). 2. Firmou-se a orientação da 1ª Seção desta Corte Superior de que as sociedades constituídas sob a forma de responsabilidade limitada, justamente por excluir a responsabilidade pessoal dos sócios, não atendem ao disposto no art. 9º, § 3º do DL nº 406/1968, razão por que não fazem jus à postulada tributação privilegiada do ISS (AgRg nos EREsp. 1.182.817/RJ, Rel. Min. Mauro Campbell Marques, *DJe* 29.8.2012). 3. Agravo Regimental da empresa contribuinte ao qual se nega provimento. (Processo AgRg no AREsp 155844/SP, Agravo Regimental no Agravo em Recurso Especial 2012/0049132-8, Primeira Turma, Rel. Min. Napoleão Nunes Maia Filho (1133), j. em 15.3.2016, *DJe* de 31.3.2016)

Contudo, recentemente, no AgInt no REsp nº 1.417.214, julgado em 2.5.2017, *DJe* de 16.6.2017, relator Ministro Gurgel de Faria, a Primeira Turma do mesmo STJ proferiu acórdão dissonante da jurisprudência até então dominante sobre a matéria:

> O fato de a parte recorrida se constituir em sociedade limitada não interfere na pessoalidade do serviço prestado a ensejar alteração da natureza de sua atividade econômica para empresarial.
>
> Nesse sentido: AgRg no AREsp 519.194/AM, Rel. Ministro Sérgio Kukina, Rel. para o Acórdão Ministra Regina Helena Costa, Primeira Turma, j. em 9.6.2015, *DJe* de 13.8.2015; AgRg no AREsp 792.878/SP, Rel. Ministro Humberto Martins, Segunda Turma, j. em 3.12.2015, *DJe* de 14.12.2015.
>
> Na hipótese dos autos, o Tribunal de Justiça entendeu que a sociedade de médicos, embora constituída sob a forma de responsabilidade limitada, não tem caráter empresarial.

E no caso de o contribuinte ser optante pelo Simples Nacional, o ISS será fixo ou *ad valorem*?

A LC nº 123/2006 determina o ISS fixo apenas para a *atividade de escritório de contabilidade,* que, aliás, era a única categoria intelectual que podia ingressar no regime do Simples Nacional até o advento da LC nº 147/2014, que permitiu o ingresso dos demais profissionais liberais.

Só que esta última lei complementar não previu a tributação fixa das novas atividades inseridas no regime diferenciado de tributação, pelo que devem ser tributadas normalmente em razão do seu faturamento bruto, ainda que se tratem de sociedades simples com responsabilidade ilimitada de seus sócios.

Eventuais materiais empregados na prestação do serviço deverão compor a base imponível do imposto, conforme regra já estudada. Assim, entrará na base tributável do ISS o material utilizado pelo advogado para a elaboração de uma petição. Do mesmo modo, a injeção aplicada por um farmacêutico, o exame de raio-x realizado por um dentista, e assim avante.

O mesmo não ocorre nos casos de profissionais que praticam atos de comércio, como um dentista que vende produtos de higiene bucal para o público em geral. Aí trata-se de *mercadoria* e não material, devendo a atividade ser onerada pelo ICMS.

Pergunta-se: o profissional que não possua registro no órgão de classe competente é contribuinte do ISS? O engenheiro que faz projetos e assina plantas sem a necessária habilitação técnica, pratica fato imponível do referido tributo? Não há a menor dúvida que sim. É o que se depreende da simples leitura dos arts. 118 e 126 do CTN.

As atividades que ora tratamos estão empregadas na lista num sentido genérico, albergando, pois, qualquer especialidade que lhe for relativa. Dessa feita, não importa se se trata de engenheiro elétrico, civil ou mecânico; de advogado tributarista, criminalista ou civilista; basta, apenas, que o serviço se enquadre no gênero previsto na lista para que seja passível de tributação.

Ainda, é bom que se diga que os serviços contratados com os profissionais liberais constituem-se em meras obrigações de meio e não de resultado. Não se contrata os serviços de advogado com a promessa de ganho de causa, mas de representar o constituinte em juízo, defendendo seus interesses da melhor forma possível. A mesma coisa se dá com um economista, quando contratado para prestar consultoria à uma empresa. Não se paga pelo sucesso do planejamento econômico-financeiro, mas tão somente pelo serviço realizado com vistas a este intuito.

4.24. RECONDICIONAMENTO, ACONDICIONAMENTO, BENEFICIAMENTO E DEMAIS SERVIÇOS SIMILARES

A lista original da LC nº 116/2003 previa:

14.05 – Restauração, recondicionamento, acondicionamento, pintura, beneficiamento, lavagem, secagem, tingimento, galvanoplastia, anodização, corte, recorte, polimento, plastificação e congêneres, de objetos quaisquer.

A redação deste subitem, contudo, foi alterada pela nova LC nº 157/2016:

14.05 – Restauração, recondicionamento, acondicionamento, pintura, beneficiamento, lavagem, secagem, tingimento, galvanoplastia, anodização, corte, recorte, plastificação, costura, acabamento, polimento e congêneres de objetos quaisquer.

Vê-se que a alteração foi sutil, apenas inserindo os serviços de *costura* e *acabamento.*

A principal questão que se apresenta é a seguinte: como saber quando tais atividades serão consideradas operações de industrialização e comercialização e quando configurar-se-ão como prestações de serviços? A resposta está no próprio título do item 14 (serviços relativos a bens de terceiros).

As empresas de serigrafia que aplicam estampas em camisas fornecidas pelo cliente, seja usuário final ou não, praticam fato imponível de ISS descrito neste subitem. Também se afigura como fato jurídico tributário do imposto em tela a pintura realizada em roupa de propriedade de uma *boutique*. O mesmo não ocorre se o próprio comerciante aplica o *silk-screen* sobre a sua mercadoria colocada à venda.

O STJ tem vários acórdãos no sentido invocado. Entretanto, diante da decisão liminar do STF sobre a confecção de embalagens (ADI 4389 MC/DF), recomenda-se cautela até a definição do Guardião da Constituição.

Recentemente o STJ (Segunda Turma) começou a mudar o seu entendimento, motivado exatamente pela decisão liminar do STF citada acima. Embora tal decisão tenha como objeto o serviço gráfico, em tudo se assemelha ao item em comentário.

Dessa forma, nos parece que não vingará a tributação da industrialização por encomenda com a amplitude que os municípios esperavam. Apenas a incidência do ISS sobre os serviços destinados ao consumidor final é que está garantida.

Transcrevemos a seguir o julgado do STJ que indica uma mudança de posição sobre a matéria. Resta, é claro, esperar pelo posicionamento da Primeira Turma do mesmo STJ:

> TRIBUTÁRIO – ICMS E ISS – SERVIÇOS DE COMPOSIÇÃO GRÁFICA – SÚMULA 156 DO STJ – ADEQUAÇÃO AO ENTENDIMENTO DO SUPREMO TRIBUNAL FEDERAL. ADI 4389-MC. 1. A Primeira Seção do STJ, em 11.3.2009, no julgamento do REsp 1.092.206/SP, de relatoria do Min. Teori Albino Zavascki, submetido ao rito dos recursos repetitivos nos termos do art. 543-C do CPC e da Resolução nº 8/2008 do STJ, consolidou entendimento segundo o qual "as operações de composição gráfica, como no caso de impressos personalizados e sob encomenda, são de natureza mista, sendo que os serviços a elas agregados estão incluídos na Lista Anexa ao Decreto-Lei nº 406/1968 (item 77) e à LC nº 116/2003 (item 13.05). Consequentemente, tais operações estão sujeitas à incidência de ISS-QN (e não de ICMS). Confirma-se o entendimento da Súmula 156/STJ: "A prestação de serviço de composição gráfica, personalizada e sob encomenda, ainda que envolva fornecimento de mercadorias, está sujeita, apenas, ao ISS". 2. Contudo, em 13.4.2011 o Pleno do Supremo Tribunal Federal no julgamento da Medida Cautelar na ADI 4389, Rel. Min. Joaquim Barbosa, reconheceu que não incide ISS sobre operações de industrialização por encomenda de embalagens, destinadas à integração ou utilização direta em processo subsequente de industrialização ou de circulação de mercadoria. 3. Ante a possibilidade de julgamento imediato dos feitos que versem sobre a mesma controvérsia decidida pelo Plenário do STF em juízo precário, é necessária a readequação do entendimento desta Corte ao que ficou consolidado pelo STF no julgamento da ADI 4389-MC. 4. Hipótese em que o Tribunal de origem manifestou-se no mesmo sentido do entendimento exarado pelo STF, não merecendo reforma o acórdão estadual. Agravo regimental provido. (Processo AgRg no REsp 1310728/SP, Agravo Regimental no Recurso Especial 2012/0038838-2, Rel. Min. Humberto Martins (1130), j. em 2.6.2016, *DJe* de 13.6.2016)

A transformação, que consiste na operação realizada sobre matéria-prima ou produto intermediário, com o intuito de obter espécie nova, pode ser considerada como congênere dos serviços descritos pelo subitem comentado. Aqui, não se trata de criação de tributo pela analogia, vedada expressamente pelo § 1° do art. 108 do Código Tributário Nacional. Na verdade, trata-se de forma analógica de interpretação, admitida pelo próprio subitem em questão.

4.25. RECRUTAMENTO E FORNECIMENTO DE MÃO DE OBRA

17.04 – Recrutamento, agenciamento, seleção e colocação de mão de obra.

17.05 – Fornecimento de mão de obra, mesmo em caráter temporário, inclusive de empregados ou trabalhadores, avulsos ou temporários, contratados pelo prestador de serviço.

Recrutar significa angariar, atrair. Fornecer é prover, ministrar, abastecer. Normalmente, as empresas que operam no setor de mão de obra recrutam profissionais das mais diversas áreas, realizam prévia seleção para escolher os melhores, e posteriormente, os colocam nas empresas que deles necessitam. Agem, pois, como intermediárias entre os trabalhadores e as empresas carecedoras de mão de obra.

Atuando como fornecedora de mão de obra, a empresa prestadora de serviços fica responsável pelos encargos devidos aos trabalhadores, que na verdade, são seus empregados. Estes, portanto, possuem vínculo empregatício com a empresa de trabalho temporário e não com a tomadora de serviços, que é apenas cliente daquela. O trabalhador avulso não tem vínculo empregatício, no entanto, possui os mesmos direitos dos empregados.

A maior dificuldade dessa atividade está na composição de sua base de cálculo. Afinal, entram ou não no cálculo as despesas com encargos trabalhistas?

Pensamos que sim. Como bem já definiu o Egrégio Tribunal de Alçada Cível do Estado de São Paulo: *"Preço, no conceito econômico-fiscal, reflete o total despendido pelo consumidor para obter o produto do vendedor. Nesse total estão incluídos o valor da mercadoria, impostos devidos, lucro, frete, despesas de faturamento e outras mais com pertinência ao assunto."*

Não se tributa a título de ISS o *lucro*, mas o *valor contratado* para a realização do serviço. Destarte, todas as despesas do prestador diretamente relacionadas ao trabalho executado, nelas incluídas obviamente os salários e demais encargos trabalhistas, deverão fazer parte da base imponível do tributo em destaque. Se assim não se entender, estaremos deixando de adotar o *preço do serviço* como base tributária do ISS, para aplicar em seu lugar tão só *parte do preço do serviço*.

Desse modo, todos os gastos com o fornecimento de mão de obra devem compor a base concreta do gravame em questão.

Diferente é o caso de uma empresa que apenas agencia empregos. Neste caso, não há vínculo de subordinação. A pessoa interessada procura a agência e esta, mediante a cobrança de certo valor, prontifica-se a colocá-la no mercado de trabalho. Sobre o preço cobrado incidirá o ISS.

O STJ vem seguindo essa posição. Para o Colendo Tribunal, não há que se falar em deduzir os salários e encargos sociais se os profissionais fazem parte do quadro de empregados da empresa prestadora dos serviços. Nesse caso, aqueles encargos constituem custo, parte integrante da base imponível do ISS.

Obviamente, quando houver mera intermediação (aproximação das partes – cliente e profissional), o ISS incidirá sobre a comissão.

É o que se extrai do julgado a seguir:

> TRIBUTÁRIO – PROCESSUAL CIVIL – EMBARGOS DE DECLARAÇÃO NO AGRAVO DE INSTRUMENTO, RECEBIDOS COMO AGRAVO REGIMENTAL – PRINCÍPIO DA FUNGIBILIDADE RECURSAL – ISSQN – AGENCIAMENTO DE MÃO DE OBRA TEMPORÁRIA – MATÉRIA DECIDIDA EM RECURSO ESPECIAL REPRESENTATIVO DE CONTROVÉRSIA (REsp 1.138.205/PR) – AGRAVO NÃO PROVIDO. 1. Embargos declaratórios recebidos como agravo regimental, dado o seu caráter manifestamente infringente, em observância aos princípios da fungibilidade recursal. 2. O entendimento firmado pelo Superior Tribunal de Justiça, em sede de recurso especial representativo de controvérsia, processado e julgado sob o rito do art. 543-C do CPC, é no sentido de que, "nos termos da Lei nº 6.019, de 3 de janeiro de 1974, se a atividade de prestação de serviço de mão de obra temporária é prestada através de pessoal contratado pelas empresas de recrutamento, resta afastada a figura da intermediação, considerando-se a mão de obra empregada na prestação do serviço contratado como custo do serviço, despesa não dedutível da base de cálculo do ISS" (REsp 1.138.205/PR, Rel. Min. Luiz Fux, Primeira Seção, *DJe* 1º.2.2010). 3. Embargos de declaração recebidos como agravo regimental, ao qual se nega provimento. (EDcl no Ag 1225513/SP, Embargos de Declaração no Agravo de Instrumento 2009/0165604-1, Primeira Turma, Rel. Min. Arnaldo Esteves Lima (1128), j. em 1º.12.2011, *DJe* de 12.12.2011)

4.26. SAÚDE

O subitem 4.03 da lista trata das atividades pertinentes à saúde humana, realizadas pelas *empresas:*

> *4.03 – Hospitais, clínicas, laboratórios, sanatórios, manicômios, casas de saúde, prontos-socorros, ambulatórios e congêneres.*

Hospitais são lugares destinados à tratamento médico-terapêutico, geralmente de grande porte, onde são oferecidas assistência médica, hospedagem e alimentação.

Inegavelmente, verifica-se, nessas casas, um ciclo produtivo de trabalho, já que, para a persecução do fim almejado é necessária a concorrência do esforço e trabalho de vários profissionais, como médicos, enfermeiros, técnicos de laboratório, auxiliares de enfermagem, nutricionistas etc., conjugados à existência de máquinas e aparelhos especializados.

São fornecidos remédios e alimentação balanceada, produtos indispensáveis no tratamento dos pacientes, não se podendo separar do preço do serviço a parcela deles resultante.

Portanto, integrarão o preço do serviço os medicamentos e refeições fornecidas como parte do tratamento, não sendo o caso, evidentemente, de um hospital que mantenha uma farmácia em seu estabelecimento, vendendo remédios à população. Tratar-se-á, neste caso, de atividade comercial, fato jurídico tributário de ICMS e não de ISS.

O STJ já se pronunciou nesse sentido:

> Não se pode destacar da prestação de serviços de assistência médica, como um todo, a parte dela integrante referente ao fornecimento de remédios e alimentação aos pacientes. (STJ, 1ª T., REsp 40.161-5-SP, j. 15.12.1993, Rel. Min. Garcia Vieira, *DJU* 21.2.1994, p. 2.141).

Clínicas podem ser entendidas como hospitais de pequeno porte, normalmente especializadas em determinado ramo da medicina (centros cardiológicos, de ortopedia, clínicas ginecológicas etc.).

Entretanto, tributa-se nesse subitem a atividade médica empresarial. Os serviços médicos pessoais, incluídos os prestados pelas sociedades profissionais, estão previstos em subitens próprios: 4.01, 4.02 e 4.04.

Laboratórios de análise são *empresas* que realizam exames clínicos, como, por exemplo, os relativos à hematologia, imunologia, virologia, dentre outros. Possuem técnicos laboratoriais especializados na função, que concorrem para a produção da atividade principal, o que atribui um caráter empresarial ao exercício de tais atividades. Não se confunde com os exames realizados por médicos autônomos em seus consultórios, que estão sujeitos à tributação no subitem 4.02.

Os laboratórios não têm e nunca tiveram direito ao ISS fixo, conforme já decidiu o STJ (AgRg no Ag 581.178).

Os prontos-socorros caracterizam-se também como hospitais menores, de rápido atendimento, em que normalmente são feitos tratamentos de emergência.

Ambulatórios são espécies de enfermarias fixas, onde se fazem curativos, aplicam-se injeções, mede-se a pressão. Tais serviços são comumente praticados pelas farmácias, que possuem, no mais das vezes, local próprio para o serviço. A base imponível será formada inclusive pelos materiais empregados no labor, como o líquido injetável e o esparadrapo utilizado no curativo.

Sanatórios e manicômios são palavras utilizadas como sinônimas pelos leigos. Na verdade, levando-se em conta o sentido técnico-gramatical, considera-se sanatório o lugar destinado ao tratamento de doentes e convalescentes, de maneira geral. Já, a expressão manicômio é reservada à casa de saúde que cuida de alienados mentais, mais restrita, portanto.

As casas de repouso e recuperação eram, na legislação anterior, previstas no mesmo subitem das atividades acima comentadas. A nova lista, porém, deslocou-as para subitem diverso – 4.17. Podem ser definidas como locais destinados ao descanso e recuperação da saúde das pessoas, que não são necessariamente doentes. Tais casas fornecem geralmente apenas abrigo e alimentação, nada impedindo que ministrem remédios e mantenha corpo médico à disposição dos recuperandos.

Enquadram-se neste subitem todo e qualquer asilo, centros de recuperação pós-operatório e de deficientes, como por exemplo os especializados em fisioterapia. Os *spas,* casas de saúde muito difundidas atualmente, destinados, na maioria das vezes, às pessoas que sofrem de obesidade, têm enquadramento em outro subitem – 6.05, relativo ao gênero *serviços de cuidados pessoais*.

A lista ainda utiliza o termo "congêneres", admitindo o emprego da interpretação analógica (que não se confunde com a analogia, forma de integração da lei tributária) para o enquadramento de casas similares às previstas no presente subitem.

O exercício da veterinária por empresa é tratado no subitem 5.02 da lista de serviços.

4.27. TVs POR ASSINATURA

Primeiramente, denominamos *TVs por Assinatura* aquelas que prestam serviços a destinatários determinados, que são exatamente os assinantes. Paga-se uma mensalidade para ter acesso à programação oferecida pela prestadora, normalmente composta por grande variedade de canais televisivos, que exibem filmes, documentários, *shows*, entrevistas, competições esportivas e demais atrações. Há ainda mais especificamente, os casos de *pay-per-view,* em que o assinante escolhe e paga para assistir determinado programa em especial.

Estas *TVs* diferem das não pagas, visto que sua remuneração principal advém dos assinantes, ao passo que as de sinal aberto remuneram-se junto aos anunciantes.

Na égide da Lei Complementar nº 56/1987, já sustentávamos a tributação dos serviços de *tvs pagas.* Sempre nos pareceu tratar-se de uma espécie de serviço de diversão pública, onde o cliente-assinante paga para ter direito a um meio de entretenimento, assistindo a uma programação adrede preparada pela empresa de televisão.

Daí surge a seguinte indagação: mas não seria um serviço de comunicação, tributável pelo ICMS, consoante o que dispõe o art. 155, II, da Carta Magna brasileira?

Temos pressa em responder que não. Por quê? É que a comunicação é apenas o veículo de que se serve a empresa de *TV* a cabo para a consecução de seus objetivos. O assinante ou telespectador não paga para comunicar-se, mas sim para ter direito a uma forma de entretenimento, de diversão pública, isto é, à programação explorada pela prestadora. Esta sim é a usuária do serviço de comunicação.

O que se tributa a título de ICMS é o serviço de *comunicação* (art. 155, II, da CF) e não o de *difusão*, este inegavelmente da alçada municipal.

Bem esclarecedoras a respeito as lições de Marco Aurélio Greco e Anna Paola Zonari (*ICMS – Materialidade e Princípios Constitucionais*):

> Esta distinção, embora não se possa dizer que esteja extreme de dúvidas, pode ser vislumbrada nos itens XI e XII do art. 21 da CF/1988, na medida em que o primeiro deles trata dos serviços telefônicos, telegráficos e de transmissão de dados (a nosso ver, típico serviço de comunicação), enquanto que o segundo contempla os serviços de radiodifusão sonora, de sons e imagens (nítidas atividades de difusão). Também os arts. 22, IV e 48, XII, da CF/1988, individualizam telecomunicações e radiodifusão.
>
> A conclusão é que não estão abrangidas pela norma de competência impositiva relativa ao ICMS as atividades de difusão, mas apenas os serviços de comunicação.

O ilustre mestre Roque Antonio Carrazza, em sua obra memorável *ICMS* (2001, p. 139), não destoa desse entendimento, antes o avaliza:

> Noutras palavras, o assinante não se comunica nem com a empresa, nem com terceiros. Apenas assiste à programação. Ele, por assim dizer, adere à programação, assistindo aos filmes, documentários, entrevistas, partidas de futebol etc., que a empresa coloca à sua disposição. Não participa, porém, da feitura desta programação, nem nela interfere.
>
> Tal serviço é tributável, em tese, apenas por meio de ISS. Não de ICMS.

Com o advento da Lei Complementar nº 116/2003, o melhor enquadramento de tais serviços se fará no subitem 12.16, específico para o objeto em estudo.

A questão nunca foi analisada pelo STF.

O STJ, por sua vez, concorda com a tributação municipal sobre os serviços acessórios, como se extrai do julgado a seguir:

> PROCESSUAL CIVIL – TRIBUTÁRIO – ISS – TV A CABO – NÃO INCLUSÃO NO CONCEITO DE SERVIÇO DE TELECOMUNICAÇÕES PREVISTO NA LEI Nº 8.977/1995 – DEMAIS SERVIÇOS CONSIDERADOS ACESSÓRIOS AOS PRESTADOS POR MEIO DE TV A CABO – INCIDÊNCIA DO ISS – LOCAÇÃO DE FIBRA ÓTICA – BEM MÓVEL – CONCEITO CONSTITUCIONAL – COMPETÊNCIA DO STF. 1. Os serviços relacionados à mudança de endereço; mudança de pacote (número de canais por clientes);

> quota de instalação; reconexão; instalação de ponto adicional e mudança de ponto são considerados serviços acessórios aos prestados por meio de TV a Cabo, portanto enquadram-se no item 14.2 (assistência técnica) da lista de serviços anexa à Lei complementar nº 116/2003. 2. A Segunda Turma do STJ tem entendido que a análise a respeito da incidência de ISS sobre locação de bens móveis (fibra ótica) é da competência do STF, porquanto diz respeito ao conceito constitucional de serviço posto no art. 156, III da Constituição Federal. Precedentes. Agravo regimental improvido." (AgRg no AgRg no REsp 1139844/PB, 2009/0089959-6,Segunda Turma, Rel. Min. Humberto Martins (1130), j. em 6.5.2010, *DJe* de 17.5.2010)

Como dito em linhas atrás, o STJ admite a tributação dos "serviços acessórios" prestados pelas empresas de *tv* por assinatura, serviços esses que não se confundem com a atividade de telecomunicação propriamente dita, isto é, a "distribuição de sinais de áudio e vídeo". Portanto, quaisquer outros serviços prestados que não se enquadrem como *serviço de comunicação*, tais como aqueles citados na ementa acima, devem ser tributados pelo ISS.

E a locação de fibra ótica, pode ser onerada pelo ISS? À luz do item 3.04 da Lista anexa à LC nº 116/2003 é possível. Mas seria constitucional? Pelo que vem decidindo o STF em situações análogas, apenas a locação associada a um serviço pode ser tributada pelo ISS, já que, nesse caso, estaríamos diante de uma obrigação de fazer.

Assim, deve ser apurado se na locação de fibra ótica há efetivamente alguma prestação de serviço agregada à cessão do bem, o que legitimaria a incidência do imposto municipal.

5 A NOVA LEI COMPLEMENTAR Nº 157/2016

No dia 30 de dezembro de 2016 foi publicada a nova Lei Complementar do ISS. O recente diploma trouxe novidades para o campo desse imposto municipal. Vejamos as inovações:

- mudança nos incisos XII, XVI e XIX do art. 3º da Lei Complementar nº 116/2003;
- acréscimo de três novos incisos no mesmo art. 3º: XXIII (plano de saúde), XXIV (administração de cartões de crédito e débito) e XXV (*leasing*).

Reside justamente neste ponto a principal mudança efusivamente comemorada pelos Municípios, já que, a partir de agora, haverá uma "pulverização" da arrecadação do ISS em todo o Brasil, transferindo a incidência do imposto da origem (sedes destes prestadores de serviços) para o destino (local dos tomadores de serviços);

- inclusão de um (curioso) § 4º, prevendo a alteração da competência tributária (da origem para o destino), na hipótese de o Município originalmente competente (local de estabelecimento do prestador) cobrar o ISS com carga tributária abaixo de 2%, quando, então, o imposto será transferido para o destino (local do tomador do serviço).

Já o art. 6º (sujeição passiva) da Lei Complementar nº 116/2003 sofreu os seguintes acréscimos:

- inciso III do § 2º: previsão da responsabilidade do tomador pessoa jurídica, na hipótese do (novo) § 4º do art. 3º, ou seja, quando o Município originalmente competente não respeitar a carga tributária mínima de 2%;
- § 3º: trata do ISS sobre o *leasing*, dispondo que "o valor do imposto é devido ao Município declarado como domicílio tributário da pessoa jurídica ou física tomadora do serviço, conforme informação prestada por este";
- § 4º: no caso dos serviços prestados pelas administradoras de cartão de crédito e débito, os terminais eletrônicos ou as máquinas das operações

(P.O.S.) efetivadas devem ser registrados no local do domicílio do tomador do serviço.

Foi ainda incluído na Lei Complementar nº 116/2003 o art. 8º-A, com três parágrafos, disciplinando a alíquota mínima do ISS, que continua em 2%, excetuando os serviços a que se referem os subitens 7.02, 7.05 e 16.01 da Lista de Serviços. Este preceito reforça o conteúdo do art. 88 do ADCT e acrescenta nova exceção à proibição da alíquota mínima: a atividade de *transporte coletivo municipal rodoviário, metroviário, ferroviário e aquaviário de passageiros.*

A vedação compreende a concessão de qualquer benefício fiscal que reduza essa carga mínima, criando punições para os Municípios que descumprirem isso, quais sejam:

- nulidade da lei municipal, no caso de serviço prestado a tomador ou intermediário localizado em Município diverso daquele onde está localizado o prestador do serviço. Esdrúxula esta disposição! Primeiro porque o termo *nulidade* é apropriado quando se fala em ato administrativo. Segundo, pela restrição indicada no final da frase, isto é, será nula *apenas no caso do serviço ter sido prestado a tomador ou intermediário localizado em Município diverso daquele onde está localizado o prestador do serviço.*

Uma técnica mais apurada falaria em *ineficácia* da legislação municipal que não respeitar o art. 8º-A da Lei Complementar nº 157/2016, que tem o seu fundamento de validade no art. 88 do ADCT. E essa ineficácia obviamente atingirá qualquer lei municipal que não observar a alíquota mínima de ISS, não importando se o tomador possui domicílio dentro ou fora do Município do prestador do serviço.

- transferência da competência tributária para o Município do destino;
- dever de restituir a importância paga a título do imposto no caso de não respeitar a alíquota mínima de 2%; e
- tipificação desta conduta como improbidade administrativa.

Por fim, foi alterada a Lista de Serviços para incluir novas atividades no terreno do ISS, que serão comentadas na parte final deste item.

Eis um resumo do conteúdo da nova Lei Complementar nº 157/2016.

Entretanto, devemos frisar que, inicialmente, foram vetados os dispositivos que mais entusiasmaram os Municípios, quais sejam, os que faziam referência à incidência do ISS sobre os serviços de administração de cartões de crédito e débito, arrendamento mercantil e planos de saúde nos locais dos domicílios dos respectivos tomadores.

Seguem os dispositivos vetados:

Incisos XXIII, XXIV, XXV e § 4º do art. 3º; inciso III do § 2º e §§ 3º e 4º do art. 6º; ambos da Lei Complementar nº 116/2003, alterados pelo art. 1º do Projeto de Lei Complementar que deu origem à Lei Complementar nº 157/2016.

Tais dispositivos visavam desconcentrar a arrecadação do ISS em tais casos, distribuindo a vultosa receita do imposto hoje concentrada em poucos paraísos fiscais. Mas o Presidente da República vetou exatamente os parágrafos e incisos que alteravam inequivocamente o elemento espacial do fato gerador do ISS em tais serviços, distribuindo o "bolo" da arrecadação para grande parte dos municípios brasileiros.

Felizmente os vetos foram rejeitados pelo Congresso Nacional no final de maio de 2017, sendo a Lei Complementar nº 157/2016 publicada novamente no dia 1º.6.2017, desta vez com os dispositivos que haviam sido vetados, que passaram, pois, a integrar a referida legislação, fato que certamente proporcionará aos municípios novas possibilidades de expressivas arrecadações.

Contudo, para a surpresa de todos, o ministro Alexandre de Moraes, do Supremo Tribunal Federal (STF), concedeu, em 23/03/2018, cautelar na ADI nº 5835 para suspender dispositivos da LC nº 157/2016 relativos ao local de incidência do ISS.

Para o ministro, estão presentes os requisitos para a concessão da cautelar diante da dificuldade na aplicação da nova legislação, com ampliação dos conflitos de competência entre municípios e afronta ao princípio constitucional da segurança jurídica. A decisão suspende também, por arrastamento, a eficácia de toda legislação local editada para complementar a lei nacional.

Na ação, a Confederação Nacional do Sistema Financeiro (Consif) e a Confederação Nacional das Empresas de Seguros Gerais, Previdência Privada e Vida, Saúde Suplementar e Capitalização (CNseg) questionam dispositivos da Lei Complementar nº 116/2003 alterados pela LC nº 157/2016.

Os pontos questionados determinam que o ISS será devido no município do tomador do serviço no caso dos planos de medicina em grupo ou individual, de administração de fundos e carteira de clientes, de administração de consórcios, de administração de cartão de crédito ou débito e de arrendamento mercantil (*leasing*).

O modelo anterior estipulava nesses casos a incidência do ISS no local do estabelecimento prestador do serviço, mas a nova sistemática legislativa alterou a incidência do tributo para o domicílio do tomador de serviços.

"Essa alteração exigiria que a nova disciplina normativa apontasse com clareza o conceito de 'tomador de serviços', sob pena de grave insegurança jurídica e eventual possibilidade de dupla tributação ou mesmo ausência de correta incidência tributária", afirmou o ministro.

Para o relator, a ausência dessa definição, somada à edição de diversas leis municipais antagônicas sobre o tema prestes a entrar em vigor, acabará por gerar dificuldade na aplicação da lei complementar federal questionada.

Isso ampliaria conflitos de competência entre unidades federadas e comprometeria a regularidade da atividade econômica dos setores atingidos.

Lamentável tal decisão do STF! Especialmente em um momento em que tais empresas começavam a efetuar o recolhimento do ISS em todo o País.

Ora, se a LC nº 157/2016 apresenta lacunas e imprecisões e por isso deve ser declarada inconstitucional, então seremos forçados a reconhecer que todas as demais legislações tributárias de nosso País também deverão ser julgadas inconstitucionais! Afinal de contas, existe lei tributária clara e não duvidosa em nosso País?

Mas infelizmente é o que foi decidido liminarmente pelo STF. E qual é a consequência disso? Os segmentos em tela não mais estarão obrigados a recolher o ISS de forma pulverizada, uma vez que foram suspensos exatamente os dispositivos da LC nº 157/2016 que alteraram o elemento espacial do fato gerador do imposto para as atividades de administração de cartões de crédito e débito, *leasing*, planos de saúde e algumas outras.

Agora devemos nos movimentar para tentar derrubar essa precipitada decisão, bem como para obter êxito no tocante ao julgamento do mérito.

Lembrando que essa medida cautelar – concedida monocraticamente – deverá ser julgada pelo Plenário do STF em breve, já que depende do referendo da Corte para a manutenção de sua eficácia enquanto o mérito não é julgado.

No tocante à alíquota mínima de 2%, houve apenas um veto: o § 4º do art. 3º da Lei Complementar nº 116/2003, que determinava a alteração da competência tributária para o destino, caso o Município do estabelecimento prestador do contribuinte concedesse alguma benesse que resultasse numa carga de ISS inferior a 2%. Este veto foi também derrubado pelo Congresso Nacional.

Com relação ainda à alíquota mínima de 2% e a proibição de isenções no campo do ISS, temos recebido dúvidas cruciais de profissionais de todo o País, dentre as quais destaco as seguintes e já apresento o meu ponto de vista em relação a cada uma delas:

E o ISS fixo, foi atingido?

Para nós não. A LC nº 157/2016 só se refere ao regime *ad valorem* do ISS, o que a princípio nos faz crer que não abrangeu o regime diferenciado de tributação de tal imposto.

A nova LC nº 157/2016 abrange o ISS do Simples Nacional?

Como a LC nº 123/2006 é lei especial em relação à LC nº 157/2016 (e LC nº 116/2003), podemos concluir que não foi atingida pelas novas disposições desta última, visto que nada foi mencionado em relação ao ISS do Simples Nacional. Portanto, continua sendo possível a concessão de isenções e demais benefícios de ISS para as empresas optantes pelo Simples Nacional.

E os benefícios que nada tem a ver com a guerra fiscal?

Somos da opinião que podem ser mantidos. Ex: uma lei específica de Bauru concede desconto de 5% de ISS para cada deficiente contratado pela empresa, até o limite de 6 profissionais, totalizando 30% de desconto. Como a alíquota de ISS, nesse Município, em geral é de 2%, as empresas que contratam deficientes acabam pagando menos imposto do que a LC nº 157/2016 permite.

Contudo, prestigiando a interpretação sistemática e mesmo a teleológica, que busca os fins almejados pelo legislador, leis com esse teor nada tem a ver com a "guerra fiscal". Em outras palavras, isentar do ISS empresas que contratam deficientes não tem o intuito de atrair empresas para o Município, mas sim o de estimular a contratação dos mesmos.

E o objetivo maior da LC nº 157/2016 é inequivocamente o de combater a mencionada "guerra fiscal".

Só que isso não está explícito no corpo da nova Lei Complementar do ISS, o que acaba deixando os agentes políticos inseguros quanto à aplicação desse entendimento.

E as isenções condicionais e por prazo certo?

Penso que deverão ser mantidas até o final do prazo estabelecido, nos termos do art. 178 do CTN. Mas friso: só aquelas isenções com prazo certo de duração e que imponham contraprestações ao contribuinte.

Como ficam as parcelas não incluídas na base de cálculo do imposto por força de pacificações jurisprudenciais, tais como ocorrem com as cooperativas e os cartórios?

Recebi a seguinte questão de um colega do Paraná:

> E agora, continuo a autorizar a exclusão da base de cálculo do ISS de uma cooperativa dos valores que são repassados aos cooperados e aos prestadores de serviços médico-hospitalares?

Respondi a ele que sim, já que tal exegese advém da jurisprudência pacificada do STJ. Nesse caso não se fala em isenção ou benefício fiscal, mas sim de definição (composição) da base de cálculo do ISS.

Mas qual é o fundamento para essas exclusões?

O fundamento para tanto reside na teoria do STJ que faz uma distinção decisiva entre RECEITA e MERO INGRESSO FINANCEIRO.

Se o que uma empresa recebe deve ser obrigatoriamente repassado a terceiro, não se trata de receita dela (empresa), mas sim de mera entrada financeira que pertence a outro titular.

Foi com esse entendimento que o STJ decidiu sobre a base de cálculo do ISS das cooperativas. Acabou entendendo que estas apenas agem como intermediárias entre os seus clientes (conveniados) e as pessoas físicas e jurídicas que efetivamente prestam os serviços médico-hospitalares.

Essa mesma linha foi adotada recentemente pelo STF quando admitiu a exclusão do ICMS da base de cálculo do PIS/COFINS, argumentando que o valor do ICMS não representa faturamento da empresa, mas sim que constitui receita do Estado.

Isso, aliás, pode servir como valioso argumento jurídico para os paraísos fiscais de nosso Brasil, que autorizam a dedução dos tributos federais incidentes sobre a NFS-e, o que, na prática, acaba reduzindo a alíquota do ISS a percentuais inferiores a 2%.

Falemos agora um pouco das relevantes inclusões afetas à improbidade administrativa.

Pois bem, a LC nº 157/2016 também alterou a Lei de Improbidade Administrativa (Lei nº 8.429/1992).

O art. 6º da nova Lei Complementar prevê o prazo de um ano, contado da publicação, para os Municípios revogarem suas leis que descumprem a carga mínima de 2% de ISS.

A Lei nº 8.429/1992 – Lei de Improbidade Administrativa – catalogava, desde sua vigência, três categorias de atos de improbidade, a saber:

a) atos de improbidade que importam enriquecimento ilícito (art. 9º);
b) atos de improbidade que causam prejuízo ao erário (art. 10); e
c) atos de improbidade que atentam contra os princípios da Administração Pública (art. 11).

Não obstante, a Lei Complementar nº 157, de 29.12.2016, além de alterar a Lei Complementar nº 116/2003, que trata do ISS, introduziu também algumas alterações na Lei de Improbidade e, entre elas, procedeu à inclusão do art. 10-A, componente da Seção II-A, cujo teor é o seguinte:

> **Seção II-A**
>
> **Dos Atos de Improbidade Administrativa Decorrentes de Concessão ou Aplicação Indevida de Benefício Financeiro ou Tributário**
>
> **Art. 10-A.** Constitui ato de improbidade administrativa qualquer ação ou omissão para conceder, aplicar ou manter benefício financeiro ou tributário contrário ao que dispõem o *caput* e o § 1º do art. 8º-A da Lei Complementar nº 116, de 31 de julho de 2003.

Tais dispositivos foram assim construídos:

> **Art. 8º-A.** A alíquota mínima do Imposto sobre Serviços de Qualquer Natureza é de 2% (dois por cento).
>
> § 1º. O imposto não será objeto de concessão de isenções, incentivos ou benefícios tributários ou financeiros, inclusive de redução de base de cálculo ou de crédito

> presumido ou outorgado, ou sob qualquer outra forma que resulte, direta ou indiretamente, em carga tributária menor que a decorrente da aplicação da alíquota mínima estabelecida no *caput*, exceto para os serviços a que se referem os subitens 7.02, 7.05 e 16.01 da lista anexa a esta Lei Complementar.

Conforme se depreende dos novos dispositivos, foi criada uma quarta categoria de atos de improbidade, intrinsecamente relacionados à matéria tributária, justificando, portanto, o emprego de lei complementar, na forma do que dispõe o art. 146, III, da Constituição.

O intuito do novo enquadramento é inibir atos de absoluta irresponsabilidade dos gestores municipais, que renunciam a créditos de ISS para tentar angariar novas empresas para os seus respectivos territórios, em flagrante desconformidade com o art. 88 do ADCT da CF/1988.

Nesse passo, interessa comentar o elemento subjetivo da conduta de improbidade. Colocando de outra forma, teremos ato de improbidade com *culpa* ou *dolo*, ou apenas se houver *dolo* do agente?

Nas três categorias primitivas dos atos de improbidade, apenas o art. 10, relativo aos atos que provocam lesão ao erário, menciona a possibilidade de consumar-se a conduta por culpa ou dolo. Os arts. 9º e 11, contudo, não fazem referência ao elemento subjetivo da conduta.

Tal tratamento legislativo gerou algumas controvérsias, algumas das quais se encontram atualmente pacificadas. Em relação ao art. 10, admite-se a prática de improbidade por ato culposo.

Já para os arts. 9º e 11, a interpretação dominante aponta para a necessidade de se comprovar o *dolo* do agente, não sendo punível a conduta meramente culposa.

E o novo art. 10-A da Lei de Improbidade Administrativa, incluído recentemente pela LC nº 157/2016?

Este também não menciona o elemento subjetivo da conduta. Por isso mesmo, entendemos que deve seguir a mesma linha de intelecção que foi aplicada aos arts. 9º e 11, concluindo-se pela imprescindibilidade do *dolo* para que a hipótese de improbidade reste configurada. Se o legislador pretendesse admitir a culpa, teria que indicá-la expressamente no dispositivo, o que não ocorreu.

A nova Lei Complementar ainda acrescentou novos serviços à lista anexa à LC nº 116/2003, além de alterar alguns já previstos. Seguem as mudanças em *itálico* e **negrito,** com comentários pontuais:

> 1.03 – Processamento, ***armazenamento ou hospedagem*** **de dados,** ***textos, imagens, vídeos, páginas eletrônicas, aplicativos e sistemas de informação, entre outros formatos,*** e congêneres.

Foi incluído o serviço de *hospedagem* (*armazenamento*) de dados, páginas eletrônicas, vídeos, imagens etc., muito comum na atualidade.

> 1.04 – Elaboração de programas de computadores, inclusive de jogos eletrônicos, ***independentemente da arquitetura construtiva da máquina em que o programa será executado, incluindo tablets, smartphones e congêneres.***

Aqui sem grandes novidades. Apenas um detalhamento das possíveis hipóteses de incidência que já eram reconhecidas pela antiga redação mais sucinta do item.

> ***1.09 – Disponibilização, sem cessão definitiva, de conteúdos de*** áudio, ***vídeo, imagem e texto por meio da internet, respeitada a imunidade de livros, jornais e periódicos (exceto a distribuição de conteúdos pelas prestadoras de Serviço de Acesso Condicionado, de que trata a Lei nº 12.485, de 12 de setembro de 2011, sujeita ao ICMS).***

Item polêmico, que visa alcançar os populares serviços de *streaming* (Netflix e Spotify). Mas seriam realmente serviços, no sentido de obrigações de fazer?

Já respondemos que sim no item 4.15 desta obra, para onde remetemos o leitor.

Sabemos, contudo, tratar-se de questão polêmica, que certamente será discutida no Judiciário.

> 6.06 – Aplicação de tatuagens, piercings e congêneres.

Este item representa pouca expressão financeira, visto o porte normalmente pequeno dos prestadores de tais serviços.

> 7.16 – Florestamento, reflorestamento, semeadura, adubação, ***reparação de solo, plantio, silagem, colheita, corte e descascamento de*** árvores, ***silvicultura, exploração florestal e dos serviços congêneres indissociáveis da formação, manutenção e colheita de florestas, para quaisquer fins e por quaisquer meios.***

O presente item teve como objetivo tornar indiscutível a tributação da *silvicultura*, muito praticada nos dias atuais.

Em nosso Judiciário temos inúmeras ações discutindo a tributação da silvicultura pelo ISS, especialmente nos tribunais de justiça, com decisões conflitantes.

Os municípios vinham enquadrando a referida atividade no item em comentário como *florestamento* e *reflorestamento*.

> 11.02 – Vigilância, segurança ou monitoramento de bens, pessoas e ***semoventes.***

Outro item que nada representa em termos de arrecadação para os municípios.

Semovente é "aquele que anda ou se move por si". É a definição dada pelo Direito aos animais de bando (como bovinos, ovinos, suínos, caprinos, equinos etc.) que constituem patrimônio.

> 13.05 – Composição gráfica, ***inclusive confecção de impressos gráficos,*** fotocomposição, clicheria, zincografia, litografia e fotolitografia, ***exceto se destinados a posterior operação de comercialização ou industrialização, ainda que incorporados, de qualquer forma, a outra mercadoria que deva ser objeto de posterior circulação, tais como bulas, rótulos, etiquetas, caixas, cartuchos, embalagens e manuais técnicos e de instrução, quando ficarão sujeitos ao ICMS.***

O item põe fim a antigo conflito de competência entre estados e municípios, determinando a incidência do ICMS (e não do ISS) quando o impresso se destina a posterior operação de venda ou industrialização.

> 14.05 – Restauração, recondicionamento, acondicionamento, pintura, beneficiamento, lavagem, secagem, tingimento, galvanoplastia, anodização, corte, recorte, plastificação, ***costura, acabamento,*** polimento e congêneres de objetos quaisquer.

Mera inclusão das atividades de *costura* e *acabamento*.

> 14.14 – Guincho intramunicipal, guindaste e içamento.

Os serviços de *guincho* já podiam ser enquadrados no item 16 (transporte), sem maiores controvérsias.

No que tange a *guindaste* e *içamento*, a inclusão é importante, pois não havia previsão específica para tais atividades na Lista de Serviços.

O serviço de *guindaste* vinha sendo tipificado como de construção civil, o que provocou e ainda provoca muita discussão.

> 16.01 – Serviços de transporte ***coletivo municipal rodoviário, metroviário, ferroviário e aquaviário de passageiros.***
>
> ***16.02 – Outros serviços de transporte de natureza municipal.***

A divisão do item foi efetuada para excepcionar o *transporte coletivo* da regra da alíquota mínima de 2%.

> ***17.25 – Inserção de textos, desenhos e outros materiais de propaganda e publicidade, em qualquer meio (exceto em livros, jornais, periódicos e nas modalidades de serviços de radiodifusão sonora e de sons e imagens de recepção livre e gratuita).***

A atividade de veiculação de propaganda retorna à Lista de Serviços por meio do item em questão. Na última lista, veiculada pela LC nº 116/2003, tais serviços estavam previstos no item 17.07, mas foram vetados pelo Presidente da República diante da "generalidade" de sua redação, que permitiria a oneração da mídia impressa, esta abarcada pela imunidade tributária. A nosso sentir, totalmente despropositado o fundamento apresentado, uma vez que a imunidade não precisa ser *declarada* pela legislação infraconstitucional. Ao contrário, ela tem aplicação direta e automática.

O veto ainda fez menção a serviços de comunicação, o que conflita com a competência estadual.

Para nós, não estamos diante de um serviço de *comunicação*, mas de *difusão* de textos, desenhos, mensagens, ideias etc. Há *comunicação* quando se estabelece uma *relação comunicativa* entre as partes, isto é, um veículo possibilitando que duas ou mais pessoas conversem. É o caso típico do serviço telefônico.

> 25.02 – ***Translado intramunicipal*** e cremação de corpos e partes de corpos cadavéricos.

Aqui apenas uma especificação de um serviço que poderia ser tranquilamente tributado com base no item 16 da Lista de Serviços.

> 25.05 – Cessão de uso de espaços em cemitérios para sepultamento.

Mais um item polêmico que certamente chegará ao Judiciário, pois – *a priori* – parece tão somente uma locação de espaço (mera obrigação de dar), contrária, pois, à noção atual de serviço.

Por fim, a respeito da vigência da nova lei complementar, o art. 7º da LC nº 157/2016 escolheu – como regra – a data da sua publicação, o que ocorreu em 30.12.2016.

No entanto, determinou uma *vacatio legis* para algumas situações:

- 1 (um) ano a contar de 30/12/2016, para a adaptação da legislação municipal à alíquota mínima de 2% de ISS, e para o início da vigência da nova hipótese de improbidade administrativa incluída na Lei nº 8.429/1992;
- a partir de 1º de julho de 2017, para a alteração da LC nº 63/1990 (§ 1º-A e 1º-B incluídos pela LC nº 157/2016). A mudança diz respeito a novo critério de repasse do ICMS, que levará em conta o município onde efetivamente for realizada a transação comercial, e não mais o município onde se encontra o centro de distribuição, reforma que há anos vinha sendo reclamada por grande parte dos municípios brasileiros.

6 FISCALIZAÇÃO PEDAGÓGICA: UMA ABORDAGEM NO ÂMBITO MUNICIPAL

Autor: Marcos Roberto da Costa Garcia[61]

Primeiramente definiremos o significado da palavra pedagógica. A definição lexical da palavra pedagógica traduz-se como um adjetivo derivado do substantivo feminino pedagogia que significa a arte e a ciência da educação e do ensino.

A Fiscalização Pedagógica, quando realizada pelo Governo, refere-se ao ato do Poder Público de educar os cidadãos para uma determinada tarefa, a fim de conquistar melhores resultados naquilo que se propõe. Neste trabalho, abordaremos a fiscalização pedagógica pertinente ao ISS.

A fiscalização rotineira e comumente realizada pelos auditores fiscais e técnicos tributários municipais há tempos não mais vem trazendo resultados satisfatórios aos cofres do Tesouro Municipal. A metodologia até hoje utilizada já exauriu as suas possibilidades, portanto, nossa tarefa será apresentar uma nova filosofia de trabalho, a fim de que os setores de fiscalização possam obter melhores resultados práticos no que tange ao aumento da arrecadação do imposto municipal.

Dividiremos nosso trabalho em três partes:

1º) Pacto Fiscal Pedagógico

2º) Conhecer e Fazer

3º) Educar o Contribuinte e Apresentar Novas Propostas

1º) Pacto Fiscal Pedagógico

Para que o procedimento de fiscalização pedagógica atinja os objetivos almejados, faz-se necessária medida preliminar tendente a buscar, através da justiça e da transparência, recuperar e resgatar o respeito ao servidor fisco-fazendário, que será "peça chave" em todo o processo.

Com esse intuito, sugerimos que seja selado o pacto AFIC – ADMINISTRAÇÃO – FISCALIZAÇÃO – CONTRIBUINTE, onde as partes envolvidas se comprometerão:

61. O Autor é economista, auditor fiscal e Secretário de Finanças do Município de Bauru (SP).

- Prefeito e demais Agentes Políticos: a não interferir, politicamente, na Fiscalização, apoiando, incentivando, respeitando e valorizando o trabalho fiscal;
- Procurador-Geral do Município: a dar sustentação jurídica às ações fiscais, reconhecendo a importância e a necessidade da fiscalização, colaborando, de forma decisiva, como um inseparável parceiro, na atividade fiscal;
- Secretário Municipal de Finanças: a ser um incansável interlocutor, junto à Administração, das solicitações dos assessores, dos diretores e dos chefes afetos à área fiscal, além de um verdadeiro defensor, junto à sociedade, do papel desempenhado pelo fiscal;
- Assessores, Diretores e Chefes: a transformar a fiscalização em um verdadeiro Órgão de Educação Tributária e de Orientação Fiscal;
- Fiscal: a ser um consciente servidor voltado para educar e orientar o contribuinte.

Superada essa primeira e imprescindível fase, será possível dar-se seguimento aos demais passos, que passamos a expor em seguida.

2º) Conhecer e Fazer

Quando nos propomos a fazer algo ou ministrar o ensino a alguém, devemos conhecer bem a matéria abordada para que não incorramos em erros.

Dado o objetivo deste livro, nos ateremos somente à Estrutura Responsável pela Arrecadação do ISS (E.R.A.I.). A seguir relacionaremos o que a E.R.A.I. deve conhecer e fazer:

a) O Auditor e os demais Servidores ligados ao Setor de Arrecadação Tributária

Conhecer:

- sua formação;
- suas expectativas e interesses;
- seu perfil social e psicológico.

Fazer:

- dividir as tarefas conforme o perfil de cada um;
- investir em cursos, palestras e materiais necessários;
- motivar a participação no incremento da arrecadação;
- aprimorar o canal de comunicação para com a chefia;
- estimular a participação de todos com ideias e projetos, criar grupos de estudos;

- pontuação e produtividade: deve primar pelos resultados efetivamente obtidos e não pela quantidade de serviços executados.

A Secretaria de Economia e Finanças (S.E.F.) deverá ter prioridades sobre as demais no que tange aos investimentos na área de recursos humanos e materiais, pois esta é a base de toda a estrutura administrativa. O sucesso de outras Secretarias dependerão primeiramente do sucesso da S.E.F. A própria Constituição Federal, em seu art. 37, inciso XVIII, traz a seguinte redação: *"a administração fazendária e seus servidores fiscais terão, dentro de suas áreas de competência e jurisdição, precedência sobre os demais setores administrativos, na forma da lei;"*.

b) Contribuintes do ISS

Conhecer:

- Quem são, quantos são, como são, e onde estão.

Fazer:

- A inscrição no cadastro fiscal deve ser simples e rápida. Para isso, faz-se necessária a sua desvinculação de qualquer obrigação anterior, tais como permissões ou licenças. Hoje quando se fala em rapidez, logo pensamos na internet. A cidade de Bauru é precursora nesta empreitada, tendo sido criada em 2000 a "Deca Eletrônica" – site disponibilizado na internet (*www.bauru.sp.gov.br*), onde poderão ser realizadas quaisquer aberturas e/ou alterações de cadastro fiscal.
- Criar convênios com outros órgãos de fiscalização, tais como a Receita Federal e Estadual, a fim de cruzar informações. Nossa vivência nesta área permite dizer que muitas empresas somente abrem suas inscrições na Prefeitura quando notificadas por algum fiscal, apesar de já estarem regularizadas em outros órgãos governamentais.
- Dividir as atividades constantes na Lista de Serviços entre diferentes grupos de auditores e técnicos. Ou seja, faremos do agente de arrecadação do ISS um especialista em quatro ou cinco atividades. Deverá conhecer a média dos preços de mercado de cada serviço envolvido, as variações existentes face aos aspectos sazonais, estar atento ao surgimento de novos serviços nos ramos dessas atividades, e ainda criar obrigações acessórias para dificultar a sonegação.
- Os auditores fiscais deverão trabalhar de forma setorizada, ou seja, trabalhar numa mesma região da cidade. Isso possibilita: um maior conhecimento das atividades desenvolvidas pelos prestadores de serviço a serem fiscalizados; o acompanhamento histórico do comportamento desses contribuintes, assim como o perfil de seus clientes (exemplo: pessoas físicas *x* pessoas jurídicas); as condições socioeconômicas da região; e a verificação de novos prestadores de serviço naquela unidade.

- Criação de um grande banco de dados, através de programas de informática, que municie o Fisco com todos os dados relacionados acima e outros que sejam importantes para o trabalho efetuado pela E.R.A.I. Exemplo: Os maiores contribuintes de ISS; quantidades de determinada atividade por região; distribuição da receita do ISS entre as atividades afins; quais os setores que mais vêm crescendo etc. Com um eficiente banco de dados, a E.R.A.I. poderá planejar seu serviço e estabelecer metas a serem conquistadas. Saberá responder porque o contribuinte "X e Y Ltda." está sendo fiscalizado, e não o "W e Z Ltda.", pois sabemos que hoje não há quase metodologia alguma usada para definir tal procedimento. A Auditoria Fiscal Tributária de Bauru, através de seu setor de informática, criou importantes relatórios gerenciais, cruzando informações que auxiliam em muito o planejamento e a efetiva fiscalização dos contribuintes, dentre os quais podemos citar: *VALOR DECLARADO NA DAME X VALOR PAGO; PAGAMENTO TAXA DE LICENÇA X PAGAMENTO DE ISS; NÚMERO DE A.I.D.Fs. SOLICITADAS X QUANTIDADE DE NOTAS FISCAIS IMPRESSAS*; etc.

3º) Educar o Contribuinte e Apresentar Novas Propostas

a) A Sociedade:

- Nas escolas: Pagar tributos e exigir que estes sejam bem empregados é um dever e um direito do cidadão. E é justamente nas escolas de ensino fundamental e médio que devemos iniciar esta doutrina. Os professores deverão receber noções básicas desde a importância em se pedir uma nota fiscal até questões atinentes ao orçamento público municipal, com a finalidade de transmitir tais conhecimentos ao corpo discente, através de ensinamentos interdisciplinares.
- Campanhas educativas: Através de cartilhas explicativas, propagandas no rádio e televisão, assim como em outros veículos de divulgação, mostrar à sociedade a importância de sua participação no incremento das receitas públicas, e consequentemente o aumento de qualidade de vida que o governo poderá proporcionar. Uma boa alternativa é o sorteio de brindes ou prêmios, como forma de incentivar a população a solicitar notas fiscais de serviço.

b) O Prestador de Serviços:

- O fiscal tributário deverá visitar de pronto os recém inscritos no cadastro fiscal a fim de esclarecer dúvidas e, se necessário, ensinar a estes como proceder, para que eventuais irregularidades não ganhem corpo ao longo do tempo.
- Nos pontos de grande concentração de prestadores de serviços, é necessária a realização de visitas periódicas a fim de averiguar se todos possuem cadastro

fiscal. Na cidade de Bauru, a providência tem surtido grande efeito, com a constatação de inúmeros prestadores que atuavam na clandestinidade.

- Reeducar os contribuintes já inscritos. Assisti-los, desde a emissão de notas fiscais de serviço e sua correspondente escrituração nos livros fiscais, até a atos mais complexos, como, por exemplo, a composição da base de cálculo do ISS.
- Efetuar constantemente levantamentos nas maiores empresas privadas ou públicas (universidades, condomínios, fábricas, entes paraestatais etc.), a fim de apurar, através da checagem de notas fiscais e recibos, se os serviços tomados correspondem, de fato, aos prestados e, consequentemente, ao ISSQN recolhido pelos prestadores de serviços.
- Acompanhar regularmente os contribuintes de grande porte e aqueles que vêm apresentando constantes irregularidades em seus recolhimentos e/ou documentos fiscais. Algumas Prefeituras estão contratando empresas de informática e outras para, através de contratos de resultado, conquistarem aumentos de arrecadação do ISS. Na cidade de Dourados-MS, por exemplo, a Prefeitura daquele município, através da terceirização de parte de seu setor de arrecadação tributária, auferiu consideráveis aumentos na arrecadação do tributo em foco. É claro que o Município não pode, em hipótese alguma, perder a sua autonomia.
- Constituir órgão de cobrança que mantenha um acompanhamento ágil e eficiente da situação tributária dos contribuintes. O município deve insistir na cobrança de seus créditos como se fosse uma empresa particular. Já existem Prefeituras que vêm firmando convênios com Bancos, normalmente Banco do Brasil ou a Caixa Econômica Federal, para que essas entidades as auxiliem nesta tarefa.
- Homologação do ISS de grandes contribuintes, relativa aos últimos 5 anos, possibilitando a estes a regularização de suas eventuais pendências sem a imposição de Autos de Infração, o que implica dizer que a multa aplicada deverá se restringir apenas à moratória, afastando, *a priori*, a multa sancionatória. Em Bauru, foi criado o PAT (Programa de Assistência Tributária), que possibilita a qualquer contribuinte, por iniciativa própria, requerer a homologação do ISSQN dos últimos 5 anos, pagando apenas a multa moratória de 2,0 % a.m. A medida visa resguardar os bons contribuintes (os que não agem com dolo específico), para que não sejam alvos de futuras fiscalizações e, por conseguinte, penalizados com severas multas sancionatórias.
- Implemento do Serviço de Atendimento ao Contribuinte. Trata-se de um serviço que estará sempre apto a responder dúvidas dos contribuintes. Poderá ser efetuado por telefone, pela internet ou pessoalmente.

c) Contadores:

- Ministrar cursos, palestras, e enviar malas diretas aos contadores e contribuintes interessados, sempre que necessário seja, para elucidar os pontos mais polêmicos da Legislação tributária local, explicar novos entendimentos ou informar alguma mudança rotineira de ordem administrativa.
- Analisar mais detalhadamente os serviços executados pelos contadores. Uma ilegalidade verificada na fiscalização de uma empresa que tenha confiado a sua contabilidade a determinado profissional, poderá se repetir em todas as demais que estejam sob a sua guarda.

Conclusão:

De tudo quanto foi exposto, conclui-se que a fiscalização em estudo tem caráter puramente educativo e não punitivo, visando, primordialmente, a educação e orientação tributária aos contribuintes, através de uma atuação fiscal preventiva. É certo que a fiscalização repressiva deverá continuar existindo e efetivamente agindo, principalmente nos casos de comprovada evasão de receita. Ademais, um controle punitivo rígido é que dará respaldo e proporcionará o sucesso da fiscalização pedagógica.

7 O ISS NO SIMPLES NACIONAL

7.1. SIMPLES NACIONAL: REGIME SIMPLIFICADO DE RECOLHIMENTO DE TRIBUTOS

Não tendo sido aprovada até hoje uma reforma tributária ampla e racional, podemos dizer que o regime da Lei Complementar nº 123, de 14 de dezembro de 2006, é ao menos uma boa intenção de melhorar o nosso insano sistema tributário.

De fato, muitas microempresas e empresas de pequeno porte têm se beneficiado do regime tributário diferenciado batizado de Simples Nacional ou Supersimples, como vulgarmente é conhecido.

Na realidade, "Simples Nacional" é o conjunto de normas veiculadas pelos arts. 12 a 41 da LC nº 123/2006. É pois, um capítulo específico dentro do Estatuto das ME/EPP, aprovado pela lei referida.

Tal regime beneficia empresas com receita bruta anual de até R$ 3.600.000,00, sendo considerada ME a empresa que fatura até R$ 360.000,00 anuais e EPP se superar este montante, nos termos da redação dada pela recente Lei Complementar nº 139/2011.

As receitas de exportação deverão ser consideradas para a determinação da alíquota, mas não entram no cálculo do enquadramento como ME/EPP, a menos que tais receitas excedam os R$ 3.600.000,00 anuais.

Contudo, o faturamento não é o único critério. Outros existem e estão previstos no art. 13 da LC nº 123/2006. Natureza da atividade, participação societária, inadimplência e outros, acabam restringindo o ingresso de determinadas empresas no regime do Simples Nacional. O contribuinte que possui débitos junto ao Fisco também está impedido de ingressar no Supersimples.

O capítulo atinente ao Simples Nacional entrou em vigor no dia 1º de julho de 2007.

Em 24/05/2018 foi publicada a nova Consolidação das normas afetas ao Simples Nacional, a Resolução CGSN nº 140, de 22/05/2018.

Fica, pois, essa dica para os estudiosos do Simples Nacional: agora, convém que estudem a matéria através da citada Resolução, que acabou substituindo a antiga Resolução CGSN nº 94/2011.

Deixaremos de ingressar no terreno das inconstitucionalidades que vislumbramos na LC nº 123/2006 (ofensa à autonomia dos Estados e Municípios), até mesmo porque dificilmente o STF julgará inconstitucional o regime, dada a sua grande repercussão nacional.

Nesse prisma, concentrando a nossa análise no plano infraconstitucional, veremos nos itens seguintes os pontos relacionados diretamente ao ISS.

Tivemos recentemente a edição de duas outras leis complementares afetas ao Simples Nacional: a LC nº 147, de 7 de agosto de 2014, e a LC nº 155, de 27 de outubro de 2016, cujos pontos principais serão abordados nos itens seguintes.

7.2. PARTE DOCUMENTAL: NOTIFICAÇÕES E INTIMAÇÕES, AUTOS DE INFRAÇÃO E GUIAS DE RECOLHIMENTO – QUAIS MODELOS UTILIZAR?

O programa SEFISC (Sistema Único de Fiscalização, Lançamento e Contencioso), foi ao ar no final de 2013.

O intuito de tal sistema é padronizar as ações fiscais e possibilitar o compartilhamento de informações entre as fiscalizações das três esferas de governo.

Os tributos inseridos no Simples Nacional são recolhidos de forma unificada através da guia DAS (Documento de Arrecadação do Simples Nacional).

Com a implantação do SEFISC, também os créditos apurados e constituídos em fiscalização serão pagos por meio da referida guia.

Entretanto, o art. 142 da Resolução CGSN nº 140/2018 veicula regra transitória, possibilitando a utilização de documentos "caseiros" de cada Fisco por mais um tempo, até mesmo para que as administrações tributárias de nosso País possam assimilar melhor os conceitos e as funcionalidades desse sistema.

Nesse sentido, temos as seguintes regras transitórias:

Resolução CGSN nº 140/2018:

Art. 142. Observado o disposto neste artigo, depois da disponibilização do Sefisc, poderão ser utilizados alternativamente os procedimentos administrativos fiscais previstos na legislação de cada ente federado: (Lei Complementar nº 123, de 2006, art. 33, § 4º)

I – para fatos geradores ocorridos:

a) de 1º de janeiro de 2012 a 31 de dezembro de 2014, até 31 de dezembro de 2019; e

b) a partir de 1º de janeiro de 2015, até 31 de dezembro de 2019;

II – para todos os fatos geradores, até 31 de dezembro de 2019, nas seguintes situações:

a) declaração incorreta de valor fixo pelo contribuinte;

b) ações fiscais relativas ao Simei;

c) desconsideração, de ofício, da opção pelo Regime de Caixa, na forma prevista no art. 78; e

d) apuração de omissão de receita prevista no art. 92.

§ 1º. As ações fiscais abertas pelos entes federados em seus respectivos sistemas de controle deverão ser registradas no Sefisc. (Lei Complementar nº 123, de 2006, art. 33, § 4º)

§ 2º. A ação fiscal e o lançamento serão realizados apenas em relação aos tributos de competência de cada ente federado. (Lei Complementar nº 123, de 2006, art. 33, § 4º)

§ 3º. Na hipótese prevista no § 2º, deve-se observar, na apuração do crédito tributário, as disposições da Seção IV do Capítulo II do Título I desta Resolução, relativas ao cálculo dos tributos devidos. (Lei Complementar nº 123, de 2006, art. 18, *caput* e §§ 5º a 5º-G; art. 33, § 4º)

§ 4º. Deverão ser utilizados os documentos de autuação e lançamento fiscal específicos de cada ente federado. (Lei Complementar nº 123, de 2006, art. 33, § 4º)

§ 5º. O valor apurado na ação fiscal deverá ser pago por meio de documento de arrecadação de cada ente federado. (Lei Complementar nº 123, de 2006, art. 33, § 4º)

§ 6º. O documento de autuação e lançamento fiscal poderá ser lavrado também somente em relação ao estabelecimento objeto da ação fiscal. (Lei Complementar nº 123, de 2006, art. 33, § 4º)

§ 7º. Aplica-se a este artigo o disposto nos arts. 95 e 96. (Lei Complementar nº 123, de 2006, art. 35)

7.3. INCIDÊNCIA DO ISS: REGIMES DE COMPETÊNCIA E DE CAIXA

Os arts. 16 a 20 da Resolução CGSN nº 140/2018 regulamentam a adoção do regime de caixa pelas Mês/EPPs. Nesse caso, somente comporá a receita bruta o preço do serviço efetivamente recebido pela ME/EPP. Eis a regulamentação:

Art. 16. A base de cálculo para a determinação do valor devido mensalmente pela ME ou pela EPP optante pelo Simples Nacional será a receita bruta total mensal auferida (Regime de Competência) ou recebida (Regime de Caixa), conforme opção feita pelo contribuinte. (Lei Complementar nº 123, de 2006, art. 18, *caput* e § 3º)

§ 1º. O regime de reconhecimento da receita bruta será irretratável para todo o ano-calendário. (Lei Complementar nº 123, de 2006, art. 18, § 3º)

§ 2º. Na hipótese de a ME ou a EPP ter estabelecimentos filiais, deverá ser considerado o somatório das receitas brutas de todos os estabelecimentos. (Lei Complementar nº 123, de 2006, art. 18, *caput*)

§ 3º. Para os efeitos do disposto neste artigo:

I – a receita bruta auferida ou recebida será segregada na forma prevista no art. 25; e (Lei Complementar nº 123, de 2006, art. 18, §§ 4º e 4º-A)

II – consideram-se separadamente, em bases distintas, as receitas brutas auferidas ou recebidas no mercado interno e aquelas decorrentes de exportação para o exterior. (Lei Complementar nº 123, de 2006, art. 3º, § 15) *(Redação dada pelo(a) Resolução CGSN nº 141, de 06 de julho de 2018)*

Art. 17. Na hipótese de devolução de mercadoria vendida por ME ou por EPP optante pelo Simples Nacional, em período de apuração posterior ao da venda, deverá ser observado o seguinte: (Lei Complementar nº 123, de 2006, art. 2º, inciso I e § 6º; art. 3º, § 1º)

I – o valor da mercadoria devolvida deve ser deduzido da receita bruta total, no período de apuração do mês da devolução, segregada pelas regras vigentes no Simples Nacional nesse mês; e

II – caso o valor da mercadoria devolvida seja superior ao da receita bruta total ou das receitas segregadas relativas ao mês da devolução, o saldo remanescente deverá ser deduzido nos meses subsequentes, até ser integralmente deduzido.

Parágrafo único. Para a optante pelo Simples Nacional tributada com base no critério de apuração de receitas pelo Regime de Caixa, o valor a ser deduzido limita-se ao valor efetivamente devolvido ao adquirente. (Lei Complementar nº 123, de 2006, art. 2º, inciso I e § 6º; art. 3º, § 1º)

Art. 18. Na hipótese de cancelamento de documento fiscal, nas situações autorizadas pelo respectivo ente federado, o valor do documento cancelado deverá ser deduzido no período de apuração no qual tenha havido a tributação originária, quando o cancelamento se der em período posterior.

§ 1º. Para a optante pelo Simples Nacional tributada com base no critério de apuração de receitas pelo Regime de Caixa, o valor a ser deduzido limita-se ao valor efetivamente devolvido ao adquirente ou tomador. (Lei Complementar nº 123, de 2006, art. 2º, inciso I e § 6º; art. 3º, § 1º)

§ 2º. Na hipótese de nova emissão de documento fiscal em substituição ao cancelado, o valor correspondente deve ser oferecido à tributação no período de apuração relativo ao da operação ou prestação originária. (Lei Complementar nº 123, de 2006, art. 2º, inciso I e § 6º; art. 3º, § 1º)

Art. 19. A opção pelo regime de reconhecimento de receita bruta a que se refere o § 1º do art. 16 deverá ser registrada em aplicativo disponibilizado no Portal do Simples Nacional no momento da apuração dos valores devidos: (Lei Complementar nº 123, de 2006, art. 18, § 3º)

I – relativos ao mês de novembro de cada ano-calendário, com efeitos para o ano-calendário subsequente, na hipótese de ME ou EPP já optante pelo Simples Nacional;

II – relativos ao mês de dezembro, com efeitos para o ano-calendário subsequente, na hipótese de ME ou EPP em início de atividade, com efeitos da opção pelo Simples Nacional no mês de dezembro; e

III – relativos ao mês de início dos efeitos da opção pelo Simples Nacional, nas demais hipóteses, com efeitos para o próprio ano-calendário.

Parágrafo único. A opção pelo Regime de Caixa servirá exclusivamente para a apuração da base de cálculo mensal, e o Regime de Competência deve ser aplicado para as demais finalidades, especialmente, para determinação dos limites e sublimites e da alíquota a ser aplicada sobre a receita bruta recebida no mês. (Lei Complementar nº 123, de 2006, art. 18, § 3º)

Art. 20. Para a ME ou a EPP optante pelo Regime de Caixa: (Lei Complementar nº 123, de 2006, art. 18, § 3º)

I – na prestação de serviços ou nas operações com mercadorias com valores a receber a prazo, a parcela não vencida deverá obrigatoriamente integrar a base de cálculo dos tributos abrangidos pelo Simples Nacional até o último mês do ano-calendário subsequente àquele em que tenha ocorrido a respectiva prestação de serviço ou operação com mercadorias;

II – a receita auferida e ainda não recebida deverá integrar a base de cálculo dos tributos abrangidos pelo Simples Nacional, na hipótese de:

a) encerramento de atividade, no mês em que ocorrer o evento;

b) retorno ao Regime de Competência, no último mês de vigência do Regime de Caixa; e

c) exclusão do Simples Nacional, no mês anterior ao dos efeitos da exclusão;

III – o registro dos valores a receber deverá ser mantido nos termos do art. 77; e

IV – na hipótese do impedimento de que trata o art. 12, e havendo a continuidade do Regime de Caixa, a receita auferida e ainda não recebida deverá integrar a base de cálculo do ICMS e do ISS do mês anterior ao dos efeitos do impedimento e seu recolhimento deve ser feito diretamente ao respectivo ente federado, na forma por ele estabelecida, observados os arts. 21 a 24. *(Redação dada pelo(a) Resolução CGSN nº 142, de 21 de agosto de 2018)*

7.4. COMPOSIÇÃO DA BASE DE CÁLCULO DO ISS

A base de cálculo do SUPERSIMPLES corresponderá à receita bruta auferida no mês de apuração (regra: regime de competência; exceção: regime de caixa).

Contribuinte segregará a sua receita de acordo com sua atividade:

- revenda de mercadorias;
- venda de mercadorias industrializadas;
- locação de bens móveis e prestação de serviços;
- mercadorias e serviços sujeitos à substituição tributária;

- exportação de mercadorias;
- atividades com incidência simultânea de IPI e ISS.

7.5. O QUE AUTUAR?

Serão objetos de autuação apenas as inconsistências apuradas pelo Fisco, isto é, valores segregados incorretamente pelo contribuinte no PGDAS-D ou ainda receitas não declaradas no mesmo documento.

É o que se pode extrair da Recomendação CGSN nº 4, de 9 de maio de 2013, cujo teor segue transcrito:

Recomendação CGSN nº 4, de 9 de maio de 2013:

> **Art. 1º.** Os valores declarados e não recolhidos poderão ser considerados para fins de não emissão de Certidão Negativa de Débitos (CND) pelos entes federados.
>
> § 1º. Relativamente aos períodos de apuração de julho de 2007 a dezembro de 2011, não se constitui em motivo impeditivo para emissão de certidão negativa de débitos a simples informação de fatos geradores no PGDAS que tenham gerado documentos de arrecadação (DAS) não recolhidos pelo contribuinte.
>
> **§ 2º.** Fica ressalvada a possibilidade de lançamento fiscal para cobrança de valores devidos, não declarados em DASN ou PGDAS-D, caso comprovada a existência do débito em procedimento de fiscalização.
>
> **Art. 2º.** A cobrança administrativa dos débitos declarados na DASN ou PGDAS-D é de responsabilidade da RFB, sem prejuízo de procedimentos adicionais de cobrança por parte de Estados e Municípios visando à quitação integral dos valores declarados.
>
> **Art. 3º.** Após a cobrança administrativa a que se refere o art. 2º, os débitos declarados na DASN ou PGDAS-D e não pagos serão encaminhados para inscrição em Dívida Ativa da União e cobrados judicialmente pela Procuradoria-Geral da Fazenda Nacional, nos termos do § 2º do art. 41 da Lei Complementar nº 123, de 2006, ressalvada a hipótese de celebração de convênio prevista no § 3º do referido artigo, quando então, após a transferência dos valores relativos a ICMS ou a ISS, tais débitos passarão a ser conduzidos pelas respectivas Procuradorias Estaduais ou Municipais.
>
> **Art. 4º.** Fica revogada a Recomendação CGSN nº 2, de 1º de setembro de 2008.

7.6. MULTAS SANCIONATÓRIAS E ENCARGOS MORATÓRIOS APLICÁVEIS À AUTUAÇÃO

As penalidades aplicáveis no campo do Simples Nacional são as seguintes:

- encargos moratórios antes do procedimento fiscal: art. 61 da Lei nº 9.430/1996 (0,33 % de multa diária até 20% + taxa SELIC);
- multas pelo descumprimento de obrigações acessórias, apurado em fiscalização: as previstas na legislação específica de cada ente federado, exceto as

previstas na própria Resolução CGSN nº 140/2018 (§ 6º do art. 87 da Resolução CGSN nº 140/2018);

- multas pelo descumprimento de obrigação principal, apurado em fiscalização: art. 96 da Resolução CGSN nº 140/2018.

Ressalte-se que tais penalidades devem ser aplicadas mesmo quando a autuação se dá fora do SEFISC.

7.7. EXISTE "FISCALIZAÇÃO ORIENTADORA" NO ÂMBITO DO SIMPLES NACIONAL?

A resposta é negativa, já que não há previsão para tanto.

Destarte, iniciada uma fiscalização dentro do Simples Nacional, a multa mínima aplicável será de 75%, a menos que haja *lei municipal específica* autorizando a aplicação da fiscalização preventiva ou orientadora.

O art. 55, § 4º, da LC nº 123/2006 prevê o também chamado "critério da dupla visita", só que para outras matérias que não a tributária.

Interessante a inovação trazida pela LC nº 155/2016, que incluiu o § 3º no art. 34 da LC nº 123/2006 (em vigor a partir de 1º.1.2018), legalizando ou mesmo reforçando a possibilidade da "notificação preliminar" no âmbito do Simples Nacional e, mais do que isso, descaracterizando o início do procedimento fiscal em tais situações.

A seguir, o dispositivo em questão:

> **Art. 34.** (...)
>
> § 3º. Sem prejuízo de ação fiscal individual, as administrações tributárias poderão utilizar procedimento de notificação prévia visando à autorregularização, na forma e nos prazos a serem regulamentados pelo CGSN, que não constituirá início de procedimento fiscal.

E antes do início da vigência do presente dispositivo, podem os municípios aplicar essa "fiscalização orientadora" mesmo sem a previsão específica em suas legislações?

No tocante às notificações em massa, apuradas pelo próprio sistema, por meio de rotinas de malhas fiscais, não vemos qualquer problema, já que não terá sido lavrado termo de início da ação fiscal contra qualquer contribuinte. A própria Receita Federal vem trabalhando dessa forma.

Já para a emissão de notificação preliminar individual efetuada por um determinado auditor fiscal, segundo pensamos, só a partir de uma lei municipal autorizando o prévio procedimento.

A notificação prévia da LC nº 155/2016 foi regulamentada pela Resolução CGSN nº 140/2018, nos seguintes termos:

> **Art. 85.** (...)
>
> § 11. Sem prejuízo de ação fiscal individual, as administrações tributárias poderão utilizar procedimento de notificação prévia com o objetivo de incentivar a autorregu-

larização, que, neste caso, não constituirá início de procedimento fiscal. (Lei Complementar nº 123, de 2006, art. 34, § 3º).

§ 12. As notificações para regularização prévia poderão ser feitas por meio do Portal do Simples Nacional, facultada a utilização do Domicílio Tributário Eletrônico do Simples Nacional (DTE-SN) de que trata o art. 122, e deverão estabelecer prazo de regularização de até 90 (noventa) dias. (Lei Complementar nº 123, de 2006, art. 34, § 3º).

Vê-se que esse novo procedimento é facultativo para as administrações tributárias, mas recomendável, segundo penso.

É uma oportunidade para o contribuinte resolver uma pendência recolhendo apenas a multa moratória de 20% mais a taxa SELIC. Trata-se de uma opção extremamente vantajosa para o devedor, que seria onerado com 75% de multa punitiva pelas vias normais, o que obviamente o incentiva a quitar o que deve ao Fisco.

A Fiscalização poderá ainda fixar prazo menor para a autorregularização (30 dias, 60 dias etc.).

O importante é que fique claro que a Administração Tributária optou ou não pela notificação prévia, bem como o prazo adotado. Isso pode ser feito por meio de decreto ou mesmo por instrução normativa.

7.8. ALÍQUOTA: PERÍODO DE APURAÇÃO, PERCENTUAIS RELATIVOS AO ISS (DE 2% A 6%) – ANEXOS III, IV E V DA LC Nº 123/2006

Serão aplicadas as alíquotas dos anexos III, IV, V e VI da LC nº 123/2006, com a redação dada pela LC 147/2014.

O percentual da alíquota varia conforme a "receita acumulada nos últimos 12 meses" e de acordo com a atividade.

Para as empresas com menos de 1 (um) ano de atividade deve ser aplicada a proporcionalidade (art. 18, § 2º).

Se a receita acumulada nos 12 meses anteriores ao período de apuração superar os R$ 3,6 milhões, será aplicada a alíquota máxima sem qualquer acréscimo.

Por outro lado, se a receita acumulada no ano calendário superar os R$ 3,6 milhões, a alíquota máxima sofrerá um adicional de 20% sobre a parcela que exceder R$ 3,6 milhões, o que significa dizer que a alíquota do ISS subirá para 6%. Isso se o acréscimo não for superior a 20% do limite, caso em que a EPP será excluída do Simples Nacional no mês seguinte ao do excesso verificado.

7.9. INCIDÊNCIA SIMULTÂNEA DE IPI E ISS

É possível a incidência simultânea do IPI e do ISS?

Para a LC 128/08 sim. Nesse caso, deverá ser aplicada a tabela II, afastando o ICMS e incluindo o ISS.

O STJ já definiu que a "industrialização por encomenda" é fato gerador exclusivo de ISS. É o que se extrai do REsp nº 888.852, 1ª Turma, Rel. Ministro Luiz Fux (dez/2008):

> A "industrialização por encomenda" constitui atividade-fim do prestador do aludido serviço, tendo em vista que, uma vez concluída, extingue o dever jurídico obrigacional que integra a relação jurídica instaurada entre o "prestador" (responsável pelo serviço encomendado) e o "tomador" (encomendante): a empresa que procede ao corte, recorte e polimento de granito ou mármore, de propriedade de terceiro, encerra sua atividade com a devolução, ao encomendante, do produto beneficiado. 10. Ademais, nas operações de remessa de bens ou mercadorias para "industrialização por encomenda", a suspensão do recolhimento do ICMS, registrada nas notas fiscais das tomadoras do serviço, decorre do posterior retorno dos bens ou mercadorias ao estabelecimento das encomendantes, que procederão à exportação, à comercialização no mercado interno ou à nova etapa de industrialização. 11. Destarte, a "industrialização por encomenda", elencada na Lista de Serviços da Lei Complementar nº 116/2003, caracteriza prestação de serviço (obrigação de fazer), fato jurídico tributável pelo ISSQN, não se enquadrando, portanto, nas hipóteses de incidência do ICMS (circulação de mercadoria – obrigação de dar – e prestações de serviço de comunicação e de transporte transmunicipal).

Todavia, devemos estar atentos ao julgamento da ADI 4389/DF.

Recentemente, em decisão unânime, a Segunda Turma do Superior Tribunal de Justiça (STJ) afastou incidência de Imposto sobre Serviços (ISS) em operações de industrialização por encomenda de embalagens, destinadas à integração ou utilização direta em processo subsequente de industrialização ou de circulação de mercadoria (REsp 1.392.811/2016).

Essa decisão pode indicar uma mudança radical de entendimento do STJ sobre a matéria. Vamos acompanhar agora o que decidirá a Primeira Turma do mesmo Tribunal.

7.10. SUBSTITUIÇÃO TRIBUTÁRIA E RETENÇÃO NA FONTE: ABRANGÊNCIA DO REGIME E ALÍQUOTAS APLICÁVEIS

O ISS será recolhido à parte, isto é, fora do SUPERSIMPLES, nas hipóteses de retenção previstas pela legislação de cada Município, porém, observando-se as alíquotas dos anexos da LC nº 123/2006 (novidade da LC 128/2008)!

Contudo, seguirão a regra acima apenas os casos de retenção que estejam em conformidade com o art. 3º da LC nº 116/2003.

Atenção: o art. 3º da LC nº 116/2003 define o local de incidência do ISS e não o substituto tributário, que vem definido pelo art. 6º da mesma Lei. É importante alertar que o Município poderá instituir regime de substituição mais abrangente do que o do art. 6º, prevalecendo igualmente para fins de retenção no Simples Nacional.

A retenção passará a ocorrer pela alíquota do simples nacional, aferida no mês de apuração anterior ao da prestação do serviço.

O prestador deverá informar a alíquota na nota fiscal, sob pena de ser retido o percentual de 5%.

Se o prestador estiver no primeiro mês de atividade, aplicar-se-á a menor alíquota prevista no anexo cuja atividade estiver enquadrada, devendo ser complementada a importância caso a receita supere o enquadramento inicialmente escolhido.

Deixará de haver a retenção para a empresa optante que recolha valor fixo de ISS, exceto se o imposto for devido a outro município.

7.11. ISENÇÕES, REDUÇÕES DE BASE DE CÁLCULO E ALÍQUOTA: O QUE E COMO CONSIDERAR

Serão desconsiderados ou reduzidos proporcionalmente os percentuais relativos ao ISS.

A regra só abrange as isenções e reduções de base de cálculo e alíquota, bem como outros benefícios fiscais, criados a partir de 1º.7.2007 e específicos para as MEs/EPPs.

E o limite mínimo de 2% imposto pela Emenda Constitucional nº 37/2002? Não há qualquer vício de inconstitucionalidade, uma vez que a EC nº 37 condicionou a concessão de benesses no terreno do ISS à prévia regulamentação do assunto em lei complementar.

A LC nº 123/2006, desde a sua edição, autoriza a isenção e demais benefícios para o ISS na seara do Simples Nacional.

Contudo, o Comitê Gestor do Simples Nacional acabou entendendo que a LC nº 157/2016 irradiou efeitos sobre a LC nº 123/2006, proibindo isenções e alíquotas inferiores a 2% para o imposto municipal.

É o que se extrai do disposto no art. 31, parágrafo único, da Resolução CGSN nº 140/2018.

Criticamos essa interpretação, visto que a LC nº 123/2006 é especial em relação à LCs nº 116/2003 e à LC nº 157/2016, que tratam genericamente do ISS.

Assim, uma lei geral não revoga lei especial, a menos que indique expressamente a revogação ou alteração, o que não ocorreu.

Portanto, para nós, continua sendo possível isentar o ISS ou mesmo diminuir sua carga a patamares inferiores a 2% do preço do serviço.

7.12. ESTIMATIVA FISCAL: NOVAS REGRAS E LIMITES

As regras para a estimativa do ICMS e do ISS foram alteradas pela Resolução CGSN nº 140/2018. Podemos resumi-las:

– só será possível para MEs/EPPs com receita bruta anual de até R$ 360.000,00.

– valor máximo:

I – para a ME que no ano-calendário anterior tenha auferido receita bruta de até R$ 180.000,00 (cento e oitenta mil reais):

a) R$ 108,00 (cento e oito reais), no caso de ICMS; e
b) R$ 162,75 (cento e sessenta e dois reais e setenta e cinco centavos), no caso de ISS; e

II – para a ME que no ano-calendário anterior tenha auferido receita bruta entre R$ 180.000,00 (cento e oitenta mil reais) e R$ 360.000,00 (trezentos e sessenta mil reais):

a) R$ 295,50 (duzentos e noventa e cinco reais e cinquenta centavos), no caso de ICMS; e
b) R$ 427,50 (quatrocentos e vinte e sete reais e cinquenta centavos), no caso de ISS.

- proibido para empresas que exerçam mais de um ramo de atividade:

a) com valores fixos distintos, para o mesmo imposto, estabelecidos pelo respectivo ente federado; ou

b) quando pelo menos um dos ramos de atividade exercido não esteja sujeito ao valor fixo, para o mesmo imposto, estabelecido pelo respectivo ente federado;

- proibido para empresas que possuam mais de um estabelecimento ou estejam no primeiro ano de atividade;
- não haverá retenção sobre as atividades estimadas, exceto se o imposto for devido a outro município;
- a estimativa será aplicada somente para o exercício subsequente ao da sua fixação;
- o ISS estimado será recolhido na guia do SUPERSIMPLES.

7.13. O ISS DOS ESCRITÓRIOS EMPRESARIAIS DE CONTABILIDADE E DAS DEMAIS PROFISSÕES LIBERAIS: FIXO OU VARIÁVEL?

Os escritórios de contabilidade recolherão o ISS fixo, nos termos da legislação do Município em que mantiverem estabelecimento prestador.

E os escritórios empresariais? A LC nº 123/2006, ao contrário do Decreto-Lei nº 406/1968, não faz nenhuma exigência quanto ao "serviço pessoal", abrangendo, assim, *a priori*, também as sociedades empresárias (LTDA.).

O STJ pacificou exegese no sentido de excluir as LTDA´s do regime fixo. Ocorre que tal entendimento foi formado a partir do § 3º do art. 9º do Decreto-Lei nº 406/1968.

Como a LC nº 123/2006 não repete o teor do Decreto-Lei nº 406/1968; ao contrário, determina o recolhimento do ISS em valor fixo para os escritórios contábeis, não deve, a nosso ver, ser adotado o entendimento do STJ para os contabilistas optantes do regime.

Já as demais sociedades de profissionais liberais (médicos, advogados, dentistas, engenheiros, arquitetos etc.), aceitas no regime do Simples Nacional por força da

LC nº 147/2014, recolherão o ISS sobre o preço do serviço (modalidade "ad valorem"), vez que não há qualquer autorização na LC nº 123/2006 para que tais atividades sejam tributadas diferenciadamente.

7.14. O ISS DA CONSTRUÇÃO CIVIL: O QUE DEVE E O QUE NÃO DEVE SER DEDUZIDO DE SUA BASE DE CÁLCULO – POSIÇÃO PACIFICADA DO STJ

Dedução de materiais:

Nos moldes da LC nº 116/2003, a LC nº 123/2006 também admite a dedução de materiais no cálculo do ISS da atividade de construção civil.

Dedução de subempreitadas:

Do mesmo modo que a LC nº 116/2003, a LC nº 123/2006 não permite a dedução de subempreitadas sujeitas ao imposto.

7.15. OBRIGAÇÕES ACESSÓRIAS

Além de diminuir a carga tributária, procurou-se, com o Simples Nacional, simplificar e desburocratizar procedimentos.

Contudo, a gama de obrigações acessórias ou deveres instrumentais, como queiram, ainda não condiz com um regime simplificado.

O que era para ser a única declaração, virou mais uma (DASN), visto o elenco das obrigações acessórias que deverão ser cumpridas pelos optantes do Simples Nacional:

- emitir nota fiscal de serviço;
- escrituração do Livro-Caixa;
- declarar (por meio eletrônico) os serviços prestados e tomados – ISS Digital;
- utilização do Livro Registro de Impressão de Documentos Fiscais pelas gráficas;
- Livro Registro de Inventário – ICMS;
- Livro Registro de Entradas – ICMS;
- Livro Registro de Entrada e Saída de Selo de Controle – IPI;
- Livros específicos para as empresas que comercializam combustíveis;
- Livro Registro de Veículos.

A DASN foi substituída pela DEFIS (Declaração de Informações Socioeconômicas e Fiscais) a partir de 2013 (referente ao ano-calendário de 2012).

Terminamos o item com a seguinte indagação: e a criação de novas obrigações acessórias, é possível?

A resposta, em regra, é negativa. Mas há duas exceções, quais sejam:

- tratando-se de norma que já criou obrigação acessória, publicada até 31.3.2014;

- se a nova obrigação acessória a ser criada estiver inserida em programas de cidadania fiscal.

7.16. EXCLUSÃO *EX OFFICIO*

A Fazenda Municipal excluirá do Simples Nacional as microempresas e empresas de pequeno porte que não quitarem os valores apurados e lançados pela Fiscalização Tributária.

Nesse caso, a exclusão produzirá efeitos a partir do ano-calendário subsequente ao da ciência da comunicação da exclusão.

Será, no entanto, permitida a permanência da empresa no SUPERSIMPLES, caso ela comprove a regularização do débito no prazo de 30 (trinta) dias contado da ciência da comunicação da exclusão.

O art. 29 da LC nº 123/2006 disciplina os demais casos de exclusão *ex officio.*

7.17. DO PROCESSO ADMINISTRATIVO FISCAL

O contencioso administrativo observará o processo administrativo tributário previsto na legislação municipal.

Os Municípios poderão transferir a atribuição de julgamento aos seus respectivos Estados.

7.18. CONSULTAS TRIBUTÁRIAS

As consultas relativas ao SUPERSIMPLES serão solucionadas pela Secretaria da Receita Federal, salvo quanto às questões relativas aos elementos do fato gerador do ICMS e do ISS, que serão resolvidas pelos Estados e Municípios.

As consultas serão solucionadas em única instância (art. 126 da Resolução CGSN nº 140/2018).

7.19. DA RESTITUIÇÃO/COMPENSAÇÃO

A ME ou EPP optante pelo Simples Nacional somente poderá solicitar a restituição de tributos abrangidos pelo Simples Nacional diretamente ao respectivo ente federativo, observada sua competência tributária.

Já a compensação dos valores do Simples Nacional recolhidos indevidamente ou em montante superior ao devido pode ser efetuada pelo aplicativo já disponibilizado no Portal do Simples Nacional.

Será permitida a compensação tão somente de créditos para extinção de débitos junto ao mesmo ente federado e relativos ao mesmo tributo.

Os créditos a serem compensados serão aqueles oriundos de período para o qual já tenha sido apropriada a respectiva DASN apresentada pelo contribuinte, até o ano-calendário 2011, ou a apuração validada por meio do PGDAS-D, a partir do ano-calendário 2012.

O valor a ser restituído ou compensado será atualizado pela SELIC.

7.20. COBRANÇA, INSCRIÇÃO E AJUIZAMENTO DOS CRÉDITOS DE ISS CONSTITUÍDOS: ENTIDADE COMPETENTE

Os créditos tributários relativos ao SUPERSIMPLES serão ajuizados pela Procuradoria da Fazenda Nacional, com o auxílio dos Estados e Municípios quanto aos tributos de sua competência (ICMS e ISS).

Mediante convênio, poderá a União delegar aos Estados e Municípios a inscrição em dívida ativa e a cobrança judicial do imposto estadual e municipal. O Município deverá manifestar seu interesse na celebração de convênio com a PGFN.

A formalização do convênio implicará na delegação integral da competência para inscrição, cobrança e defesa do ISS.

O convênio não abrange as multas por descumprimento de obrigações acessórias, cuja inscrição e cobrança são feitas diretamente pelo Município.

E o auto de infração de ISS lavrado fora do SEFISC? Dependerá também de convênio para que o Município possa inscrevê-lo em sua dívida ativa e cobrá-lo através de sua procuradoria fiscal?

Agora não mais depende. A Resolução CGSN nº 140/2018 autorizou a cobrança judicial pelo próprio Município mesmo que este não tenha celebrado convênio com a PGFN (art. 138, IV).

7.21. DO PARCELAMENTO

Vejamos as regras traçadas pelos arts. 46 a 57 da Resolução CGSN nº 140/2018:

> **Art. 46.** Os débitos apurados na forma prevista no Simples Nacional poderão ser parcelados, desde que respeitadas as disposições constantes desta Seção, observadas as seguintes condições:
>
> I – o prazo máximo será de até 60 (sessenta) parcelas mensais e sucessivas; (Lei Complementar nº 123, de 2006, art. 21, § 16)
>
> II – o valor de cada parcela mensal, por ocasião do pagamento, será acrescido de juros equivalentes à taxa referencial do Sistema Especial de Liquidação e de Custódia (Selic) para títulos federais, acumulada mensalmente, calculados a partir do mês subsequente ao da consolidação até o mês anterior ao do pagamento, e de 1% (um por cento) relativamente ao mês em que o pagamento estiver sendo efetuado; (Lei Complementar nº 123, de 2006, art. 21, § 17)

III – o pedido de parcelamento deferido importa confissão irretratável do débito e configura confissão extrajudicial; (Lei Complementar nº 123, de 2006, art. 21, § 20)

IV – serão aplicadas na consolidação as reduções das multas de lançamento de ofício previstas nos incisos II e IV do art. 6º da Lei nº 8.218, de 29 de agosto de 1991, nos seguintes percentuais: (Lei Complementar nº 123, de 2006, art. 21, § 21)

a) 40% (quarenta por cento), se o sujeito passivo requerer o parcelamento no prazo de trinta dias, contado da data em que foi notificado do lançamento; ou

b) 20% (vinte por cento), se o sujeito passivo requerer o parcelamento no prazo de trinta dias, contado da data em que foi notificado da decisão administrativa de primeira instância; e

V – no caso de parcelamento de débito inscrito em dívida ativa, o devedor pagará custas, emolumentos e demais encargos legais. (Lei Complementar nº 123, de 2006, art. 21, § 23)

§ 1º. Somente serão parcelados débitos já vencidos e constituídos na data do pedido de parcelamento, excetuadas as multas de ofício vinculadas a débitos já vencidos, que poderão ser parceladas antes da data de vencimento. (Lei Complementar nº 123, de 2006, art. 21, § 15)

§ 2º. Somente poderão ser parcelados débitos que não se encontrem com exigibilidade suspensa na forma prevista no art. 151 da Lei nº 5.172, de 25 de outubro de 1966 – Código Tributário Nacional (CTN). (Lei Complementar nº 123, de 2006, art. 21, § 15)

§ 3º. Os débitos constituídos por meio de Auto de Infração e Notificação Fiscal (AINF) de que trata o art. 87 poderão ser parcelados desde a sua lavratura, observado o disposto no § 2º. (Lei Complementar nº 123, de 2006, art. 21, § 15)

§ 4º. É vedada a concessão de parcelamento para sujeitos passivos com falência decretada. (Lei Complementar nº 123, de 2006, art. 21, § 15)

Art. 47. O parcelamento dos tributos apurados na forma prevista no Simples Nacional não se aplica:

I – às multas por descumprimento de obrigação acessória; (Lei Complementar nº 123, de 2006, art. 21, § 15; art. 41, § 5º, inciso IV)

II – à CPP para a Seguridade Social para a empresa optante tributada com base: (Lei Complementar nº 123, de 2006, art. 13, inciso VI)

a) nos Anexos IV e V, até 31 de dezembro de 2008; e

b) no Anexo IV, a partir de 1º de janeiro de 2009; e

III – aos demais tributos ou fatos geradores não abrangidos pelo Simples Nacional, previstos no art. 5º, inclusive aqueles passíveis de retenção na fonte, de desconto de terceiros ou de sub-rogação. (Lei Complementar nº 123, de 2006, art. 21, § 15)

Art. 48. A concessão e a administração do parcelamento serão de responsabilidade: (Lei Complementar nº 123, de 2006, art. 21, § 15; art. 41, § 5º, inciso V)

I – da RFB, exceto nas hipóteses dos incisos II e III;

II – da PGFN, relativamente aos débitos inscritos em DAU; ou

III – do Estado, Distrito Federal ou Município em relação aos débitos de ICMS ou de ISS:

a) transferidos para inscrição em dívida ativa, em face do convênio previsto no art. 139; (Lei Complementar nº 123, de 2006, art. 21, §§ 15 e 19)

b) lançados pelo ente federado nos termos do art. 142; (Lei Complementar nº 123, de 2006, art. 21, § 19)

c) transferidos para inscrição em dívida ativa, independentemente do convênio previsto no art. 139, com relação aos débitos devidos pelo MEI e apurados no Simei. (Lei Complementar nº 123, de 2006, art. 21, § 15; art. 41, § 5º, inciso V)

§ 1º. Até o dia 15 de cada mês, a PGFN informará à Secretaria-Executiva do CGSN, para publicação no Portal do Simples Nacional, a relação de entes federados que firmaram até o mês anterior o convênio a que se refere a alínea "a" do inciso III do *caput*. (Lei Complementar nº 123, de 2006, art. 21, § 15)

§ 2º. O parcelamento dos débitos a que se refere a alínea "b" do inciso III do *caput* deste artigo será concedido e administrado de acordo com a legislação do ente federado responsável pelo lançamento. (Lei Complementar nº 123, de 2006, art. 21, § 19)

§ 3º. No âmbito do Estado, Distrito Federal ou Município, o(s) órgão(s) concessor(es) serão indicados com base na legislação do respectivo ente federado. (Lei Complementar nº 123, de 2006, art. 21, § 15)

Art. 49. Poderá ser realizada, a pedido ou de ofício, revisão dos valores objeto do parcelamento para eventuais correções, ainda que já concedido o parcelamento. (Lei Complementar nº 123, de 2006, art. 21, § 15)

Art. 50. O pedido de parcelamento implica adesão aos termos e condições estabelecidos nesta Seção. (Lei Complementar nº 123, de 2006, art. 21, § 15)

Art. 51. O parcelamento de débitos da empresa, cujos atos constitutivos estejam baixados, será requerido em nome do titular ou de um dos sócios. (Lei Complementar nº 123, de 2006, art. 21, § 15)

Parágrafo único. O disposto no *caput* aplica-se também aos parcelamentos de débitos cuja execução tenha sido redirecionada para o titular ou para os sócios. (Lei Complementar nº 123, de 2006, art. 21, § 15)

Art. 52. O órgão concessor definido no art. 48 poderá, em disciplinamento próprio: (Lei Complementar nº 123, de 2006, art. 21, § 15)

I – condicionar o deferimento do parcelamento à confirmação do pagamento tempestivo da primeira parcela;

II – considerar o pedido deferido automaticamente após decorrido determinado período da data do pedido sem manifestação da autoridade; e

III – estabelecer condições complementares, observadas as disposições desta Resolução.

§ 1º. Caso a decisão do pedido de parcelamento não esteja condicionada à confirmação do pagamento da primeira parcela, o deferimento do parcelamento se dará sob condição resolutória, tornando-se sem efeito caso não seja efetuado o respectivo pagamento no prazo estipulado pelo órgão concessor. (Lei Complementar nº 123, de 2006, art. 21, § 15)

§ 2º. Na hipótese prevista no § 1º, tornando-se sem efeito o deferimento, o contribuinte será excluído do Simples Nacional, com efeitos retroativos, caso o parcelamento tenha sido solicitado para possibilitar o deferimento do pedido de opção ou a permanência da ME ou da EPP como optante pelo Simples Nacional, na hipótese prevista no § 1º do art. 84. (Lei Complementar nº 123, de 2006, art. 2º, inciso I e § 6º; e art. 21, § 15)

§ 3º. É vedada a concessão de parcelamento enquanto não integralmente pago o parcelamento anterior, salvo nas hipóteses de reparcelamento de que trata o art. 55 desta Resolução e do parcelamento previsto no art. 9º da Lei Complementar nº 155, de 27 de outubro de 2016. (Lei Complementar nº 123, de 2006, art. 21, § 15)

Art. 53. Atendidos os requisitos para a concessão do parcelamento, será feita a consolidação da dívida, considerando-se como data de consolidação a data do pedido. (Lei Complementar nº 123, de 2006, art. 21, § 15)

§ 1º. Compreende-se por dívida consolidada o somatório dos débitos parcelados, acrescidos dos encargos, custas, emolumentos e acréscimos legais, devidos até a data do pedido de parcelamento. (Lei Complementar nº 123, de 2006, art. 21, § 15)

§ 2º. A multa de mora será aplicada no valor máximo fixado pela legislação do imposto sobre a renda. (Lei Complementar nº 123, de 2006, art. 21, § 15; e art. 35)

Art. 54. Quanto aos parcelamentos de competência da RFB e da PGFN:

I – o valor de cada parcela será obtido mediante a divisão do valor da dívida consolidada pelo número de parcelas solicitadas, observado o limite mínimo de R$ 300,00 (trezentos reais), exceto quanto aos débitos de responsabilidade do MEI, quando o valor mínimo será estipulado em ato do órgão concessor; (Lei Complementar nº 123, de 2006, art. 21, § 15)

II – as prestações do parcelamento vencerão no último dia útil de cada mês; e (Lei Complementar nº 123, de 2006, art. 21, § 15)

III – o repasse para os entes federados dos valores pagos e a amortização dos débitos parcelados será efetuado proporcionalmente ao valor de cada tributo na composição da dívida consolidada. (Lei Complementar nº 123, de 2006, art. 21, § 22)

§ 1º. O Estado, Distrito Federal ou Município, quando na condição de órgão concessor, conforme definido no art. 48, poderá estabelecer a seu critério o valor mínimo e a data de vencimento das parcelas de que tratam os incisos I e II do *caput*. (Lei Complementar nº 123, de 2006, art. 21, § 15)

§ 2º. O valor de cada parcela, inclusive do valor mínimo previsto no inciso I do *caput*, estará sujeito ao disposto no inciso II do art. 46. (Lei Complementar nº 123, de 2006, art. 21, § 15)

Art. 55. No âmbito de cada órgão concessor, serão admitidos reparcelamentos de débitos no âmbito do Simples Nacional constantes de parcelamento em curso ou que tenha sido rescindido, podendo ser incluídos novos débitos, concedendo-se novo prazo observado o limite de que trata o inciso I do art. 46. (Lei Complementar nº 123, de 2006, art. 21, § 18) *(Redação dada pelo(a) Resolução CGSN nº 142, de 21 de agosto de 2018)*

§ 1º. A formalização de reparcelamento de débitos fica condicionada ao recolhimento da primeira parcela em valor correspondente a: (Lei Complementar nº 123, de 2006, art. 21, §§ 15 e 18)

I – 10% (dez por cento) do total dos débitos consolidados; ou

II – 20% (vinte por cento) do total dos débitos consolidados, caso haja débito com histórico de reparcelamento anterior.

§ 2º. Para os débitos inscritos em DAU será verificado o histórico de parcelamento no âmbito da RFB e da PGFN. (Lei Complementar nº 123, de 2006, art. 21, §§ 15 e 18)

§ 3º. Para os débitos administrados pelo Estado, Distrito Federal ou Município, na forma prevista no art. 48, será verificado o histórico de parcelamentos por ele concedidos. (Lei Complementar nº 123, de 2006, art. 21, §§ 15 e 18)

§ 4º. A desistência de parcelamento cujos débitos foram objeto do benefício previsto no inciso IV do art. 46, com a finalidade de reparcelamento do saldo devedor, implica restabelecimento do montante da multa proporcionalmente ao valor da receita não satisfeita e o benefício da redução será aplicado ao reparcelamento caso a negociação deste ocorra nos prazos previstos nas alíneas "a" e "b" do mesmo inciso. (Lei Complementar nº 123, de 2006, art. 21, §§ 15 e 18)

Art. 56. Implicará rescisão do parcelamento: (Lei Complementar nº 123, de 2006, art. 21, § 24)

I – a falta de pagamento de 3 (três) parcelas, consecutivas ou não; ou

II – a existência de saldo devedor, após a data de vencimento da última parcela do parcelamento.

§ 1º. É considerada inadimplente a parcela parcialmente paga. (Lei Complementar nº 123, de 2006, art. 21, § 15)

§ 2º. Rescindido o parcelamento, apurar-se-á o saldo devedor, providenciando-se, conforme o caso, o encaminhamento do débito para inscrição em dívida ativa ou o prosseguimento da cobrança, se já realizada aquela, inclusive quando em execução fiscal. (Lei Complementar nº 123, de 2006, art. 21, § 15)

§ 3º. A rescisão do parcelamento motivada pelo descumprimento das normas que o regulam implicará restabelecimento do montante das multas de que trata o inciso IV do art. 46 proporcionalmente ao valor da receita não satisfeita. (Lei Complementar nº 123, de 2006, art. 21, § 15)

Art. 57. A RFB, a PGFN, os Estados, o Distrito Federal e os Municípios poderão editar normas complementares relativas ao parcelamento, observadas as disposições desta Seção. (Lei Complementar nº 123, de 2006, art. 21, § 15)

7.22. DO MICROEMPREENDEDOR INDIVIDUAL (MEI)

Considera-se Microempreendedor Individual – MEI o empresário a que se refere o art. 966 da Lei nº 10.406, de 2002, optante pelo Simples Nacional, que tenha auferido receita bruta acumulada nos anos-calendário anterior e em curso de até R$ 60.000,00 (a partir de 2018, receita de R$ 81.000,00, teto que foi alterado pela LC nº 155/2016) e que:

- exerça tão somente as atividades constantes do Anexo XIII da Resolução CGSN nº 94/2011 (a partir de 2018, Anexo XI da Resolução CGSN nº 140/2018);
- possua um único estabelecimento;
- não participe de outra empresa como titular, sócio ou administrador;
- não contrate mais de um empregado.

O MEI recolherá:

- contribuição para a Seguridade Social relativa à pessoa do empresário, na qualidade de contribuinte individual, na forma prevista no § 2° do art. 21 da Lei n° 8.212, de 24 de julho de 1991, correspondente a:

a) até a competência abril de 2011: 11% (onze por cento) do limite mínimo mensal do salário de contribuição;

b) a partir da competência maio de 2011: 5% (cinco por cento) do limite mínimo mensal do salário de contribuição;

- R$ 1,00 (um real), a título de ICMS, caso seja contribuinte desse imposto;
- R$ 5,00 (cinco reais), a título de ISS, caso seja contribuinte desse imposto.

A regulamentação completa da tributação diferenciada do MEI se encontra prevista nos arts. 100 a 120 da Resolução CGSN nº 140/2018.

7.23. O NOVO SIMPLES NACIONAL (LC Nº 155/2016)

A recentíssima LC nº 155, de 27 de outubro de 2016, promoveu uma reforma radical no regime do Simples Nacional.

Uma das principais alterações foi a elevação do teto para ingresso e permanência das empresas no Simples Nacional, que passou para R$ 4.800.000,00 ao ano (art. 3º, II, e § 14, da LC nº 123/2006). Só que o ISS e o ICMS serão recolhidos segundo a legislação ordinária dos municípios e estados em relação ao que exceder o montante de R$ 3.600.000,00 (art. 13-A da LC nº 123/2006).

Mas qual o critério para se apurar o teto de R$ 3.600.000,00 para fins de recolhimento do ISS dentro ou fora do Simples Nacional?

Vejamos a seguir – de forma didática – as situações que podem ocorrer e as suas respectivas soluções.

No início do ano, para verificar se a empresa pode iniciá-lo no Simples Nacional ou iniciar o ano recolhendo o ICMS/ISS no regime diferenciado, é preciso consultar a receita acumulada no ano anterior (RBAA).

Considerando que todos os estabelecimentos da empresa estão localizados em estados que adotam o sublimite de R$ 3.600.000,00, em janeiro de 2018, a empresa deve consultar a RBAA (receita de janeiro a dezembro de 2017):

- **Situação 1:** a RBAA em 2017 foi inferior ou igual a R$ 3,6 milhões: a empresa pode iniciar o ano no Simples Nacional, recolhendo todos os tributos neste regime, observando as disposições do art. 13, §1º, da LC nº 123/2006;
- **Situação 2:** a RBAA em 2017 foi superior a R$ 3,6 milhões, mas inferior ou igual a R$ 4,8 milhões: a empresa pode iniciar o ano recolhendo os tributos federais no Simples Nacional, mas estará impedida de recolher o ICMS/ISS desde o início do ano neste regime. Deve apurar o ICMS e/ou ISS "por fora" do SN o ano todo;

- **Situação 3:** a RBAA em 2017 foi superior a R$ 4,8 milhões: a empresa não pode optar pelo Simples Nacional em 2018.

  Durante o ano, a empresa também deve verificar se pode continuar no Simples Nacional ou se passará a ficar impedida de recolher o ICMS/ISS no SN, e a partir de quando. Neste caso, deve consultar a receita acumulada no ano corrente de 2018 (RBA), em cada PA de cálculo:
- **Situação 4:** a RBA em 2018 foi inferior ou igual a R$ 3,6 milhões: a empresa continua recolhendo todos os tributos no Simples Nacional;
- **Situação 5:** a RBA em 2018 ultrapassou o sublimite de R$ 3,6 milhões em ATÉ 20% (receita acumulada até R$ 4.320.000,00), logo, não ultrapassou o limite de R$ 4,8 milhões: a empresa continua recolhendo no Simples Nacional os tributos federais, mas estará impedida de recolher o ICMS/ISS no Simples Nacional a partir do ano seguinte;
- **Situação 6:** a RBA em 2018 ultrapassou o sublimite de R$ 3,6 milhões em MAIS de 20% (receita acumulada acima de R$ 4.320.000,00), MAS não ultrapassou o limite de R$ 4,8 milhões: a empresa continua recolhendo no Simples Nacional os tributos federais, mas estará impedida de recolher o ICMS/ISS no Simples Nacional a partir do mês seguinte;
- **Situação 7:** a RBA em 2018 ultrapassou o limite de R$ 4,8 milhões em ATÉ 20% (receita acumulada até R$ 5.760.000,00): a empresa estará sujeita à exclusão do Simples Nacional a partir do ano seguinte;
- **Situação 8:** a RBA em 2018 ultrapassou o limite de R$ 4,8 milhões em MAIS de 20% (receita acumulada acima de R$ 5.760.000,00): a empresa estará sujeita à exclusão do Simples Nacional a partir do mês seguinte.

No caso do MEI, o teto aumentou para R$ 81.000,00 anuais.

Outra inovação foi a instituição da progressividade graduada ou "rampa suave" para a determinação da alíquota, tão desejada e reivindicada pelos empresários brasileiros desde a criação do regime em estudo.

Em outras palavras, a nova legislação adotou alíquotas efetivas calculadas a partir de alíquotas nominais, observando ainda parcelas a deduzir para cada faixa de faturamento. A mudança vale igualmente para o regime de retenção de ISS.

Tais mudanças adquirirão eficácia só a partir de janeiro de 2018.

Assim, até 31.12.2017, deve ser aplicado o que vimos nos itens anteriores. Após esta data, valerão as regras dos dispositivos transcritos a seguir, ambos da LC nº 123/2006, com a redação alterada pela nova LC nº 155/2016:

> **Art. 18.** O valor devido mensalmente pela microempresa ou empresa de pequeno porte optante pelo Simples Nacional será determinado mediante aplicação das alíquotas efetivas, calculadas a partir das alíquotas nominais constantes das tabelas dos Anexos I a V desta Lei Complementar, sobre a base de cálculo de que trata o § 3º deste artigo, observado o disposto no § 15 do art. 3º.

§ 1º. Para efeito de determinação da alíquota nominal, o sujeito passivo utilizará a receita bruta acumulada nos doze meses anteriores ao do período de apuração.

§ 1º-A. A alíquota efetiva é o resultado de:

$$\frac{RBT12 \times Aliq - PD}{RBT12}, \text{ em que:}$$

I – RBT12: receita bruta acumulada nos doze meses anteriores ao período de apuração;

II – Aliq: alíquota nominal constante dos Anexos I a V desta Lei Complementar;

III – PD: parcela a deduzir constante dos Anexos I a V desta Lei Complementar.

§ 1º-B. Os percentuais efetivos de cada tributo serão calculados a partir da alíquota efetiva, multiplicada pelo percentual de repartição constante dos Anexos I a V desta Lei Complementar, observando-se que:

I – o percentual efetivo máximo destinado ao ISS será de 5% (cinco por cento), transferindo-se eventual diferença, de forma proporcional, aos tributos federais da mesma faixa de receita bruta anual;

II – eventual diferença centesimal entre o total dos percentuais e a alíquota efetiva será transferida para o tributo com maior percentual de repartição na respectiva faixa de receita bruta.

§ 1º-C. Na hipótese de transformação, extinção, fusão ou sucessão dos tributos referidos nos incisos IV e V do art. 13, serão mantidas as alíquotas nominais e efetivas previstas neste artigo e nos Anexos I a V desta Lei Complementar, e lei ordinária disporá sobre a repartição dos valores arrecadados para os tributos federais, sem alteração no total dos percentuais de repartição a eles devidos, e mantidos os percentuais de repartição destinados ao ICMS e ao ISS.

§ 2º. Em caso de início de atividade, os valores de receita bruta acumulada constantes dos Anexos I a V desta Lei Complementar devem ser proporcionalizados ao número de meses de atividade no período.

§ 3º. Sobre a receita bruta auferida no mês incidirá a alíquota efetiva determinada na forma do *caput* e dos §§ 1º, 1º-A e 2º deste artigo, podendo tal incidência se dar, à opção do contribuinte, na forma regulamentada pelo Comitê Gestor, sobre a receita recebida no mês, sendo essa opção irretratável para todo o ano-calendário. (...)

Art. 21. (...)

§ 4º. (...)

I – a alíquota aplicável na retenção na fonte deverá ser informada no documento fiscal e corresponderá à alíquota efetiva de ISS a que a microempresa ou a empresa de pequeno porte estiver sujeita no mês anterior ao da prestação;

II – na hipótese de o serviço sujeito à retenção ser prestado no mês de início de atividades da microempresa ou da empresa de pequeno porte, deverá ser aplicada pelo tomador a alíquota efetiva de 2% (dois por cento);

(...)

V – na hipótese de a microempresa ou a empresa de pequeno porte não informar a alíquota de que tratam os incisos I e II deste parágrafo no documento fiscal, aplicar-se-á a alíquota efetiva de 5% (cinco por cento).

(...)

Anexo I da Lei Complementar nº 123, de 14 de dezembro de 2006 (Vigência: 1º.1.2018) Alíquotas e Partilha do Simples Nacional – Comércio

Receita Bruta em 12 Meses (em R$)		Alíquota	Valor a Deduzir (em R$)
1ª Faixa	Até 180.000,00	4,00%	–
2ª Faixa	De 180.000,01 a 360.000,00	7,30%	5.940,00
3ª Faixa	De 360.000,01 a 720.000,00	9,50%	13.860,00
4ª Faixa	De 720.000,01 a 1.800.000,00	10,70%	22.500,00
5ª Faixa	De 1.800.000,01 a 3.600.000,00	14,30%	87.300,00
6ª Faixa	De 3.600.000,01 a 4.800.000,00	19,00%	378.000,00

Faixas	Percentual de Repartição dos Tributos					
	IRPJ	CSLL	Cofins	PIS/Pasep	CPP	ICMS
1ª Faixa	5,50%	3,50%	12,74%	2,76%	41,50%	34,00%
2ª Faixa	5,50%	3,50%	12,74%	2,76%	41,50%	34,00%
3ª Faixa	5,50%	3,50%	12,74%	2,76%	42,00%	33,50%
4ª Faixa	5,50%	3,50%	12,74%	2,76%	42,00%	33,50%
5ª Faixa	5,50%	3,50%	12,74%	2,76%	42,00%	33,50%
6ª Faixa	13,50%	10,00%	28,27%	6,13%	42,10%	–

Anexo II da Lei Complementar nº 123, de 14 de dezembro de 2006 (Vigência: 1º.1.2018) Alíquotas e Partilha do Simples Nacional – Indústria

Receita Bruta em 12 Meses (em R$)		Alíquota	Valor a Deduzir (em R$)
1ª Faixa	Até 180.000,00	4,50%	–
2ª Faixa	De 180.000,01 a 360.000,00	7,80%	5.940,00
3ª Faixa	De 360.000,01 a 720.000,00	10,00%	13.860,00
4ª Faixa	De 720.000,01 a 1.800.000,00	11,20%	22.500,00
5ª Faixa	De 1.800.000,01 a 3.600.000,00	14,70%	85.500,00
6ª Faixa	De 3.600.000,01 a 4.800.000,00	39,00%	720.000,00

Faixas	Percentual de Repartição dos Tributos						
	IRPJ	CSLL	Cofins	PIS/Pasep	CPP	IPI	ICMS
1ª Faixa	5,50%	3,50%	11,51%	2,49%	37,50%	7,50%	32,00%
2ª Faixa	5,50%	3,50%	11,51%	2,49%	37,50%	7,50%	32,00%
3ª Faixa	5,50%	3,50%	11,51%	2,49%	37,50%	7,50%	32,00%
4ª Faixa	5,50%	3,50%	11,51%	2,49%	37,50%	7,50%	32,00%
5ª Faixa	5,50%	3,50%	11,51%	2,49%	37,50%	7,50%	32,00%
6ª Faixa	8,50%	7,50%	20,96%	4,54%	23,50%	35,00%	–

Anexo III da Lei Complementar nº 123, de 14 de dezembro de 2006 (Vigência: 1º.1.2018)

Alíquotas e Partilha do Simples Nacional

Receitas de locação de bens móveis e de prestação de serviços não relacionados no § 5º-C do art. 18 desta Lei Complementar

Receita Bruta em 12 Meses (em R$)		Alíquota	Valor a Deduzir (em R$)
1ª Faixa	Até 180.000,00	6,00%	–
2ª Faixa	De 180.000,01 a 360.000,00	11,20 %	9.360,00
3ª Faixa	De 360.000,01 a 720.000,00	13,50%	17.640,00
4ª Faixa	De 720.000,01 a 1.800.000,00	16,00%	35.640,00
5ª Faixa	De 1.800.000,01 a 3.600.000,00	21,00%	125.640,00
6ª Faixa	De 3.600.000,01 a 4.800.000,00	33,00%	648.000,00

Faixas	Percentual de Repartição dos Tributos					
	IRPJ	CSLL	Cofins	PIS/Pasep	CPP	ISS (*)
1ª Faixa	4,00%	3,50%	12,82%	2,78%	43,40%	33,50%
2ª Faixa	4,00%	3,50%	14,05%	3,05%	43,40%	32,00%
3ª Faixa	4,00%	3,50%	13,64%	2,96%	43,40%	32,50%
4ª Faixa	4,00%	3,50%	13,64%	2,96%	43,40%	32,50%
5ª Faixa	4,00%	3,50%	12,82%	2,78%	43,40%	33,50% (*)
6ª Faixa	35,00%	15,00%	16,03%	3,47%	30,50%	–

(*) O percentual efetivo máximo devido ao ISS será de 5%, transferindo-se a diferença, de forma proporcional, aos tributos federais da mesma faixa de receita bruta anual. Sendo assim, na 5ª faixa, quando a alíquota efetiva for superior a 14,92537%, a repartição será:

	IRPJ	CSLL	Cofins	PIS/Pasep	CPP	ISS
5ª Faixa, com alíquota efetiva superior a 14,92537%	(Alíquota efetiva – 5%) x 6,02%	(Alíquota efetiva – 5%) x 5,26%	(Alíquota efetiva – 5%) x 19,28%	(Alíquota efetiva – 5%) x 4,18%	(Alíquota efetiva – 5%) x 65,26%	Percentual de ISS fixo em 5%

Anexo IV da Lei Complementar nº 123, de 14 de dezembro de 2006 (Vigência: 1º.1.2018)

Alíquotas e Partilha do Simples Nacional – Receitas decorrentes da prestação de serviços relacionados no § 5º-C do art. 18 desta Lei Complementar

Receita Bruta em 12 Meses (em R$)		Alíquota	Valor a Deduzir (em R$)
1ª Faixa	Até 180.000,00	4,50%	–
2ª Faixa	De 180.000,01 a 360.000,00	9,00 %	8.100,00
3ª Faixa	De 360.000,01 a 720.000,00	10,20%	12.420,00
4ª Faixa	De 720.000,01 a 1.800.000,00	14,00%	39.780,00
5ª Faixa	De 1.800.000,01 a 3.600.000,00	22,00%	183.780,00
6ª Faixa	De 3.600.000,01 a 4.800.000,00	33,00%	828.000,00

Faixas	Percentual de Repartição dos Tributos				
	IRPJ	CSLL	Cofins	PIS/Pasep	ISS (*)
1ª Faixa	18,80%	15,20%	17,67%	3,83%	44,50%
2ª Faixa	19,80%	15,20%	20,55%	4,45%	40,00%
3ª Faixa	20,80%	15,20%	19,73%	4,27%	40,00%
4ª Faixa	17,80%	19,20%	18,90%	4,10%	40,00%
5ª Faixa	18,80%	19,20%	18,08%	3,92%	40,00% (*)
6ª Faixa	53,50%	21,50%	20,55%	4,45%	–

(*) O percentual efetivo máximo devido ao ISS será de 5%, transferindo-se a diferença, de forma proporcional, aos tributos federais da mesma faixa de receita bruta anual. Sendo assim, na 5ª faixa, quando a alíquota efetiva for superior a 12,5%, a repartição será:

	IRPJ	CSLL	Cofins	PIS/Pasep	ISS
5ª Faixa, com alíquota efetiva superior a 12,5%	(Alíquota efetiva – 5%) x 31,33%	(Alíquota efetiva – 5%) x 32,00%	(Alíquota efetiva – 5%) x 30,13%	(Alíquota efetiva – 5%) x 6,54%	Percentual de ISS fixo em 5%

Anexo V da Lei Complementar nº 123, de 14 de dezembro de 2006 (Vigência: 1º.1.2018)

Alíquotas e Partilha do Simples Nacional – Receitas decorrentes da prestação de serviços relacionados no § 5º-I do art. 18 desta Lei Complementar

Receita Bruta em 12 Meses (em R$)		Alíquota	Valor a Deduzir (em R$)
1ª Faixa	Até 180.000,00	15,50%	–
2ª Faixa	De 180.000,01 a 360.000,00	18,00%	4.500,00
3ª Faixa	De 360.000,01 a 720.000,00	19,50%	9.900,00
4ª Faixa	De 720.000,01 a 1.800.000,00	20,50%	17.100,00
5ª Faixa	De 1.800.000,01 a 3.600.000,00	23,00%	62.100,00
6ª Faixa	De 3.600.000,01 a 4.800.000,00	30,50%	540.000,00

Faixas	Percentual de Repartição dos Tributos					
	IRPJ	CSLL	Cofins	PIS/Pasep	CPP	ISS
1ª Faixa	25,00%	15,00%	14,10%	3,05%	28,85%	14,00%
2ª Faixa	23,00%	15,00%	14,10%	3,05%	27,85%	17,00%
3ª Faixa	24,00%	15,00%	14,92%	3,23%	23,85%	19,00%
4ª Faixa	21,00%	15,00%	15,74%	3,41%	23,85%	21,00%
5ª Faixa	23,00%	12,50%	14,10%	3,05%	23,85%	23,50%
6ª Faixa	35,00%	15,50%	16,44%	3,56%	29,50%	–

8 ANEXOS

8.1. CONSTITUIÇÃO DA REPÚBLICA FEDERATIVA DO BRASIL DE 5 DE OUTUBRO DE 1988

TÍTULO VI – DA TRIBUTAÇÃO E DO ORÇAMENTO

Capítulo I – Do Sistema Tributário Nacional

Seção V – *Dos Impostos dos Municípios*

Art. 156. Compete aos Municípios instituir impostos sobre: (...)

III – serviços de qualquer natureza, não compreendidos no art. 155, II, definidos em lei complementar. (...)

- *Art. 156,* caput, *com redação dada pela EC nº 37, de 12.6.2002.*

§ 3º. Em relação ao imposto previsto no inciso III do caput deste artigo, cabe à lei complementar:

I – fixar as suas alíquotas máximas e mínimas; (...)

- *Inciso I com redação dada pela EC nº 37, de 12.6.2002.*

III – regular a forma e as condições como isenções, incentivos e benefícios fiscais serão concedidos e revogados.

- *Inciso III com redação dada pela EC nº 37, de 12.6.2002.*

ATO DAS DISPOSIÇÕES CONSTITUCIONAIS TRANSITÓRIAS

Art. 88. Enquanto lei complementar não disciplinar o disposto nos incisos I e III do § 3º do art. 156 da Constituição Federal, o imposto a que se refere o inciso III do *caput* do mesmo artigo:

I – terá alíquota mínima de dois por cento, exceto para os serviços a que se referem os itens 032, 033 e 034 da Lista de Serviços anexa ao Decreto-Lei nº 406, de 31 de dezembro de 1968;

II – não será objeto de concessão de isenções, incentivos e benefícios fiscais, que resulte, direta ou indiretamente, na redução da alíquota mínima estabelecida no inciso I.

- *Art. 88 acrescido pela EC nº 37, de 12.6.2002.*

8.2. DECRETO-LEI Nº 406, DE 31 DE DEZEMBRO DE 1968 (Excertos)

Estabelece normas gerais de direito financeiro, aplicáveis aos impostos sobre operações relativas à circulação de mercadorias e sobre serviços de qualquer natureza, e dá outras providências.

....

Art. 8º. O imposto, de competência dos Municípios, sobre serviços de qualquer natureza, tem como fato gerador a prestação, por empresa ou profissional autônomo, com ou sem estabelecimento fixo, de serviço constante da lista anexa.

§ 1º. Os serviços incluídos na lista ficam sujeitos apenas ao imposto previsto neste artigo, ainda que sua prestação envolva fornecimento de mercadorias.

§ 2º. O fornecimento de mercadorias com prestação de serviços não especificados na lista fica sujeito ao Imposto sobre Circulação de Mercadorias.

- *§ 2º com redação alterada pelo Decreto-Lei nº 834, de 8.9.1969.*

Art. 9º. A base de cálculo do imposto é o preço do serviço.

§ 1º. Quando se tratar de prestação de serviços sob a forma de trabalho pessoal do próprio contribuinte, o imposto será calculado, por meio de alíquotas fixas ou variáveis, em função da natureza do serviço ou de outros fatores pertinentes, nestes não compreendida a importância paga a título de remuneração do próprio trabalho.

§ 2º. Na prestação dos serviços a que se referem os itens 019 e 020 da lista anexa o imposto será calculado sobre o preço deduzido das parcelas correspondentes:

a) ao valor dos materiais fornecidos pelo prestador dos serviços;

b) ao valor das subempreitadas já tributadas pelo imposto.

- *§ 2º com redação alterada pelo Decreto-Lei nº 834, de 8.9.1969.*
- *Pela lista de serviços veiculada pela Lei Complementar nº 56/1987, o item 019 corresponde ao item 032, enquanto que o 20 diz respeito aos itens 033 e 034.*

§ 3º. Quando os serviços a que se referem os itens 001, 004, 008, 025, 052, 088, 089, 090, 091 e 092 da lista anexa forem prestados por sociedades, estas ficarão sujeitas ao imposto na forma do § 1º, calculado em relação a cada profissional habilitado, sócio, empregado ou não, que preste serviços em nome da sociedade, embora assumindo responsabilidade pessoal, nos termos da lei aplicável.

- *§ 3º com redação dada pela Lei Complementar nº 56, de 15.12.1987.*

§ 4º. Na prestação de serviço a que se refere o item 101 da Lista Anexa, o imposto é calculado sobre a parcela do preço correspondente à proporção direta da parcela da extensão da rodovia explorada, no território do Município, ou da metade da extensão de ponte que una dois Municípios.

§ 5º. A base de cálculo apurada nos termos do parágrafo anterior:

- *§ 4º incluído pela Lei Complementar nº 100, de 22.12.1999.*

I – é reduzida, nos Municípios onde não haja posto de cobrança de pedágio, para sessenta por cento de seu valor;

II – é acrescida, nos Municípios onde haja posto de cobrança de pedágio, do complemento necessário à sua integralidade em relação à rodovia explorada.

- *§ 5º incluído pela Lei Complementar nº 100, de 22.12.1999.*

§ 6º. Para efeitos do disposto nos §§ 4º e 5º, considera-se rodovia explorada o trecho limitado pelos pontos equidistantes entre cada posto de cobrança de pedágio ou entre o mais próximo deles e o ponto inicial ou terminal da rodovia.

- *§ 6º incluído pela Lei Complementar nº 100, de 22.12.1999.*

Art. 10. Contribuinte é o prestador do serviço.

Parágrafo único. Não são contribuintes os que prestem serviços em relação de emprego, os trabalhadores avulsos, os diretores e membros de conselhos consultivo ou fiscal de sociedades.

Art. 11. A execução, por administração, empreitada e subempreitada, de obras hidráulicas ou de construção civil, e os respectivos serviços de engenharia consultiva, quando contratados com a União, Estados, Distrito Federal, Municípios, autarquias e empresas concessionárias de serviços públicos, ficam isentos do imposto a que se refere o art. 8º.

- *Art. 11 com redação dada pela Lei Complementar nº 22, de 9.12.1974.*
- *Este artigo não foi recepcionado pela CF de 1988, que proibiu, salvo raríssimas exceções, a instituição de isenções heterônomas.*

Parágrafo único. Os serviços de engenharia consultiva a que se refere este artigo são os seguintes:

I – elaboração de planos diretores, estudos de viabilidade, estudos organizacionais e outros, relacionados com obra e serviços de engenharia;

II – elaboração de anteprojetos, projetos básicos e projetos executivos para trabalhos de engenharia;

III – fiscalização e supervisão de obras e serviços de engenharia.

- *Parágrafo com redação dada pela Lei Complementar nº 22, de 9.12.1974.*

Art. 12. Considera-se local da prestação do serviço:

a) o do estabelecimento prestador ou, na falta de estabelecimento, o do domicílio do prestador;

b) no caso de construção civil, o local onde se efetuar a prestação;

c) no caso do serviço a que se refere o item 101 da Lista Anexa, o Município em cujo território haja parcela da estrada explorada.

- *Alínea "c" incluída pela Lei Complementar nº 100, de 22.12.1999.*

Art. 13. Revogam-se os arts. 52, 53, 54, 55, 56, 57, 58, 71, 72 e 73 da Lei nº 5.172, de 25 de outubro de 1966, com suas modificações posteriores, bem como todas as demais disposições em contrário.

Art. 14. Este Decreto-Lei entrará em vigor em 1º de janeiro de 1969.

Brasília, 31 de dezembro de 1968; 147º da Independência e 80º da República.

A. Costa e Silva

8.3. LEI COMPLEMENTAR Nº 56, DE 15 DE DEZEMBRO DE 1987

- *Esta Lei Complementar foi revogada pela Lei Complementar nº 116, de 31.7.2003.*

Dá nova redação à lista de serviços a que se refere o art. 8º do Decreto-Lei nº 406, de 31 de dezembro de 1968, e dá outras providências.

O Presidente da República,

Faço saber que o Congresso Nacional decreta e eu sanciono a seguinte Lei Complementar:

Art. 1º. A lista de serviços anexa ao Decreto-Lei nº 406, de 31.12.1968, com a redação alterada pelo Decreto-Lei nº 834, de 8.9.1969, passa a ter a redação da lista anexa a esta lei complementar.

Art. 2º. O § 3º do art. 9º do Decreto-Lei nº 406, de 31.12.1968, alterado pelo Decreto-Lei nº 834, de 8.9.1969, passa a ter a seguinte redação:

"§ 3º. Quando os serviços a que se referem os itens 001, 004, 008, 025, 052, 088, 089, 090, 091 e 092 da lista anexa forem prestados por sociedades, estas ficarão sujeitas ao imposto na forma do § 1º, calculado em relação a cada profissional habilitado, sócio, empregado ou não, que preste serviços em nome da sociedade, embora assumindo responsabilidade pessoal, nos termos da lei aplicável."

Art. 3º. As informações individualizadas sobre serviços prestados a terceiros, necessários à comprovação dos fatos geradores citados nos itens 095 e 096, serão prestadas pelas instituições financeiras na forma prescrita pelo inciso II do art. 197 da Lei nº 5.172, de 25.10.1966 – Código Tributário Nacional.

Art. 4º. (Vetado)

Art. 5º. (Vetado)

Art. 6º. Esta lei complementar entra em vigor na data de sua publicação.

Art. 7º. Revogam-se as disposições em contrário.

LISTA DE SERVIÇOS

Para a cobrança do Imposto Sobre Serviços

ITEM	DISCRIMINAÇÃO
001	Médicos, inclusive análise clínicas, eletricidade médica, radioterapia, ultra-sonografia, radiologia, tomografia e congêneres.
002	Hospitais, clínicas, sanatórios, laboratórios de análise, ambulatórios, prontos-socorros, manicômios, casas de saúde, de repouso, e de recuperação e congêneres.
003	Bancos de sangue, leite, pele, olhos, sêmen e congêneres.
004	Enfermeiros, obstetras, ortópticos, fonoaudiólogos, protéticos (prótese dentária).
005	Assistência médica e congêneres previstos nos itens 001, 002 e 003 desta lista, prestados através de planos de medicina de grupos, convênios, inclusive com empresa para assistência a empregados.
006	Planos de saúde, prestados por empresa que não esteja incluída no item 005 desta lista e que se cumpram através de serviços prestados por terceiros, contratados pela empresa ou apenas pagos por esta, mediante indicação do beneficiário do plano.
007	(*Vetado*)
008	Médicos Veterinários.
009	Hospitais veterinários, clínicas veterinárias e congêneres.
010	Guarda, tratamento, amestramento, adestramento, embelezamento, alojamento e congêneres, relativos a animais.
011	Barbeiros, cabeleireiros, manicures, pedicures, tratamento de pele, depilação, e congêneres.
012	Banhos, duchas, sauna, massagens, ginásticas e congêneres.
013	Varrição, coleta, remoção e incineração de lixo.
014	Limpeza e dragagem de portos, rios e canais.
015	Limpeza, manutenção e conservação de imóveis inclusive vias públicas, parques e jardins.
016	Desinfecção, imunização, higienização, desratização e congêneres.
017	Controle e tratamento de efluentes de qualquer natureza, e de agentes físicos e biológicos.

018	Incineração de resíduos quaisquer.
019	Limpeza de chaminés.
020	Saneamento ambiental e congêneres.
021	Assistência técnica (*Vetado*).
022	Assessoria ou consultoria de qualquer natureza, não contidas em outros itens desta lista, organização, programação, planejamento, assessoria, processamento de dados, consultoria técnica, financeira ou administrativa (*Vetado*).
023	Planejamento, coordenação, programação ou organização técnica, financeira ou administrativa.
024	Análise, inclusive de sistemas, exames, pesquisas, e informações, coleta e processamento de dados de qualquer natureza.
025	Contabilidade, auditoria, guarda-livros, técnicos em contabilidade e congêneres.
026	Perícias, laudos, exames técnicos e análises técnicas.
027	Traduções e interpretações.
028	Avaliação de bens.
029	Datilografia, estenografia, expediente, secretaria em geral e congêneres.
030	Projetos, cálculos e desenhos técnicos de qualquer natureza.
031	Aerofotogrametria (inclusive interpretações), mapeamento e topografia.
032	Execução por administração, empreitada, ou subempreitada, de construção civil, de obras hidráulicas e outras obras semelhantes e respectiva engenharia consultiva, inclusive serviços auxiliares ou complementares (exceto o fornecimento de mercadoria produzida pelo prestador de serviço fora do local da prestação dos serviços, que fica sujeito ao ICM).
033	Demolição.
034	Reparação, conservação e reforma de edifício, estradas, pontes, portos e congêneres (exceto o fornecimento de mercadoria produzida pelo prestador de serviço fora do local da prestação de serviço, que fica sujeito ao ICM).
035	Pesquisa, perfuração, cimentação, perfilagem (*Vetado*), estimulação e outros serviços relacionados com a exploração e explotação de petróleo e gás natural.
036	Florestamento e reflorestamento.
037	Escoramento e contenção de encostas e serviços congêneres.
038	Paisagismo, jardinagem, e decoração (exceto o fornecimento de mercadorias que fica sujeito ao ICM).
039	Raspagem, calafetação, polimento, lustração de pisos, paredes e divisórias.
040	Ensino, instrução, treinamento, avaliação de conhecimentos, de qualquer grau ou natureza.
041	Planejamento, organização e administração de feiras, exposições, congressos e congêneres.
042	Organização de festas e recepções: *buffet* (exceto o fornecimento de alimentação e bebidas que fica sujeito ao ICM).
043	Administração de bens e negócios de terceiros e de consórcio (*Vetado*).

044	Administração de fundos mútuos (exceto a realizada por instituições autorizadas a funcionar pelo Banco Central).
045	Agenciamento, corretagem ou intermediação de câmbio, de seguros e de planos de previdência privada.
046	Agenciamento, corretagem ou intermediação de títulos quaisquer (exceto os serviços executados por instituições autorizadas a funcionar pelo Banco Central).
047	Agenciamento, corretagem ou intermediação de direitos da propriedade industrial, artística ou literária.
048	Agenciamento, corretagem ou intermediação de contratos de franquia ("Franchise") e de faturação ("Factoring") (excetuam-se os serviços prestados por instituições autorizadas a funcionar pelo Banco Central).
049	Agenciamento, organização, promoção e execução de programas de turismo, passeios, excursões, guias de turismo e congêneres.
050	Agenciamento, corretagem ou intermediação de bens móveis e imóveis não abrangidos nos itens 045, 046, 047 e 048.
051	Despachantes.
052	Agentes da propriedade industrial.
053	Agentes da propriedade artística ou literária.
054	Leilão.
055	Regulação de sinistros cobertos por contratos de seguros; inspeção e avaliação de riscos para cobertura de contratos de seguros; prevenção e gerência de riscos seguráveis, prestado por quem não seja o próprio segurado ou companhia de seguro.
056	Armazenamento, depósito, carga, descarga, arrumação e guarda de bens de qualquer espécie (exceto em depósito feitos em instituições financeiras autorizadas a funcionar pelo Banco Central).
057	Guarda e estacionamento de veículos automotores terrestres.
058	Vigilância ou segurança de pessoas e bens.
059	Transporte, coleta, remessa ou entrega de bens ou valores, dentro do território do município.
060	Diversões Públicas:
	a) (*Vetado*), cinemas, (*Vetado*), *taxi dancings* e congêneres;
	b) bilhares, boliches, corridas de animais e outros jogos;
	c) exposições com cobrança de ingresso;
	d) bailes, *shows*, festivais, recitais e congêneres, inclusive espetáculos que sejam também transmitidos, mediante compra de direitos para tanto, pela televisão ou pelo rádio;
	e) jogos eletrônicos;
	f) competições esportivas ou de destreza física ou intelectual, com ou sem a participação do espectador, inclusive a venda de direitos à transmissão pelo rádio ou pela televisão;
	g) execução de música, individualmente ou por conjuntos (*Vetado*).
061	Distribuição e venda de bilhetes de loteria, cartões, pules ou cupons de apostas, sorteios ou prêmios.

062	Fornecimento de música, mediante transmissão por qualquer processo, para vias públicas ou ambientes fechados (exceto transmissões radiofônicas ou de televisão).
063	Gravação e distribuição de filmes e *video tapes*.
064	Fonografia ou gravação de sons ou ruídos, inclusive trucagem, dublagem e mixagem sonora.
065	Fotografia e cinematografia, inclusive revelação, ampliação, cópia, reprodução e trucagem.
066	Produção, para terceiros, mediante ou sem encomenda prévia, de espetáculos, entrevistas e congêneres.
067	Colocação de tapetes e cortinas, com material fornecido pelo usuário final do serviço.
068	Lubrificação, limpeza e revisão de máquinas, veículos, aparelhos e equipamentos (exceto o fornecimento de peças e partes, que fica sujeito ao ICM).
069	Conserto, restauração, manutenção e conservação de máquinas, veículos, motores, elevadores ou de qualquer objeto (exceto o fornecimento de peças e partes, que fica sujeito ao ICM).
070	Recondicionamento de motores (o valor das peças fornecidas pelo prestador do serviço fica sujeito ao ICM).
071	Recauchutagem ou regeneração de pneus para o usuário final.
072	Recondicionamento, acondicionamento, pintura, beneficiamento, lavagem, secagem, tingimento, galvanoplastia, anodização, corte, recorte, polimento, plastificação e congêneres, de objetos não destinados à industrialização ou comercialização.
073	Lustração de bens móveis quando o serviço for prestado para usuário final do objeto lustrado.
074	Instalação e montagem de aparelhos, máquinas e equipamentos, prestados ao usuário final do serviço, exclusivamente com material por ele fornecido.
075	Montagem industrial, prestado ao usuário final do serviço, exclusivamente com material por ele fornecido.
076	Cópia ou reprodução, por quaisquer processos, de documentos e outros papéis, plantas ou desenhos.
077	Composição gráfica, fotocomposição, clicheria, zincografia, litografia e fotolitografia.
078	Colocação de molduras e afins, encadernação, gravação e douração de livros, revistas e congêneres.
079	Locação de bens móveis, inclusive arrendamento mercantil.
080	Funerais.
081	Alfaiataria e costura, quando o material fornecido pelo usuário final, exceto aviamento.
082	Tinturaria e lavanderia.
083	Taxidermia.
084	Recrutamento, agenciamento, seleção, colocação ou fornecimento de mão de obra, mesmo em caráter temporário, inclusive por empregados do prestador do serviço ou por trabalhadores avulsos por ele contratados.
085	Propaganda e publicidade, inclusive promoção de vendas, planejamento de campanhas ou sistemas de publicidade, elaboração de desenhos, textos e demais materiais publicitários (exceto sua impressão, reprodução ou fabricação).

086	Veiculação e divulgação de textos, desenhos e outros materiais de publicidade, por qualquer meio (exceto em jornais, periódicos, rádio e televisão).
087	Serviços portuários e aeroportuários: utilização de porto ou aeroporto; capatazia; armazenagem interna, externa e especial; suprimento de água, serviços acessórios; movimentação de mercadorias fora do cais.
088	Advogados.
089	Engenheiros, arquitetos, urbanistas, agrônomos.
090	Dentistas.
091	Economistas.
092	Psicólogos.
093	Assistentes Sociais.
094	Relações Públicas.
095	Cobranças e recebimentos por conta de terceiros, inclusive direitos autorais, protestos de títulos, sustação de protestos, devolução de títulos não pagos, manutenção de títulos vencidos, fornecimento de posição de cobrança ou recebimento e outros serviços correlatos da cobrança ou recebimento (este item abrange também os serviços prestados por instituições autorizadas a funcionar pelo Banco Central).
096	Instituições financeiras autorizadas a funcionar pelo Banco Central: fornecimento de talão de cheques; emissão de cheques administrativos; transferência de fundos; devolução de cheques; sustação de pagamento de cheques; ordens de pagamento e de crédito, por qualquer meio; emissão e renovação de cartões magnéticos; consultas em terminais eletrônicos; pagamentos por conta de terceiros, inclusive os feitos fora do estabelecimento; elaboração de ficha cadastral; aluguel de cofres; fornecimento de segunda via de avisos de lançamento e de extrato de contas; emissão de carnês (neste item não está abrangido o ressarcimento, a instituições financeiras, de gastos com portes do correio, telegramas, telex e teleprocessamento, necessários à prestação dos serviços).
097	Transporte de natureza estritamente municipal.
098	Comunicações telefônicas de um para outro aparelho dentro do mesmo município.
099	Hospedagem em hotéis, motéis, pensões e congêneres (o valor da alimentação, quando incluído no preço da diária, fica sujeito ao Imposto sobre Serviços).
100	Distribuição de bens de terceiros em representação de qualquer natureza.
101	Exploração de rodovia mediante cobrança de preço dos usuários, envolvendo execução de serviços de conservação, manutenção, melhoramentos para a adequação de capacidade e segurança de trânsito, operação, monitoração, assistência aos usuários e outros definidos em contratos, atos de concessão ou de permissão ou em normas oficiais.

8.4. LEI COMPLEMENTAR Nº 116, DE 31 DE JULHO DE 2003

- *Texto atualizado com a LC nº 157, de 29.12.2016.*

Dispõe sobre o Imposto Sobre Serviços de Qualquer Natureza, de competência dos Municípios e do Distrito Federal, e dá outras providências.

O Presidente da República

Faço saber que o Congresso Nacional decreta e eu sanciono a seguinte Lei Complementar:

Art. 1º. O Imposto Sobre Serviços de Qualquer Natureza, de competência dos Municípios e do Distrito Federal, tem como fato gerador a prestação de serviços constantes da lista anexa, ainda que esses não se constituam como atividade preponderante do prestador.

§ 1º. O imposto incide também sobre o serviço proveniente do exterior do País ou cuja prestação se tenha iniciado no exterior do País.

§ 2º. Ressalvadas as exceções expressas na lista anexa, os serviços nela mencionados não ficam sujeitos ao Imposto Sobre Operações Relativas à Circulação de Mercadorias e Prestações de Serviços de Transporte Interestadual e Intermunicipal e de Comunicação – ICMS, ainda que sua prestação envolva fornecimento de mercadorias.

§ 3º. O imposto de que trata esta Lei Complementar incide ainda sobre os serviços prestados mediante a utilização de bens e serviços públicos explorados economicamente mediante autorização, permissão ou concessão, com o pagamento de tarifa, preço ou pedágio pelo usuário final do serviço.

§ 4º. A incidência do imposto não depende da denominação dada ao serviço prestado.

Art. 2º. O imposto não incide sobre:

I – as exportações de serviços para o exterior do País;

II – a prestação de serviços em relação de emprego, dos trabalhadores avulsos, dos diretores e membros de conselho consultivo ou de conselho fiscal de sociedades e fundações, bem como dos sócios-gerentes e dos gerentes-delegados;

III – o valor intermediado no mercado de títulos e valores mobiliários, o valor dos depósitos bancários, o principal, juros e acréscimos moratórios relativos a operações de crédito realizadas por instituições financeiras.

Parágrafo único. Não se enquadram no disposto no inciso I os serviços desenvolvidos no Brasil, cujo resultado aqui se verifique, ainda que o pagamento seja feito por residente no exterior.

Art. 3º. O serviço considera-se prestado, e o imposto, devido, no local do estabelecimento prestador ou, na falta do estabelecimento, no local do domicílio do prestador, exceto nas hipóteses previstas nos incisos I a XXV, quando o imposto será devido no local:

- *Art. 3º,* caput, *com redação dada pela LC nº 157/2016.*

I – do estabelecimento do tomador ou intermediário do serviço ou, na falta de estabelecimento, onde ele estiver domiciliado, na hipótese do § 1º do art. 1º desta Lei Complementar;

II – da instalação dos andaimes, palcos, coberturas e outras estruturas, no caso dos serviços descritos no subitem 3.05 da lista anexa;

III – da execução da obra, no caso dos serviços descritos no subitem 7.02 e 7.19 da lista anexa;

IV – da demolição, no caso dos serviços descritos no subitem 7.04 da lista anexa;

V – das edificações em geral, estradas, pontes, portos e congêneres, no caso dos serviços descritos no subitem 7.05 da lista anexa;

VI – da execução da varrição, coleta, remoção, incineração, tratamento, reciclagem, separação e destinação final de lixo, rejeitos e outros resíduos quaisquer, no caso dos serviços descritos no subitem 7.09 da lista anexa;

VII – da execução da limpeza, manutenção e conservação de vias e logradouros públicos, imóveis, chaminés, piscinas, parques, jardins e congêneres, no caso dos serviços descritos no subitem 7.10 da lista anexa;

VIII – da execução da decoração e jardinagem, do corte e poda de árvores, no caso dos serviços descritos no subitem 7.11 da lista anexa;

IX – do controle e tratamento do efluente de qualquer natureza e de agentes físicos, químicos e biológicos, no caso dos serviços descritos no subitem 7.12 da lista anexa;

X – (vetado);

XI – (vetado);

XII – do florestamento, reflorestamento, semeadura, adubação, reparação de solo, plantio, silagem, colheita, corte, descascamento de árvores, silvicultura, exploração florestal e serviços congêneres indissociáveis da formação, manutenção e colheita de florestas para quaisquer fins e por quaisquer meios;

- *Inciso XII com redação dada pela LC nº 157/2016.*

XIII – da execução dos serviços de escoramento, contenção de encostas e congêneres, no caso dos serviços descritos no subitem 7.17 da lista anexa;

XIV – da limpeza e dragagem, no caso dos serviços descritos no subitem 7.18 da lista anexa;

XV – onde o bem estiver guardado ou estacionado, no caso dos serviços descritos no subitem 11.01 da lista anexa;

XVI – dos bens, dos semoventes ou do domicílio das pessoas vigiados, segurados ou monitorados, no caso dos serviços descritos no subitem 11.02 da lista anexa;

- *Inciso XVI com redação dada pela LC nº 157/2016.*

XVII – do armazenamento, depósito, carga, descarga, arrumação e guarda do bem, no caso dos serviços descritos no subitem 11.04 da lista anexa;

XVIII – da execução dos serviços de diversão, lazer, entretenimento e congêneres, no caso dos serviços descritos nos subitens do item 12, exceto o 12.13, da lista anexa;

XIX – do Município onde está sendo executado o transporte, no caso dos serviços descritos pelo item 16 da lista anexa;

- *Inciso XIX com redação dada pela LC nº 157/2016.*

XX – do estabelecimento do tomador da mão de obra ou, na falta de estabelecimento, onde ele estiver domiciliado, no caso dos serviços descritos pelo subitem 17.05 da lista anexa;

XXI – da feira, exposição, congresso ou congênere a que se referir o planejamento, organização e administração, no caso dos serviços descritos pelo subitem 17.10 da lista anexa;

XXII – do porto, aeroporto, ferroporto, terminal rodoviário, ferroviário ou metroviário, no caso dos serviços descritos pelo item 20 da lista anexa;

XXIII – do domicílio do tomador dos serviços dos subitens 4.22, 4.23 e 5.09;

- *Inciso XXIII acrescido pela LC nº 157/2016. (Veto não acolhido pelo Congresso.)*

XXIV – do domicílio do tomador do serviço no caso dos serviços prestados pelas administradoras de cartão de crédito ou débito e demais descritos no subitem 15.01;

- *Inciso XXIV acrescido pela LC nº 157/2016. (Veto não acolhido pelo Congresso.)*

XXV – do domicílio do tomador dos serviços dos subitens 10.04 e 15.09.

- *Inciso XXV acrescido pela LC nº 157/2016. (Veto não acolhido pelo Congresso.)*

§ 1º. No caso dos serviços a que se refere o subitem 3.04 da lista anexa, considera-se ocorrido o fato gerador e devido o imposto em cada Município em cujo território haja extensão de ferrovia, rodovia, postes, cabos, dutos e condutos de qualquer natureza, objetos de locação, sublocação, arrendamento, direito de passagem ou permissão de uso, compartilhado ou não.

§ 2º. No caso dos serviços a que se refere o subitem 22.01 da lista anexa, considera-se ocorrido o fato gerador e devido o imposto em cada Município em cujo território haja extensão de rodovia explorada.

§ 3º. Considera-se ocorrido o fato gerador do imposto no local do estabelecimento prestador nos serviços executados em águas marítimas, excetuados os serviços descritos no subitem 20.01.

§ 4º. Na hipótese de descumprimento do disposto no *caput* ou no § 1º, ambos do art. 8º-A desta Lei Complementar, o imposto será devido no local do estabelecimento do tomador ou intermediário do serviço ou, na falta de estabelecimento, onde ele estiver domiciliado.

- *§ 4º acrescido pela LC nº 157/2016. (Veto não acolhido pelo Congresso.)*

Art. 4º. Considera-se estabelecimento prestador o local onde o contribuinte desenvolva a atividade de prestar serviços, de modo permanente ou temporário, e que configure unidade econômica ou profissional, sendo irrelevantes para caracterizá-lo as denominações de sede, filial, agência, posto de atendimento, sucursal, escritório de representação ou contato ou quaisquer outras que venham a ser utilizadas.

Art. 5º. Contribuinte é o prestador do serviço.

Art. 6º. Os Municípios e o Distrito Federal, mediante lei, poderão atribuir de modo expresso a responsabilidade pelo crédito tributário a terceira pessoa, vinculada ao fato gerador da respectiva obrigação, excluindo a responsabilidade do contribuinte ou atribuindo-a a este em caráter supletivo do cumprimento total ou parcial da referida obrigação, inclusive no que se refere à multa e aos acréscimos legais.

§ 1º. Os responsáveis a que se refere este artigo estão obrigados ao recolhimento integral do imposto devido, multa e acréscimos legais, independentemente de ter sido efetuada sua retenção na fonte.

§ 2º. Sem prejuízo do disposto no *caput* e no § 1º deste artigo, são responsáveis:

I – o tomador ou intermediário de serviço proveniente do exterior do País ou cuja prestação se tenha iniciado no exterior do País;

II – a pessoa jurídica, ainda que imune ou isenta, tomadora ou intermediária dos serviços descritos nos subitens 3.05, 7.02, 7.04, 7.05, 7.09, 7.10, 7.12, 7.14, 7.15, 7.16, 7.17, 7.19, 11.02, 17.05 e 17.10 da lista anexa;

III – a pessoa jurídica tomadora ou intermediária de serviços, ainda que imune ou isenta, na hipótese prevista no § 4º do art. 3º desta Lei Complementar.

- *Inciso III acrescido pela LC nº 157/2016. (Veto não acolhido pelo Congresso.)*

§ 3º. No caso dos serviços descritos nos subitens 10.04 e 15.09, o valor do imposto é devido ao Município declarado como domicílio tributário da pessoa jurídica ou física tomadora do serviço, conforme informação prestada por este.

- *§ 3º acrescido pela LC nº 157/2016. (Veto não acolhido pelo Congresso.)*

§ 4º. No caso dos serviços prestados pelas administradoras de cartão de crédito e débito, descritos no subitem 15.01, os terminais eletrônicos ou as máquinas das operações efetivadas deverão ser registrados no local do domicílio do tomador do serviço.

- *§ 4º acrescido pela LC nº 157/2016. (Veto não acolhido pelo Congresso.)*

Art. 7º. A base de cálculo do imposto é o preço do serviço.

§ 1º. Quando os serviços descritos pelo subitem 3.04 da lista anexa forem prestados no território de mais de um Município, a base de cálculo será proporcional, conforme o caso, à extensão da ferrovia, rodovia, dutos e condutos de qualquer natureza, cabos de qualquer natureza, ou ao número de postes, existentes em cada Município.

§ 2º. Não se incluem na base de cálculo do Imposto Sobre Serviços de Qualquer Natureza:

I – o valor dos materiais fornecidos pelo prestador dos serviços previstos nos itens 7.02 e 7.05 da lista de serviços anexa a esta Lei Complementar;

II – (vetado).

§ 3º. (Vetado).

Art. 8º. As alíquotas máximas do Imposto Sobre Serviços de Qualquer Natureza são as seguintes:

I – (vetado);

II – demais serviços, 5% (cinco por cento).

Art. 8º-A. A alíquota mínima do Imposto sobre Serviços de Qualquer Natureza é de 2% (dois por cento).

§ 1º. O imposto não será objeto de concessão de isenções, incentivos ou benefícios tributários ou financeiros, inclusive de redução de base de cálculo ou de crédito presumido ou outorgado, ou sob qualquer outra forma que resulte, direta ou indiretamente, em carga tributária menor que a decorrente da aplicação da alíquota mínima estabelecida no *caput*, exceto para os serviços a que se referem os subitens 7.02, 7.05 e 16.01 da lista anexa a esta Lei Complementar.

§ 2º. É nula a lei ou o ato do Município ou do Distrito Federal que não respeite as disposições relativas à alíquota mínima previstas neste artigo no caso de serviço prestado a tomador ou intermediário localizado em Município diverso daquele onde está localizado o prestador do serviço.

§ 3º. A nulidade a que se refere o § 2º. deste artigo gera, para o prestador do serviço, perante o Município ou o Distrito Federal que não respeitar as disposições deste artigo, o direito à restituição do valor efetivamente pago do Imposto sobre Serviços de Qualquer Natureza calculado sob a égide da lei nula."

- *Art. 8º-A acrescido pela LC nº 157/2016.*

Art. 9º. Esta Lei Complementar entra em vigor na data de sua publicação.

Art. 10. Ficam revogados os arts. 8º, 10, 11 e 12 do Decreto-Lei nº 406, de 31 de dezembro de 1968; os incisos III, IV, V e VII do art. 3º do Decreto-Lei nº 834, de 8 de setembro de 1969; a Lei Complementar nº 22, de 9 de dezembro de 1974; a Lei nº 7.192, de 5 de junho de 1984; a Lei Complementar nº 56, de 15 de dezembro de 1987; e a Lei Complementar nº 100, de 22 de dezembro de 1999.

Brasília, 31 de julho de 2003; 182º da Independência e 115º da República.

Luiz Inácio Lula da Silva

DOU de 1º.8.2003

LISTA DE SERVIÇOS
Anexa à Lei Complementar nº 116, de 31 de julho de 2003.

1	**Serviços de informática e congêneres.**
1.01	Análise e desenvolvimento de sistemas.
1.02	Programação.
1.03	Processamento, armazenamento ou hospedagem de dados, textos, imagens, vídeos, páginas eletrônicas, aplicativos e sistemas de informação, entre outros formatos, e congêneres. • *Item com redação dada pela LC nº 157/2016.*
1.04	Elaboração de programas de computadores, inclusive de jogos eletrônicos, independentemente da arquitetura construtiva da máquina em que o programa será executado, incluindo *tablets*, *smartphones* e congêneres. • *Item com redação dada pela LC nº 157/2016.*
1.05	Licenciamento ou cessão de direito de uso de programas de computação.
1.06	Assessoria e consultoria em informática.
1.07	Suporte técnico em informática, inclusive instalação, configuração e manutenção de programas de computação e bancos de dados.
1.08	Planejamento, confecção, manutenção e atualização de páginas eletrônicas.
1.09	Disponibilização, sem cessão definitiva, de conteúdos de áudio, vídeo, imagem e texto por meio da internet, respeitada a imunidade de livros, jornais e periódicos (exceto a distribuição de conteúdos pelas prestadoras de Serviço de Acesso Condicionado, de que trata a Lei nº 12.485, de 12 de setembro de 2011, sujeita ao ICMS). • *Item acrescido pela LC nº 157/2016.*
2	**Serviços de pesquisas e desenvolvimento de qualquer natureza.**
2.01	Serviços de pesquisas e desenvolvimento de qualquer natureza.
3	**Serviços prestados mediante locação, cessão de direito de uso e congêneres.**
3.01	(Vetado).
3.02	Cessão de direito de uso de marcas e de sinais de propaganda.
3.03	Exploração de salões de festas, centro de convenções, escritórios virtuais, *stands*, quadras esportivas, estádios, ginásios, auditórios, casas de espetáculos, parques de diversões, canchas e congêneres, para realização de eventos ou negócios de qualquer natureza.
3.04	Locação, sublocação, arrendamento, direito de passagem ou permissão de uso, compartilhado ou não, de ferrovia, rodovia, postes, cabos, dutos e condutos de qualquer natureza.
3.05	Cessão de andaimes, palcos, coberturas e outras estruturas de uso temporário.
4	**Serviços de saúde, assistência médica e congêneres.**
4.01	Medicina e biomedicina.
4.02	Análises clínicas, patologia, eletricidade médica, radioterapia, quimioterapia, ultra-sonografia, ressonância magnética, radiologia, tomografia e congêneres.
4.03	Hospitais, clínicas, laboratórios, sanatórios, manicômios, casas de saúde, prontos-socorros, ambulatórios e congêneres.
4.04	Instrumentação cirúrgica.

4.05	Acupuntura.
4.06	Enfermagem, inclusive serviços auxiliares.
4.07	Serviços farmacêuticos.
4.08	Terapia ocupacional, fisioterapia e fonoaudiologia.
4.09	Terapias de qualquer espécie destinadas ao tratamento físico, orgânico e mental.
4.10	Nutrição.
4.11	Obstetrícia.
4.12	Odontologia.
4.13	Ortóptica.
4.14	Próteses sob encomenda.
4.15	Psicanálise.
4.16	Psicologia.
4.17	Casas de repouso e de recuperação, creches, asilos e congêneres.
4.18	Inseminação artificial, fertilização *in vitro* e congêneres.
4.19	Bancos de sangue, leite, pele, olhos, óvulos, sêmen e congêneres.
4.20	Coleta de sangue, leite, tecidos, sêmen, órgãos e materiais biológicos de qualquer espécie.
4.21	Unidade de atendimento, assistência ou tratamento móvel e congêneres.
4.22	Planos de medicina de grupo ou individual e convênios para prestação de assistência médica, hospitalar, odontológica e congêneres.
4.23	Outros planos de saúde que se cumpram através de serviços de terceiros contratados, credenciados, cooperados ou apenas pagos pelo operador do plano mediante indicação do beneficiário.
5	**Serviços de medicina e assistência veterinária e congêneres.**
5.01	Medicina veterinária e zootecnia.
5.02	Hospitais, clínicas, ambulatórios, prontos-socorros e congêneres, na área veterinária.
5.03	Laboratórios de análise na área veterinária.
5.04	Inseminação artificial, fertilização *in vitro* e congêneres.
5.05	Bancos de sangue e de órgãos e congêneres.
5.06	Coleta de sangue, leite, tecidos, sêmen, órgãos e materiais biológicos de qualquer espécie.
5.07	Unidade de atendimento, assistência ou tratamento móvel e congêneres.
5.08	Guarda, tratamento, amestramento, embelezamento, alojamento e congêneres.
5.09	Planos de atendimento e assistência médico-veterinária.
6	**Serviços de cuidados pessoais, estética, atividades físicas e congêneres.**
6.01	Barbearia, cabeleireiros, manicuros, pedicuros e congêneres.
6.02	Esteticistas, tratamento de pele, depilação e congêneres.
6.03	Banhos, duchas, sauna, massagens e congêneres.
6.04	Ginástica, dança, esportes, natação, artes marciais e demais atividades físicas.
6.05	Centros de emagrecimento, *spa* e congêneres.
6.06	Aplicação de tatuagens, *piercings* e congêneres. • *Item acrescido pela LC nº 157/2016.*

7	**Serviços relativos a engenharia, arquitetura, geologia, urbanismo, construção civil, manutenção, limpeza, meio ambiente, saneamento e congêneres.**
7.01	Engenharia, agronomia, agrimensura, arquitetura, geologia, urbanismo, paisagismo e congêneres.
7.02	Execução, por administração, empreitada ou subempreitada, de obras de construção civil, hidráulica ou elétrica e de outras obras semelhantes, inclusive sondagem, perfuração de poços, escavação, drenagem e irrigação, terraplanagem, pavimentação, concretagem e a instalação e montagem de produtos, peças e equipamentos (exceto o fornecimento de mercadorias produzidas pelo prestador de serviços fora do local da prestação dos serviços, que fica sujeito ao ICMS).
7.03	Elaboração de planos diretores, estudos de viabilidade, estudos organizacionais e outros, relacionados com obras e serviços de engenharia; elaboração de anteprojetos, projetos básicos e projetos executivos para trabalhos de engenharia.
7.04	Demolição.
7.05	Reparação, conservação e reforma de edifícios, estradas, pontes, portos e congêneres (exceto o fornecimento de mercadorias produzidas pelo prestador dos serviços, fora do local da prestação dos serviços, que fica sujeito ao ICMS).
7.06	Colocação e instalação de tapetes, carpetes, assoalhos, cortinas, revestimentos de parede, vidros, divisórias, placas de gesso e congêneres, com material fornecido pelo tomador do serviço.
7.07	Recuperação, raspagem, polimento e lustração de pisos e congêneres.
7.08	Calafetação.
7.09	Varrição, coleta, remoção, incineração, tratamento, reciclagem, separação e destinação final de lixo, rejeitos e outros resíduos quaisquer.
7.10	Limpeza, manutenção e conservação de vias e logradouros públicos, imóveis, chaminés, piscinas, parques, jardins e congêneres.
7.11	Decoração e jardinagem, inclusive corte e poda de árvores.
7.12	Controle e tratamento de efluentes de qualquer natureza e de agentes físicos, químicos e biológicos.
7.13	Dedetização, desinfecção, desinsetização, imunização, higienização, desratização, pulverização e congêneres.
7.14	(Vetado).
7.15	(Vetado).
7.16	Florestamento, reflorestamento, semeadura, adubação, reparação de solo, plantio, silagem, colheita, corte e descascamento de árvores, silvicultura, exploração florestal e dos serviços congêneres indissociáveis da formação, manutenção e colheita de florestas, para quaisquer fins e por quaisquer meios. • *Item com redação dada pela LC nº 157/2016.*
7.17	Escoramento, contenção de encostas e serviços congêneres.
7.18	Limpeza e dragagem de rios, portos, canais, baías, lagos, lagoas, represas, açudes e congêneres.

7.19	Acompanhamento e fiscalização da execução de obras de engenharia, arquitetura e urbanismo.
7.20	Aerofotogrametria (inclusive interpretação), cartografia, mapeamento, levantamentos topográficos, batimétricos, geográficos, geodésicos, geológicos, geofísicos e congêneres.
7.21	Pesquisa, perfuração, cimentação, mergulho, perfilagem, concretação, testemunhagem, pescaria, estimulação e outros serviços relacionados com a exploração e explotação de petróleo, gás natural e de outros recursos minerais.
7.22	Nucleação e bombardeamento de nuvens e congêneres.
8	**Serviços de educação, ensino, orientação pedagógica e educacional, instrução, treinamento e avaliação pessoal de qualquer grau ou natureza.**
8.01	Ensino regular pré-escolar, fundamental, médio e superior.
8.02	Instrução, treinamento, orientação pedagógica e educacional, avaliação de conhecimentos de qualquer natureza.
9	**Serviços relativos a hospedagem, turismo, viagens e congêneres.**
9.01	Hospedagem de qualquer natureza em hotéis, *apart-service* condominiais, *flat,* apart-hotéis, hotéis residência, *residence-service, suite service,* hotelaria marítima, motéis, pensões e congêneres; ocupação por temporada com fornecimento de serviço (o valor da alimentação e gorjeta, quando incluído no preço da diária, fica sujeito ao Imposto Sobre Serviços).
9.02	Agenciamento, organização, promoção, intermediação e execução de programas de turismo, passeios, viagens, excursões, hospedagens e congêneres.
9.03	Guias de turismo.
10	**Serviços de intermediação e congêneres.**
10.01	Agenciamento, corretagem ou intermediação de câmbio, de seguros, de cartões de crédito, de planos de saúde e de planos de previdência privada.
10.02	Agenciamento, corretagem ou intermediação de títulos em geral, valores mobiliários e contratos quaisquer.
10.03	Agenciamento, corretagem ou intermediação de direitos de propriedade industrial, artística ou literária.
10.04	Agenciamento, corretagem ou intermediação de contratos de arrendamento mercantil (*leasing*), de franquia (*franchising*) e de faturização (*factoring*).
10.05	Agenciamento, corretagem ou intermediação de bens móveis ou imóveis, não abrangidos em outros itens ou subitens, inclusive aqueles realizados no âmbito de Bolsas de Mercadorias e Futuros, por quaisquer meios.
10.06	Agenciamento marítimo.
10.07	Agenciamento de notícias.
10.08	Agenciamento de publicidade e propaganda, inclusive o agenciamento de veiculação por quaisquer meios.
10.09	Representação de qualquer natureza, inclusive comercial.
10.10	Distribuição de bens de terceiros.

11	**Serviços de guarda, estacionamento, armazenamento, vigilância e congêneres.**
11.01	Guarda e estacionamento de veículos terrestres automotores, de aeronaves e de embarcações.
11.02	Vigilância, segurança ou monitoramento de bens, pessoas e semoventes. • *Item com redação dada pela LC nº 157/2016.*
11.03	Escolta, inclusive de veículos e cargas.
11.04	Armazenamento, depósito, carga, descarga, arrumação e guarda de bens de qualquer espécie.
12	**Serviços de diversões, lazer, entretenimento e congêneres.**
12.01	Espetáculos teatrais.
12.02	Exibições cinematográficas.
12.03	Espetáculos circenses.
12.04	Programas de auditório.
12.05	Parques de diversões, centros de lazer e congêneres.
12.06	Boates, *taxi dancing* e congêneres.
12.07	*Shows, ballet,* danças, desfiles, bailes, óperas, concertos, recitais, festivais e congêneres.
12.08	Feiras, exposições, congressos e congêneres.
12.09	Bilhares, boliches e diversões eletrônicas ou não.
12.10	Corridas e competições de animais.
12.11	Competições esportivas ou de destreza física ou intelectual, com ou sem a participação do espectador.
12.12	Execução de música.
12.13	Produção, mediante ou sem encomenda prévia, de eventos, espetáculos, entrevistas, *shows, ballet,* danças, desfiles, bailes, teatros, óperas, concertos, recitais, festivais e congêneres.
12.14	Fornecimento de música para ambientes fechados ou não, mediante transmissão por qualquer processo.
12.15	Desfiles de blocos carnavalescos ou folclóricos, trios elétricos e congêneres.
12.16	Exibição de filmes, entrevistas, musicais, espetáculos, *shows,* concertos, desfiles, óperas, competições esportivas, de destreza intelectual ou congêneres.
12.17	Recreação e animação, inclusive em festas e eventos de qualquer natureza.
13	**Serviços relativos a fonografia, fotografia, cinematografia e reprografia.**
13.01	(Vetado).
13.02	Fonografia ou gravação de sons, inclusive trucagem, dublagem, mixagem e congêneres.
13.03	Fotografia e cinematografia, inclusive revelação, ampliação, cópia, reprodução, trucagem e congêneres.
13.04	Reprografia, microfilmagem e digitalização.
13.05	Composição gráfica, inclusive confecção de impressos gráficos, fotocomposição, clicheria, zincografia, litografia e fotolitografia, exceto se destinados a posterior operação de comercialização ou industrialização, ainda que incorporados, de qualquer forma, a outra mercadoria que deva ser objeto de posterior circulação, tais como bulas, rótulos, etiquetas, caixas, cartuchos, embalagens e manuais técnicos e de instrução, quando ficarão sujeitos ao ICMS. • *Item com redação dada pela LC nº 157/2016.*

14	**Serviços relativos a bens de terceiros.**
14.01	Lubrificação, limpeza, lustração, revisão, carga e recarga, conserto, restauração, blindagem, manutenção e conservação de máquinas, veículos, aparelhos, equipamentos, motores, elevadores ou de qualquer objeto (exceto peças e partes empregadas, que ficam sujeitas ao ICMS).
14.02	Assistência técnica.
14.03	Recondicionamento de motores (exceto peças e partes empregadas, que ficam sujeitas ao ICMS).
14.04	Recauchutagem ou regeneração de pneus.
14.05	Restauração, recondicionamento, acondicionamento, pintura, beneficiamento, lavagem, secagem, tingimento, galvanoplastia, anodização, corte, recorte, plastificação, costura, acabamento, polimento e congêneres de objetos quaisquer. • *Item com redação dada pela LC nº 157/2016.*
14.06	Instalação e montagem de aparelhos, máquinas e equipamentos, inclusive montagem industrial, prestados ao usuário final, exclusivamente com material por ele fornecido.
14.07	Colocação de molduras e congêneres.
14.08	Encadernação, gravação e douração de livros, revistas e congêneres.
14.09	Alfaiataria e costura, quando o material for fornecido pelo usuário final, exceto aviamento.
14.10	Tinturaria e lavanderia.
14.11	Tapeçaria e reforma de estofamentos em geral.
14.12	Funilaria e lanternagem.
14.13	Carpintaria e serralheria.
14.14	Guincho intramunicipal, guindaste e içamento. • *Item acrescido pela LC nº 157/2016.*
15	**Serviços relacionados ao setor bancário ou financeiro, inclusive aqueles prestados por instituições financeiras autorizadas a funcionar pela União ou por quem de direito.**
15.01	Administração de fundos quaisquer, de consórcio, de cartão de crédito ou débito e congêneres, de carteira de clientes, de cheques pré-datados e congêneres.
15.02	Abertura de contas em geral, inclusive conta-corrente, conta de investimentos e aplicação e caderneta de poupança, no País e no exterior, bem como a manutenção das referidas contas ativas e inativas.
15.03	Locação e manutenção de cofres particulares, de terminais eletrônicos, de terminais de atendimento e de bens e equipamentos em geral.
15.04	Fornecimento ou emissão de atestados em geral, inclusive atestado de idoneidade, atestado de capacidade financeira e congêneres.
15.05	Cadastro, elaboração de ficha cadastral, renovação cadastral e congêneres, inclusão ou exclusão no Cadastro de Emitentes de Cheques sem Fundos – CCF ou em quaisquer outros bancos cadastrais.
15.06	Emissão, reemissão e fornecimento de avisos, comprovantes e documentos em geral; abono de firmas; coleta e entrega de documentos, bens e valores; comunicação com outra agência ou com a administração central; licenciamento eletrônico de veículos; transferência de veículos; agenciamento fiduciário ou depositário; devolução de bens em custódia.

15.07	Acesso, movimentação, atendimento e consulta a contas em geral, por qualquer meio ou processo, inclusive por telefone, fac-símile, internet e telex, acesso a terminais de atendimento, inclusive vinte e quatro horas; acesso a outro banco e a rede compartilhada; fornecimento de saldo, extrato e demais informações relativas a contas em geral, por qualquer meio ou processo.
15.08	Emissão, reemissão, alteração, cessão, substituição, cancelamento e registro de contrato de crédito; estudo, análise e avaliação de operações de crédito; emissão, concessão, alteração ou contratação de aval, fiança, anuência e congêneres; serviços relativos a abertura de crédito, para quaisquer fins.
15.09	Arrendamento mercantil (*leasing*) de quaisquer bens, inclusive cessão de direitos e obrigações, substituição de garantia, alteração, cancelamento e registro de contrato, e demais serviços relacionados ao arrendamento mercantil (*leasing*).
15.10	Serviços relacionados a cobranças, recebimentos ou pagamentos em geral, de títulos quaisquer, de contas ou carnês, de câmbio, de tributos e por conta de terceiros, inclusive os efetuados por meio eletrônico, automático ou por máquinas de atendimento; fornecimento de posição de cobrança, recebimento ou pagamento; emissão de carnês, fichas de compensação, impressos e documentos em geral.
15.11	Devolução de títulos, protesto de títulos, sustação de protesto, manutenção de títulos, reapresentação de títulos, e demais serviços a eles relacionados.
15.12	Custódia em geral, inclusive de títulos e valores mobiliários.
15.13	Serviços relacionados a operações de câmbio em geral, edição, alteração, prorrogação, cancelamento e baixa de contrato de câmbio; emissão de registro de exportação ou de crédito; cobrança ou depósito no exterior; emissão, fornecimento e cancelamento de cheques de viagem; fornecimento, transferência, cancelamento e demais serviços relativos a carta de crédito de importação, exportação e garantias recebidas; envio e recebimento de mensagens em geral relacionadas a operações de câmbio.
15.14	Fornecimento, emissão, reemissão, renovação e manutenção de cartão magnético, cartão de crédito, cartão de débito, cartão salário e congêneres.
15.15	Compensação de cheques e títulos quaisquer; serviços relacionados a depósito, inclusive depósito identificado, a saque de contas quaisquer, por qualquer meio ou processo, inclusive em terminais eletrônicos e de atendimento.
15.16	Emissão, reemissão, liquidação, alteração, cancelamento e baixa de ordens de pagamento, ordens de crédito e similares, por qualquer meio ou processo; serviços relacionados à transferência de valores, dados, fundos, pagamentos e similares, inclusive entre contas em geral.
15.17	Emissão, fornecimento, devolução, sustação, cancelamento e oposição de cheques quaisquer, avulso ou por talão.
15.18	Serviços relacionados a crédito imobiliário, avaliação e vistoria de imóvel ou obra, análise técnica e jurídica, emissão, reemissão, alteração, transferência e renegociação de contrato, emissão e reemissão do termo de quitação e demais serviços relacionados a crédito imobiliário.

16	**Serviços de transporte de natureza municipal.**
16.01	Serviços de transporte coletivo municipal rodoviário, metroviário, ferroviário e aquaviário de passageiros. • *Item com redação dada pela LC nº 157/2016.*
16.02	Outros serviços de transporte de natureza municipal. • *Item acrescido pela LC nº 157/2016.*
17	**Serviços de apoio técnico, administrativo, jurídico, contábil, comercial e congêneres.**
17.01	Assessoria ou consultoria de qualquer natureza, não contida em outros itens desta lista; análise, exame, pesquisa, coleta, compilação e fornecimento de dados e informações de qualquer natureza, inclusive cadastro e similares.
17.02	Datilografia, digitação, estenografia, expediente, secretaria em geral, resposta audível, redação, edição, interpretação, revisão, tradução, apoio e infraestrutura administrativa e congêneres.
17.03	Planejamento, coordenação, programação ou organização técnica, financeira ou administrativa.
17.04	Recrutamento, agenciamento, seleção e colocação de mão de obra.
17.05	Fornecimento de mão de obra, mesmo em caráter temporário, inclusive de empregados ou trabalhadores, avulsos ou temporários, contratados pelo prestador de serviço.
17.06	Propaganda e publicidade, inclusive promoção de vendas, planejamento de campanhas ou sistemas de publicidade, elaboração de desenhos, textos e demais materiais publicitários.
17.07	(Vetado).
17.08	Franquia (*franchising*).
17.09	Perícias, laudos, exames técnicos e análises técnicas.
17.10	Planejamento, organização e administração de feiras, exposições, congressos e congêneres.
17.11	Organização de festas e recepções; bufê (exceto o fornecimento de alimentação e bebidas, que fica sujeito ao ICMS).
17.12	Administração em geral, inclusive de bens e negócios de terceiros.
17.13	Leilão e congêneres.
17.14	Advocacia.
17.15	Arbitragem de qualquer espécie, inclusive jurídica.
17.16	Auditoria.
17.17	Análise de Organização e Métodos.
17.18	Atuária e cálculos técnicos de qualquer natureza.
17.19	Contabilidade, inclusive serviços técnicos e auxiliares.
17.20	Consultoria e assessoria econômica ou financeira.
17.21	Estatística.
17.22	Cobrança em geral.

17.23	Assessoria, análise, avaliação, atendimento, consulta, cadastro, seleção, gerenciamento de informações, administração de contas a receber ou a pagar e em geral, relacionados a operações de faturização (*factoring*).
17.24	Apresentação de palestras, conferências, seminários e congêneres.
17.25	Inserção de textos, desenhos e outros materiais de propaganda e publicidade, em qualquer meio (exceto em livros, jornais, periódicos e nas modalidades de serviços de radiodifusão sonora e de sons e imagens de recepção livre e gratuita). • *Item acrescido pela LC nº 157/2016.*
18	**Serviços de regulação de sinistros vinculados a contratos de seguros; inspeção e avaliação de riscos para cobertura de contratos de seguros; prevenção e gerência de riscos seguráveis e congêneres.**
18.01	Serviços de regulação de sinistros vinculados a contratos de seguros; inspeção e avaliação de riscos para cobertura de contratos de seguros; prevenção e gerência de riscos seguráveis e congêneres.
19	**Serviços de distribuição e venda de bilhetes e demais produtos de loteria, bingos, cartões, pules ou cupons de apostas, sorteios, prêmios, inclusive os decorrentes de títulos de capitalização e congêneres.**
19.01	Serviços de distribuição e venda de bilhetes e demais produtos de loteria, bingos, cartões, pules ou cupons de apostas, sorteios, prêmios, inclusive os decorrentes de títulos de capitalização e congêneres.
20	**Serviços portuários, aeroportuários, ferroportuários, de terminais rodoviários, ferroviários e metroviários.**
20.01	Serviços portuários, ferroportuários, utilização de porto, movimentação de passageiros, reboque de embarcações, rebocador escoteiro, atracação, desatracação, serviços de praticagem, capatazia, armazenagem de qualquer natureza, serviços acessórios, movimentação de mercadorias, serviços de apoio marítimo, de movimentação ao largo, serviços de armadores, estiva, conferência, logística e congêneres.
20.02	Serviços aeroportuários, utilização de aeroporto, movimentação de passageiros, armazenagem de qualquer natureza, capatazia, movimentação de aeronaves, serviços de apoio aeroportuários, serviços acessórios, movimentação de mercadorias, logística e congêneres.
20.03	Serviços de terminais rodoviários, ferroviários, metroviários, movimentação de passageiros, mercadorias, inclusive suas operações, logística e congêneres.
21	**Serviços de registros públicos, cartorários e notariais.**
21.01	Serviços de registros públicos, cartorários e notariais.
22	**Serviços de exploração de rodovia.**
22.01	Serviços de exploração de rodovia mediante cobrança de preço ou pedágio dos usuários, envolvendo execução de serviços de conservação, manutenção, melhoramentos para adequação de capacidade e segurança de trânsito, operação, monitoração, assistência aos usuários e outros serviços definidos em contratos, atos de concessão ou de permissão ou em normas oficiais.

23	**Serviços de programação e comunicação visual, desenho industrial e congêneres.**
23.01	Serviços de programação e comunicação visual, desenho industrial e congêneres.
24	**Serviços de chaveiros, confecção de carimbos, placas, sinalização visual, *banners,* adesivos e congêneres.**
24.01	Serviços de chaveiros, confecção de carimbos, placas, sinalização visual, *banners,* adesivos e congêneres.
25	**Serviços funerários.**
25.01	Funerais, inclusive fornecimento de caixão, urna ou esquifes; aluguel de capela; transporte do corpo cadavérico; fornecimento de flores, coroas e outros paramentos; desembaraço de certidão de óbito; fornecimento de véu, essa e outros adornos; embalsamento, embelezamento, conservação ou restauração de cadáveres.
25.02	Translado intramunicipal e cremação de corpos e partes de corpos cadavéricos. • *Item com redação dada pela LC nº 157/2016.*
25.03	Planos ou convênio funerários.
25.04	Manutenção e conservação de jazigos e cemitérios.
25.05	Cessão de uso de espaços em cemitérios para sepultamento. • *Item acrescido pela LC nº 157/2016.*
26	**Serviços de coleta, remessa ou entrega de correspondências, documentos, objetos, bens ou valores, inclusive pelos correios e suas agências franqueadas; *courrier* e congêneres.**
26.01	Serviços de coleta, remessa ou entrega de correspondências, documentos, objetos, bens ou valores, inclusive pelos correios e suas agências franqueadas; *courrier* e congêneres.
27	**Serviços de assistência social.**
27.01	Serviços de assistência social.
28	**Serviços de avaliação de bens e serviços de qualquer natureza.**
28.01	Serviços de avaliação de bens e serviços de qualquer natureza.
29	**Serviços de biblioteconomia.**
29.01	Serviços de biblioteconomia.
30	**Serviços de biologia, biotecnologia e química.**
30.01	Serviços de biologia, biotecnologia e química.
31	**Serviços técnicos em edificações, eletrônica, eletrotécnica, mecânica, telecomunicações e congêneres.**
31.01	Serviços técnicos em edificações, eletrônica, eletrotécnica, mecânica, telecomunicações e congêneres.
32	**Serviços de desenhos técnicos.**
32.01	Serviços de desenhos técnicos.
33	**Serviços de desembaraço aduaneiro, comissários, despachantes e congêneres.**
33.01	Serviços de desembaraço aduaneiro, comissários, despachantes e congêneres.
34	**Serviços de investigações particulares, detetives e congêneres.**
34.01	Serviços de investigações particulares, detetives e congêneres.

35	**Serviços de reportagem, assessoria de imprensa, jornalismo e relações públicas.**
35.01	Serviços de reportagem, assessoria de imprensa, jornalismo e relações públicas.
36	**Serviços de meteorologia.**
36.01	Serviços de meteorologia.
37	**Serviços de artistas, atletas, modelos e manequins.**
37.01	Serviços de artistas, atletas, modelos e manequins.
38	**Serviços de museologia.**
38.01	Serviços de museologia.
39	**Serviços de ourivesaria e lapidação.**
39.01	Serviços de ourivesaria e lapidação (quando o material for fornecido pelo tomador do serviço).
40	**Serviços relativos a obras de arte sob encomenda.**
40.01	Obras de arte sob encomenda.

8.5. LEI COMPLEMENTAR Nº 123, DE 14 DE DEZEMBRO DE 2006

- *Texto tendo por base a republicação consolidada (DOU de 6.3.2012) em atendimento ao disposto no art. 5º da Lei Complementar nº 139, de 10.11.2011 e atualizado até as Lei Complementares nº 155, de 27.10.2016 e nº 157, de 29.12.2016.*

Institui o Estatuto Nacional da Microempresa e da Empresa de Pequeno Porte; altera dispositivos das Leis nºs 8.212 e 8.213, ambas de 24 de julho de 1991, da Consolidação das Leis do Trabalho – CLT, aprovada pelo Decreto-Lei nº 5.452, de 1º de maio de 1943, da Lei nº 10.189, de 14 de fevereiro de 2001, da Lei Complementar nº 63, de 11 de janeiro de 1990; e revoga as Leis nºs 9.317, de 5 de dezembro de 1996, e 9.841, de 5 de outubro de 1999.

- *Lei nº 8.212, de 24.7.1991 – Dispõe sobre a organização da Seguridade Social, institui Plano de Custeio, e dá outras providências.*
- *Lei nº 8.213, de 24.7.1991 – Dispõe sobre os Planos de Benefícios da Previdência Social e dá outras providências.*
- *Decreto-Lei nº 5.452, de 1º.5.1943 – Aprova a Consolidação das Leis do Trabalho.*
- *Lei nº 10.189, de 14.2.2001 – Dispõe sobre o Programa de Recuperação Fiscal – Refis.*
- *Lei Complementar nº 63, de 11.1.1990 – Dispõe sobre critérios e prazos de crédito das parcelas do produto da arrecadação de impostos de competência dos Estados e de transferências por estes recebidos, pertencentes aos Municípios, e dá outras providências.*
- *Lei nº 9.317, de 5.12.1996 (Revogada pela Lei Complementar nº 123, de 14.12.2006, a partir de 1º.7.2007) – Dispõe sobre o regime tributário das microempresas e das empresas de pequeno porte, institui o Sistema Integrado de Pagamento de Impostos e Contribuições das Microempresas e das Empresas de Pequeno Porte – SIMPLES e dá outras providências.*
- *Lei nº 9.841, de 5.10.1999 (Revogada pela Lei Complementar nº 123, de 14.12.2006, a partir de 1º.7.2007) – Institui o Estatuto da Microempresa e da Empresa de Pequeno Porte, dispondo sobre o tratamento jurídico diferenciado, simplificado e favorecido previsto nos arts. 170 e 179 da Constituição Federal.*

O Presidente da República,

Faço saber que o Congresso Nacional decreta e eu sanciono a seguinte Lei Complementar:

CAPÍTULO I – DISPOSIÇÕES PRELIMINARES

- *Ver Lei nº 11.898, de 8.1.2009 – Institui o Regime de Tributação Unificada – RTU na importação, por via terrestre, de mercadorias procedentes do Paraguai; e altera as Leis nºs 10.637, de 30 de dezembro de 2002, e 10.833, de 29 de dezembro de 2003.*

Art. 1º. Esta Lei Complementar estabelece normas gerais relativas ao tratamento diferenciado e favorecido a ser dispensado às microempresas e empresas de pequeno porte no âmbito dos Poderes da União, dos Estados, do Distrito Federal e dos Municípios, especialmente no que se refere:

I – à apuração e recolhimento dos impostos e contribuições da União, dos Estados, do Distrito Federal e dos Municípios, mediante regime único de arrecadação, inclusive obrigações acessórias;

II – ao cumprimento de obrigações trabalhistas e previdenciárias, inclusive obrigações acessórias;

III – ao acesso a crédito e ao mercado, inclusive quanto à preferência nas aquisições de bens e serviços pelos Poderes Públicos, à tecnologia, ao associativismo e às regras de inclusão.

IV – ao cadastro nacional único de contribuintes a que se refere o inciso IV do parágrafo único do art. 146, in fine, da Constituição Federal.

- *Inciso IV acrescido pela LC nº 147/2014.*

§ 1º. Cabe ao Comitê Gestor do Simples Nacional (CGSN) apreciar a necessidade de revisão, a partir de 1º de janeiro de 2015, dos valores expressos em moeda nesta Lei Complementar.

§ 2º. (Vetado).

§ 3º. Ressalvado o disposto no Capítulo IV, toda nova obrigação que atinja as microempresas e empresas de pequeno porte deverá apresentar, no instrumento que a instituiu, especificação do tratamento diferenciado, simplificado e favorecido para cumprimento.

- *§ 3º acrescido pela LC nº 147/2014.*

§ 4º. Na especificação do tratamento diferenciado, simplificado e favorecido de que trata o § 3º, deverá constar prazo máximo, quando forem necessários procedimentos adicionais, para que os órgãos fiscalizadores cumpram as medidas necessárias à emissão de documentos, realização de vistorias e atendimento das demandas realizadas pelas microempresas e empresas de pequeno porte com o objetivo de cumprir a nova obrigação.

- *§ 4º acrescido pela LC nº 147/2014.*

§ 5º. Caso o órgão fiscalizador descumpra os prazos estabelecidos na especificação do tratamento diferenciado e favorecido, conforme o disposto no § 4º, a nova obrigação será inexigível até que seja realizada visita para fiscalização orientadora e seja reiniciado o prazo para regularização.

- *§ 5º acrescido pela LC nº 147/2014.*

§ 6º. A ausência de especificação do tratamento diferenciado, simplificado e favorecido ou da determinação de prazos máximos, de acordo com os §§ 3º e 4º, tornará a nova obrigação inexigível para as microempresas e empresas de pequeno porte.

- *§ 6º acrescido pela LC nº 147/2014.*

§ 7º. A inobservância do disposto nos §§ 3º a 6º resultará em atentado aos direitos e garantias legais assegurados ao exercício profissional da atividade empresarial.

- *§ 7º acrescido pela LC nº 147/2014.*

Art. 2º. O tratamento diferenciado e favorecido a ser dispensado às microempresas e empresas de pequeno porte de que trata o art. 1º desta Lei Complementar será gerido pelas instâncias a seguir especificadas:

I – Comitê Gestor do Simples Nacional, vinculado ao Ministério da Fazenda, composto por 4 (quatro) representantes da Secretaria da Receita Federal do Brasil, como representantes da União, 2 (dois) dos Estados e do Distrito Federal e 2 (dois) dos Municípios, para tratar dos aspectos tributários; e

II – Fórum Permanente das Microempresas e Empresas de Pequeno Porte, com a participação dos órgãos federais competentes e das entidades vinculadas ao setor, para tratar dos demais aspectos, ressalvado o disposto no inciso III do *caput* deste artigo;

III – Comitê para Gestão da Rede Nacional para Simplificação do Registro e da Legalização de Empresas e Negócios – CGSIM, vinculado à Secretaria da Micro e Pequena Empresa da Presidência da República, composto por representantes da União, dos Estados e do Distrito Federal, dos Municípios e demais órgãos de apoio e de registro empresarial, na forma definida pelo Poder Executivo, para tratar do processo de registro e de legalização de empresários e de pessoas jurídicas.

- *Inciso III com redação dada pela LC nº 147/2014.*

§ 1º. Os Comitês de que tratam os incisos I e III do *caput* deste artigo serão presididos e coordenados por representantes da União.

§ 2º. Os representantes dos Estados e do Distrito Federal nos Comitês referidos nos incisos I e III do *caput* deste artigo serão indicados pelo Conselho Nacional de Política Fazendária – CONFAZ e os dos Municípios serão indicados, um pela entidade representativa das Secretarias de Finanças das Capitais e outro pelas entidades de representação nacional dos Municípios brasileiros.

§ 3º. As entidades de representação referidas no inciso III do *caput* e no § 2º deste artigo serão aquelas regularmente constituídas há pelo menos 1 (um) ano antes da publicação desta Lei Complementar.

§ 4º. Os Comitês de que tratam os incisos I e III do *caput* deste artigo elaborarão seus regimentos internos mediante resolução.

§ 5º. O Fórum referido no inciso II do *caput* deste artigo tem por finalidade orientar e assessorar a formulação e coordenação da política nacional de desenvolvimento das microempresas e empresas de pequeno porte, bem como acompanhar e avaliar a sua implantação, sendo presidido e coordenado pela Secretaria da Micro e Pequena Empresa da Presidência da República.

- *§ 5º com redação dada pela Lei nº 12.792/2013.*

§ 6º. Ao Comitê de que trata o inciso I do *caput* deste artigo compete regulamentar a opção, exclusão, tributação, fiscalização, arrecadação, cobrança, dívida ativa, recolhimento e demais itens relativos ao regime de que trata o art. 12 desta Lei Complementar, observadas as demais disposições desta Lei Complementar.

§ 7º. Ao Comitê de que trata o inciso III do *caput* deste artigo compete, na forma da lei, regulamentar a inscrição, cadastro, abertura, alvará, arquivamento, licenças, permissão, autorização, registros e demais itens relativos à abertura, legalização e funcionamento de empresários e de pessoas jurídicas de qualquer porte, atividade econômica ou composição societária.

§ 8º. Os membros dos Comitês de que tratam os incisos I e III do *caput* deste artigo serão designados, respectivamente, pelos Ministros de Estado da Fazenda e da Secretaria da Micro e Pequena Empresa da Presidência da República, mediante indicação dos órgãos e entidades vinculados.

- *§ 8º com redação dada pela LC nº 147/2014.*

§ 9º. O CGSN poderá determinar, com relação à microempresa e à empresa de pequeno porte optante pelo Simples Nacional, a forma, a periodicidade e o prazo:

I – de entrega à Secretaria da Receita Federal do Brasil – RFB de uma única declaração com dados relacionados a fatos geradores, base de cálculo e valores da contribuição para a Seguridade Social devida sobre a remuneração do trabalho, inclusive a descontada dos trabalhadores a serviço da empresa, do Fundo de Garantia do Tempo de Serviço – FGTS e outras informações de interesse do Ministério do Trabalho e Emprego – MTE, do Instituto Nacional do Seguro Social – INSS e do Conselho Curador do FGTS, observado o disposto no § 7º deste artigo; e

II – do recolhimento das contribuições descritas no inciso I e do FGTS.

- *§ 9º acrescido pela LC nº 147/2014.*

§ 10. O recolhimento de que trata o inciso II do § 9º deste artigo poderá se dar de forma unificada relativamente aos tributos apurados na forma do Simples Nacional.

- *§ 10 acrescido pela LC nº 147/2014.*

§ 11. A entrega da declaração de que trata o inciso I do § 9º substituirá, na forma regulamentada pelo CGSN, a obrigatoriedade de entrega de todas as informações, formulários e declarações a que estão sujeitas as demais empresas ou equiparados que contratam trabalhadores, inclusive relativamente ao recolhimento do FGTS, à Relação Anual de Informações Sociais e ao Cadastro Geral de Empregados e Desempregados.

- *§ 11 acrescido pela LC nº 147/2014.*

§ 12. Na hipótese de recolhimento do FGTS na forma do inciso II do § 9º deste artigo, deve-se assegurar a transferência dos recursos e dos elementos identificadores do recolhimento ao gestor desse fundo para crédito na conta vinculada do trabalhador.

- *§ 12 acrescido pela LC nº 147/2014.*

§ 13. O documento de que trata o inciso I do § 9º tem caráter declaratório, constituindo instrumento hábil e suficiente para a exigência dos tributos, contribuições e dos débitos fundiários que não tenham sido recolhidos resultantes das informações nele prestadas.

- *§ 13 acrescido pela LC nº 147/2014.*

CAPÍTULO II
DA DEFINIÇÃO DE MICROEMPRESA E DE EMPRESA DE PEQUENO PORTE

Art. 3º. Para os efeitos desta Lei Complementar, consideram-se microempresas ou empresas de pequeno porte, a sociedade empresária, a sociedade simples, a empresa individual de responsabilidade limitada e o empresário a que se refere o art. 966 da Lei nº 10.406, de 10 de janeiro de 2002 (Código Civil), devidamente registrados no Registro de Empresas Mercantis ou no Registro Civil de Pessoas Jurídicas, conforme o caso, desde que:

- *Lei nº 10.406, de 10.1.2002 – Institui o Código Civil:*

  Art. 966. Considera-se empresário quem exerce profissionalmente atividade econômica organizada para a produção ou a circulação de bens ou de serviços.

  Parágrafo único. Não se considera empresário quem exerce profissão intelectual, de natureza científica, literária ou artística, ainda com o concurso de auxiliares ou colaboradores, salvo se o exercício da profissão constituir elemento de empresa.

I – no caso da microempresa, aufira, em cada ano-calendário, receita bruta igual ou inferior a R$ 360.000,00 (trezentos e sessenta mil reais); e

II – no caso de empresa de pequeno porte, aufira, em cada ano-calendário, receita bruta superior a R$ 360.000,00 (trezentos e sessenta mil reais) e igual ou inferior a R$ 4.800.000,00 (quatro milhões e oitocentos mil reais).

- *Inciso II com redação dada pela LC nº 155/2016. Efeitos a partir de 1º.1.2018.*

§ 1º. Considera-se receita bruta, para fins do disposto no *caput* deste artigo, o produto da venda de bens e serviços nas operações de conta própria, o preço dos serviços prestados e o resultado nas operações em conta alheia, não incluídas as vendas canceladas e os descontos incondicionais concedidos.

§ 2º. No caso de início de atividade no próprio ano-calendário, o limite a que se refere o *caput* deste artigo será proporcional ao número de meses em que a microempresa ou a empresa de pequeno porte houver exercido atividade, inclusive as frações de meses.

§ 3º. O enquadramento do empresário ou da sociedade simples ou empresária como microempresa ou empresa de pequeno porte bem como o seu desenquadramento não implicarão alteração, denúncia ou qualquer restrição em relação a contratos por elas anteriormente firmados.

§ 4º. Não poderá se beneficiar do tratamento jurídico diferenciado previsto nesta Lei Complementar, incluído o regime de que trata o art. 12 desta Lei Complementar, para nenhum efeito legal, a pessoa jurídica:

I – de cujo capital participe outra pessoa jurídica;

II – que seja filial, sucursal, agência ou representação, no País, de pessoa jurídica com sede no exterior;

III – de cujo capital participe pessoa física que seja inscrita como empresário ou seja sócia de outra empresa que receba tratamento jurídico diferenciado nos termos desta Lei Complementar, desde que a receita bruta global ultrapasse o limite de que trata o inciso II do *caput* deste artigo;

IV – cujo titular ou sócio participe com mais de 10% (dez por cento) do capital de outra empresa não beneficiada por esta Lei Complementar, desde que a receita bruta global ultrapasse o limite de que trata o inciso II do *caput* deste artigo;

V – cujo sócio ou titular seja administrador ou equiparado de outra pessoa jurídica com fins lucrativos, desde que a receita bruta global ultrapasse o limite de que trata o inciso II do *caput* deste artigo;

VI – constituída sob a forma de cooperativas, salvo as de consumo;

VII – que participe do capital de outra pessoa jurídica;

VIII – que exerça atividade de banco comercial, de investimentos e de desenvolvimento, de caixa econômica, de sociedade de crédito, financiamento e investimento ou de crédito imobiliário, de corretora ou de distribuidora de títulos, valores mobiliários e câmbio, de empresa de arrendamento mercantil, de seguros privados e de capitalização ou de previdência complementar;

IX – resultante ou remanescente de cisão ou qualquer outra forma de desmembramento de pessoa jurídica que tenha ocorrido em um dos 5 (cinco) anos-calendário anteriores;

X – constituída sob a forma de sociedade por ações;

XI – cujos titulares ou sócios guardem, cumulativamente, com o contratante do serviço, relação de pessoalidade, subordinação e habitualidade.

- *Inciso XI acrescido pela LC nº 147/2014.*

§ 5º. O disposto nos incisos IV e VII do § 4º deste artigo não se aplica à participação no capital de cooperativas de crédito, bem como em centrais de compras, bolsas de subcontratação, no consórcio referido no art. 50 desta Lei Complementar e na sociedade de propósito específico prevista no art. 56 desta Lei Complementar, e em associações assemelhadas, sociedades de interesse econômico, sociedades de garantia solidária e outros tipos de sociedade, que tenham como objetivo social a defesa exclusiva dos interesses econômicos das microempresas e empresas de pequeno porte.

§ 6º. Na hipótese de a microempresa ou empresa de pequeno porte incorrer em alguma das situações previstas nos incisos do § 4º, será excluída do tratamento jurídico diferenciado previsto nesta Lei Complementar, bem como do regime de que trata o art. 12, com efeitos a partir do mês seguinte ao que incorrida a situação impeditiva.

§ 7º. Observado o disposto no § 2º deste artigo, no caso de início de atividades, a microempresa que, no ano-calendário, exceder o limite de receita bruta anual previsto no inciso I do *caput* deste artigo passa, no ano-calendário seguinte, à condição de empresa de pequeno porte.

§ 8º. Observado o disposto no § 2º deste artigo, no caso de início de atividades, a empresa de pequeno porte que, no ano-calendário, não ultrapassar o limite de receita bruta anual previsto no inciso I do *caput* deste artigo passa, no ano-calendário seguinte, à condição de microempresa.

§ 9º. A empresa de pequeno porte que, no ano-calendário, exceder o limite de receita bruta anual previsto no inciso II do *caput* deste artigo fica excluída, no mês subsequente à ocorrência do excesso, do tratamento jurídico diferenciado previsto nesta Lei Complementar, incluído o regime de que trata o art. 12, para todos os efeitos legais, ressalvado o disposto nos §§ 9º-A, 10 e 12.

§ 9º-A. Os efeitos da exclusão prevista no § 9º dar-se-ão no ano-calendário subsequente se o excesso verificado em relação à receita bruta não for superior a 20% (vinte por cento) do limite referido no inciso II do *caput*.

§ 10. A empresa de pequeno porte que no decurso do ano-calendário de início de atividade ultrapassar o limite proporcional de receita bruta de que trata o § 2º estará excluída do tratamento jurídico diferenciado previsto nesta Lei Complementar, bem como do regime de que trata o art. 12 desta Lei Complementar, com efeitos retroativos ao início de suas atividades.

§ 11. Na hipótese de o Distrito Federal, os Estados e os respectivos Municípios adotarem um dos limites previstos nos incisos I e II do *caput* do art. 19 e no art. 20, caso a receita bruta auferida pela empresa durante o ano-calendário de início de atividade ultrapasse 1/12 (um doze avos) do limite estabelecido multiplicado pelo número de meses de funcionamento nesse período, a empresa não poderá recolher o ICMS e o ISS na forma do Simples Nacional, relativos ao estabelecimento localizado na unidade da federação que os houver adotado, com efeitos retroativos ao início de suas atividades.

§ 12. A exclusão de que trata o § 10 não retroagirá ao início das atividades se o excesso verificado em relação à receita bruta não for superior a 20% (vinte por cento) do respectivo limite referido naquele parágrafo, hipótese em que os efeitos da exclusão dar-se-ão no ano-calendário subsequente.

§ 13. O impedimento de que trata o § 11 não retroagirá ao início das atividades se o excesso verificado em relação à receita bruta não for superior a 20% (vinte por cento) dos respectivos limites referidos naquele parágrafo, hipótese em que os efeitos do impedimento ocorrerão no ano-calendário subsequente.

§ 14. Para fins de enquadramento como microempresa ou empresa de pequeno porte, poderão ser auferidas receitas no mercado interno até o limite previsto no inciso II do *caput* ou no § 2º, conforme o caso, e, adicionalmente, receitas decorrentes da exportação de mercadorias ou serviços, inclusive quando realizada por meio de comercial exportadora ou da sociedade de propósito específico prevista no art. 56 desta Lei Complementar, desde que as receitas de exportação também não excedam os referidos limites de receita bruta anual.

- *§ 14 com redação dada pela LC nº 147/2014.*

§ 15. Na hipótese do § 14, para fins de determinação da alíquota de que trata o § 1º do art. 18, da base de cálculo prevista em seu § 3º e das majorações de alíquotas previstas em seus §§ 16, 16-A, 17 e 17-A, serão consideradas separadamente as receitas brutas auferidas no mercado interno e aquelas decorrentes da exportação.

- *§ 15 com redação dada pela LC nº 147/2014.*

§ 16. O disposto neste artigo será regulamentado por resolução do CGSN.

- *§ 16 acrescido pela LC nº 147/2014.*

§ 17. (Vetado).

- *§ 17 acrescido pela LC nº 155/2016.*

§ 18. (Vetado).

- *§ 18 acrescido pela LC nº 155/2016.*

Art. 3º-A. Aplica-se ao produtor rural pessoa física e ao agricultor familiar conceituado na Lei nº 11.326, de 24 de julho de 2006, com situação regular na Previdência Social e no Município que tenham auferido receita bruta anual até o limite de que trata o inciso II do *caput* do art. 3º o disposto nos arts. 6º e 7º, nos Capítulos V a X, na Seção IV do Capítulo XI e no Capítulo XII desta Lei Complementar, ressalvadas as disposições da Lei nº 11.718, de 20 de junho de 2008.

Parágrafo único. A equiparação de que trata o *caput* não se aplica às disposições do Capítulo IV desta Lei Complementar.

- *Art. 3º-A acrescido pela LC nº 147/2014.*

Art. 3º-B. Os dispositivos desta Lei Complementar, com exceção dos dispostos no Capítulo IV, são aplicáveis a todas as microempresas e empresas de pequeno porte, assim definidas pelos incisos I e II do *caput* e § 4º do art. 3º, ainda que não enquadradas no regime tributário do Simples Nacional, por vedação ou por opção.

- *Art. 3º-B acrescido pela LC nº 147/2014.*

CAPÍTULO III – DA INSCRIÇÃO E DA BAIXA

Art. 4º. Na elaboração de normas de sua competência, os órgãos e entidades envolvidos na abertura e fechamento de empresas, dos 3 (três) âmbitos de governo, deverão considerar a unicidade do processo de registro e de legalização de empresários e de pessoas jurídicas, para tanto devendo articular as competências próprias com aquelas dos demais membros, e buscar, em conjunto, compatibilizar e integrar procedimentos, de modo a evitar a duplicidade de exigências e garantir a linearidade do processo, da perspectiva do usuário.

§ 1º. O processo de abertura, registro, alteração e baixa da microempresa e empresa de pequeno porte, bem como qualquer exigência para o início de seu funcionamento, deverão ter trâmite especial e simplificado, preferencialmente eletrônico, opcional para o empreendedor, observado o seguinte:

I – poderão ser dispensados o uso da firma, com a respectiva assinatura autógrafa, o capital, requerimentos, demais assinaturas, informações relativas ao estado civil e regime de bens, bem como remessa de documentos, na forma estabelecida pelo CGSIM; e

II – (Revogado).

- *§ 1º com redação dada pela LC nº 147/2014.*

§ 2º. (Revogado)

§ 3º. Ressalvado o disposto nesta Lei Complementar, ficam reduzidos a 0 (zero) todos os custos, inclusive prévios, relativos à abertura, à inscrição, ao registro, ao funcionamento, ao alvará, à licença, ao cadastro, às alterações e procedimentos de baixa e encerramento e aos demais itens relativos ao Microempreendedor Individual, incluindo os valores referentes a taxas, a emolumentos e a demais contribuições relativas aos órgãos de registro, de licenciamento, sindicais, de regulamentação, de anotação de responsabilidade técnica, de vistoria e de fiscalização do exercício de profissões regulamentadas.

- *§ 3º com redação dada pela LC nº 147/2014.*

§ 3º-A. O agricultor familiar, definido conforme a Lei nº 11.326, de 24 de julho de 2006, e identificado pela Declaração de Aptidão ao Pronaf – DAP física ou jurídica, bem como o MEI e o empreendedor de economia solidária ficam isentos de taxas e outros valores relativos à fiscalização da vigilância sanitária.

- *§ 3º-A acrescido pela LC nº 147/2014.*

§ 4º. No caso do MEI, de que trata o art. 18-A desta Lei Complementar, a cobrança associativa ou oferta de serviços privados relativos aos atos de que trata o § 3º deste artigo somente poderá ser efetuada a partir de demanda prévia do próprio MEI, firmado por meio de contrato com assinatura autógrafa, observando-se que:

I – para a emissão de boletos de cobrança, os bancos públicos e privados deverão exigir das instituições sindicais e associativas autorização prévia específica a ser emitida pelo CGSIM;

II – o desrespeito ao disposto neste parágrafo configurará vantagem ilícita pelo induzimento ao erro em prejuízo do MEI, aplicando-se as sanções previstas em lei.

- *§ 4º acrescido pela LC nº 147/2014.*

§ 5º. (Vetado).

- *§ 5º acrescido pela LC nº 147/2014.*

§ 6º. Na ocorrência de fraude no registro do Microempreendedor Individual – MEI feito por terceiros, o pedido de baixa deve ser feito por meio exclusivamente eletrônico, com efeitos retroativos à data de registro, na forma a ser regulamentada pelo CGSIM, não sendo aplicáveis os efeitos do § 1º do art. 29 desta Lei Complementar.

- *§ 6º acrescido pela LC nº 155/2016.*

Art. 5º. Os órgãos e entidades envolvidos na abertura e fechamento de empresas, dos 3 (três) âmbitos de governo, no âmbito de suas atribuições, deverão manter à disposição dos usuários, de forma presencial e pela rede mundial de computadores, informações, orientações e instrumentos, de forma integrada e consolidada, que permitam pesquisas prévias às etapas de registro ou inscrição, alteração e baixa de empresários e pessoas jurídicas, de modo a prover ao usuário certeza quanto à documentação exigível e quanto à viabilidade do registro ou inscrição.

Parágrafo único. As pesquisas prévias à elaboração de ato constitutivo ou de sua alteração deverão bastar a que o usuário seja informado pelos órgãos e entidades competentes:

I – da descrição oficial do endereço de seu interesse e da possibilidade de exercício da atividade desejada no local escolhido;

II – de todos os requisitos a serem cumpridos para obtenção de licenças de autorização de funcionamento, segundo a atividade pretendida, o porte, o grau de risco e a localização; e

III – da possibilidade de uso do nome empresarial de seu interesse.

Art. 6º. Os requisitos de segurança sanitária, metrologia, controle ambiental e prevenção contra incêndios, para os fins de registro e legalização de empresários e pessoas jurídicas, deverão ser simplificados, racionalizados e uniformizados pelos órgãos envolvidos na abertura e fechamento de empresas, no âmbito de suas competências.

§ 1º. Os órgãos e entidades envolvidos na abertura e fechamento de empresas que sejam responsáveis pela emissão de licenças e autorizações de funcionamento somente realizarão vistorias após o início de operação do estabelecimento, quando a atividade, por sua natureza, comportar grau de risco compatível com esse procedimento.

§ 2º. Os órgãos e entidades competentes definirão, em 6 (seis) meses, contados da publicação desta Lei Complementar, as atividades cujo grau de risco seja considerado alto e que exigirão vistoria prévia.

§ 3º. Na falta de legislação estadual, distrital ou municipal específica relativa à definição do grau de risco da atividade aplicar-se-á resolução do CGSIM.

- *§ 3º acrescido pela LC nº 147/2014.*

§ 4º. A classificação de baixo grau de risco permite ao empresário ou à pessoa jurídica a obtenção do licenciamento de atividade mediante o simples fornecimento de dados e a substituição da comprovação prévia do cumprimento de exigências e restrições por declarações do titular ou responsável.

- *§ 4º acrescido pela LC nº 147/2014.*

§ 5º. O disposto neste artigo não é impeditivo da inscrição fiscal.

- *§ 5º acrescido pela LC nº 147/2014.*

Art. 7º. Exceto nos casos em que o grau de risco da atividade seja considerado alto, os Municípios emitirão Alvará de Funcionamento Provisório, que permitirá o início de operação do estabelecimento imediatamente após o ato de registro.

Parágrafo único. Nos casos referidos no *caput* deste artigo, poderá o Município conceder Alvará de Funcionamento Provisório para o microempreendedor individual, para microempresas e para empresas de pequeno porte:

I – instaladas em área ou edificação desprovidas de regulação fundiária e imobiliária, inclusive habite-se; ou

- *Inciso I com redação dada pela LC nº 147/2014.*

II – em residência do microempreendedor individual ou do titular ou sócio da microempresa ou empresa de pequeno porte, na hipótese em que a atividade não gere grande circulação de pessoas.

Art. 8º. Será assegurado aos empresários e pessoas jurídicas:

- *Art. 8º, caput, com redação dada pela LC nº 147/2014.*

I – entrada única de dados e documentos;

- *Inciso I acrescido pela LC nº 147/2014.*

II – processo de registro e legalização integrado entre os órgãos e entes envolvidos, por meio de sistema informatizado que garanta:

a) sequenciamento das seguintes etapas: consulta prévia de nome empresarial e de viabilidade de localização, registro empresarial, inscrições fiscais e licenciamento de atividade;

b) criação da base nacional cadastral única de empresas;

- *Inciso II acrescido pela LC nº 147/2014.*

III – identificação nacional cadastral única que corresponderá ao número de inscrição no Cadastro Nacional de Pessoas Jurídicas – CNPJ.

- *Inciso III acrescido pela LC nº 147/2014.*

§ 1º. O sistema de que trata o inciso II do *caput* deve garantir aos órgãos e entidades integrados:

I – compartilhamento irrestrito dos dados da base nacional única de empresas;

II – autonomia na definição das regras para comprovação do cumprimento de exigências nas respectivas etapas do processo.

- *§ 1º acrescido pela LC nº 147/2014.*

§ 2º. A identificação nacional cadastral única substituirá para todos os efeitos as demais inscrições, sejam elas federais, estaduais ou municipais, após a implantação do sistema a que se refere o inciso II do *caput*, no prazo e na forma estabelecidos pelo CGSIM.

- *§ 2º acrescido pela LC nº 147/2014.*

§ 3º. É vedado aos órgãos e entidades integrados ao sistema informatizado de que trata o inciso II do *caput* o estabelecimento de exigências não previstas em lei.

- *§ 3º acrescido pela LC nº 147/2014.*

§ 4º. A coordenação do desenvolvimento e da implantação do sistema de que trata o inciso II do *caput* ficará a cargo do CGSIM.

- *§ 4º acrescido pela LC nº 147/2014.*

Art. 9º. O registro dos atos constitutivos, de suas alterações e extinções (baixas), referentes a empresários e pessoas jurídicas em qualquer órgão dos 3 (três) âmbitos de governo ocorrerá independentemente da regularidade de obrigações tributárias, previdenciárias ou trabalhistas, principais ou acessórias, do empresário, da sociedade, dos sócios, dos administradores ou de empresas de que participem, sem prejuízo das responsabilidades do empresário, dos titulares, dos sócios ou dos administradores por tais obrigações, apuradas antes ou após o ato de extinção.

- *Art. 9º,* caput, *com redação dada pela LC nº 147/2014.*

§ 1º. O arquivamento, nos órgãos de registro, dos atos constitutivos de empresários, de sociedades empresárias e de demais equiparados que se enquadrarem como microempresa ou empresa de pequeno porte bem como o arquivamento de suas alterações são dispensados das seguintes exigências:

I – certidão de inexistência de condenação criminal, que será substituída por declaração do titular ou administrador, firmada sob as penas da lei, de não estar impedido de exercer atividade mercantil ou a administração de sociedade, em virtude de condenação criminal;

II – prova de quitação, regularidade ou inexistência de débito referente a tributo ou contribuição de qualquer natureza.

§ 2º. Não se aplica às microempresas e às empresas de pequeno porte o disposto no § 2º do art. 1º da Lei nº 8.906, de 4 de julho de 1994.

- *Lei nº 8.906, de 4.7.1994 – Dispõe sobre o Estatuto da Advocacia e a Ordem dos Advogados do Brasil (OAB):*

  Art. 1º. São atividades privativas de advocacia: (...)

  § 2º. Os atos e contratos constitutivos de pessoas jurídicas, sob pena de nulidade, só podem ser admitidos a registro, nos órgãos competentes, quando visados por advogados. (...)

§ 3º. (Revogado).

- *§ 3º revogado pela LC nº 147/2014.*

§ 4º. A baixa do empresário ou da pessoa jurídica não impede que, posteriormente, sejam lançados ou cobrados tributos, contribuições e respectivas penalidades, decorrentes da falta do cumprimento de obrigações ou da prática comprovada e apurada em processo administrativo ou judicial de outras irregularidades praticadas pelos empresários, pelas pessoas jurídicas ou por seus titulares, sócios ou administradores.

- *§ 4º com redação dada pela LC nº 147/2014.*

§ 5º. A solicitação de baixa do empresário ou da pessoa jurídica importa responsabilidade solidária dos empresários, dos titulares, dos sócios e dos administradores no período da ocorrência dos respectivos fatos geradores.

- *§ 5º com redação dada pela LC nº 147/2014.*

§ 6º. Os órgãos referidos no *caput* deste artigo terão o prazo de 60 (sessenta) dias para efetivar a baixa nos respectivos cadastros.

§ 7º. Ultrapassado o prazo previsto no § 6º deste artigo sem manifestação do órgão competente, presumir-se-á a baixa dos registros das microempresas e a das empresas de pequeno porte.

§ 8º a § 12. (Revogados).

- *§ 8º a § 12 revogados pela LC nº 147/2014.*

Art. 10. Não poderão ser exigidos pelos órgãos e entidades envolvidos na abertura e fechamento de empresas, dos 3 (três) âmbitos de governo:

I – excetuados os casos de autorização prévia, quaisquer documentos adicionais aos requeridos pelos órgãos executores do Registro Público de Empresas Mercantis e Atividades Afins e do Registro Civil de Pessoas Jurídicas;

II – documento de propriedade ou contrato de locação do imóvel onde será instalada a sede, filial ou outro estabelecimento, salvo para comprovação do endereço indicado;

III – comprovação de regularidade de prepostos dos empresários ou pessoas jurídicas com seus órgãos de classe, sob qualquer forma, como requisito para deferimento de ato de inscrição, alteração ou baixa de empresa, bem como para autenticação de instrumento de escrituração.

Art. 11. Fica vedada a instituição de qualquer tipo de exigência de natureza documental ou formal, restritiva ou condicionante, pelos órgãos envolvidos na abertura e fechamento de empresas, dos 3 (três) âmbitos de governo, que exceda o estrito limite dos requisitos pertinentes à essência do ato de registro, alteração ou baixa da empresa.

CAPÍTULO IV
DOS TRIBUTOS E CONTRIBUIÇÕES

Seção I – Da Instituição e Abrangência

Art. 12. Fica instituído o Regime Especial Unificado de Arrecadação de Tributos e Contribuições devidos pelas Microempresas e Empresas de Pequeno Porte – Simples Nacional.

Parágrafo único. (Vetado).

- *Parágrafo único acrescido pela LC nº 155/2016.*

Art. 13. O Simples Nacional implica o recolhimento mensal, mediante documento único de arrecadação, dos seguintes impostos e contribuições:

I – Imposto sobre a Renda da Pessoa Jurídica – IRPJ;

II – Imposto sobre Produtos Industrializados – IPI, observado o disposto no inciso XII do § 1º deste artigo;

III – Contribuição Social sobre o Lucro Líquido – CSLL;

IV – Contribuição para o Financiamento da Seguridade Social – COFINS, observado o disposto no inciso XII do § 1º deste artigo;

V – Contribuição para o PIS/Pasep, observado o disposto no inciso XII do § 1º deste artigo;

VI – Contribuição Patronal Previdenciária – CPP para a Seguridade Social, a cargo da pessoa jurídica, de que trata o art. 22 da Lei nº 8.212, de 24 de julho de 1991, exceto no caso da microempresa e da empresa de pequeno porte que se dedique às atividades de prestação de serviços referidas no § 5º-C do art. 18 desta Lei Complementar;

- *Lei nº 8.212, de 24.7.1991 – Dispõe sobre a organização da Seguridade Social, institui Plano de Custeio, e dá outras providências:*

Art. 22. A contribuição a cargo da empresa, destinada à Seguridade Social, além do disposto no art. 23, é de:

I – vinte por cento sobre o total das remunerações pagas, devidas ou creditadas a qualquer título, durante o mês, aos segurados empregados e trabalhadores avulsos que lhe prestem serviços, destinadas a retribuir o trabalho, qualquer que seja a sua forma, inclusive as gorjetas, os ganhos habituais sob a forma de utilidades e os adiantamentos decorrentes de reajuste salarial, quer pelos serviços efetivamente prestados, quer pelo tempo à disposição do empregador ou tomador de serviços, nos termos da lei ou do contrato ou, ainda, de convenção ou acordo coletivo de trabalho ou sentença normativa. (Redação dada pela Lei nº 9.876/1999).

II – para o financiamento do benefício previsto nos arts. 57 e 58 da Lei nº 8.213, de 24 de julho de 1991, e daqueles concedidos em razão do grau de incidência de incapacidade laborativa decorrente dos riscos ambientais do trabalho, sobre o total das remunerações pagas ou creditadas, no decorrer do mês, aos segurados empregados e trabalhadores avulsos: (Redação dada pela Lei nº 9.732/1998).

a) 1% (um por cento) para as empresas em cuja atividade preponderante o risco de acidentes do trabalho seja considerado leve;

b) 2% (dois por cento) para as empresas em cuja atividade preponderante esse risco seja considerado médio;

c) 3% (três por cento) para as empresas em cuja atividade preponderante esse risco seja considerado grave.

III – vinte por cento sobre o total das remunerações pagas ou creditadas a qualquer título, no decorrer do mês, aos segurados contribuintes individuais que lhe prestem serviços; (Incluído pela Lei nº 9.876/1999).

IV – (Execução suspensa pela Resolução nº 10/2016)

§ 1º. No caso de bancos comerciais, bancos de investimentos, bancos de desenvolvimento, caixas econômicas, sociedades de crédito, financiamento e investimento, sociedades de crédito imobiliário, sociedades corretoras, distribuidoras de títulos e valores mobiliários, empresas de arrendamento mercantil, cooperativas de crédito, empresas de seguros privados e de capitalização, agentes autônomos de seguros privados e de crédito e entidades de previdência privada abertas e fechadas, além das contribuições referidas neste artigo e no art. 23, é devida a contribuição adicional de dois vírgula cinco por cento sobre a base de cálculo definida nos incisos I e III deste artigo. (Redação dada pela Lei nº 9.876/1999). (Vide Medida Provisória nº 2.158-35/2001).

§ 2º. Não integram a remuneração as parcelas de que trata o § 9º do art. 28.

§ 3º. O Ministério do Trabalho e da Previdência Social poderá alterar, com base nas estatísticas de acidentes do trabalho, apuradas em inspeção, o enquadramento de empresas para efeito da contribuição a que se refere o inciso II deste artigo, a fim de estimular investimentos em prevenção de acidentes.

§ 4º. O Poder Executivo estabelecerá, na forma da lei, ouvido o Conselho Nacional da Seguridade Social, mecanismos de estímulo às empresas que se utilizem de empregados portadores de deficiências física, sensorial e/ou mental com desvio do padrão médio.

§ 5º (Revogado pela Lei nº 10.256/2001).

§ 6º A contribuição empresarial da associação desportiva que mantém equipe de futebol profissional destinada à Seguridade Social, em substituição à prevista nos incisos I e II deste artigo, corresponde a cinco por cento da receita bruta, decorrente dos espetáculos desportivos de que participem em todo território nacional em qualquer modalidade desportiva, inclusive jogos internacionais, e de qualquer forma de patrocínio, licenciamento de uso de marcas e símbolos, publicidade, propaganda e de transmissão de espetáculos desportivos. (Parágrafo acrescentado pela Lei nº 9.528/1997).

§ 7º. Caberá à entidade promotora do espetáculo a responsabilidade de efetuar o desconto de cinco por cento da receita bruta decorrente dos espetáculos desportivos e o respectivo recolhimento ao Instituto Nacional do Seguro Social, no prazo de até dois dias úteis após a realização do evento. (Parágrafo acrescentado pela Lei nº 9.528/1997).

§ 8º. Caberá à associação desportiva que mantém equipe de futebol profissional informar à entidade promotora do espetáculo desportivo todas as receitas auferidas no evento, discriminando-as detalhadamente. (Parágrafo acrescentado pela Lei nº 9.528/1997).

§ 9º. No caso de a associação desportiva que mantém equipe de futebol profissional receber recursos de empresa ou entidade, a título de patrocínio, licenciamento de uso de marcas e símbolos, publicidade, propaganda e transmissão de espetáculos, esta última ficará com a responsabilidade de reter e recolher o percentual de cinco por cento da receita bruta decorrente do evento, inadmitida qualquer dedução, no prazo estabelecido na alínea "b", inciso I, do art. 30 desta Lei. (Parágrafo acrescentado pela Lei nº 9.528/1997).

§ 10. Não se aplica o disposto nos §§ 6º ao 9º às demais associações desportivas, que devem contribuir na forma dos incisos I e II deste artigo e do art. 23 desta Lei. (Parágrafo acrescentado pela Lei nº 9.528/1997).

§ 11. O disposto nos §§ 6º ao 9º deste artigo aplica-se à associação desportiva que mantenha equipe de futebol profissional e atividade econômica organizada para a produção e circulação de bens e serviços e que se organize regularmente, segundo um dos tipos regulados nos arts. 1.039 a 1.092 da Lei nº 10.406, de 10 de janeiro de 2002 – Código Civil. (Redação dada pela Lei nº 11.345/2006).

§ 11-A. O disposto no § 11 deste artigo aplica-se apenas às atividades diretamente relacionadas com a manutenção e administração de equipe profissional de futebol, não se estendendo às outras atividades econômicas exercidas pelas referidas sociedades empresariais beneficiárias. (Incluído pela Lei nº 11.505/2007).

§ 12. (Vetado) (Incluído pela Lei nº 10.170/2000).

§ 13. Não se considera como remuneração direta ou indireta, para os efeitos desta Lei, os valores despendidos pelas entidades religiosas e instituições de ensino vocacional com ministro de confissão religiosa, membros de instituto de vida consagrada, de congregação ou de ordem religiosa em face do seu mister religioso ou para sua subsistência desde que fornecidos em condições que independam da natureza e da quantidade do trabalho executado. (Incluído pela Lei nº 10.170/2000).

§ 14. Para efeito de interpretação do § 13 deste artigo: (Incluído pela Lei nº 13.137/2015)

I – os critérios informadores dos valores despendidos pelas entidades religiosas e instituições de ensino vocacional aos ministros de confissão religiosa, membros de vida consagrada, de congregação ou de ordem religiosa não são taxativos e sim exemplificativos; (Incluído pela Lei nº 13.137/2015)

II – os valores despendidos, ainda que pagos de forma e montante diferenciados, em pecúnia ou a título de ajuda de custo de moradia, transporte, formação educacional, vinculados exclusivamente à atividade religiosa não configuram remuneração direta ou indireta. (Incluído pela Lei nº 13.137/2015)

§ 15. Na contratação de serviços de transporte rodoviário de carga ou de passageiro, de serviços prestados com a utilização de trator, máquina de terraplenagem, colheitadeira e assemelhados, a base de cálculo da contribuição da empresa corresponde a 20% (vinte por cento) do valor da nota fiscal, fatura ou recibo, quando esses serviços forem prestados por condutor autônomo de veículo rodoviário, auxiliar de condutor autônomo de veículo rodoviário, bem como por operador de máquinas. (Incluído pela Lei nº 13.202/2015)

Art. 22A. A contribuição devida pela agroindústria, definida, para os efeitos desta Lei, como sendo o produtor rural pessoa jurídica cuja atividade econômica seja a industrialização de produção própria ou de produção própria e adquirida de terceiros, incidente sobre o valor da receita bruta proveniente da comercialização da produção, em substituição às previstas nos incisos I e II do art. 22 desta Lei, é de: (Incluído pela Lei nº 10.256/2001).

I – dois vírgula cinco por cento destinados à Seguridade Social; (Incluído pela Lei nº 10.256/2001).

II – zero vírgula um por cento para o financiamento do benefício previsto nos arts. 57 e 58 da Lei nº 8.213, de 24 de julho de 1991, e daqueles concedidos em razão do grau de incidência de incapacidade para o trabalho decorrente dos riscos ambientais da atividade. (Incluído pela Lei nº 10.256/2001).

§ 1º. (Vetado) (Incluído pela Lei nº 10.256/2001).

§ 2º. O disposto neste artigo não se aplica às operações relativas à prestação de serviços a terceiros, cujas contribuições previdenciárias continuam sendo devidas na forma do art. 22 desta Lei. (Incluído pela Lei nº 10.256/2001).

§ 3º. Na hipótese do § 2º, a receita bruta correspondente aos serviços prestados a terceiros será excluída da base de cálculo da contribuição de que trata o caput. (Incluído pela Lei nº 10.256/2001).

§ 4º. O disposto neste artigo não se aplica às sociedades cooperativas e às agroindústrias de piscicultura, carcinicultura, suinocultura e avicultura. (Incluído pela Lei nº 10.256/2001).

§ 5º. O disposto no inciso I do art. 3º da Lei nº 8.315, de 23 de dezembro de 1991, não se aplica ao empregador de que trata este artigo, que contribuirá com o adicional de zero vírgula vinte e cinco por cento da receita bruta proveniente da comercialização da produção, destinado ao Serviço Nacional de Aprendizagem Rural (SENAR). (Incluído pela Lei nº 10.256/2001).

§ 6º. Não se aplica o regime substitutivo de que trata este artigo à pessoa jurídica que, relativamente à atividade rural, se dedique apenas ao florestamento e reflorestamento como fonte de matéria-prima para industrialização própria mediante a utilização de processo industrial que modifique a natureza química da madeira ou a transforme em pasta celulósica. (Incluído pela Lei nº 10.684/2003).

§ 7º. Aplica-se o disposto no § 6o ainda que a pessoa jurídica comercialize resíduos vegetais ou sobras ou partes da produção, desde que a receita bruta decorrente dessa comercialização represente menos de um por cento de sua receita bruta proveniente da comercialização da produção. (Incluído pela Lei nº 10.684/2003).

Art. 22B. As contribuições de que tratam os incisos I e II do art. 22 desta Lei são substituídas, em relação à remuneração paga, devida ou creditada ao trabalhador rural contratado pelo consórcio simplificado de produtores rurais de que trata o art. 25A, pela contribuição dos respectivos produtores rurais, calculada na forma do art. 25 desta Lei. (Incluído pela Lei nº 10.256/2001).

Art. 23. As contribuições a cargo da empresa provenientes do faturamento e do lucro, destinadas à Seguridade Social, além do disposto no art. 22, são calculadas mediante a aplicação das seguintes alíquotas:

I – 2% (dois por cento) sobre sua receita bruta, estabelecida segundo o disposto no § 1º do art. 1º do Decreto-Lei nº 1.940, de 25 de maio de 1982, com a redação dada pelo art. 22, do Decreto-Lei nº 2.397, de 21 de dezembro de 1987, e alterações posteriores;

II – 10% (dez por cento) sobre o lucro líquido do período-base, antes da provisão para o Imposto de Renda, ajustado na forma do art. 2º da Lei nº 8.034, de 12 de abril de 1990.

§ 1º. No caso das instituições citadas no § 1º do art. 22 desta Lei, a alíquota da contribuição prevista no inciso II é de 15% (quinze por cento).

§ 2º. O disposto neste artigo não se aplica às pessoas de que trata o art. 25.

VII – Imposto sobre Operações Relativas à Circulação de Mercadorias e Sobre Prestações de Serviços de Transporte Interestadual e Intermunicipal e de Comunicação – ICMS;

VIII – Imposto sobre Serviços de Qualquer Natureza – ISS.

§ 1º. O recolhimento na forma deste artigo não exclui a incidência dos seguintes impostos ou contribuições, devidos na qualidade de contribuinte ou responsável, em relação aos quais será observada a legislação aplicável às demais pessoas jurídicas:

I – Imposto sobre Operações de Crédito, Câmbio e Seguro, ou Relativas a Títulos ou Valores Mobiliários – IOF;

II – Imposto sobre a Importação de Produtos Estrangeiros – II;

III – Imposto sobre a Exportação, para o Exterior, de Produtos Nacionais ou Nacionalizados – IE;

IV – Imposto sobre a Propriedade Territorial Rural – ITR;

V – Imposto de Renda, relativo aos rendimentos ou ganhos líquidos auferidos em aplicações de renda fixa ou variável;

VI – Imposto de Renda relativo aos ganhos de capital auferidos na alienação de bens do ativo permanente;

VII – Contribuição Provisória sobre Movimentação ou Transmissão de Valores e de Créditos e Direitos de Natureza Financeira – CPMF;

VIII – Contribuição para o Fundo de Garantia do Tempo de Serviço – FGTS;

IX – Contribuição para manutenção da Seguridade Social, relativa ao trabalhador;

X – Contribuição para a Seguridade Social, relativa à pessoa do empresário, na qualidade de contribuinte individual;

XI – Imposto de Renda relativo aos pagamentos ou créditos efetuados pela pessoa jurídica a pessoas físicas;

XII – Contribuição para o PIS/Pasep, Cofins e IPI incidentes na importação de bens e serviços;

XIII – ICMS devido:

a) nas operações sujeitas ao regime de substituição tributária, tributação concentrada em uma única etapa (monofásica) e sujeitas ao regime de antecipação do recolhimento do imposto com encerramento de tributação, envolvendo combustíveis e lubrificantes; energia elétrica; cigarros e outros produtos derivados do fumo; bebidas; óleos e azeites vegetais comestíveis; farinha de trigo e misturas de farinha de trigo; massas alimentícias; açúcares; produtos lácteos; carnes e suas preparações; preparações à base de cereais; chocolates; produtos de padaria e da indústria de bolachas e biscoitos; sorvetes e preparados para fabricação de sorvetes em máquinas; cafés e mates, seus extratos, essências e concentrados; preparações para molhos e molhos preparados; preparações de produtos vegetais; rações para animais domésticos; veículos automotivos e automotores, suas peças, componentes e acessórios; pneumáticos; câmaras de ar e protetores de borracha; medicamentos e outros produtos farmacêuticos para uso humano ou veterinário; cosméticos; produtos de perfumaria e de higiene pessoal; papéis; plásticos; canetas e malas; cimentos; cal e argamassas; produtos cerâmicos; vidros; obras de metal e plástico para construção; telhas e caixas d'água; tintas e vernizes; produtos eletrônicos, eletroeletrônicos e eletrodomésticos; fios; cabos e outros condutores; transformadores elétricos e reatores; disjuntores; interruptores e tomadas; isoladores; para-raios e lâmpadas; máquinas e aparelhos de ar-condicionado; centrifugadores de uso doméstico; aparelhos e instrumentos de pesagem de uso doméstico; extintores; aparelhos ou máquinas de barbear; máquinas de cortar o cabelo ou de tosquiar; aparelhos de depilar, com motor elétrico incorporado; aquecedores elétricos de água para uso doméstico e termômetros; ferramentas; álcool etílico; sabões em pó e líquidos para roupas; detergentes; alvejantes; esponjas; palhas de aço e amaciantes de roupas; venda de mercadorias pelo sistema porta a porta; nas operações sujeitas ao regime de substituição tributária pelas operações anteriores; e nas prestações de serviços sujeitas aos regimes de substituição tributária e de antecipação de recolhimento do imposto com encerramento de tributação;

- *Alínea "a" com redação dada pela LC nº 147/2014.*

b) por terceiro, a que o contribuinte se ache obrigado, por força da legislação estadual ou distrital vigente;

c) na entrada, no território do Estado ou do Distrito Federal, de petróleo, inclusive lubrificantes e combustíveis líquidos e gasosos dele derivados, bem como energia elétrica, quando não destinados à comercialização ou industrialização;

d) por ocasião do desembaraço aduaneiro;

e) na aquisição ou manutenção em estoque de mercadoria desacobertada de documento fiscal;

f) na operação ou prestação desacobertada de documento fiscal;

g) nas operações com bens ou mercadorias sujeitas ao regime de antecipação do recolhimento do imposto, nas aquisições em outros Estados e Distrito Federal:

1. com encerramento da tributação, observado o disposto no inciso IV do § 4º do art. 18 desta Lei Complementar;

2. sem encerramento da tributação, hipótese em que será cobrada a diferença entre a alíquota interna e a interestadual, sendo vedada a agregação de qualquer valor;

h) nas aquisições em outros Estados e no Distrito Federal de bens ou mercadorias, não sujeitas ao regime de antecipação do recolhimento do imposto, relativo à diferença entre a alíquota interna e a interestadual;

XIV – ISS devido:

a) em relação aos serviços sujeitos à substituição tributária ou retenção na fonte;

b) na importação de serviços;

XV – demais tributos de competência da União, dos Estados, do Distrito Federal ou dos Municípios, não relacionados nos incisos anteriores.

§ 1º-A. Os valores repassados aos profissionais de que trata a Lei nº 12.592, de 18 de janeiro de 2012, contratados por meio de parceria, nos termos da legislação civil, não integrarão a receita bruta da empresa contratante para fins de tributação, cabendo ao contratante a retenção e o recolhimento dos tributos devidos pelo contratado.

- *§ 1º-A acrescido pela LC nº 155/2016. Efeitos a partir de 1º.1.2018.*

§ 2º. Observada a legislação aplicável, a incidência do imposto de renda na fonte, na hipótese do inciso V do § 1º deste artigo, será definitiva.

§ 3º. As microempresas e empresas de pequeno porte optantes pelo Simples Nacional ficam dispensadas do pagamento das demais contribuições instituídas pela União, inclusive as contribuições para as entidades privadas de serviço social e de formação profissional vinculadas ao sistema sindical, de que trata o art. 240 da Constituição Federal, e demais entidades de serviço social autônomo.

- *Constituição Federal de 1988:*

Art. 240. *Ficam ressalvadas do disposto no art. 195, as atuais contribuições compulsórias dos empregadores sobre a folha de salários, destinadas às entidades privadas de serviço social e de formação profissional vinculadas ao sistema sindical.*

§ 4º. (Vetado).

§ 5º. A diferença entre a alíquota interna e a interestadual de que tratam as alíneas g e h do inciso XIII do § 1º deste artigo será calculada tomando-se por base as alíquotas aplicáveis às pessoas jurídicas não optantes pelo Simples Nacional.

§ 6º. O Comitê Gestor do Simples Nacional:

I – disciplinará a forma e as condições em que será atribuída à microempresa ou empresa de pequeno porte optante pelo Simples Nacional a qualidade de substituta tributária; e

II – poderá disciplinar a forma e as condições em que será estabelecido o regime de antecipação do ICMS previsto na alínea g do inciso XIII do § 1º deste artigo.

§ 7º. O disposto na alínea a do inciso XIII do § 1º será disciplinado por convênio celebrado pelos Estados e pelo Distrito Federal, ouvidos o CGSN e os representantes dos segmentos econômicos envolvidos.

- *§ 7º acrescido pela LC nº 147/2014.*

§ 8º. Em relação às bebidas não alcóolicas, massas alimentícias, produtos lácteos, carnes e suas preparações, preparações à base de cereais, chocolates, produtos de padaria e da indústria de bolachas e biscoitos, preparações para molhos e molhos preparados, preparações de produtos vegetais, telhas e outros produtos cerâmicos para construção e detergentes, aplica-se o disposto na alínea a do inciso XIII do § 1º aos fabricados em escala industrial relevante em cada segmento, observado o disposto no § 7º.

- *§ 8º acrescido pela LC nº 147/2014.*

Art. 13-A. Para efeito de recolhimento do ICMS e do ISS no Simples Nacional, o limite máximo de que trata o inciso II do *caput* do art. 3º será de R$ 3.600.000,00 (três milhões e seiscentos mil reais), observado o disposto nos §§ 11, 13, 14 e 15 do mesmo artigo, nos §§ 17 e 17-A do art. 18 e no § 4º do art. 19.

- *Art. 13-A acrescido pela LC nº 155/2016. Efeitos a partir de 1º.1.2018.*

Art. 14. Consideram-se isentos do imposto de renda, na fonte e na declaração de ajuste do beneficiário, os valores efetivamente pagos ou distribuídos ao titular ou sócio da microempresa ou empresa de pequeno porte optante pelo Simples Nacional, salvo os que corresponderem a pró-labore, aluguéis ou serviços prestados.

§ 1º. A isenção de que trata o *caput* deste artigo fica limitada ao valor resultante da aplicação dos percentuais de que trata o art. 15 da Lei nº 9.249, de 26 de dezembro de 1995, sobre a receita bruta mensal, no caso de antecipação de fonte, ou da receita bruta total anual, tratando-se de declaração de ajuste, subtraído do valor devido na forma do Simples Nacional no período.

- *Lei nº 9.249, de 26.12.1995 – Altera a legislação do imposto de renda das pessoas jurídicas, bem como da contribuição social sobre o lucro líquido, e dá outras providências:*

  ***Art. 15.** A base de cálculo do imposto, em cada mês, será determinada mediante a aplicação do percentual de oito por cento sobre a receita bruta auferida mensalmente, observado o disposto nos arts. 30 a 35 da Lei nº 8.981, de 20 de janeiro de 1995.*

  § 1º. Nas seguintes atividades, o percentual de que trata este artigo será de:

  I – um inteiro e seis décimos por cento, para a atividade de revenda, para consumo, de combustível derivado de petróleo, álcool etílico carburante e gás natural;

  II – dezesseis por cento:

  a) para a atividade de prestação de serviços de transporte, exceto o de carga, para o qual se aplicará o percentual previsto no caput deste artigo;

  b) para as pessoas jurídicas a que se refere o inciso III do art. 36 da Lei nº 8.981, de 20 de janeiro de 1995, observado o disposto nos §§ 1º e 2º do art. 29 da referida Lei;

III – trinta e dois por cento, para as atividades de:

a) prestação de serviços em geral, exceto a de serviços hospitalares e de auxílio diagnóstico e terapia, patologia clínica, imagenologia, anatomia patológica e citopatologia, medicina nuclear e análises e patologias clínicas, desde que a prestadora destes serviços seja organizada sob a forma de sociedade empresária e atenda às normas da Agência Nacional de Vigilância Sanitária – Anvisa; (Redação dada pela Lei nº 11.727, de 23.6.2008).

b) intermediação de negócios;

c) administração, locação ou cessão de bens imóveis, móveis e direitos de qualquer natureza;

d) prestação cumulativa e contínua de serviços de assessoria creditícia, mercadológica, gestão de crédito, seleção de riscos, administração de contas a pagar e a receber, compra de direitos creditórios resultantes de vendas mercantis a prazo ou de prestação de serviços (factoring).

§ 2º. No caso de atividades diversificadas será aplicado o percentual correspondente a cada atividade.

§ 3º. As receitas provenientes de atividade incentivada não comporão a base de cálculo do imposto, na proporção do benefício a que a pessoa jurídica, submetida ao regime de tributação com base no lucro real, fizer jus.

§ 4º. O percentual de que trata este artigo também será aplicado sobre a receita financeira da pessoa jurídica que explore atividades imobiliárias relativas a loteamento de terrenos, incorporação imobiliária, construção de prédios destinados à venda, bem como a venda de imóveis construídos ou adquiridos para a revenda, quando decorrente da comercialização de imóveis e for apurada por meio de índices ou coeficientes previstos em contrato. (Incluído pela Lei nº 11.196, de 21.11.2005)

- *Lei nº 8.981, de 20.1.1995 – Altera a legislação tributária federal e dá outras providências:*

Art. 29. *No caso das pessoas jurídicas a que se refere o art. 36, inciso III, desta lei, a base de cálculo do imposto será determinada mediante a aplicação do percentual de nove por cento sobre a receita bruta.*

§ 1º. Poderão ser deduzidas da receita bruta:

a) no caso das instituições financeiras, sociedades corretoras de títulos, valores mobiliários e câmbio e sociedades distribuidoras de títulos e valores mobiliários:

a.1) as despesas incorridas na captação de recursos de terceiros;

a.2) as despesas com obrigações por refinanciamentos, empréstimos e repasses de recursos de órgãos e instituições oficiais e do exterior;

a.3) as despesas de cessão de créditos;

a.4) as despesas de câmbio;

a.5) as perdas com títulos e aplicações financeiras de renda fixa;

a.6) as perdas nas operações de renda variável previstas no inciso III do art. 77.

b) no caso de empresas de seguros privados: o cosseguro e resseguro cedidos, os valores referentes a cancelamentos e restituições de prêmios e a parcela dos prêmios destinada à constituição de provisões ou reservas técnicas;

c) no caso de entidades de previdência privada abertas e de empresas de capitalização: a parcela das contribuições e prêmios, respectivamente, destinada à constituição de provisões ou reservas técnicas.

d) no caso de operadoras de planos de assistência à saúde: as correspon-sabilidades cedidas e a parcela das contraprestações pecuniárias destinada à constituição de provisões técnicas. (Redação dada pela Medida Provisória nº 2158-35, de 24.8.2001).

§ 2º. É vedada a dedução de qualquer despesa administrativa.

Art. 30. *As pessoas jurídicas que explorem atividades imobiliárias relativa a loteamento de terrenos, incorporação imobiliária, construção de prédios destinados à venda, bem como a venda de imóveis construídos ou adquiridos para revenda, deverão considerar como receita bruta o montante efetivamente recebido, relativo às unidades imobiliárias vendidas.*

Parágrafo único. O disposto neste artigo aplica-se, inclusive, aos casos de empreitada ou fornecimento contratado nas condições do art. 10 do Decreto-Lei nº 1.598, de 26 de dezembro de 1977, com pessoa jurídica de direito público, ou empresa sob seu controle, empresa pública, sociedade de economia mista ou sua subsidiária. (Incluído pela Lei nº 9.065, de 20.6.1995)

Art. 31. *A receita bruta das vendas e serviços compreende o produto da venda de bens nas operações de conta própria, o preço dos serviços prestados e o resultado auferido nas operações de conta alheia.*

Parágrafo único. Na receita bruta, não se incluem as vendas canceladas, os descontos incondicionais concedidos e os impostos não cumulativos cobrados destacadamente do comprador ou contratante dos quais o vendedor dos bens ou o prestador dos serviços seja mero depositário.

Art. 32. *Os ganhos de capital, demais receitas e os resultados positivos decorrentes de receitas não abrangidas pelo artigo anterior serão acrescidos à base de cálculo determinada na forma dos arts. 28 ou 29, para efeito de incidência do Imposto de Renda de que trata esta seção.*

§ 1º. O disposto neste artigo não se aplica aos rendimentos tributados na forma dos arts. 65, 66, 67, 70, 72, 73 e 74, decorrentes das operações ali mencionadas, bem como aos lucros, dividendos ou resultado positivo decorrente da avaliação de investimentos pela equivalência patrimonial.

§ 2º. O ganho de capital nas alienações de bens do ativo permanente e de aplicações em ouro não tributadas na forma do art. 72 corresponderá à diferença positiva verificada entre o valor da alienação e o respectivo valor contábil.

Art. 33. (Revogado pela Lei nº 9.430, de 27.12.1996)

Art. 34. *Para efeito de pagamento, a pessoa jurídica poderá deduzir, do imposto apurado no mês, o imposto de renda pago ou retido na fonte sobre as receitas que integraram a base de cálculo correspondente (arts. 28 ou 29), bem como os incentivos de dedução do imposto, relativos ao Programa de Alimentação do Trabalhador, Vale-Transporte, Doações aos Fundos da Criança e do Adolescente, Atividades Culturais ou Artísticas e Atividade Audiovisual, observados os limites e prazos previstos na legislação vigente.* (Redação dada pela Lei nº 9.065, de 20.6.1995)

Art. 35. *A pessoa jurídica poderá suspender ou reduzir o pagamento do imposto devido em cada mês, desde que demonstre, através de balanços ou balancetes mensais, que o valor acumulado já pago excede o valor do imposto, inclusive adicional, calculado com base no lucro real do período em curso.*

§ 1º. Os balanços ou balancetes de que trata este artigo:

a) deverão ser levantados com observância das leis comerciais e fiscais e transcritos no livro Diário;

b) somente produzirão efeitos para determinação da parcela do Imposto de Renda e da contribuição social sobre o lucro devidos no decorrer do ano-calendário.

§ 2º. Estão dispensadas do pagamento de que tratam os arts. 28 e 29 as pessoas jurídicas que, através de balanço ou balancetes mensais, demonstrem a existência de prejuízos fiscais apurados a partir do mês de janeiro do ano-calendário. (Redação dada pela Lei nº 9.065, de 20.6.1995)

§ 3º. O pagamento mensal, relativo ao mês de janeiro do ano-calendário, poderá ser efetuado com base em balanço ou balancete mensal, desde que neste fique demonstrado que o imposto devido no período é inferior ao calculado com base no disposto nos arts. 28 e 29. (Incluído pela Lei nº 9.065, de 20.6.1995)

§ 4º. O Poder Executivo poderá baixar instruções para a aplicação do disposto neste artigo. (Incluído pela Lei nº 9.065, de 20.6.1995)

Art. 36. (Revogado pela Lei nº 9.718, de 27.11.1998)

§ 2º. O disposto no § 1º deste artigo não se aplica na hipótese de a pessoa jurídica manter escrituração contábil e evidenciar lucro superior àquele limite.

Art. 15. (Vetado).

Art. 16. A opção pelo Simples Nacional da pessoa jurídica enquadrada na condição de microempresa e empresa de pequeno porte dar-se-á na forma a ser estabelecida em ato do Comitê Gestor, sendo irretratável para todo o ano-calendário.

§ 1º. Para efeito de enquadramento no Simples Nacional, considerar-se-á microempresa ou empresa de pequeno porte aquela cuja receita bruta no ano-calendário anterior ao da opção esteja compreendida dentro dos limites previstos no art. 3º desta Lei Complementar.

§ 1º-A. A opção pelo Simples Nacional implica aceitação de sistema de comunicação eletrônica, destinado, dentre outras finalidades, a:

I – cientificar o sujeito passivo de quaisquer tipos de atos administrativos, incluídos os relativos ao indeferimento de opção, à exclusão do regime e a ações fiscais;

II – encaminhar notificações e intimações; e

III – expedir avisos em geral.

§ 1º-B. O sistema de comunicação eletrônica de que trata o § 1º-A será regulamentado pelo CGSN, observando-se o seguinte:

I – as comunicações serão feitas, por meio eletrônico, em portal próprio, dispensando-se a sua publicação no Diário Oficial e o envio por via postal;

II – a comunicação feita na forma prevista no *caput* será considerada pessoal para todos os efeitos legais;

III – a ciência por meio do sistema de que trata o § 1º-A com utilização de certificação digital ou de código de acesso possuirá os requisitos de validade;

IV – considerar-se-á realizada a comunicação no dia em que o sujeito passivo efetivar a consulta eletrônica ao teor da comunicação; e

V – na hipótese do inciso IV, nos casos em que a consulta se dê em dia não útil, a comunicação será considerada como realizada no primeiro dia útil seguinte.

§ 1º-C. A consulta referida nos incisos IV e V do § 1º-B deverá ser feita em até 45 (quarenta e cinco) dias contados da data da disponibilização da comunicação no portal a que se refere o inciso I do § 1º-B, ou em prazo superior estipulado pelo CGSN, sob pena de ser considerada automaticamente realizada na data do término desse prazo.

§ 1º-D. Enquanto não editada a regulamentação de que trata o § 1º-B, os entes federativos poderão utilizar sistemas de comunicação eletrônica, com regras próprias, para as finalidades previstas no § 1º-A, podendo a referida regulamentação prever a adoção desses sistemas como meios complementares de comunicação.

§ 2º. A opção de que trata o *caput* deste artigo deverá ser realizada no mês de janeiro, até o seu último dia útil, produzindo efeitos a partir do primeiro dia do ano-calendário da opção, ressalvado o disposto no § 3º deste artigo.

§ 3º. A opção produzirá efeitos a partir da data do início de atividade, desde que exercida nos termos, prazo e condições a serem estabelecidos no ato do Comitê Gestor a que se refere o *caput* deste artigo.

§ 4º. Serão consideradas inscritas no Simples Nacional, em 1º de julho de 2007, as microempresas e empresas de pequeno porte regularmente optantes pelo regime tributário de que trata a Lei nº 9.317, de 5 de dezembro de 1996, salvo as que estiverem impedidas de optar por alguma vedação imposta por esta Lei Complementar.

- *Lei nº 9.317, de 5.12.1996* (Revogada pela Lei Complementar nº 123, de 14.12.2006, a partir de 1º.7.2007) – *Dispõe sobre o regime tributário das microempresas e das empresas de pequeno porte, institui o Sistema Integrado de Pagamento de Impostos e Contribuições das Microempresas e das Empresas de Pequeno Porte – SIMPLES e dá outras providências.*

§ 5º. O Comitê Gestor regulamentará a opção automática prevista no § 4º deste artigo.

§ 6º. O indeferimento da opção pelo Simples Nacional será formalizado mediante ato da Administração Tributária segundo regulamentação do Comitê Gestor.

Seção II – Das Vedações ao Ingresso no Simples Nacional

Art. 17. Não poderão recolher os impostos e contribuições na forma do Simples Nacional a microempresa ou a empresa de pequeno porte:

I – que explore atividade de prestação cumulativa e contínua de serviços de assessoria creditícia, gestão de crédito, seleção e riscos, administração de contas a pagar e a receber, gerenciamento de ativos (asset management), compras de direitos creditórios resultantes de vendas mercantis a prazo ou de prestação de serviços (factoring);

II – que tenha sócio domiciliado no exterior;

III – de cujo capital participe entidade da administração pública, direta ou indireta, federal, estadual ou municipal;

IV – (Revogado)

V – que possua débito com o Instituto Nacional do Seguro Social – INSS, ou com as Fazendas Públicas Federal, Estadual ou Municipal, cuja exigibilidade não esteja suspensa;

VI – que preste serviço de transporte intermunicipal e interestadual de passageiros, exceto quando na modalidade fluvial ou quando possuir características de transporte urbano ou metropolitano ou realizar-se sob fretamento contínuo em área metropolitana para o transporte de estudantes ou trabalhadores;

- *Inciso VI com redação dada pela LC nº 147/2014.*

VII – que seja geradora, transmissora, distribuidora ou comercializadora de energia elétrica;

VIII – que exerça atividade de importação ou fabricação de automóveis e motocicletas;

IX – que exerça atividade de importação de combustíveis;

X – que exerça atividade de produção ou venda no atacado de:

a) cigarros, cigarrilhas, charutos, filtros para cigarros, armas de fogo, munições e pólvoras, explosivos e detonantes;

b) bebidas não alcoólicas a seguir descritas:

- *Alínea "b" com redação dada pela LC nº 155/2016. Efeitos a partir de 1º.1.2018.*

1 – (revogado);

- *Item 1 revogado pela LC nº 155/2016. Efeitos a partir de 1º.1.2018.*

2 – (revogado);

- *Item 2 revogado pela LC nº 147/2014.*

3 – (revogado);

- *Item 3 revogado pela LC nº 147/2014.*

4 – cervejas sem álcool;

c) bebidas alcoólicas, exceto aquelas produzidas ou vendidas no atacado por:

1. micro e pequenas cervejarias;
2. micro e pequenas vinícolas;
3. produtores de licores;
4. micro e pequenas destilarias;

- *Alínea "c" acrescida pela LC nº 155/2016. Efeitos a partir de 1º.1.2018.*

XI – (revogado);

- *Inciso XI revogado pela LC nº 147/2014.*

XII – que realize cessão ou locação de mão-de-obra;

XIII – (revogado);

- *Inciso XIII revogado pela LC nº 147/2014.*

XIV – que se dedique ao loteamento e à incorporação de imóveis.

XV – que realize atividade de locação de imóveis próprios, exceto quando se referir a prestação de serviços tributados pelo ISS.

XVI – com ausência de inscrição ou com irregularidade em cadastro fiscal federal, municipal ou estadual, quando exigível.

§ 1º. As vedações relativas a exercício de atividades previstas no *caput* deste artigo não se aplicam às pessoas jurídicas que se dediquem exclusivamente às atividades referidas nos §§ 5º-B a 5º-E do art. 18 desta Lei Complementar, ou as exerçam em conjunto com outras atividades que não tenham sido objeto de vedação no *caput* deste artigo.

I a XXVIII – (Revogados).

§ 2º. Também poderá optar pelo Simples Nacional a microempresa ou empresa de pequeno porte que se dedique à prestação de outros serviços que não tenham sido objeto de vedação expressa neste artigo, desde que não incorra em nenhuma das hipóteses de vedação previstas nesta Lei Complementar.

§ 3º. (Vetado).

§ 4º. Na hipótese do inciso XVI do *caput*, deverá ser observado, para o MEI, o disposto no art. 4º desta Lei Complementar.

§ 5º. As empresas que exerçam as atividades previstas nos itens da alínea c do inciso X do *caput* deste artigo deverão obrigatoriamente ser registradas no Ministério da Agricultura, Pecuária e Abastecimento e obedecerão também à regulamentação da Agência Nacional de Vigilância Sanitária e da Secretaria da Receita Federal do Brasil quanto à produção e à comercialização de bebidas alcoólicas.

- *§ 5º acrescido pela LC nº 155/2016. Efeitos a partir de 1º.1.2018.*

Seção III – Das Alíquotas e Base de Cálculo

Art. 18. O valor devido mensalmente pela microempresa ou empresa de pequeno porte optante pelo Simples Nacional será determinado mediante aplicação das alíquotas efetivas, calculadas a partir das alíquotas nominais constantes das tabelas dos Anexos I a V desta Lei Complementar, sobre a base de cálculo de que trata o § 3º deste artigo, observado o disposto no § 15 do art. 3º.

- *Art.18,* caput, *com redação dada pela LC nº 155/2016. Efeitos a partir de 1º.1.2018.*

§ 1º. Para efeito de determinação da alíquota nominal, o sujeito passivo utilizará a receita bruta acumulada nos doze meses anteriores ao do período de apuração.

- *§ 1º com redação dada pela LC nº 155/2016. Efeitos a partir de 1º.1.2018.*

§ 1º-A. A alíquota efetiva é o resultado de:

$$\frac{RBT12 \times Aliq - PD}{RBT12}, \text{ em que:}$$

I – RBT12: receita bruta acumulada nos doze meses anteriores ao período de apuração;

II – Aliq: alíquota nominal constante dos Anexos I a V desta Lei Complementar;

III – PD: parcela a deduzir constante dos Anexos I a V desta Lei Complementar.

- *§ 1º-A acrescido pela LC nº 155/2016. Efeitos a partir de 1º.1.2018.*

§ 1º-B. Os percentuais efetivos de cada tributo serão calculados a partir da alíquota efetiva, multiplicada pelo percentual de repartição constante dos Anexos I a V desta Lei Complementar, observando-se que:

I – o percentual efetivo máximo destinado ao ISS será de 5% (cinco por cento), transferindo-se eventual diferença, de forma proporcional, aos tributos federais da mesma faixa de receita bruta anual;

II – eventual diferença centesimal entre o total dos percentuais e a alíquota efetiva será transferida para o tributo com maior percentual de repartição na respectiva faixa de receita bruta.

- *§ 1º-B acrescido pela LC nº 155/2016. Efeitos a partir de 1º.1.2018.*

§ 1º-C. Na hipótese de transformação, extinção, fusão ou sucessão dos tributos referidos nos incisos IV e V do art. 13, serão mantidas as alíquotas nominais e efetivas previstas neste artigo e nos Anexos I a V desta Lei Complementar, e lei ordinária disporá sobre a repartição dos valores arrecadados para os tributos federais, sem alteração no total dos percentuais de repartição a eles devidos, e mantidos os percentuais de repartição destinados ao ICMS e ao ISS.

- *§ 1º-C acrescido pela LC nº 155/2016. Efeitos a partir de 1º.1.2018.*

§ 2º. Em caso de início de atividade, os valores de receita bruta acumulada constantes dos Anexos I a V desta Lei Complementar devem ser proporcionalizados ao número de meses de atividade no período.

- *§ 2º com redação dada pela LC nº 155/2016. Efeitos a partir de 1º.1.2018.*

§ 3º. Sobre a receita bruta auferida no mês incidirá a alíquota efetiva determinada na forma do *caput* e dos §§ 1º, 1º-A e 2º deste artigo, podendo tal incidência se dar, à opção do contribuinte, na forma regulamentada pelo Comitê Gestor, sobre a receita recebida no mês, sendo essa opção irretratável para todo o ano-calendário.

- *§ 3º com redação dada pela LC nº 155/2016. Efeitos a partir de 1º.1.2018.*

§ 4º. O contribuinte deverá considerar, destacadamente, para fim de pagamento, as receitas decorrentes da:

I – revenda de mercadorias, que serão tributadas na forma do Anexo I desta Lei Complementar;

II – venda de mercadorias industrializadas pelo contribuinte, que serão tributadas na forma do Anexo II desta Lei Complementar;

III – prestação de serviços de que trata o § 5º-B deste artigo e dos serviços vinculados à locação de bens imóveis e corretagem de imóveis desde que observado o disposto no inciso XV do art. 17, que serão tributados na forma do Anexo III desta Lei Complementar;

IV – prestação de serviços de que tratam os §§ 5º-C a 5º-F e 5º-I deste artigo, que serão tributadas na forma prevista naqueles parágrafos;

V – locação de bens móveis, que serão tributadas na forma do Anexo III desta Lei Complementar, deduzida a parcela correspondente ao ISS;

VI – atividade com incidência simultânea de IPI e de ISS, que serão tributadas na forma do Anexo II desta Lei Complementar, deduzida a parcela correspondente ao ICMS e acrescida a parcela correspondente ao ISS prevista no Anexo III desta Lei Complementar;

VII – comercialização de medicamentos e produtos magistrais produzidos por manipulação de fórmulas:

a) sob encomenda para entrega posterior ao adquirente, em caráter pessoal, mediante prescrições de profissionais habilitados ou indicação pelo farmacêutico, produzidos no próprio estabelecimento após o atendimento inicial, que serão tributadas na forma do Anexo III desta Lei Complementar;

b) nos demais casos, quando serão tributadas na forma do Anexo I desta Lei Complementar.

- *§ 4º com redação dada pela LC nº 147/2014.*

§ 4º-A. O contribuinte deverá segregar, também, as receitas:

I – decorrentes de operações ou prestações sujeitas à tributação concentrada em uma única etapa (monofásica), bem como, em relação ao ICMS, que o imposto já tenha sido recolhido por substituto tributário ou por antecipação tributária com encerramento de tributação;

II – sobre as quais houve retenção de ISS na forma do § 6º deste artigo e § 4º do art. 21 desta Lei Complementar, ou, na hipótese do § 22-A deste artigo, seja devido em valor fixo ao respectivo município;

III – sujeitas à tributação em valor fixo ou que tenham sido objeto de isenção ou redução de ISS ou de ICMS na forma prevista nesta Lei Complementar;

IV – decorrentes da exportação para o exterior, inclusive as vendas realizadas por meio de comercial exportadora ou da sociedade de propósito específico prevista no art. 56 desta Lei Complementar;

V – sobre as quais o ISS seja devido a Município diverso do estabelecimento prestador, quando será recolhido no Simples Nacional.

- *§ 4º-A acrescido pela LC nº 147/2014.*

§ 5º. (Revogado).

- *§ 5º revogado pela LC nº 147/2014.*

§ 5º-A. (Revogado).

- *§ 5º-A revogado pela LC nº 147/2014.*

§ 5º-B. Sem prejuízo do disposto no § 1º do art. 17 desta Lei Complementar, serão tributadas na forma do Anexo III desta Lei Complementar as seguintes atividades de prestação de serviços:

I – creche, pré-escola e estabelecimento de ensino fundamental, escolas técnicas, profissionais e de ensino médio, de línguas estrangeiras, de artes, cursos técnicos de pilotagem, preparatórios para concursos, gerenciais e escolas livres, exceto as previstas nos incisos II e III do § 5º-D deste artigo;

II – agência terceirizada de correios;

III – agência de viagem e turismo;

IV – centro de formação de condutores de veículos automotores de transporte terrestre de passageiros e de carga;

V – agência lotérica;

VI – (revogado);

VII – (revogado);

VIII – (revogado);

IX – serviços de instalação, de reparos e de manutenção em geral, bem como de usinagem, solda, tratamento e revestimento em metais;

X – (revogado);

XI – (revogado);

XII – (revogado);

XIII – transporte municipal de passageiros;

XIV – escritórios de serviços contábeis, observado o disposto nos §§ 22-B e 22-C deste artigo.

XV – produções cinematográficas, audiovisuais, artísticas e culturais, sua exibição ou apresentação, inclusive no caso de música, literatura, artes cênicas, artes visuais, cinematográficas e audiovisuais;

XVI – fisioterapia;

- *Inciso XVI acrescido pela LC nº 147/2014.*

XVII – corretagem de seguros;

- *Inciso XVII acrescido pela LC nº 147/2014.*

XVIII – arquitetura e urbanismo;

- *Inciso XVIII acrescido pela LC nº 155/2016. Efeitos a partir de 1º.1.2018.*

XIX – medicina, inclusive laboratorial, e enfermagem;

- *Inciso XIX acrescido pela LC nº 155/2016. Efeitos a partir de 1º.1.2018.*

XX – odontologia e prótese dentária;

- *Inciso XX acrescido pela LC nº 155/2016. Efeitos a partir de 1º.1.2018.*

XXI – psicologia, psicanálise, terapia ocupacional, acupuntura, podologia, fonoaudiologia, clínicas de nutrição e de vacinação e bancos de leite.

- *Inciso XXI acrescido pela LC nº 155/2016. Efeitos a partir de 1º.1.2018.*

§ 5º-C. Sem prejuízo do disposto no § 1º do art. 17 desta Lei Complementar, as atividades de prestação de serviços seguintes serão tributadas na forma do Anexo IV desta Lei Complementar, hipótese em que não estará incluída no Simples Nacional a contribuição prevista no inciso VI do *caput* do art. 13 desta Lei Complementar, devendo ela ser recolhida segundo a legislação prevista para os demais contribuintes ou responsáveis:

I – construção de imóveis e obras de engenharia em geral, inclusive sob a forma de subempreitada, execução de projetos e serviços de paisagismo, bem como decoração de interiores;

II – (revogado);

III – (revogado);

IV – (revogado);

V – (revogado);

VI – serviço de vigilância, limpeza ou conservação;

VII – serviços advocatícios.

- *Inciso VII acrescido pela LC nº 147/2014.*

§ 5º-D. Sem prejuízo do disposto no § 1º do art. 17 desta Lei Complementar, as seguintes atividades de prestação de serviços serão tributadas na forma do Anexo III desta Lei Complementar:

- *Art. 5º-D,* caput, *com redação dada pela LC nº 155/2016. Efeitos a partir de 1º.1.2018.*

I – administração e locação de imóveis de terceiros;

- *Inciso I com redação dada pela LC nº 147/2014.*

II – academias de dança, de capoeira, de ioga e de artes marciais;

III – academias de atividades físicas, desportivas, de natação e escolas de esportes;

IV – elaboração de programas de computadores, inclusive jogos eletrônicos, desde que desenvolvidos em estabelecimento do optante;

V – licenciamento ou cessão de direito de uso de programas de computação;

VI – planejamento, confecção, manutenção e atualização de páginas eletrônicas, desde que realizados em estabelecimento do optante;

VII – (revogado)

VIII – (revogado)

IX – empresas montadoras de estandes para feiras;

X – (revogado)

XI – (revogado)

XII – laboratórios de análises clínicas ou de patologia clínica;

XIII – serviços de tomografia, diagnósticos médicos por imagem, registros gráficos e métodos óticos, bem como ressonância magnética;

XIV – serviços de prótese em geral.

§ 5º-E. Sem prejuízo do disposto no § 1º do art. 17 desta Lei Complementar, as atividades de prestação de serviços de comunicação e de transportes interestadual e intermunicipal de cargas, e de transportes autorizados no inciso VI do *caput* do art. 17, inclusive na modalidade fluvial, serão tributadas na forma do Anexo III, deduzida a parcela correspondente ao ISS e acrescida a parcela correspondente ao ICMS prevista no Anexo I.

- *Art. 5º-E com redação dada pela LC nº 147/2014.*

§ 5º-F. As atividades de prestação de serviços referidas no § 2º do art. 17 desta Lei Complementar serão tributadas na forma do Anexo III desta Lei Complementar, salvo se, para alguma dessas atividades, houver previsão expressa de tributação na forma dos Anexos IV ou V desta Lei Complementar.

- *Art. 5º-F com redação dada pela LC nº 155/2016. Efeitos a partir de 1º.1.2018.*

§ 5º-G. (Revogado).

- *Art. 5º-G revogado pela LC nº 147/2014.*

§ 5º-H. A vedação de que trata o inciso XII do *caput* do art. 17 desta Lei Complementar não se aplica às atividades referidas no § 5º-C deste artigo.

§ 5º I. Sem prejuízo do disposto no § 1º do art. 17 desta Lei Complementar, as seguintes atividades de prestação de serviços serão tributadas na forma do Anexo V desta Lei Complementar:

- *Art. 5º-I,* caput, *com redação dada pela LC nº 155/2016. Efeitos a partir de 1º.1.2018.*

I – (revogado);

- *Inciso I revogado pela LC nº 155/2016.*

II – medicina veterinária;

- *Inciso II acrescido pela LC nº 147/2014.*

III – (revogado);

- *Inciso III revogado pela LC nº 155/2016.*

IV – (revogado);

- *Inciso IV revogado pela LC nº 155/2016.*

V – serviços de comissaria, de despachantes, de tradução e de interpretação;

- *Inciso V acrescido pela LC nº 147/2014.*

VI – engenharia, medição, cartografia, topografia, geologia, geodésia, testes, suporte e análises técnicas e tecnológicas, pesquisa, design, desenho e agronomia;

- *Inciso VI com redação dada pela LC nº 155/2016. Efeitos a partir de 1º.1.2018.*

VII – representação comercial e demais atividades de intermediação de negócios e serviços de terceiros;

- *Inciso VII acrescido pela LC nº 147/2014.*

VIII – perícia, leilão e avaliação;

- *Inciso VIII acrescido pela LC nº 147/2014.*

IX – auditoria, economia, consultoria, gestão, organização, controle e administração;

- *Inciso IX acrescido pela LC nº 147/2014.*

X – jornalismo e publicidade;

- *Inciso X acrescido pela LC nº 147/2014.*

XI – agenciamento, exceto de mão de obra;

- *Inciso XI acrescido pela LC nº 147/2014.*

XII – outras atividades do setor de serviços que tenham por finalidade a prestação de serviços decorrentes do exercício de atividade intelectual, de natureza técnica, científica, desportiva, artística ou cultural, que constitua profissão regulamentada ou não, desde que não sujeitas à tributação na forma dos Anexos III ou IV desta Lei Complementar.

- *Inciso XII com redação dada pela LC nº 155/2016. Efeitos a partir de 1º.1.2018.*

§ 5º-J. As atividades de prestação de serviços a que se refere o § 5º-I serão tributadas na forma do Anexo III desta Lei Complementar caso a razão entre a folha de salários e a receita bruta da pessoa jurídica seja igual ou superior a 28% (vinte e oito por cento).

- *§ 5º-J acrescido pela LC nº 155/2016. Efeitos a partir de 1º.1.2018.*

§ 5º-K. Para o cálculo da razão a que se referem os §§ 5º-J e 5º-M, serão considerados, respectivamente, os montantes pagos e auferidos nos doze meses anteriores ao período de apuração para fins de enquadramento no regime tributário do Simples Nacional.

- *§ 5º-K acrescido pela LC nº 155/2016. Efeitos a partir de 1º.1.2018.*

§ 5º-L. (Vetado).

- *§ 5º-L acrescido pela LC nº 155/2016. Efeitos a partir de 1º.1.2018.*

§ 5º-M. Quando a relação entre a folha de salários e a receita bruta da microempresa ou da empresa de pequeno porte for inferior a 28% (vinte e oito por cento), serão tributadas na forma do Anexo V desta Lei Complementar as atividades previstas:

I – nos incisos XVI, XVIII, XIX, XX e XXI do § 5º-B deste artigo;

II – no § 5º-D deste artigo.

- *§ 5º-M acrescido pela LC nº 155/2016. Efeitos a partir de 1º.1.2018.*

§ 6º. No caso dos serviços previstos no § 2º do art. 6º da Lei Complementar nº 116, de 31 de julho de 2003, prestados pelas microempresas e pelas empresas de pequeno porte, o tomador do serviço deverá reter o montante correspondente na forma da legislação do município onde estiver localizado, observado o disposto no §4º do art. 21 desta Lei Complementar.

- *Lei Complementar nº 116, de 31.7.2003 – Dispõe sobre o Imposto Sobre Serviços de Qualquer Natureza, de competência dos Municípios e do Distrito Federal, e dá outras providências:*

  Art. 6º. Os Municípios e o Distrito Federal, mediante lei, poderão atribuir de modo expresso a responsabilidade pelo crédito tributário a terceira pessoa, vinculada ao fato gerador da respectiva obrigação, excluindo a responsabilidade do contribuinte ou atribuindo-a a este em caráter supletivo do cumprimento total ou parcial da referida obrigação, inclusive no que se refere à multa e aos acréscimos legais.

  § 1º. Os responsáveis a que se refere este artigo estão obrigados ao recolhimento integral do imposto devido, multa e acréscimos legais, independentemente de ter sido efetuada sua retenção na fonte.

§ 2º. Sem prejuízo do disposto no caput *e no § 1º deste artigo, são responsáveis:*

I – o tomador ou intermediário de serviço proveniente do exterior do País ou cuja prestação se tenha iniciado no exterior do País;

II – a pessoa jurídica, ainda que imune ou isenta, tomadora ou intermediária dos serviços descritos nos subitens 3.05, 7.02, 7.04, 7.05, 7.09, 7.10, 7.12, 7.14, 7.15, 7.16, 7.17, 7.19, 11.02, 17.05 e 17.10 da lista anexa.

3.05	*Cessão de andaimes, palcos, coberturas e outras estruturas de uso temporário.*
7.02	*Execução, por administração, empreitada ou subempreitada, de obras de construção civil, hidráulica ou elétrica e de outras obras semelhantes, inclusive sondagem, perfuração de poços, escavação, drenagem e irrigação, terraplanagem, pavimentação, concretagem e a instalação e montagem de produtos, peças e equipamentos (exceto o fornecimento de mercadorias produzidas pelo prestador de serviços fora do local da prestação dos serviços, que fica sujeito ao ICMS).*
7.04	*Demolição.*
7.05	*Reparação, conservação e reforma de edifícios, estradas, pontes, portos e congêneres (exceto o fornecimento de mercadorias produzidas pelo prestador dos serviços, fora do local da prestação dos serviços, que fica sujeito ao ICMS).*
7.09	*Varrição, coleta, remoção, incineração, tratamento, reciclagem, separação e destinação final de lixo, rejeitos e outros resíduos quaisquer.*
7.10	*Limpeza, manutenção e conservação de vias e logradouros públicos, imóveis, chaminés, piscinas, parques, jardins e congêneres.*
7.12	*Controle e tratamento de efluentes de qualquer natureza e de agentes físicos, químicos e biológicos.*
7.14	*(Vetado).*
7.15	*(Vetado).*
7.16	*Florestamento, reflorestamento, semeadura, adubação e congêneres.*
7.17	*Escoramento, contenção de encostas e serviços congêneres.*
7.19	*Acompanhamento e fiscalização da execução de obras de engenharia, arquitetura e urbanismo.*
11.02	*Vigilância, segurança ou monitoramento de bens e pessoas.*
17.05	*Fornecimento de mão-de-obra, mesmo em caráter temporário, inclusive de empregados ou trabalhadores, avulsos ou temporários, contratados pelo prestador de serviço.*
17.10	*Planejamento, organização e administração de feiras, exposições, congressos e congêneres.*

§ 7º. A sociedade de propósito específico de que trata o art. 56 desta Lei Complementar que houver adquirido mercadorias de microempresa ou empresa de pequeno porte que seja sua sócia, bem como a empresa comercial exportadora que houver adquirido mercadorias ou serviços de empresa optante pelo Simples Nacional, com o fim específico de exportação para o exterior, que, no prazo de 180 (cento e oitenta) dias, contado da data da emissão da nota fiscal pela vendedora, não comprovar o seu embarque para o exterior ficará sujeita ao pagamento de todos os impostos e contribuições que deixaram de ser pagos pela empresa vendedora, acrescidos de juros de mora e multa, de mora ou de ofício, calculados na forma da legislação relativa à cobrança do tributo não pago, aplicável à sociedade de propósito específico ou à própria comercial exportadora.

- *§ 7º com redação dada pela LC nº 147/2014.*

§ 8º. Para efeito do disposto no § 7º deste artigo, considera-se vencido o prazo para o pagamento na data em que a empresa vendedora deveria fazê-lo, caso a venda houvesse sido efetuada para o mercado interno.

§ 9º. Relativamente à contribuição patronal previdenciária, devida pela vendedora, a sociedade de propósito específico de que trata o art. 56 desta Lei Complementar ou a comercial exportadora deverão recolher, no prazo previsto no § 8º deste artigo, o valor correspondente a 11% (onze por cento) do valor das mercadorias não exportadas nos termos do § 7º deste artigo.

§ 10. Na hipótese do § 7º deste artigo, a sociedade de propósito específico de que trata o art. 56 desta Lei Complementar ou a empresa comercial exportadora não poderão deduzir do montante devido qualquer valor a título de crédito de Imposto sobre Produtos Industrializados – IPI da Contribuição para o PIS/PASEP ou da COFINS, decorrente da aquisição das mercadorias e serviços objeto da incidência.

§ 11. Na hipótese do § 7º deste artigo, a sociedade de propósito específico ou a empresa comercial exportadora deverão pagar, também, os impostos e contribuições devidos nas vendas para o mercado interno, caso, por qualquer forma, tenham alienado ou utilizado as mercadorias.

§ 12. Na apuração do montante devido no mês relativo a cada tributo, para o contribuinte que apure receitas mencionadas nos incisos I a III e V do § 4º-A deste artigo, serão consideradas as reduções relativas aos tributos já recolhidos, ou sobre os quais tenha havido tributação monofásica, isenção, redução ou, no caso do ISS, que o valor tenha sido objeto de retenção ou seja devido diretamente ao Município.

- *§ 12 com redação dada pela LC nº 147/2014.*

§ 13. Para efeito de determinação da redução de que trata o § 12 deste artigo, as receitas serão discriminadas em comerciais, industriais ou de prestação de serviços, na forma dos Anexos I, II, III, IV e V desta Lei Complementar.

- *§ 13 com redação dada pela LC nº 155/2016. Efeitos a partir de 1º.1.2018.*

§ 14. A redução no montante a ser recolhido no Simples Nacional relativo aos valores das receitas decorrentes da exportação de que trata o inciso IV do § 4º-A deste artigo corresponderá tão somente às alíquotas efetivas relativas à Cofins, à Contribuição para o PIS/Pasep, ao IPI, ao ICMS e ao ISS, apuradas com base nos Anexos I a V desta Lei Complementar.

- *§ 14 com redação dada pela LC nº 155/2016. Efeitos a partir de 1º.1.2018.*

I – (revogado);

- *Inciso I revogado pela LC nº 147/2014.*

II – (revogado).

- *Inciso II revogado pela LC nº 147/2014.*

§ 15. Será disponibilizado sistema eletrônico para realização do cálculo simplificado do valor mensal devido referente ao Simples Nacional.

§ 15-A. As informações prestadas no sistema eletrônico de cálculo de que trata o § 15:

I – têm caráter declaratório, constituindo confissão de dívida e instrumento hábil e suficiente para a exigência dos tributos e contribuições que não tenham sido recolhidos resultantes das informações nele prestadas; e

II – deverão ser fornecidas à Secretaria da Receita Federal do Brasil até o vencimento do prazo para pagamento dos tributos devidos no Simples Nacional em cada mês, relativamente aos fatos geradores ocorridos no mês anterior.

§ 16. Na hipótese do § 12 do art. 3º, a parcela de receita bruta que exceder o montante determinado no § 10 daquele artigo estará sujeita às alíquotas máximas previstas nos Anexos I a V desta Lei Complementar, proporcionalmente, conforme o caso.

- *§ 16 com redação dada pela LC nº 155/2016. Efeitos a partir de 1º.1.2018.*

§ 16-A. O disposto no § 16 aplica-se, ainda, às hipóteses de que trata o § 9º do art. 3º, a partir do mês em que ocorrer o excesso do limite da receita bruta anual e até o mês anterior aos efeitos da exclusão.

§ 17. Na hipótese do § 13 do art. 3º, a parcela de receita bruta que exceder os montantes determinados no § 11 daquele artigo estará sujeita, em relação aos percentuais aplicáveis ao ICMS e ao ISS, às alíquotas máximas correspondentes a essas faixas previstas nos Anexos I a V desta Lei Complementar, proporcionalmente, conforme o caso.

- *§ 17 com redação dada pela LC nº 155/2016. Efeitos a partir de 1º.1.2018.*

§ 17-A. O disposto no § 17 aplica-se, ainda, à hipótese de que trata o § 1º do art. 20, a partir do mês em que ocorrer o excesso do limite da receita bruta anual e até o mês anterior aos efeitos do impedimento.

§ 18. Os Estados, o Distrito Federal e os Municípios, no âmbito das respectivas competências, poderão estabelecer, na forma definida pelo Comitê Gestor, independentemente da receita bruta recebida no mês pelo contribuinte, valores fixos mensais para o recolhimento do ICMS e do ISS devido por microempresa que aufira receita bruta, no ano-calendário anterior, de até o limite máximo previsto na segunda faixa de receitas brutas anuais constantes dos Anexos I a VI, ficando a microempresa sujeita a esses valores durante todo o ano-calendário, ressalvado o disposto no § 18-A.

- *§ 18 com redação dada pela LC nº 147/2014.*

§ 18-A. A microempresa que, no ano-calendário, exceder o limite de receita bruta previsto no § 18 fica impedida de recolher o ICMS ou o ISS pela sistemática de valor fixo, a partir do mês subsequente à ocorrência do excesso, sujeitando-se à apuração desses tributos na forma das demais empresas optantes pelo Simples Nacional.

- *§ 18-A acrescido pela LC nº 147/2014.*

§ 19. Os valores estabelecidos no § 18 deste artigo não poderão exceder a 50% (cinquenta por cento) do maior recolhimento possível do tributo para a faixa de enquadramento prevista na tabela do *caput* deste artigo, respeitados os acréscimos decorrentes do tipo de atividade da empresa estabelecidos no § 5º deste artigo.

§ 20. Na hipótese em que o Estado, o Município ou o Distrito Federal concedam isenção ou redução do ICMS ou do ISS devido por microempresa ou empresa de pequeno porte, ou ainda determine recolhimento de valor fixo para esses tributos, na forma do § 18 deste artigo, será realizada redução proporcional ou ajuste do valor a ser recolhido, na forma definida em resolução do Comitê Gestor.

§ 20-A. A concessão dos benefícios de que trata o § 20 deste artigo poderá ser realizada:

I – mediante deliberação exclusiva e unilateral do Estado, do Distrito Federal ou do Município concedente;

II – de modo diferenciado para cada ramo de atividade.

§ 20-B. A União, os Estados e o Distrito Federal poderão, em lei específica destinada à ME ou EPP optante pelo Simples Nacional, estabelecer isenção ou redução de COFINS, Contribuição para o PIS/PASEP e ICMS para produtos da cesta básica, discriminando a abrangência da sua concessão.

- *§ 20-B acrescido pela LC nº 147/2014.*

§ 21. O valor a ser recolhido na forma do disposto no § 20 deste artigo, exclusivamente na hipótese de isenção, não integrará o montante a ser partilhado com o respectivo Município, Estado ou Distrito Federal.

§ 22. (Revogado)

§ 22-A. A atividade constante do inciso XIV do § 5º-B deste artigo recolherá o ISS em valor fixo, na forma da legislação municipal.

§ 22-B. Os escritórios de serviços contábeis, individualmente ou por meio de suas entidades representativas de classe, deverão:

I – promover atendimento gratuito relativo à inscrição, à opção de que trata o art. 18-A desta Lei Complementar e à primeira declaração anual simplificada da microempresa individual, podendo, para tanto, por meio de suas entidades representativas de classe, firmar convênios e acordos com a União, os Estados, o Distrito Federal e os Municípios, por intermédio dos seus órgãos vinculados;

II – fornecer, na forma estabelecida pelo Comitê Gestor, resultados de pesquisas quantitativas e qualitativas relativas às microempresas e empresas de pequeno porte optantes pelo Simples Nacional por eles atendidas;

III – promover eventos de orientação fiscal, contábil e tributária para as microempresas e empresas de pequeno porte optantes pelo Simples Nacional por eles atendidas.

§ 22-C. Na hipótese de descumprimento das obrigações de que trata o § 22-B deste artigo, o escritório será excluído do Simples Nacional, com efeitos a partir do mês subsequente ao do descumprimento, na forma regulamentada pelo Comitê Gestor.

§ 23. Da base de cálculo do ISS será abatido o material fornecido pelo prestador dos serviços previstos nos itens 7.02 e 7.05 da lista de serviços anexa à Lei Complementar nº 116, de 31 de julho de 2003.

- *Lei Complementar nº 116, de 31.7.2003 – Dispõe sobre o Imposto Sobre Serviços de Qualquer Natureza, de competência dos Municípios e do Distrito Federal, e dá outras providências:*

7.02	*Execução, por administração, empreitada ou subempreitada, de obras de construção civil, hidráulica ou elétrica e de outras obras semelhantes, inclusive sondagem, perfuração de poços, escavação, drenagem e irrigação, terraplanagem, pavimentação, concretagem e a instalação e montagem de produtos, peças e equipamentos (exceto o fornecimento de mercadorias produzidas pelo prestador de serviços fora do local da prestação dos serviços, que fica sujeito ao ICMS).*
7.05	*Reparação, conservação e reforma de edifícios, estradas, pontes, portos e congêneres (exceto o fornecimento de mercadorias produzidas pelo prestador dos serviços, fora do local da prestação dos serviços, que fica sujeito ao ICMS).*

§ 24. Para efeito de aplicação do § 5º-K, considera-se folha de salários, incluídos encargos, o montante pago, nos doze meses anteriores ao período de apuração, a título de remunerações a pessoas físicas decorrentes do trabalho, acrescido do montante efetivamente recolhido a título de contribuição patronal previdenciária e FGTS, incluídas as retiradas de pró-labore.

- *§ 24 com redação dada pela LC nº 155/2016. Efeitos a partir de 1º.1.2018.*

§ 25. Para efeito do disposto no § 24 deste artigo, deverão ser consideradas tão somente as remunerações informadas na forma prevista no inciso IV do *caput* do art. 32 da Lei nº 8.212, de 24 de julho de 1991.

- *Lei nº 8.212, de 24.7.1991 – Dispõe sobre a organização da seguridade social, institui plano de custeio, e dá outras providências*

  Art. 32. *A empresa é também obrigada a: (...)*

  IV – declarar à Secretaria da Receita Federal do Brasil e ao Conselho Curador do Fundo de Garantia do Tempo de Serviço – FGTS, na forma, prazo e condições estabelecidos por esses órgãos, dados relacionados a fatos geradores, base de cálculo e valores devidos da contribuição previdenciária e outras informações de interesse do INSS ou do Conselho Curador do FGTS; (Redação dada pela Lei nº 11.941/2009)

§ 26. Não são considerados, para efeito do disposto no § 24, valores pagos a título de aluguéis e de distribuição de lucros, observado o disposto no § 1º do art. 14.

§ 27. (Vetado).

- *§ 27 acrescido pela LC nº 155/2016. Efeitos a partir de 1º.1.2018.*

Art. 18-A. O Microempreendedor Individual – MEI poderá optar pelo recolhimento dos impostos e contribuições abrangidos pelo Simples Nacional em valores fixos mensais, independentemente da receita bruta por ele auferida no mês, na forma prevista neste artigo.

§ 1º. Para os efeitos desta Lei Complementar, considera-se MEI o empresário individual que se enquadre na definição do art. 966 da Lei nº 10.406, de 10 de janeiro de 2002 – Código Civil, ou o empreendedor que exerça as atividades de industrialização, comercialização e prestação de serviços no âmbito rural, que tenha auferido receita bruta, no ano-calendário anterior, de até R$ 81.000,00 (oitenta e um mil reais), que seja optante pelo Simples Nacional e que não esteja impedido de optar pela sistemática prevista neste artigo.

- *§ 1º com redação dada pela LC nº 155/2016. Efeitos a partir de 1º.1.2018.*
- *Lei nº 10.406, de 10.1.2002 – Código Civil:*

  Art. 966. *Considera-se empresário quem exerce profissionalmente atividade econômica organizada para a produção ou a circulação de bens ou de serviços.*

  Parágrafo único. Não se considera empresário quem exerce profissão intelectual, de natureza científica, literária ou artística, ainda com o concurso de auxiliares ou colaboradores, salvo se o exercício da profissão constituir elemento de empresa.

§ 2º. No caso de início de atividades, o limite de que trata o § 1º será de R$ 6.750,00 (seis mil, setecentos e cinquenta reais) multiplicados pelo número de meses compreendido entre o início da atividade e o final do respectivo ano-calendário, consideradas as frações de meses como um mês inteiro.

- *§ 2º com redação dada pela LC nº 155/2016. Efeitos a partir de 1º.1.2018.*

§ 3º. Na vigência da opção pela sistemática de recolhimento prevista no *caput* deste artigo:

I – não se aplica o disposto no § 18 do art. 18 desta Lei Complementar;

II – não se aplica a redução prevista no § 20 do art. 18 desta Lei Complementar ou qualquer dedução na base de cálculo;

III – não se aplicam as isenções específicas para as microempresas e empresas de pequeno porte concedidas pelo Estado, Município ou Distrito Federal a partir de 1º de julho de 2007 que abranjam integralmente a faixa de receita bruta anual até o limite previsto no § 1º;

IV – a opção pelo enquadramento como Microempreendedor Individual importa opção pelo recolhimento da contribuição referida no inciso X do § 1º do art. 13 desta Lei Complementar na forma prevista no § 2º do art. 21 da Lei nº 8.212, de 24 de julho de 1991;

- *Lei nº 8.212, de 24.7.1991 – Dispõe sobre a organização da seguridade social, institui plano de custeio, e dá outras providências:*

Art. 21. *A alíquota de contribuição dos segurados contribuinte individual e facultativo será de vinte por cento sobre o respectivo salário-de-contribuição.* (Redação dada pela Lei nº 9.876/1999).

*§ 2º. No caso de opção pela exclusão do direito ao benefício de aposentadoria por tempo de contribuição, a alíquota de contribuição incidente sobre o limite mínimo mensal do salário de contribuição será de: (*Redação dada pela Lei nº 12.470/2011)

I – 11% (onze por cento), no caso do segurado contribuinte individual, ressalvado o disposto no inciso II, que trabalhe por conta própria, sem relação de trabalho com empresa ou equiparado e do segurado facultativo, observado o disposto na alínea b do inciso II deste parágrafo; (Incluído pela Lei nº 12.470/2011)

II – 5% (cinco por cento): (Incluído pela Lei nº 12.470/2011)

a) no caso do microempreendedor individual, de que trata o art. 18-A da Lei Complementar nº 123, de 14 de dezembro de 2006; e (Incluído pela Lei nº 12.470/2011)

b) do segurado facultativo sem renda própria que se dedique exclusivamente ao trabalho doméstico no âmbito de sua residência, desde que pertencente a família de baixa renda. (Incluído pela Lei nº 12.470/2011)

V – o MEI, com receita bruta anual igual ou inferior a R$ 81.000,00 (oitenta e um mil reais), recolherá, na forma regulamentada pelo Comitê Gestor, valor fixo mensal correspondente à soma das seguintes parcelas:

- *Inciso V,* caput, *com redação dada pela LC nº 155/2016. Efeitos a partir de 1º.1.2018.*

a) R$ 45,65 (quarenta e cinco reais e sessenta e cinco centavos), a título da contribuição prevista no inciso IV deste parágrafo;

b) R$ 1,00 (um real), a título do imposto referido no inciso VII do *caput* do art. 13 desta Lei Complementar, caso seja contribuinte do ICMS; e

c) R$ 5,00 (cinco reais), a título do imposto referido no inciso VIII do *caput* do art. 13 desta Lei Complementar, caso seja contribuinte do ISS;

VI – sem prejuízo do disposto nos §§ 1º a 3º do art. 13, o MEI terá isenção dos tributos referidos nos incisos I a VI do *caput* daquele artigo, ressalvado o disposto no art. 18-C.

§ 4º. Não poderá optar pela sistemática de recolhimento prevista no *caput* deste artigo o MEI:

I – cuja atividade seja tributada na forma dos Anexos V ou VI desta Lei Complementar, salvo autorização relativa a exercício de atividade isolada na forma regulamentada pelo CGSN;

- *Inciso I com redação dada pela LC nº 147/2014.*

II – que possua mais de um estabelecimento;

III – que participe de outra empresa como titular, sócio ou administrador; ou

IV – que contrate empregado.

- *Com vigência dada pela LC nº 155/2016. Efeitos a partir de 1º.1.2018.*

§ 4º-A. Observadas as demais condições deste artigo, poderá optar pela sistemática de recolhimento prevista no *caput* o empresário individual que exerça atividade de comercialização e processamento de produtos de natureza extrativista.

§ 4º-B. O CGSN determinará as atividades autorizadas a optar pela sistemática de recolhimento de que trata este artigo, de forma a evitar a fragilização das relações de trabalho, bem como sobre a incidência do ICMS e do ISS.

§ 5º. A opção de que trata o *caput* deste artigo dar-se-á na forma a ser estabelecida em ato do Comitê Gestor, observando-se que:

I – será irretratável para todo o ano-calendário;

II – deverá ser realizada no início do ano-calendário, na forma disciplinada pelo Comitê Gestor, produzindo efeitos a partir do primeiro dia do ano-calendário da opção, ressalvado o disposto no inciso III;

III – produzirá efeitos a partir da data do início de atividade desde que exercida nos termos, prazo e condições a serem estabelecidos em ato do Comitê Gestor a que se refere o *caput* deste parágrafo.

§ 6º. O desenquadramento da sistemática de que trata o *caput* deste artigo será realizado de ofício ou mediante comunicação do MEI.

§ 7º. O desenquadramento mediante comunicação do MEI à Secretaria da Receita Federal do Brasil – RFB dar-se-á:

I – por opção, que deverá ser efetuada no início do ano-calendário, na forma disciplinada pelo Comitê Gestor, produzindo efeitos a partir de 1º de janeiro do ano-calendário da comunicação;

II – obrigatoriamente, quando o MEI incorrer em alguma das situações previstas no § 4º deste artigo, devendo a comunicação ser efetuada até o último dia útil do mês subsequente àquele em que ocorrida a situação de vedação, produzindo efeitos a partir do mês subsequente ao da ocorrência da situação impeditiva;

III – obrigatoriamente, quando o MEI exceder, no ano-calendário, o limite de receita bruta previsto no § 1º deste artigo, devendo a comunicação ser efetuada até o último dia útil do mês subsequente àquele em que ocorrido o excesso, produzindo efeitos:

a) a partir de 1º de janeiro do ano-calendário subsequente ao da ocorrência do excesso, na hipótese de não ter ultrapassado o referido limite em mais de 20% (vinte por cento);

b) retroativamente a 1º de janeiro do ano-calendário da ocorrência do excesso, na hipótese de ter ultrapassado o referido limite em mais de 20% (vinte por cento);

IV – obrigatoriamente, quando o MEI exceder o limite de receita bruta previsto no § 2º deste artigo, devendo a comunicação ser efetuada até o último dia útil do mês subsequente àquele em que ocorrido o excesso, produzindo efeitos:

a) a partir de 1º de janeiro do ano-calendário subsequente ao da ocorrência do excesso, na hipótese de não ter ultrapassado o referido limite em mais de 20% (vinte por cento);

b) retroativamente ao início de atividade, na hipótese de ter ultrapassado o referido limite em mais de 20% (vinte por cento).

§ 8º. O desenquadramento de ofício dar-se-á quando verificada a falta de comunicação de que trata o § 7º deste artigo.

§ 9º. O Empresário Individual desenquadrado da sistemática de recolhimento prevista no *caput* deste artigo passará a recolher os tributos devidos pela regra geral do Simples Nacional a partir da data de início dos efeitos do desenquadramento, ressalvado o disposto no § 10 deste artigo.

§ 10. Nas hipóteses previstas nas alíneas a dos incisos III e IV do § 7º deste artigo, o MEI deverá recolher a diferença, sem acréscimos, em parcela única, juntamente com a da apuração do mês de janeiro do ano-calendário subsequente ao do excesso, na forma a ser estabelecida em ato do Comitê Gestor.

§ 11. O valor referido na alínea a do inciso V do § 3º deste artigo será reajustado, na forma prevista em lei ordinária, na mesma data de reajustamento dos benefícios de que trata a Lei nº 8.213, de 24 de julho de 1991, de forma a manter equivalência com a contribuição de que trata o § 2º do art. 21 da Lei nº 8.212, de 24 de julho de 1991.

- *Lei nº 8.212, de 24.7.1991 – Dispõe sobre a organização da seguridade social, institui plano de custeio, e dá outras providências:*

Art. 21. *A alíquota de contribuição dos segurados contribuinte individual e facultativo será de vinte por cento sobre o respectivo salário-de-contribuição. (...)*

- *Art. 21,* caput, *com redação dada pela Lei nº 9.876/1999.*

§ 2º. No caso de opção pela exclusão do direito ao benefício de aposentadoria por tempo de contribuição, a alíquota de contribuição incidente sobre o limite mínimo mensal do salário de contribuição será de:

I – 11% (onze por cento), no caso do segurado contribuinte individual, ressalvado o disposto no inciso II, que trabalhe por conta própria, sem relação de trabalho com empresa ou equiparado e do segurado facultativo, observado o disposto na alínea b *do inciso II deste parágrafo;*

II – 5% (cinco por cento):

a) no caso do microempreendedor individual, de que trata o art. 18-A da Lei Complementar nº 123, de 14 de dezembro de 2006; e

b) do segurado facultativo sem renda própria que se dedique exclusivamente ao trabalho doméstico no âmbito de sua residência, desde que pertencente a família de baixa renda.

- *§ 2º com redação dada pela Lei nº 12.470/2011.*

§ 12. Aplica-se ao MEI que tenha optado pela contribuição na forma do § 1º deste artigo o disposto no § 4º do art. 55 e no § 2º do art. 94, ambos da Lei nº 8.213, de 24 de julho de 1991, exceto se optar pela complementação da contribuição previdenciária a que se refere o § 3º do art. 21 da Lei nº 8.212, de 24 de julho de 1991.

- *Lei nº 8.213, de 24.7.1991 – Dispõe sobre os Planos de Benefícios da Previdência Social e dá outras providências:*

Art. 55. *O tempo de serviço será comprovado na forma estabelecida no Regulamento, compreendendo, além do correspondente às atividades de qualquer das categorias de segurados de que trata o art. 11 desta Lei, mesmo que anterior à perda da qualidade de segurado: (...)*

§ 4º. Não será computado como tempo de contribuição, para efeito de concessão do benefício de que trata esta subseção, o período em que o segurado contribuinte individual ou facultativo tiver contribuído na forma do § 2º do art. 21 da Lei nº 8.212, de 24 de julho de 1991, salvo se tiver complementado as contribuições na forma do § 3º do mesmo artigo. (Incluído pela Lei Complementar nº 123, de 14.12.2006) (...)

Art. 94. *Para efeito dos benefícios previstos no Regime Geral de Previdência Social ou no serviço público é assegurada a contagem recíproca do tempo de contribuição na atividade privada, rural e urbana, e do tempo de contribuição ou de serviço na administração pública, hipótese em que os diferentes sistemas de previdência social se compensarão financeiramente. (Redação dada pela Lei nº 9.711, de 20.11.1998) (...)*

§ 2º. Não será computado como tempo de contribuição, para efeito dos benefícios previstos em regimes próprios de previdência social, o período em que o segurado contribuinte individual ou facultativo tiver contribuído na forma do § 2º do art. 21 da Lei nº 8.212, de 24 de julho de 1991, salvo se complementadas as contribuições na forma do § 3º do mesmo artigo. (Incluído pela Lei Complementar nº 123/2006) (...)

- *Lei nº 8.212, de 24.7.1991 – Dispõe sobre a organização da seguridade social, institui plano de custeio, e dá outras providências:*

Art. 21. *A alíquota de contribuição dos segurados contribuinte individual e facultativo será de vinte por cento sobre o respectivo salário-de-contribuição. (Redação dada pela Lei nº 9.876/1999).*

§ 3º. O segurado que tenha contribuído na forma do § 2º deste artigo e pretenda contar o tempo de contribuição correspondente para fins de obtenção da aposentadoria por tempo de contribuição ou da contagem recíproca do tempo de contribuição a que se refere o art. 94 da

Lei nº 8.213, de 24 de julho de 1991, deverá complementar a contribuição mensal mediante recolhimento, sobre o valor correspondente ao limite mínimo mensal do salário-de-contribuição em vigor na competência a ser complementada, da diferença entre o percentual pago e o de 20% (vinte por cento), acrescido dos juros moratórios de que trata o § 3º do art. 5º da Lei nº 9.430, de 27 de dezembro de 1996. (Redação dada pela Lei nº 12.470/2011)

§ 13. O MEI está dispensado, ressalvado o disposto no art. 18-C desta Lei Complementar, de:

I – atender o disposto no inciso IV do *caput* do art. 32 da Lei nº 8.212, de 24 de julho de 1991;

- *Lei nº 8.212, de 24.7.1991 – Dispõe sobre a organização da seguridade social, institui plano de custeio, e dá outras providências:*

***Art. 32.** A empresa é também obrigada a: (...)*

IV – declarar à Secretaria da Receita Federal do Brasil e ao Conselho Curador do Fundo de Garantia do Tempo de Serviço – FGTS, na forma, prazo e condições estabelecidos por esses órgãos, dados relacionados a fatos geradores, base de cálculo e valores devidos da contribuição previdenciária e outras informações de interesse do INSS ou do Conselho Curador do FGTS; (Redação dada pela Lei nº 11.941/2009)

II – apresentar a Relação Anual de Informações Sociais (Rais); e

III – declarar ausência de fato gerador para a Caixa Econômica Federal para emissão da Certidão de Regularidade Fiscal perante o FGTS.

§ 14. O Comitê Gestor disciplinará o disposto neste artigo.

§ 15. A inadimplência do recolhimento do valor previsto na alínea "a" do inciso V do § 3º tem como consequência a não contagem da competência em atraso para fins de carência para obtenção dos benefícios previdenciários respectivos.

§ 15-A. Ficam autorizados os Estados, o Distrito Federal e os Municípios a promover a remissão dos débitos decorrentes dos valores previstos nas alíneas b e c do inciso V do § 3º, inadimplidos isolada ou simultaneamente.

- *§ 15-A acrescido pela LC nº 147/2014.*

§ 15-B. O MEI poderá ter sua inscrição automaticamente cancelada após período de 12 (doze) meses consecutivos sem recolhimento ou declarações, independentemente de qualquer notificação, devendo a informação ser publicada no Portal do Empreendedor, na forma regulamentada pelo CGSIM.

- *§ 15-B acrescido pela LC nº 147/2014.*

§ 16. O CGSN estabelecerá, para o MEI, critérios, procedimentos, prazos e efeitos diferenciados para desenquadramento da sistemática de que trata este artigo, cobrança, inscrição em dívida ativa e exclusão do Simples Nacional.

§ 16-A. A baixa do MEI via portal eletrônico dispensa a comunicação aos órgãos da administração pública.

- *§ 16-A acrescido pela LC nº 155/2016. Efeitos a partir de 1º.1.2018.*

§ 17. A alteração de dados no CNPJ informada pelo empresário à Secretaria da Receita Federal do Brasil equivalerá à comunicação obrigatória de desenquadramento da sistemática de recolhimento de que trata este artigo, nas seguintes hipóteses:

I – alteração para natureza jurídica distinta de empresário individual a que se refere o art. 966 da Lei nº 10.406, de 10 de janeiro de 2002 (Código Civil);

II – inclusão de atividade econômica não autorizada pelo CGSN;

III – abertura de filial.

§ 18. Os Municípios somente poderão realizar o cancelamento da inscrição do MEI caso tenham regulamentação própria de classificação de risco e o respectivo processo simplificado de inscrição e legalização, em conformidade com esta Lei Complementar e com as resoluções do CGSIM.

- *§ 18 acrescido pela LC nº 147/2014.*

§ 19. Fica vedada aos conselhos representativos de categorias econômicas a exigência de obrigações diversas das estipuladas nesta Lei Complementar para inscrição do MEI em seus quadros, sob pena de responsabilidade.

- *§ 19 acrescido pela LC nº 147/2014.*

§ 19-A. O MEI inscrito no conselho profissional de sua categoria na qualidade de pessoa física é dispensado de realizar nova inscrição no mesmo conselho na qualidade de empresário individual.

- *§ 19-A acrescido pela LC nº 155/2016. Efeitos a partir de 1º.1.2018.*

§ 19-B. São vedadas aos conselhos profissionais, sob pena de responsabilidade, a exigência de inscrição e a execução de qualquer tipo de ação fiscalizadora quando a ocupação do MEI não exigir registro profissional da pessoa física.

- *§ 19-B acrescido pela LC nº 155/2016. Efeitos a partir de 1º.1.2018.*

§ 20. Os documentos fiscais das microempresas e empresas de pequeno porte poderão ser emitidos diretamente por sistema nacional informatizado e pela internet, sem custos para o empreendedor, na forma regulamentada pelo Comitê Gestor do Simples Nacional.

- *§ 20 acrescido pela LC nº 147/2014.*

§ 21. Assegurar-se-á o registro nos cadastros oficiais ao guia de turismo inscrito como MEI.

- *§ 21 acrescido pela LC nº 147/2014.*

§ 22. Fica vedado às concessionárias de serviço público o aumento das tarifas pagas pelo MEI por conta da modificação da sua condição de pessoa física para pessoa jurídica.

- *§ 22 acrescido pela LC nº 147/2014.*

§ 23. (Vetado).

- *§ 23 acrescido pela LC nº 147/2014.*

§ 24. Aplica-se ao MEI o disposto no inciso XI do § 4º do art. 3º.

- *§ 24 acrescido pela LC nº 147/2014.*

§ 25. O MEI poderá utilizar sua residência como sede do estabelecimento, quando não for indispensável a existência de local próprio para o exercício da atividade.

- *§ 25 acrescido pela LC nº 154/2016.*

Art. 18-B. A empresa contratante de serviços executados por intermédio do MEI mantém, em relação a esta contratação, a obrigatoriedade de recolhimento da contribuição a que se refere o inciso III do *caput* e o § 1º do art. 22 da Lei nº 8.212, de 24 de julho de 1991, e o cumprimento das obrigações acessórias relativas à contratação de contribuinte individual.

- *Vide LC nº 147/2014.*
- *Lei nº 8.212, de 24.7.1991 – Dispõe sobre a organização da seguridade social, institui plano de custeio, e dá outras providências:*

Art. 22. A contribuição a cargo da empresa, destinada à Seguridade Social, além do disposto no art. 23, é de:

III – vinte por cento sobre o total das remunerações pagas ou creditadas a qualquer título, no decorrer do mês, aos segurados contribuintes individuais que lhe prestem serviços; (Incluído pela Lei nº 9.876/1999).

§ 1º. No caso de bancos comerciais, bancos de investimentos, bancos de desenvolvimento, caixas econômicas, sociedades de crédito, financiamento e investimento, sociedades de crédito imobiliário, sociedades corretoras, distribuidoras de títulos e valores mobiliários, empresas de

arrendamento mercantil, cooperativas de crédito, empresas de seguros privados e de capitalização, agentes autônomos de seguros privados e de crédito e entidades de previdência privada abertas e fechadas, além das contribuições referidas neste artigo e no art. 23, é devida a contribuição adicional de dois vírgula cinco por cento sobre a base de cálculo definida nos incisos I e III deste artigo. (Redação dada pela Lei nº 9.876/1999).

§ 1º. Aplica-se o disposto neste artigo exclusivamente em relação ao MEI que for contratado para prestar serviços de hidráulica, eletricidade, pintura, alvenaria, carpintaria e de manutenção ou reparo de veículos.

- *§ 1º com redação dada pela LC nº 147/2014.*

§ 2º. O disposto no *caput* e no § 1º não se aplica quando presentes os elementos da relação de emprego, ficando a contratante sujeita a todas as obrigações dela decorrentes, inclusive trabalhistas, tributárias e previdenciárias.

Art. 18-C. Observado o disposto no *caput* e nos §§ 1º a 25 do art. 18-A desta Lei Complementar, poderá enquadrar-se como MEI o empresário individual ou o empreendedor que exerça as atividades de industrialização, comercialização e prestação de serviços no âmbito rural que possua um único empregado que receba exclusivamente um salário mínimo ou o piso salarial da categoria profissional.

- *Art. 18-C,* caput, *com redação dada pela LC nº 155/2016. Efeitos a partir de 1º.1.2018.*

§ 1º. Na hipótese referida no *caput*, o MEI:

I – deverá reter e recolher a contribuição previdenciária relativa ao segurado a seu serviço na forma da lei, observados prazo e condições estabelecidos pelo CGSN;

II – é obrigado a prestar informações relativas ao segurado a seu serviço, na forma estabelecida pelo CGSN; e

III – está sujeito ao recolhimento da contribuição de que trata o inciso VI do *caput* do art. 13, calculada à alíquota de 3% (três por cento) sobre o salário de contribuição previsto no *caput*, na forma e prazos estabelecidos pelo CGSN.

§ 2º. Para os casos de afastamento legal do único empregado do MEI, será permitida a contratação de outro empregado, inclusive por prazo determinado, até que cessem as condições do afastamento, na forma estabelecida pelo Ministério do Trabalho e Emprego.

§ 3º. O CGSN poderá determinar, com relação ao MEI, a forma, a periodicidade e o prazo:

I – de entrega à Secretaria da Receita Federal do Brasil de uma única declaração com dados relacionados a fatos geradores, base de cálculo e valores dos tributos previstos nos arts. 18-A e 18-C, da contribuição para a Seguridade Social descontada do empregado e do Fundo de Garantia do Tempo de Serviço (FGTS), e outras informações de interesse do Ministério do Trabalho e Emprego, do Instituto Nacional do Seguro Social (INSS) e do Conselho Curador do FGTS, observado o disposto no § 7º do art. 26;

II – do recolhimento dos tributos previstos nos arts. 18-A e 18-C, bem como do FGTS e da contribuição para a Seguridade Social descontada do empregado.

§ 4º. A entrega da declaração única de que trata o inciso I do § 3º substituirá, na forma regulamentada pelo CGSN, a obrigatoriedade de entrega de todas as informações, formulários e declarações a que estão sujeitas as demais empresas ou equiparados que contratam empregados, inclusive as relativas ao recolhimento do FGTS, à Relação Anual de Informações Sociais (Rais) e ao Cadastro Geral de Empregados e Desempregados (Caged).

§ 5º. Na hipótese de recolhimento do FGTS na forma do inciso II do § 3º, deve-se assegurar a transferência dos recursos e dos elementos identificadores do recolhimento ao gestor desse fundo para crédito na conta vinculada do trabalhador.

§ 6º. O documento de que trata o inciso I do § 3º deste artigo tem caráter declaratório, constituindo instrumento hábil e suficiente para a exigência dos tributos e dos débitos fundiários que não tenham sido recolhidos resultantes das informações nele prestadas.

- *§ 6º acrescido pela LC nº 147/2014.*

Art. 18-D. A tributação municipal do imposto sobre imóveis prediais urbanos deverá assegurar tratamento mais favorecido ao MEI para realização de sua atividade no mesmo local em que residir, mediante aplicação da menor alíquota vigente para aquela localidade, seja residencial ou comercial, nos termos da lei, sem prejuízo de eventual isenção ou imunidade existente.

- *Art. 18-D acrescido pela LC nº 147/2014.*

Art. 18-E. O instituto do MEI é uma política pública que tem por objetivo a formalização de pequenos empreendimentos e a inclusão social e previdenciária.

- *Art. 18-E,* caput, *acrescido pela LC nº 147/2014.*

§ 1º. A formalização de MEI não tem caráter eminentemente econômico ou fiscal.

- *§ 1º acrescido pela LC nº 147/2014.*

§ 2º. Todo benefício previsto nesta Lei Complementar aplicável à microempresa estende-se ao MEI sempre que lhe for mais favorável.

- *§ 2º acrescido pela LC nº 147/2014.*

§ 3º. O MEI é modalidade de microempresa.

- *§ 3º acrescido pela LC nº 147/2014.*

§ 4º. É vedado impor restrições ao MEI relativamente ao exercício de profissão ou participação em licitações, em função da sua natureza jurídica, inclusive por ocasião da contratação dos serviços previstos no § 1º do art. 18-B desta Lei Complementar.

- *§ 4º com redação dada pela LC nº 155/2016. Efeitos a partir de 1º.1.2018.*

§ 5º. O empreendedor que exerça as atividades de industrialização, comercialização e prestação de serviços no âmbito rural que efetuar seu registro como MEI não perderá a condição de segurado especial da Previdência Social.

- *§ 5º acrescido pela LC nº 155/2016. Efeitos a partir de 1º.1.2018.*

§ 6º. O disposto no § 5º e o licenciamento simplificado de atividades para o empreendedor que exerça as atividades de industrialização, comercialização e prestação de serviços no âmbito rural serão regulamentados pelo CGSIM em até cento e oitenta dias.

- *§ 6º acrescido pela LC nº 155/2016. Efeitos a partir de 1º.1.2018.*

§ 7º. O empreendedor que exerça as atividades de industrialização, comercialização e prestação de serviços no âmbito rural manterá todas as suas obrigações relativas à condição de produtor rural ou de agricultor familiar.

- *§ 7º acrescido pela LC nº 155/2016. Efeitos a partir de 1º.1.2018.*

Art. 19. Sem prejuízo da possibilidade de adoção de todas as faixas de receita previstas nos Anexos I a V desta Lei Complementar, os Estados cuja participação no Produto Interno Bruto brasileiro seja de até 1% (um por cento) poderão optar pela aplicação de sublimite para efeito de recolhimento do ICMS na forma do Simples Nacional nos respectivos territórios, para empresas com receita bruta anual de até R$ 1.800.000,00 (um milhão e oitocentos mil reais).

- *Art. 19,* caput, *com redação dada pela LC nº 155/2016. Efeitos a partir de 1º.1.2018.*

I – os Estados cuja participação no Produto Interno Bruto brasileiro seja de até 1% (um por cento) poderão optar pela aplicação, em seus respectivos territórios, das faixas de receita bruta anual até 35% (trinta e cinco por cento), ou até 50% (cinquenta por cento), ou até 70% (setenta por cento) do limite previsto no inciso II do *caput* do art. 3º;

- *Vigência pela LC nº 155/2016. Revogado a partir de 1º.1.2018.*

II – os Estados cuja participação no Produto Interno Bruto brasileiro seja de mais de 1% (um por cento) e de menos de 5% (cinco por cento) poderão optar pela aplicação, em seus respectivos territórios, das faixas de receita bruta anual até 50% (cinquenta por cento) ou até 70% (setenta por cento) do limite previsto no inciso II do *caput* do art. 3º; e

- *Vigência pela LC nº 155/2016. Revogado a partir de 1º.1.2018.*

III – os Estados cuja participação no Produto Interno Bruto brasileiro seja igual ou superior a 5% (cinco por cento) ficam obrigados a adotar todas as faixas de receita bruta anual.

- *Vigência pela LC nº 155/2016. Revogado a partir de 1º.1.2018.*

§ 1º. A participação no Produto Interno Bruto brasileiro será apurada levando em conta o último resultado divulgado pelo Instituto Brasileiro de Geografia e Estatística ou outro órgão que o substitua.

§ 2º. A opção prevista no *caput* produzirá efeitos somente para o ano-calendário subsequente, salvo deliberação do CGSN.

- *§ 2º com redação dada pela LC nº 155/2016. Efeitos a partir de 1º.1.2018.*

§ 3º. O disposto neste artigo aplica-se ao Distrito Federal.

§ 4º. Para os Estados que não tenham adotado sublimite na forma do *caput* e para aqueles cuja participação no Produto Interno Bruto brasileiro seja superior a 1% (um por cento), para efeito de recolhimento do ICMS e do ISS, observar-se-á obrigatoriamente o sublimite no valor de R$ 3.600.000,00 (três milhões e seiscentos mil reais).

- *§ 4º acrescido pela LC nº 155/2016. Efeitos a partir de 1º.1.2018.*

Art. 20. A opção feita na forma do art. 19 desta Lei Complementar pelos Estados importará adoção do mesmo limite de receita bruta anual para efeito de recolhimento na forma do ISS dos Municípios nele localizados, bem como para o do ISS devido no Distrito Federal.

§ 1º. A empresa de pequeno porte que ultrapassar os limites a que se referem o *caput* e o § 4º do art. 19 estará automaticamente impedida de recolher o ICMS e o ISS na forma do Simples Nacional, a partir do mês subsequente àquele em que tiver ocorrido o excesso, relativamente aos seus estabelecimentos localizados na unidade da Federação que os houver adotado, ressalvado o disposto nos §§ 11 e 13 do art. 3º.

- *§ 1º com redação dada pela LC nº 155/2016. Efeitos a partir de 1º.1.2018.*

§ 1º-A. Os efeitos do impedimento previsto no § 1º ocorrerão no ano-calendário subsequente se o excesso verificado não for superior a 20% (vinte por cento) dos limites referidos.

§ 2º. O disposto no § 1º deste artigo não se aplica na hipótese de o Estado ou de o Distrito Federal adotarem, compulsoriamente ou por opção, a aplicação de faixa de receita bruta superior à que vinha sendo utilizada no ano-calendário em que ocorreu o excesso da receita bruta.

§ 3º. Na hipótese em que o recolhimento do ICMS ou do ISS não esteja sendo efetuado por meio do Simples Nacional por força do disposto neste artigo e no art. 19 desta Lei Complementar, as faixas de receita do Simples Nacional superiores àquela que tenha sido objeto de opção pelos Estados ou pelo Distrito Federal sofrerão, para efeito de recolhimento do Simples Nacional, redução da alíquota efetiva desses impostos, apurada de acordo com os Anexos I a V desta Lei Complementar, conforme o caso.

- *§ 3º com redação dada pela LC nº 155/2016. Efeitos a partir de 1º.1.2018.*

§ 4º. O Comitê Gestor regulamentará o disposto neste artigo e no art. 19 desta Lei Complementar.

Seção IV – Do Recolhimento dos Tributos Devidos

Art. 21. Os tributos devidos, apurados na forma dos arts. 18 a 20 desta Lei Complementar, deverão ser pagos:

I – por meio de documento único de arrecadação, instituído pelo Comitê Gestor;

II – (Revogado)

III – enquanto não regulamentado pelo Comitê Gestor, até o último dia útil da primeira quinzena do mês subsequente àquele a que se referir;

IV – em banco integrante da rede arrecadadora do Simples Nacional, na forma regulamentada pelo Comitê Gestor.

§ 1º. Na hipótese de a microempresa ou a empresa de pequeno porte possuir filiais, o recolhimento dos tributos do Simples Nacional dar-se-á por intermédio da matriz.

§ 2º. Poderá ser adotado sistema simplificado de arrecadação do Simples Nacional, inclusive sem utilização da rede bancária, mediante requerimento do Estado, Distrito Federal ou Município ao Comitê Gestor.

§ 3º. O valor não pago até a data do vencimento sujeitar-se-á à incidência de encargos legais na forma prevista na legislação do imposto sobre a renda.

§ 4º. A retenção na fonte de ISS das microempresas ou das empresas de pequeno porte optantes pelo Simples Nacional somente será permitida se observado o disposto no art. 3º da Lei Complementar nº 116, de 31 de julho de 2003, e deverá observar as seguintes normas:

- *Lei Complementar nº 116, de 31.7.2003 – Dispõe sobre o Imposto Sobre Serviços de Qualquer Natureza, de competência dos Municípios e do Distrito Federal, e dá outras providências:*

__Art. 3º.__ O serviço considera-se prestado, e o imposto, devido, no local do estabelecimento prestador ou, na falta do estabelecimento, no local do domicílio do prestador, exceto nas hipóteses previstas nos incisos I a XXV, quando o imposto será devido no local: (Art. 3º, caput, com redação dada pela LC nº 157/2016)

I – do estabelecimento do tomador ou intermediário do serviço ou, na falta de estabelecimento, onde ele estiver domiciliado, na hipótese do § 1º do art. 1º desta Lei Complementar;

II – da instalação dos andaimes, palcos, coberturas e outras estruturas, no caso dos serviços descritos no subitem 3.05 da lista anexa;

III – da execução da obra, no caso dos serviços descritos no subitem 7.02 e 7.19 da lista anexa;

IV – da demolição, no caso dos serviços descritos no subitem 7.04 da lista anexa;

V – das edificações em geral, estradas, pontes, portos e congêneres, no caso dos serviços descritos no subitem 7.05 da lista anexa;

VI – da execução da varrição, coleta, remoção, incineração, tratamento, reciclagem, separação e destinação final de lixo, rejeitos e outros resíduos quaisquer, no caso dos serviços descritos no subitem 7.09 da lista anexa;

VII – da execução da limpeza, manutenção e conservação de vias e logradouros públicos, imóveis, chaminés, piscinas, parques, jardins e congêneres, no caso dos serviços descritos no subitem 7.10 da lista anexa;

VIII – da execução da decoração e jardinagem, do corte e poda de árvores, no caso dos serviços descritos no subitem 7.11 da lista anexa;

IX – do controle e tratamento do efluente de qualquer natureza e de agentes físicos, químicos e biológicos, no caso dos serviços descritos no subitem 7.12 da lista anexa;

X – (vetado);

XI – (vetado);

XII – do florestamento, reflorestamento, semeadura, adubação, reparação de solo, plantio, silagem, colheita, corte, descascamento de árvores, silvicultura, exploração florestal e serviços congêneres indissociáveis da formação, manutenção e colheita de florestas para quaisquer fins e por quaisquer meios; (Inciso XII com redação dada pela LC nº 157/2016)

XIII – da execução dos serviços de escoramento, contenção de encostas e congêneres, no caso dos serviços descritos no subitem 7.17 da lista anexa;

XIV – da limpeza e dragagem, no caso dos serviços descritos no subitem 7.18 da lista anexa;

XV – onde o bem estiver guardado ou estacionado, no caso dos serviços descritos no subitem 11.01 da lista anexa;

XVI – dos bens, dos semoventes ou do domicílio das pessoas vigiados, segurados ou monitorados, no caso dos serviços descritos no subitem 11.02 da lista anexa; (Inciso XVI com redação dada pela LC nº 157/2016)

XVII – do armazenamento, depósito, carga, descarga, arrumação e guarda do bem, no caso dos serviços descritos no subitem 11.04 da lista anexa;

XVIII – da execução dos serviços de diversão, lazer, entretenimento e congêneres, no caso dos serviços descritos nos subitens do item 12, exceto o 12.13, da lista anexa;

XIX – do Município onde está sendo executado o transporte, no caso dos serviços descritos pelo item 16 da lista anexa; (Inciso XIX com redação dada pela LC nº 157/2016)

XX – do estabelecimento do tomador da mão de obra ou, na falta de estabelecimento, onde ele estiver domiciliado, no caso dos serviços descritos pelo subitem 17.05 da lista anexa;

XXI – da feira, exposição, congresso ou congênere a que se referir o planejamento, organização e administração, no caso dos serviços descritos pelo subitem 17.10 da lista anexa;

XXII – do porto, aeroporto, ferroporto, terminal rodoviário, ferroviário ou metroviário, no caso dos serviços descritos pelo item 20 da lista anexa;

XXIII – do domicílio do tomador dos serviços dos subitens 4.22, 4.23 e 5.09;

XXIV – do domicílio do tomador do serviço no caso dos serviços prestados pelas administradoras de cartão de crédito ou débito e demais descritos no subitem 15.01;

XXV – do domicílio do tomador dos serviços dos subitens 10.04 e 15.09.

§ 1º. No caso dos serviços a que se refere o subitem 3.04 da lista anexa, considera-se ocorrido o fato gerador e devido o imposto em cada Município em cujo território haja extensão de ferrovia, rodovia, postes, cabos, dutos e condutos de qualquer natureza, objetos de locação, sublocação, arrendamento, direito de passagem ou permissão de uso, compartilhado ou não.

§ 2º. No caso dos serviços a que se refere o subitem 22.01 da lista anexa, considera-se ocorrido o fato gerador e devido o imposto em cada Município em cujo território haja extensão de rodovia explorada.

§ 3º. Considera-se ocorrido o fato gerador do imposto no local do estabelecimento prestador nos serviços executados em águas marítimas, excetuados os serviços descritos no subitem 20.01.

§ 4º. Na hipótese de descumprimento do disposto no caput ou no § 1º, ambos do art. 8º-A desta Lei Complementar, o imposto será devido no local do estabelecimento do tomador ou intermediário do serviço ou, na falta de estabelecimento, onde ele estiver domiciliado.

I – a alíquota aplicável na retenção na fonte deverá ser informada no documento fiscal e corresponderá à alíquota efetiva de ISS a que a microempresa ou a empresa de pequeno porte estiver sujeita no mês anterior ao da prestação;

- *Inciso I com redação dada pela LC nº 155/2016. Efeitos a partir de 1º.1.2018.*

II – na hipótese de o serviço sujeito à retenção ser prestado no mês de início de atividades da microempresa ou da empresa de pequeno porte, deverá ser aplicada pelo tomador a alíquota efetiva de 2% (dois por cento);

- *Inciso II com redação dada pela LC nº 155/2016. Efeitos a partir de 1º.1.2018.*

III – na hipótese do inciso II deste parágrafo, constatando-se que houve diferença entre a alíquota utilizada e a efetivamente apurada, caberá à microempresa ou empresa de pequeno porte prestadora dos serviços efetuar o recolhimento dessa diferença no mês subsequente ao do início de atividade em guia própria do Município;

IV – na hipótese de a microempresa ou empresa de pequeno porte estar sujeita à tributação do ISS no Simples Nacional por valores fixos mensais, não caberá a retenção a que se refere o *caput* deste parágrafo;

V – na hipótese de a microempresa ou a empresa de pequeno porte não informar a alíquota de que tratam os incisos I e II deste parágrafo no documento fiscal, aplicar-se-á a alíquota efetiva de 5% (cinco por cento);

- *Inciso V com redação dada pela LC nº 155/2016. Efeitos a partir de 1º.1.2018.*

VI – não será eximida a responsabilidade do prestador de serviços quando a alíquota do ISS informada no documento fiscal for inferior à devida, hipótese em que o recolhimento dessa diferença será realizado em guia própria do Município;

VII – o valor retido, devidamente recolhido, será definitivo, não sendo objeto de partilha com os municípios, e sobre a receita de prestação de serviços que sofreu a retenção não haverá incidência de ISS a ser recolhido no Simples Nacional.

§ 4º-A. Na hipótese de que tratam os incisos I e II do § 4º, a falsidade na prestação dessas informações sujeitará o responsável, o titular, os sócios ou os administradores da microempresa e da empresa de pequeno porte, juntamente com as demais pessoas que para ela concorrerem, às penalidades previstas na legislação criminal e tributária.

§ 5º. O CGSN regulará a compensação e a restituição dos valores do Simples Nacional recolhidos indevidamente ou em montante superior ao devido.

§ 6º. O valor a ser restituído ou compensado será acrescido de juros obtidos pela aplicação da taxa referencial do Sistema Especial de Liquidação e de Custódia (Selic) para títulos federais, acumulada mensalmente, a partir do mês subsequente ao do pagamento indevido ou a maior que o devido até o mês anterior ao da compensação ou restituição, e de 1% (um por cento) relativamente ao mês em que estiver sendo efetuada.

§ 7º. Os valores compensados indevidamente serão exigidos com os acréscimos moratórios de que trata o art. 35.

§ 8º. Na hipótese de compensação indevida, quando se comprove falsidade de declaração apresentada pelo sujeito passivo, o contribuinte estará sujeito à multa isolada aplicada no percentual previsto no inciso I do *caput* do art. 44 da Lei nº 9.430, de 27 de dezembro de 1996, aplicado em dobro, e terá como base de cálculo o valor total do débito indevidamente compensado.

§ 9º. É vedado o aproveitamento de créditos não apurados no Simples Nacional, inclusive de natureza não tributária, para extinção de débitos do Simples Nacional.

§ 10. Os créditos apurados no Simples Nacional não poderão ser utilizados para extinção de outros débitos para com as Fazendas Públicas, salvo por ocasião da compensação de ofício oriunda de deferimento em processo de restituição ou após a exclusão da empresa do Simples Nacional.

§ 11. No Simples Nacional, é permitida a compensação tão somente de créditos para extinção de débitos para com o mesmo ente federado e relativos ao mesmo tributo.

§ 12. Na restituição e compensação no Simples Nacional serão observados os prazos de decadência e prescrição previstos na Lei nº 5.172, de 25 de outubro de 1966 (Código Tributário Nacional).

§ 13. É vedada a cessão de créditos para extinção de débitos no Simples Nacional.

§ 14. Aplica-se aos processos de restituição e de compensação o rito estabelecido pelo CGSN.

§ 15. Compete ao CGSN fixar critérios, condições para rescisão, prazos, valores mínimos de amortização e demais procedimentos para parcelamento dos recolhimentos em atraso dos débitos tributários apurados no Simples Nacional, observado o disposto no § 3º deste artigo e no art. 35 e ressalvado o disposto no § 19 deste artigo.

- *Vide LC nº 155/2016.*

§ 16. Os débitos de que trata o § 15 poderão ser parcelados em até 60 (sessenta) parcelas mensais, na forma e condições previstas pelo CGSN.

- *Vide LC nº 155/2016.*

§ 17. O valor de cada prestação mensal, por ocasião do pagamento, será acrescido de juros equivalentes à taxa referencial do Sistema Especial de Liquidação e de Custódia (Selic) para títulos federais, acumulada mensalmente, calculados a partir do mês subsequente ao da consolidação até o mês anterior ao do pagamento, e de 1% (um por cento) relativamente ao mês em que o pagamento estiver sendo efetuado, na forma regulamentada pelo CGSN.

- *Vide LC nº 155/2016.*

§ 18. Será admitido reparcelamento de débitos constantes de parcelamento em curso ou que tenha sido rescindido, podendo ser incluídos novos débitos, na forma regulamentada pelo CGSN.

- *Vide LC nº 155/2016.*

§ 19. Os débitos constituídos de forma isolada por parte de Estado, do Distrito Federal ou de Município, em face de ausência de aplicativo para lançamento unificado, relativo a tributo de sua competência, que não estiverem inscritos em Dívida Ativa da União, poderão ser parcelados pelo ente responsável pelo lançamento de acordo com a respectiva legislação, na forma regulamentada pelo CGSN.

- *Vide LC nº 155/2016.*

§ 20. O pedido de parcelamento deferido importa confissão irretratável do débito e configura confissão extrajudicial.

- *Vide LC nº 155/2016.*

§ 21. Serão aplicadas na consolidação as reduções das multas de lançamento de ofício previstas na legislação federal, conforme regulamentação do CGSN.

- *Vide LC nº 155/2016.*

§ 22. O repasse para os entes federados dos valores pagos e da amortização dos débitos parcelados será efetuado proporcionalmente ao valor de cada tributo na composição da dívida consolidada.

- *Vide LC nº 155/2016.*

§ 23. No caso de parcelamento de débito inscrito em dívida ativa, o devedor pagará custas, emolumentos e demais encargos legais.

- *Vide LC nº 155/2016.*

§ 24. Implicará imediata rescisão do parcelamento e remessa do débito para inscrição em dívida ativa ou prosseguimento da execução, conforme o caso, até deliberação do CGSN, a falta de pagamento:

- *Vide LC nº 155/2016.*

I – de 3 (três) parcelas, consecutivas ou não; ou

II – de 1 (uma) parcela, estando pagas todas as demais.

§ 25. O documento previsto no inciso I do *caput* deste artigo deverá conter a partilha discriminada de cada um dos tributos abrangidos pelo Simples Nacional, bem como os valores destinados a cada ente federado.

- *§ 25 acrescido pela LC nº 155/2016. Efeitos a partir de 1º.1.2018.*

Art. 21-A. A inscrição de microempresa ou empresa de pequeno porte no Cadastro Informativo dos créditos não quitados do setor público federal – CADIN, somente ocorrerá mediante notificação prévia com prazo para contestação.

- *Art. 21-A acrescido pela LC nº 147/2014.*

Art. 21-B. Os Estados e o Distrito Federal deverão observar, em relação ao ICMS, o prazo mínimo de 60 (sessenta) dias, contado a partir do primeiro dia do mês do fato gerador da obrigação tributária, para estabelecer a data de vencimento do imposto devido por substituição tributária, tributação concentrada em uma única etapa (monofásica) e por antecipação tributária com ou sem encerramento de tributação, nas hipóteses em que a responsabilidade recair sobre operações ou prestações subsequentes, na forma regulamentada pelo Comitê Gestor.

- *Art. 21-B acrescido pela LC nº 147/2014.*

Seção V – Do Repasse do Produto da Arrecadação

Art. 22. O Comitê Gestor definirá o sistema de repasses do total arrecadado, inclusive encargos legais, para o:

I – Município ou Distrito Federal, do valor correspondente ao ISS;

II – Estado ou Distrito Federal, do valor correspondente ao ICMS;

III – Instituto Nacional do Seguro Social, do valor correspondente à Contribuição para manutenção da Seguridade Social.

Parágrafo único. Enquanto o Comitê Gestor não regulamentar o prazo para o repasse previsto no inciso II do *caput* deste artigo, esse será efetuado nos prazos estabelecidos nos convênios celebrados no âmbito do colegiado a que se refere a alínea "g" do inciso XII do § 2º do art. 155 da Constituição Federal.

- *Constituição Federal de 1988:*

  Art. 155. *Compete aos Estados e ao Distrito Federal instituir impostos sobre:*

  I – transmissão causa mortis e doação, de quaisquer bens ou direitos;

  II – operações relativas à circulação de mercadorias e sobre prestações de serviços de transporte interestadual e intermunicipal e de comunicação, ainda que as operações e as prestações se iniciem no exterior;

  III – propriedade de veículos automotores. (...)

  § 2º. O imposto previsto no inciso II, atenderá ao seguinte: (...)

XII – cabe à lei complementar:

g) regular a forma como, mediante deliberação dos Estados e do Distrito Federal, isenções, incentivos e benefícios fiscais serão concedidos e revogados; (...)

Seção VI – Dos Créditos

Art. 23. As microempresas e as empresas de pequeno porte optantes pelo Simples Nacional não farão jus à apropriação nem transferirão créditos relativos a impostos ou contribuições abrangidos pelo Simples Nacional.

§ 1º. As pessoas jurídicas e aquelas a elas equiparadas pela legislação tributária não optantes pelo Simples Nacional terão direito a crédito correspondente ao ICMS incidente sobre as suas aquisições de mercadorias de microempresa ou empresa de pequeno porte optante pelo Simples Nacional, desde que destinadas à comercialização ou industrialização e observado, como limite, o ICMS efetivamente devido pelas optantes pelo Simples Nacional em relação a essas aquisições.

§ 2º. A alíquota aplicável ao cálculo do crédito de que trata o § 1º deste artigo deverá ser informada no documento fiscal e corresponderá ao percentual de ICMS previsto nos Anexos I ou II desta Lei Complementar para a faixa de receita bruta a que a microempresa ou a empresa de pequeno porte estiver sujeita no mês anterior ao da operação.

§ 3º. Na hipótese de a operação ocorrer no mês de início de atividades da microempresa ou empresa de pequeno porte optante pelo Simples Nacional, a alíquota aplicável ao cálculo do crédito de que trata o § 1º deste artigo corresponderá ao percentual de ICMS referente à menor alíquota prevista nos Anexos I ou II desta Lei Complementar.

§ 4º. Não se aplica o disposto nos §§ 1º a 3º deste artigo quando:

I – a microempresa ou empresa de pequeno porte estiver sujeita à tributação do ICMS no Simples Nacional por valores fixos mensais;

II – a microempresa ou a empresa de pequeno porte não informar a alíquota de que trata o § 2º deste artigo no documento fiscal;

III – houver isenção estabelecida pelo Estado ou Distrito Federal que abranja a faixa de receita bruta a que a microempresa ou a empresa de pequeno porte estiver sujeita no mês da operação.

IV – o remetente da operação ou prestação considerar, por opção, que a alíquota determinada na forma do *caput* e dos §§ 1º e 2º do art. 18 desta Lei Complementar deverá incidir sobre a receita recebida no mês.

§ 5º. Mediante deliberação exclusiva e unilateral dos Estados e do Distrito Federal, poderá ser concedido às pessoas jurídicas e àquelas a elas equiparadas pela legislação tributária não optantes pelo Simples Nacional crédito correspondente ao ICMS incidente sobre os insumos utilizados nas mercadorias adquiridas de indústria optante pelo Simples Nacional, sendo vedado o estabelecimento de diferenciação no valor do crédito em razão da procedência dessas mercadorias.

§ 6º. O Comitê Gestor do Simples Nacional disciplinará o disposto neste artigo.

Art. 24. As microempresas e as empresas de pequeno porte optantes pelo Simples Nacional não poderão utilizar ou destinar qualquer valor a título de incentivo fiscal.

§ 1º. Não serão consideradas quaisquer alterações em bases de cálculo, alíquotas e percentuais ou outros fatores que alterem o valor de imposto ou contribuição apurado na forma do Simples Nacional, estabelecidas pela União, Estado, Distrito Federal ou Município, exceto as previstas ou autorizadas nesta Lei Complementar.

- *§ 1º, primitivo parágrafo único, renumerado pela LC nº 155/2016. Efeitos a partir de 1º.1.2018.*

§ 2º. (Vetado).

- *§ 2º acrescido pela LC nº 155/2016. Efeitos a partir de 1º.1.2018.*

Seção VII – Das Obrigações Fiscais Acessórias

Art. 25. A microempresa ou empresa de pequeno porte optante pelo Simples Nacional deverá apresentar anualmente à Secretaria da Receita Federal do Brasil declaração única e simplificada de informações socioeconômicas e fiscais, que deverá ser disponibilizada aos órgãos de fiscalização tributária e previdenciária, observados prazo e modelo aprovados pelo CGSN e observado o disposto no § 15-A do art. 18.

§ 1º. A declaração de que trata o *caput* deste artigo constitui confissão de dívida e instrumento hábil e suficiente para a exigência dos tributos e contribuições que não tenham sido recolhidos resultantes das informações nela prestadas.

§ 2º. A situação de inatividade deverá ser informada na declaração de que trata o *caput* deste artigo, na forma regulamentada pelo Comitê Gestor.

§ 3º. Para efeito do disposto no § 2º deste artigo, considera-se em situação de inatividade a microempresa ou a empresa de pequeno porte que não apresente mutação patrimonial e atividade operacional durante todo o ano-calendário.

§ 4º. A declaração de que trata o *caput* deste artigo, relativa ao MEI definido no art. 18-A desta Lei Complementar, conterá, para efeito do disposto no art. 3º da Lei Complementar nº 63, de 11 de janeiro de 1990, tão somente as informações relativas à receita bruta total sujeita ao ICMS, sendo vedada a instituição de declarações adicionais em decorrência da referida Lei Complementar.

- *Lei Complementar nº 63, de 11.1.1990 – Dispõe sobre critérios e prazos de crédito das parcelas do produto da arrecadação de impostos de competência dos Estados e de transferências por estes recebidos, pertencentes aos Municípios, e dá outras providências:*

  Art. 3º. *25% (vinte e cinco por cento) do produto da arrecadação do Imposto sobre Operações relativas à Circulação de Mercadorias e sobre Prestação de Serviços de Transporte Interestadual e Intermunicipal e de Comunicação serão creditados, pelos Estados, aos respectivos Municípios, conforme os seguintes critérios:*

  I – 3/4 (três quartos), no mínimo, na proporção do valor adicionado nas operações relativas à circulação de mercadorias e nas prestações de serviços, realizadas em seus territórios;

  II – até 1/4 (um quarto), de acordo com o que dispuser lei estadual ou, no caso dos territórios, lei federal.

  § 1º. O valor adicionado corresponderá, para cada Município: (Redação dada pela Lei Complementar nº 123, de 14.12.2006)

  I – ao valor das mercadorias saídas, acrescido do valor das prestações de serviços, no seu território, deduzido o valor das mercadorias entradas, em cada ano civil; (Incluído pela Lei Complementar nº 123, de 14.12.2006)

  II – nas hipóteses de tributação simplificada a que se refere o parágrafo único do art. 146 da Constituição Federal, e, em outras situações, em que se dispensem os controles de entrada, considerar-se-á como valor adicionado o percentual de 32% (trinta e dois por cento) da receita bruta. (Incluído pela Lei Complementar nº 123, de 14.12.2006)

  § 2º. Para efeito de cálculo do valor adicionado serão computadas:

  I – as operações e prestações que constituam fato gerador do imposto, mesmo quando o pagamento for antecipado ou diferido, ou quando o crédito tributário for diferido, reduzido ou excluído em virtude de isenção ou outros benefícios, incentivos ou favores fiscais;

II – as operações imunes do imposto, conforme as alíneas "a" e" b" do inciso X do § 2º do art. 155, e a alínea "d" do inciso VI do art. 150, da Constituição Federal.

§ 3º. O Estado apurará a relação percentual entre o valor adicionado em cada Município e o valor total do Estado, devendo este índice ser aplicado para a entrega das parcelas dos Municípios a partir do primeiro dia do ano imediatamente seguinte ao da apuração.

§ 4º. O índice referido no parágrafo anterior corresponderá à média dos índices apurados nos dois anos civis imediatamente anteriores ao da apuração.

§ 5º. Os Prefeitos Municipais, as associações de Municípios e seus representantes terão livre acesso às informações e documentos utilizados pelos Estados no cálculo do valor adicionado, sendo vedado, a estes, omitir quaisquer dados ou critérios, ou dificultar ou impedir aqueles no acompanhamento dos cálculos.

§ 6º. Para efeito de entrega das parcelas de um determinado ano, o Estado fará publicar, no seu órgão oficial, até o dia 30 de junho do ano da apuração, o valor adicionado em cada Município, além dos índices percentuais referidos nos §§ 3º e 4º deste artigo.

§ 7º. Os Prefeitos Municipais e as associações de Municípios, ou seus representantes, poderão impugnar, no prazo de 30 (trinta) dias corridos contados da sua publicação, os dados e os índices de que trata o parágrafo anterior, sem prejuízo das ações cíveis e criminais cabíveis.

§ 8º. No prazo de 60 (sessenta) dias corridos, contados da data da primeira publicação, os Estados deverão julgar e publicar as impugnações mencionadas no parágrafo anterior, bem como os índices definidos de cada Município.

§ 9º. Quando decorrentes de ordem judicial, as correções de índices deverão ser publicadas até o dia 15 (quinze) do mês seguinte ao da data do ato que as determinar.

§ 10. Os Estados manterão um sistema de informações baseadas em documentos fiscais obrigatórios, capaz de apurar, com precisão, o valor adicionado de cada Município.

§ 11. O valor adicionado relativo a operações constatadas em ação fiscal será considerado no ano em que o resultado desta se tornar definitivo, em virtude da decisão administrativa irrecorrível.

§ 12. O valor adicionado relativo a operações ou prestações espontaneamente confessadas pelo contribuinte será considerado no período em que ocorrer a confissão.

§ 13. A lei estadual que criar, desmembrar, fundir ou incorporar Municípios levará em conta, no ano em que ocorrer, o valor adicionado de cada área abrangida.

§ 5º. A declaração de que trata o *caput*, a partir das informações relativas ao ano-calendário de 2012, poderá ser prestada por meio da declaração de que trata o § 15-A do art. 18 desta Lei Complementar, na periodicidade e prazos definidos pelo CGSN.

- *§ 5º acrescido pela LC nº 147/2014.*

Art. 26. As microempresas e empresas de pequeno porte optantes pelo Simples Nacional ficam obrigadas a:

I – emitir documento fiscal de venda ou prestação de serviço, de acordo com instruções expedidas pelo Comitê Gestor;

II – manter em boa ordem e guarda os documentos que fundamentaram a apuração dos impostos e contribuições devidos e o cumprimento das obrigações acessórias a que se refere o art. 25 desta Lei Complementar enquanto não decorrido o prazo decadencial e não prescritas eventuais ações que lhes sejam pertinentes.

§ 1º. O MEI fará a comprovação da receita bruta mediante apresentação do registro de vendas ou de prestação de serviços na forma estabelecida pelo CGSN, ficando dispensado da emissão do documento fiscal previsto no inciso I do *caput*, ressalvadas as hipóteses de emissão obrigatória previstas pelo referido Comitê.

I – (revogado);

II – (revogado);

III – (revogado).

§ 2º. As demais microempresas e as empresas de pequeno porte, além do disposto nos incisos I e II do *caput* deste artigo, deverão, ainda, manter o livro-caixa em que será escriturada sua movimentação financeira e bancária.

§ 3º. A exigência de declaração única a que se refere o *caput* do art. 25 desta Lei Complementar não desobriga a prestação de informações relativas a terceiros.

§ 4º. É vedada a exigência de obrigações tributárias acessórias relativas aos tributos apurados na forma do Simples Nacional além daquelas estipuladas pelo CGSN e atendidas por meio do Portal do Simples Nacional, bem como, o estabelecimento de exigências adicionais e unilaterais pelos entes federativos, exceto os programas de cidadania fiscal.

- *§ 4º com redação dada pela LC nº 147/2014.*

§ 4º-A. A escrituração fiscal digital ou obrigação equivalente não poderá ser exigida da microempresa ou empresa de pequeno porte optante pelo Simples Nacional, salvo se, cumulativamente, houver:

I – autorização específica do CGSN, que estabelecerá as condições para a obrigatoriedade;

II – disponibilização por parte da administração tributária estipulante de aplicativo gratuito para uso da empresa optante.

- *§ 4º-A acrescido pela LC nº 147/2014.*

§ 4º-B. A exigência de apresentação de livros fiscais em meio eletrônico aplicar-se-á somente na hipótese de substituição da entrega em meio convencional, cuja obrigatoriedade tenha sido prévia e especificamente estabelecida pelo CGSN.

- *§ 4º-B acrescido pela LC nº 147/2014.*

§ 4º-C. Até a implantação de sistema nacional uniforme estabelecido pelo CGSN com compartilhamento de informações com os entes federados, permanece válida norma publicada por ente federado até o primeiro trimestre de 2014 que tenha veiculado exigência vigente de a microempresa ou empresa de pequeno porte apresentar escrituração fiscal digital ou obrigação equivalente.

- *§ 4º-C acrescido pela LC nº 147/2014.*

§ 5º. As microempresas e empresas de pequeno porte ficam sujeitas à entrega de declaração eletrônica que deva conter os dados referentes aos serviços prestados ou tomados de terceiros, na conformidade do que dispuser o Comitê Gestor.

§ 6º. Na hipótese do § 1º deste artigo:

I – deverão ser anexados ao registro de vendas ou de prestação de serviços, na forma regulamentada pelo Comitê Gestor, os documentos fiscais comprobatórios das entradas de mercadorias e serviços tomados referentes ao período, bem como os documentos fiscais relativos às operações ou prestações realizadas eventualmente emitidos;

II – será obrigatória a emissão de documento fiscal nas vendas e nas prestações de serviços realizadas pelo MEI para destinatário cadastrado no Cadastro Nacional da Pessoa Jurídica (CNPJ), ficando dispensado desta emissão para o consumidor final.

§ 7º. Cabe ao CGSN dispor sobre a exigência da certificação digital para o cumprimento de obrigações principais e acessórias por parte da microempresa, inclusive o MEI, ou empresa de pequeno porte optante pelo Simples Nacional, inclusive para o recolhimento do FGTS.

§ 8º. O CGSN poderá disciplinar sobre a disponibilização, no portal do SIMPLES Nacional, de documento fiscal eletrônico de venda ou de prestação de serviço para o MEI, microempresa ou empresa de pequeno porte optante pelo Simples Nacional.

- *§ 8º acrescido pela LC nº 147/2014.*

§ 9º. O desenvolvimento e a manutenção das soluções de tecnologia, capacitação e orientação aos usuários relativas ao disposto no § 8º, bem como as demais relativas ao Simples Nacional, poderão ser apoiadas pelo Serviço Brasileiro de Apoio às Micro e Pequenas Empresas – SEBRAE.

- *§ 9º acrescido pela LC nº 147/2014.*

§ 10. O ato de emissão ou de recepção de documento fiscal por meio eletrônico estabelecido pelas administrações tributárias, em qualquer modalidade, de entrada, de saída ou de prestação, na forma estabelecida pelo CGSN, representa sua própria escrituração fiscal e elemento suficiente para a fundamentação e a constituição do crédito tributário.

- *§ 10 acrescido pela LC nº 147/2014.*

§ 11. Os dados dos documentos fiscais de qualquer espécie podem ser compartilhados entre as administrações tributárias da União, Estados, Distrito Federal e Municípios e, quando emitidos por meio eletrônico, na forma estabelecida pelo CGSN, a microempresa ou empresa de pequeno porte optante pelo Simples Nacional fica desobrigada de transmitir seus dados às administrações tributárias.

- *§ 11 acrescido pela LC nº 147/2014.*

§ 12. As informações a serem prestadas relativas ao ICMS devido na forma prevista nas alíneas a, g e h do inciso XIII do § 1º do art. 13 serão fornecidas por meio de aplicativo único.

- *§ 12 acrescido pela LC nº 147/2014.*

§ 13. Fica estabelecida a obrigatoriedade de utilização de documentos fiscais eletrônicos estabelecidos pelo Confaz nas operações e prestações relativas ao ICMS efetuadas por microempresas e empresas de pequeno porte nas hipóteses previstas nas alíneas a, g e h do inciso XIII do § 1º do art. 13.

- *§ 13 acrescido pela LC nº 147/2014.*

§ 14. Os aplicativos necessários ao cumprimento do disposto nos §§ 12 e 13 deste artigo serão disponibilizados, de forma gratuita, no portal do Simples Nacional.

- *§ 14 acrescido pela LC nº 147/2014.*

§ 15. O CGSN regulamentará o disposto neste artigo.

- *§ 15 acrescido pela LC nº 147/2014.*

Art. 27. As microempresas e empresas de pequeno porte optantes pelo Simples Nacional poderão, opcionalmente, adotar contabilidade simplificada para os registros e controles das operações realizadas, conforme regulamentação do Comitê Gestor.

Seção VIII – Da Exclusão do Simples Nacional

Art. 28. A exclusão do Simples Nacional será feita de ofício ou mediante comunicação das empresas optantes.

Parágrafo único. As regras previstas nesta seção e o modo de sua implementação serão regulamentados pelo Comitê Gestor.

Art. 29. A exclusão de ofício das empresas optantes pelo Simples Nacional dar-se-á quando:

I – verificada a falta de comunicação de exclusão obrigatória;

II – for oferecido embaraço à fiscalização, caracterizado pela negativa não justificada de exibição de livros e documentos a que estiverem obrigadas, bem como pelo não fornecimento de informações sobre bens, movimentação financeira, negócio ou atividade que estiverem intimadas a apresentar, e nas demais hipóteses que autorizam a requisição de auxílio da força pública;

III – for oferecida resistência à fiscalização, caracterizada pela negativa de acesso ao estabelecimento, ao domicílio fiscal ou a qualquer outro local onde desenvolvam suas atividades ou se encontrem bens de sua propriedade;

IV – a sua constituição ocorrer por interpostas pessoas;

V – tiver sido constatada prática reiterada de infração ao disposto nesta Lei Complementar;

VI – a empresa for declarada inapta, na forma dos arts. 81 e 82 da Lei nº 9.430, de 27 de dezembro de 1996, e alterações posteriores;

- *Lei nº 9.430, de 27.12.1996 – Dispõe sobre a legislação tributária federal, as contribuições para a seguridade social, o processo administrativo de consulta e dá outras providências:*

__Art. 81.__ Poderá ser declarada inapta, nos termos e condições definidos pela Secretaria da Receita Federal do Brasil, a inscrição no CNPJ da pessoa jurídica que, estando obrigada, deixar de apresentar declarações e demonstrativos em dois exercícios consecutivos. (Redação dada pela MP nº 449, de 3.12.2008)

§ 1º. Será também declarada inapta a inscrição da pessoa jurídica que não comprove a origem, a disponibilidade e a efetiva transferência, se for o caso, dos recursos empregados em operações de comércio exterior. (Incluído pela Lei nº 10.637, de 30.12.2002)

§ 2º. Para fins do disposto no § 1º, a comprovação da origem de recursos provenientes do exterior dar-se-á mediante, cumulativamente: (Incluído pela Lei nº 10.637, de 30.12.2002)

I – prova do regular fechamento da operação de câmbio, inclusive com a identificação da instituição financeira no exterior encarregada da remessa dos recursos para o País; (Incluído pela Lei nº 10.637, de 30.12.2002)

II – identificação do remetente dos recursos, assim entendido como a pessoa física ou jurídica titular dos recursos remetidos. (Incluído pela Lei nº 10.637, de 30.12.2002)

§ 3º. No caso de o remetente referido no inciso II do § 2º ser pessoa jurídica deverão ser também identificados os integrantes de seus quadros societário e gerencial. (Incluído pela Lei nº 10.637, de 30.12.2002)

§ 4º. O disposto nos §§ 2º e 3º aplica-se, também, na hipótese de que trata o § 2º do art. 23 do Decreto-Lei nº 1.455, de 7 de abril de 1976. (Incluído pela Lei nº 10.637, de 30.12.2002)

§ 5º. Poderá também ser declarada inapta a inscrição no CNPJ da pessoa jurídica que não for localizada no endereço informado ao CNPJ, nos termos e condições definidos pela Secretaria da Receita Federal do Brasil. (Incluído pela MP nº 449, de 3.12.2008)

__Art. 82.__ Além das demais hipóteses de inidoneidade de documentos previstos na legislação, não produzirá efeitos tributários em favor de terceiros interessados, o documento emitido por pessoa jurídica cuja inscrição no Cadastro Geral de Contribuintes tenha sido considerada ou declarada inapta.

Parágrafo único. O disposto neste artigo não se aplica aos casos em que o adquirente de bens, direitos e mercadorias ou o tomador de serviços comprovarem a efetivação do pagamento do preço respectivo e o recebimento dos bens, direitos e mercadorias ou utilização dos serviços.

VII – comercializar mercadorias objeto de contrabando ou descaminho;

VIII – houver falta de escrituração do livro-caixa ou não permitir a identificação da movimentação financeira, inclusive bancária;

IX – for constatado que durante o ano-calendário o valor das despesas pagas supera em 20% (vinte por cento) o valor de ingressos de recursos no mesmo período, excluído o ano de início de atividade;

X – for constatado que durante o ano-calendário o valor das aquisições de mercadorias para comercialização ou industrialização, ressalvadas hipóteses justificadas de aumento de estoque, for superior a 80% (oitenta por cento) dos ingressos de recursos no mesmo período, excluído o ano de início de atividade;

XI – houver descumprimento reiterado da obrigação contida no inciso I do *caput* do art. 26;

XII – omitir de forma reiterada da folha de pagamento da empresa ou de documento de informações previsto pela legislação previdenciária, trabalhista ou tributária, segurado empregado, trabalhador avulso ou contribuinte individual que lhe preste serviço.

§ 1°. Nas hipóteses previstas nos incisos II a XII do *caput* deste artigo, a exclusão produzirá efeitos a partir do próprio mês em que incorridas, impedindo a opção pelo regime diferenciado e favorecido desta Lei Complementar pelos próximos 3 (três) anos-calendário seguintes.

§ 2°. O prazo de que trata o § 1° deste artigo será elevado para 10 (dez) anos caso seja constatada a utilização de artifício, ardil ou qualquer outro meio fraudulento que induza ou mantenha a fiscalização em erro, com o fim de suprimir ou reduzir o pagamento de tributo apurável segundo o regime especial previsto nesta Lei Complementar.

§ 3°. A exclusão de ofício será realizada na forma regulamentada pelo Comitê Gestor, cabendo o lançamento dos tributos e contribuições apurados aos respectivos entes tributantes.

§ 4°. (Revogado).

§ 5°. A competência para exclusão de ofício do Simples Nacional obedece ao disposto no art. 33, e o julgamento administrativo, ao disposto no art. 39, ambos desta Lei Complementar.

§ 6°. Nas hipóteses de exclusão previstas no *caput*, a notificação:

I – será efetuada pelo ente federativo que promoveu a exclusão; e

II – poderá ser feita por meio eletrônico, observada a regulamentação do CGSN.

§ 7°. (Revogado).

§ 8°. A notificação de que trata o § 6° aplica-se ao indeferimento da opção pelo Simples Nacional.

§ 9°. Considera-se prática reiterada, para fins do disposto nos incisos V, XI e XII do *caput*:

I – a ocorrência, em 2 (dois) ou mais períodos de apuração, consecutivos ou alternados, de idênticas infrações, inclusive de natureza acessória, verificada em relação aos últimos 5 (cinco) anos-calendário, formalizadas por intermédio de auto de infração ou notificação de lançamento; ou

II – a segunda ocorrência de idênticas infrações, caso seja constatada a utilização de artifício, ardil ou qualquer outro meio fraudulento que induza ou mantenha a fiscalização em erro, com o fim de suprimir ou reduzir o pagamento de tributo.

Art. 30. A exclusão do Simples Nacional, mediante comunicação das microempresas ou das empresas de pequeno porte, dar-se-á:

I – por opção;

II – obrigatoriamente, quando elas incorrerem em qualquer das situações de vedação previstas nesta Lei Complementar; ou

III – obrigatoriamente, quando ultrapassado, no ano-calendário de início de atividade, o limite proporcional de receita bruta de que trata o § 2° do art. 3°;

IV – obrigatoriamente, quando ultrapassado, no ano-calendário, o limite de receita bruta previsto no inciso II do *caput* do art. 3°, quando não estiver no ano-calendário de início de atividade.

§ 1º. A exclusão deverá ser comunicada à Secretaria da Receita Federal:

I – na hipótese do inciso I do *caput* deste artigo, até o último dia útil do mês de janeiro;

II – na hipótese do inciso II do *caput* deste artigo, até o último dia útil do mês subsequente àquele em que ocorrida a situação de vedação;

III – na hipótese do inciso III do *caput*:

a) até o último dia útil do mês seguinte àquele em que tiver ultrapassado em mais de 20% (vinte por cento) o limite proporcional de que trata o § 10 do art. 3º; ou

b) até o último dia útil do mês de janeiro do ano-calendário subsequente ao de início de atividades, caso o excesso seja inferior a 20% (vinte por cento) do respectivo limite;

IV – na hipótese do inciso IV do *caput*:

a) até o último dia útil do mês subsequente à ultrapassagem em mais de 20% (vinte por cento) do limite de receita bruta previsto no inciso II do *caput* do art. 3º; ou

b) até o último dia útil do mês de janeiro do ano-calendário subsequente, na hipótese de não ter ultrapassado em mais de 20% (vinte por cento) o limite de receita bruta previsto no inciso II do *caput* do art. 3º.

§ 2º. A comunicação de que trata o *caput* deste artigo dar-se-á na forma a ser estabelecida pelo Comitê Gestor.

§ 3º. A alteração de dados no CNPJ, informada pela ME ou EPP à Secretaria da Receita Federal do Brasil, equivalerá à comunicação obrigatória de exclusão do Simples Nacional nas seguintes hipóteses:

I – alteração de natureza jurídica para Sociedade Anônima, Sociedade Empresária em Comandita por Ações, Sociedade em Conta de Participação ou Estabelecimento, no Brasil, de Sociedade Estrangeira;

II – inclusão de atividade econômica vedada à opção pelo Simples Nacional;

III – inclusão de sócio pessoa jurídica;

IV – inclusão de sócio domiciliado no exterior;

V – cisão parcial; ou

VI – extinção da empresa.

Art. 31. A exclusão das microempresas ou das empresas de pequeno porte do Simples Nacional produzirá efeitos:

I – na hipótese do inciso I do *caput* do art. 30 desta Lei Complementar, a partir de 1º de janeiro do ano-calendário subsequente, ressalvado o disposto no § 4º deste artigo;

II – na hipótese do inciso II do *caput* do art. 30 desta Lei Complementar, a partir do mês seguinte da ocorrência da situação impeditiva;

III – na hipótese do inciso III do *caput* do art. 30 desta Lei Complementar:

a) desde o início das atividades;

b) a partir de 1º de janeiro do ano-calendário subsequente, na hipótese de não ter ultrapassado em mais de 20% (vinte por cento) o limite proporcional de que trata o § 10 do art. 3º;

IV – na hipótese do inciso V do *caput* do art. 17 desta Lei Complementar, a partir do ano-calendário subsequente ao da ciência da comunicação da exclusão;

V – na hipótese do inciso IV do *caput* do art. 30:

a) a partir do mês subsequente à ultrapassagem em mais de 20% (vinte por cento) do limite de receita bruta previsto no inciso II do art. 3º;

b) a partir de 1º de janeiro do ano-calendário subsequente, na hipótese de não ter ultrapassado em mais de 20% (vinte por cento) o limite de receita bruta previsto no inciso II do art. 3º.

§ 1º. Na hipótese prevista no inciso III do *caput* do art. 30 desta Lei Complementar, a microempresa ou empresa de pequeno porte não poderá optar, no ano-calendário subsequente ao do início de atividades, pelo Simples Nacional.

§ 2º. Na hipótese dos incisos V e XVI do *caput* do art. 17, será permitida a permanência da pessoa jurídica como optante pelo Simples Nacional mediante a comprovação da regularização do débito ou do cadastro fiscal no prazo de até 30 (trinta) dias contados a partir da ciência da comunicação da exclusão.

§ 3º. O CGSN regulamentará os procedimentos relativos ao impedimento de recolher o ICMS e o ISS na forma do Simples Nacional, em face da ultrapassagem dos limites estabelecidos na forma dos incisos I ou II do art. 19 e do art. 20.

§ 4º. No caso de a microempresa ou a empresa de pequeno porte ser excluída do Simples Nacional no mês de janeiro, na hipótese do inciso I do *caput* do art. 30 desta Lei Complementar, os efeitos da exclusão dar-se-ão nesse mesmo ano.

§ 5º. Na hipótese do inciso II do *caput* deste artigo, uma vez que o motivo da exclusão deixe de existir, havendo a exclusão retroativa de ofício no caso do inciso I do *caput* do art. 29 desta Lei Complementar, o efeito desta dar-se-á a partir do mês seguinte ao da ocorrência da situação impeditiva, limitado, porém, ao último dia do ano-calendário em que a referida situação deixou de existir.

Art. 32. As microempresas ou as empresas de pequeno porte excluídas do Simples Nacional sujeitar-se-ão, a partir do período em que se processarem os efeitos da exclusão, às normas de tributação aplicáveis às demais pessoas jurídicas.

§ 1º. Para efeitos do disposto no *caput* deste artigo, na hipótese da alínea a do inciso III do *caput* do art. 31 desta Lei Complementar, a microempresa ou a empresa de pequeno porte desenquadrada ficará sujeita ao pagamento da totalidade ou diferença dos respectivos impostos e contribuições, devidos de conformidade com as normas gerais de incidência, acrescidos, tão-somente, de juros de mora, quando efetuado antes do início de procedimento de ofício.

§ 2º. Para efeito do disposto no *caput* deste artigo, o sujeito passivo poderá optar pelo recolhimento do imposto de renda e da Contribuição Social sobre o Lucro Líquido na forma do lucro presumido, lucro real trimestral ou anual.

§ 3º. Aplica-se o disposto no *caput* e no § 1º em relação ao ICMS e ao ISS à empresa impedida de recolher esses impostos na forma do Simples Nacional, em face da ultrapassagem dos limites a que se referem os incisos I e II do *caput* do art. 19, relativamente ao estabelecimento localizado na unidade da federação que os houver adotado.

Seção IX – Da Fiscalização

Art. 33. A competência para fiscalizar o cumprimento das obrigações principais e acessórias relativas ao Simples Nacional e para verificar a ocorrência das hipóteses previstas no art. 29 desta Lei Complementar é da Secretaria da Receita Federal e das Secretarias de Fazenda ou de Finanças do Estado ou do Distrito Federal, segundo a localização do estabelecimento, e, tratando-se de prestação de serviços incluídos na competência tributária municipal, a competência será também do respectivo Município.

- *Art. 33 regulamentado pelo art. 32 do Decreto nº 7.574, de 29.9.2011 – Regulamenta o processo de determinação e exigência de créditos tributários da União, o processo de consulta sobre a aplicação da legislação tributária federal e outros processos que especifica, sobre matérias administradas pela Secretaria da Receita Federal do Brasil.*

§ 1º. As Secretarias de Fazenda ou Finanças dos Estados poderão celebrar convênio com os Municípios de sua jurisdição para atribuir a estes a fiscalização a que se refere o *caput* deste artigo.

§ 1º-A. Dispensa-se o convênio de que trata o § 1º na hipótese de ocorrência de prestação de serviços sujeita ao ISS por estabelecimento localizado no Município.

§ 1º-B. A fiscalização de que trata o *caput*, após iniciada, poderá abranger todos os demais estabelecimentos da microempresa ou da empresa de pequeno porte, independentemente da atividade por eles exercida ou de sua localização, na forma e condições estabelecidas pelo CGSN.

§ 1º-C. As autoridades fiscais de que trata o *caput* têm competência para efetuar o lançamento de todos os tributos previstos nos incisos I a VIII do art. 13, apurados na forma do Simples Nacional, relativamente a todos os estabelecimentos da empresa, independentemente do ente federado instituidor.

§ 1º-D. A competência para autuação por descumprimento de obrigação acessória é privativa da administração tributária perante a qual a obrigação deveria ter sido cumprida.

§ 2º. Na hipótese de a microempresa ou empresa de pequeno porte exercer alguma das atividades de prestação de serviços previstas no § 5º-C do art. 18 desta Lei Complementar, caberá à Secretaria da Receita Federal do Brasil a fiscalização da Contribuição para a Seguridade Social, a cargo da empresa, de que trata o art. 22 da Lei nº 8.212, de 24 de julho de 1991.

- *Vide nota ao inciso VI do art. 13 desta Lei Complementar.*

§ 3º. O valor não pago, apurado em procedimento de fiscalização, será exigido em lançamento de ofício pela autoridade competente que realizou a fiscalização.

§ 4º. O Comitê Gestor disciplinará o disposto neste artigo.

Seção X – Da Omissão de Receita

Art. 34. Aplicam-se à microempresa e à empresa de pequeno porte optantes pelo Simples Nacional todas as presunções de omissão de receita existentes nas legislações de regência dos impostos e contribuições incluídos no Simples Nacional.

§ 1º. É permitida a prestação de assistência mútua e a permuta de informações entre a Fazenda Pública da União e as dos Estados, do Distrito Federal e dos Municípios, relativas às microempresas e às empresas de pequeno porte, para fins de planejamento ou de execução de procedimentos fiscais ou preparatórios.

- *§ 1º acrescido pela LC nº 155/2016. Efeitos a partir de 1º.1.2018.*

§ 2º. (Vetado).

- *§ 2º acrescido pela LC nº 155/2016. Efeitos a partir de 1º.1.2018.*

§ 3º. Sem prejuízo de ação fiscal individual, as administrações tributárias poderão utilizar procedimento de notificação prévia visando à autorregularização, na forma e nos prazos a serem regulamentados pelo CGSN, que não constituirá início de procedimento fiscal.

- *§ 3º acrescido pela LC nº 155/2016. Efeitos a partir de 1º.1.2018.*

§ 4º. (Vetado).

- *§ 4º acrescido pela LC nº 155/2016. Efeitos a partir de 1º.1.2018.*

Seção XI – Dos Acréscimos Legais

Art. 35. Aplicam-se aos impostos e contribuições devidos pela microempresa e pela empresa de pequeno porte, inscritas no Simples Nacional, as normas relativas aos juros e multa de mora e de ofício previstas para o imposto de renda, inclusive, quando for o caso, em relação ao ICMS e ao ISS.

Art. 36. A falta de comunicação, quando obrigatória, da exclusão da pessoa jurídica do Simples Nacional, nos prazos determinados no § 1º do art. 30 desta Lei Complementar, sujeitará a pessoa jurídica a multa correspondente a 10% (dez por cento) do total dos impostos e contribuições devidos de conformidade com o Simples Nacional no mês que anteceder o início dos efeitos da exclusão, não inferior a R$ 200,00 (duzentos reais), insuscetível de redução.

Art. 36-A. A falta de comunicação, quando obrigatória, do desenquadramento do microempreendedor individual da sistemática de recolhimento prevista no art. 18-A desta Lei Complementar nºs prazos determinados em seu § 7º sujeitará o microempreendedor individual a multa no valor de R$ 50,00 (cinquenta reais), insusceptível de redução.

Art. 37. A imposição das multas de que trata esta Lei Complementar não exclui a aplicação das sanções previstas na legislação penal, inclusive em relação a declaração falsa, adulteração de documentos e emissão de nota fiscal em desacordo com a operação efetivamente praticada, a que estão sujeitos o titular ou sócio da pessoa jurídica.

Art. 38. O sujeito passivo que deixar de apresentar a Declaração Simplificada da Pessoa Jurídica a que se refere o art. 25 desta Lei Complementar, no prazo fixado, ou que a apresentar com incorreções ou omissões, será intimado a apresentar declaração original, no caso de não apresentação, ou a prestar esclarecimentos, nos demais casos, no prazo estipulado pela autoridade fiscal, na forma definida pelo Comitê Gestor, e sujeitar-se-á às seguintes multas:

I – de 2% (dois por cento) ao mês-calendário ou fração, incidentes sobre o montante dos tributos e contribuições informados na Declaração Simplificada da Pessoa Jurídica, ainda que integralmente pago, no caso de falta de entrega da declaração ou entrega após o prazo, limitada a 20% (vinte por cento), observado o disposto no § 3º deste artigo;

II – de R$ 100,00 (cem reais) para cada grupo de 10 (dez) informações incorretas ou omitidas.

§ 1º. Para efeito de aplicação da multa prevista no inciso I do *caput* deste artigo, será considerado como termo inicial o dia seguinte ao término do prazo originalmente fixado para a entrega da declaração e como termo final a data da efetiva entrega ou, no caso de não apresentação, da lavratura do auto de infração.

§ 2º. Observado o disposto no § 3º deste artigo, as multas serão reduzidas:

I – à metade, quando a declaração for apresentada após o prazo, mas antes de qualquer procedimento de ofício;

II – a 75% (setenta e cinco por cento), se houver a apresentação da declaração no prazo fixado em intimação.

§ 3º. A multa mínima a ser aplicada será de R$ 200,00 (duzentos reais).

§ 4º. Considerar-se-á não entregue a declaração que não atender às especificações técnicas estabelecidas pelo Comitê Gestor.

§ 5º. Na hipótese do § 4º deste artigo, o sujeito passivo será intimado a apresentar nova declaração, no prazo de 10 (dez) dias, contados da ciência da intimação, e sujeitar-se-á à multa prevista no inciso I do *caput* deste artigo, observado o disposto nos §§ 1º a 3º deste artigo.

§ 6º. A multa mínima de que trata o § 3º deste artigo a ser aplicada ao Microempreendedor Individual na vigência da opção de que trata o art. 18-A desta Lei Complementar será de R$ 50,00 (cinquenta reais).

Art. 38-A. O sujeito passivo que deixar de prestar as informações no sistema eletrônico de cálculo de que trata o § 15 do art. 18, no prazo previsto no § 15-A do mesmo artigo, ou que as prestar com incorreções ou omissões, será intimado a fazê-lo, no caso de não apresentação, ou a prestar esclarecimentos, nos demais casos, no prazo estipulado pela autoridade fiscal, na forma definida pelo CGSN, e sujeitar-se-á às seguintes multas, para cada mês de referência:

I – de 2% (dois por cento) ao mês-calendário ou fração, a partir do primeiro dia do quarto mês do ano subsequente à ocorrência dos fatos geradores, incidentes sobre o montante dos impostos e contribuições decorrentes das informações prestadas no sistema eletrônico de cálculo de que trata o § 15 do art. 18, ainda que integralmente pago, no caso de ausência de prestação de informações ou sua efetuação após o prazo, limitada a 20% (vinte por cento), observado o disposto no § 2º deste artigo; e

II – de R$ 20,00 (vinte reais) para cada grupo de 10 (dez) informações incorretas ou omitidas.

§ 1º. Para efeito de aplicação da multa prevista no inciso I do *caput*, será considerado como termo inicial o primeiro dia do quarto mês do ano subsequente à ocorrência dos fatos geradores e como termo final a data da efetiva prestação ou, no caso de não prestação, da lavratura do auto de infração.

§ 2º. A multa mínima a ser aplicada será de R$ 50,00 (cinquenta reais) para cada mês de referência.

§ 3º. Aplica-se ao disposto neste artigo o disposto nos §§ 2º, 4º e 5º do art. 38.

§ 4º. O CGSN poderá estabelecer data posterior à prevista no inciso I do *caput* e no § 1º.

Art. 38-B. As multas relativas à falta de prestação ou à incorreção no cumprimento de obrigações acessórias para com os órgãos e entidades federais, estaduais, distritais e municipais, quando em valor fixo ou mínimo, e na ausência de previsão legal de valores específicos e mais favoráveis para MEI, microempresa ou empresa de pequeno porte, terão redução de:

I – 90% (noventa por cento) para os MEI;

II – 50% (cinquenta por cento) para as microempresas ou empresas de pequeno porte optantes pelo Simples Nacional.

Parágrafo único. As reduções de que tratam os incisos I e II do *caput* não se aplicam na:

I – hipótese de fraude, resistência ou embaraço à fiscalização;

II – ausência de pagamento da multa no prazo de 30 (trinta) dias após a notificação.

- *Art. 38-B acrescido pela LC nº 147/2014.*

Seção XII – Do Processo Administrativo Fiscal

Art. 39. O contencioso administrativo relativo ao Simples Nacional será de competência do órgão julgador integrante da estrutura administrativa do ente federativo que efetuar o lançamento, o indeferimento da opção ou a exclusão de ofício, observados os dispositivos legais atinentes aos processos administrativos fiscais desse ente.

§ 1º. O Município poderá, mediante convênio, transferir a atribuição de julgamento exclusivamente ao respectivo Estado em que se localiza.

§ 2º. No caso em que o contribuinte do Simples Nacional exerça atividades incluídas no campo de incidência do ICMS e do ISS e seja apurada omissão de receita de que não se consiga identificar a origem, a autuação será feita utilizando a maior alíquota prevista nesta Lei Complementar, e a parcela autuada que não seja correspondente aos tributos e contribuições federais será rateada entre Estados e Municípios ou Distrito Federal.

§ 3º. Na hipótese referida no § 2º deste artigo, o julgamento caberá ao Estado ou ao Distrito Federal.

§ 4º. A intimação eletrônica dos atos do contencioso administrativo observará o disposto nos §§ 1º-A a 1º-D do art. 16.

§ 5º. A impugnação relativa ao indeferimento da opção ou à exclusão poderá ser decidida em órgão diverso do previsto no *caput*, na forma estabelecida pela respectiva administração tributária.

§ 6º. Na hipótese prevista no § 5º, o CGSN poderá disciplinar procedimentos e prazos, bem como, no processo de exclusão, prever efeito suspensivo na hipótese de apresentação de impugnação, defesa ou recurso.

- *Art. 39 regulamentado pelo art. 60 do Decreto nº 7.574, de 29.9.2011 – Regulamenta o processo de determinação e exigência de créditos tributários da União, o processo de consulta sobre a aplicação da legislação tributária federal e outros processos que especifica, sobre matérias administradas pela Secretaria da Receita Federal do Brasil.*

Art. 40. As consultas relativas ao Simples Nacional serão solucionadas pela Secretaria da Receita Federal, salvo quando se referirem a tributos e contribuições de competência estadual ou municipal, que serão solucionadas conforme a respectiva competência tributária, na forma disciplinada pelo Comitê Gestor.

- *Art. 40 regulamentado pelo art. 93 do Decreto nº 7.574, de 29.9.2011 – Regulamenta o processo de determinação e exigência de créditos tributários da União, o processo de consulta sobre a aplicação da legislação tributária federal e outros processos que especifica, sobre matérias administradas pela Secretaria da Receita Federal do Brasil.*

Seção XIII – Do Processo Judicial

Art. 41. Os processos relativos a impostos e contribuições abrangidos pelo Simples Nacional serão ajuizados em face da União, que será representada em juízo pela Procuradoria-Geral da Fazenda Nacional, observado o disposto no § 5º deste artigo.

§ 1º. Os Estados, Distrito Federal e Municípios prestarão auxílio à Procuradoria-Geral da Fazenda Nacional, em relação aos tributos de sua competência, na forma a ser disciplinada por ato do Comitê Gestor.

§ 2º. Os créditos tributários oriundos da aplicação desta Lei Complementar serão apurados, inscritos em Dívida Ativa da União e cobrados judicialmente pela Procuradoria-Geral da Fazenda Nacional, observado o disposto no inciso V do § 5º deste artigo.

§ 3º. Mediante convênio, a Procuradoria-Geral da Fazenda Nacional poderá delegar aos Estados e Municípios a inscrição em dívida ativa estadual e municipal e a cobrança judicial dos tributos estaduais e municipais a que se refere esta Lei Complementar.

§ 4º. Aplica-se o disposto neste artigo aos impostos e contribuições que não tenham sido recolhidos resultantes das informações prestadas:

I – no sistema eletrônico de cálculo dos valores devidos no Simples Nacional de que trata o § 15 do art. 18;

II – na declaração a que se refere o art. 25.

§ 5º. Excetuam-se do disposto no *caput* deste artigo:

I – os mandados de segurança nos quais se impugnem atos de autoridade coatora pertencente a Estado, Distrito Federal ou Município;

II – as ações que tratem exclusivamente de tributos de competência dos Estados, do Distrito Federal ou dos Municípios, as quais serão propostas em face desses entes federativos, representados em juízo por suas respectivas procuradorias;

III – as ações promovidas na hipótese de celebração do convênio de que trata o § 3º deste artigo;

IV – o crédito tributário decorrente de auto de infração lavrado exclusivamente em face de descumprimento de obrigação acessória, observado o disposto no § 1º-D do art. 33;

V – o crédito tributário relativo ao ICMS e ao ISS de que tratam as alíneas b e c do inciso V do § 3º do art. 18-A desta Lei Complementar.

- *Inciso V com redação dada pela LC nº 147/2014.*

CAPÍTULO V – DO ACESSO AOS MERCADOS

Seção I – Das Aquisições Públicas

- *Seção I, primitiva Seção Única, renumerada pela LC nº 147/2014.*

Art. 42. Nas licitações públicas, a comprovação de regularidade fiscal e trabalhista das microempresas e das empresas de pequeno porte somente será exigida para efeito de assinatura do contrato.

- *Art. 42 com redação dada pela LC nº 155/2016. Efeitos a partir de 1º.1.2018.*

Art. 43. As microempresas e as empresas de pequeno porte, por ocasião da participação em certames licitatórios, deverão apresentar toda a documentação exigida para efeito de comprovação de regularidade fiscal e trabalhista, mesmo que esta apresente alguma restrição.

- *Art. 43,* caput, *com redação dada pela LC nº 155/2016. Efeitos a partir de 1º.1.2018.*

§ 1º. Havendo alguma restrição na comprovação da regularidade fiscal e trabalhista, será assegurado o prazo de cinco dias úteis, cujo termo inicial corresponderá ao momento em que o proponente for declarado vencedor do certame, prorrogável por igual período, a critério da administração pública, para regularização da documentação, para pagamento ou parcelamento do débito e para emissão de eventuais certidões negativas ou positivas com efeito de certidão negativa.

- *§ 1º com redação dada pela LC nº 155/2016. Efeitos a partir de 1º.1.2018.*

§ 2º. A não regularização da documentação, no prazo previsto no § 1º deste artigo, implicará decadência do direito à contratação, sem prejuízo das sanções previstas no art. 81 da Lei nº 8.666, de 21 de junho de 1993, sendo facultado à Administração convocar os licitantes remanescentes, na ordem de classificação, para a assinatura do contrato, ou revogar a licitação.

- *Lei nº 8.666, de 21.6.1993 – Regulamenta o art. 37, inciso XXI, da Constituição Federal, institui normas para licitações e contratos da Administração Pública e dá outras providências:*

  Art. 81. *A recusa injustificada do adjudicatário em assinar o contrato, aceitar ou retirar o instrumento equivalente, dentro do prazo estabelecido pela Administração, caracteriza o descumprimento total da obrigação assumida, sujeitando-o às penalidades legalmente estabelecidas.*

  Parágrafo único. O disposto neste artigo não se aplica aos licitantes convocados nos termos do art. 64, § 2º desta Lei, que não aceitarem a contratação, nas mesmas condições propostas pelo primeiro adjudicatário, inclusive quanto ao prazo e preço.

Art. 44. Nas licitações será assegurada, como critério de desempate, preferência de contratação para as microempresas e empresas de pequeno porte.

§ 1º. Entende-se por empate aquelas situações em que as propostas apresentadas pelas microempresas e empresas de pequeno porte sejam iguais ou até 10% (dez por cento) superiores à proposta mais bem classificada.

§ 2º. Na modalidade de pregão, o intervalo percentual estabelecido no § 1º deste artigo será de até 5% (cinco por cento) superior ao melhor preço.

Art. 45. Para efeito do disposto no art. 44 desta Lei Complementar, ocorrendo o empate, proceder-se-á da seguinte forma:

I – a microempresa ou empresa de pequeno porte mais bem classificada poderá apresentar proposta de preço inferior àquela considerada vencedora do certame, situação em que será adjudicado em seu favor o objeto licitado;

II – não ocorrendo a contratação da microempresa ou empresa de pequeno porte, na forma do inciso I do *caput* deste artigo, serão convocadas as remanescentes que porventura se enquadrem na hipótese dos §§ 1º e 2º do art. 44 desta Lei Complementar, na ordem classificatória, para o exercício do mesmo direito;

III – no caso de equivalência dos valores apresentados pelas microempresas e empresas de pequeno porte que se encontrem nos intervalos estabelecidos nos §§ 1º e 2º do art. 44 desta Lei Complementar, será realizado sorteio entre elas para que se identifique aquela que primeiro poderá apresentar melhor oferta.

§ 1º. Na hipótese da não contratação nos termos previstos no *caput* deste artigo, o objeto licitado será adjudicado em favor da proposta originalmente vencedora do certame.

§ 2º. O disposto neste artigo somente se aplicará quando a melhor oferta inicial não tiver sido apresentada por microempresa ou empresa de pequeno porte.

§ 3º. No caso de pregão, a microempresa ou empresa de pequeno porte mais bem classificada será convocada para apresentar nova proposta no prazo máximo de 5 (cinco) minutos após o encerramento dos lances, sob pena de preclusão.

Art. 46. A microempresa e a empresa de pequeno porte titular de direitos creditórios decorrentes de empenhos liquidados por órgãos e entidades da União, Estados, Distrito Federal e Município não pagos em até 30 (trinta) dias contados da data de liquidação poderão emitir cédula de crédito microempresarial.

Parágrafo único. (Revogado).

- *Parágrafo único revogado pela LC nº 147/2014.*

Art. 47. Nas contratações públicas da administração direta e indireta, autárquica e fundacional, federal, estadual e municipal, deverá ser concedido tratamento diferenciado e simplificado para as microempresas e empresas de pequeno porte objetivando a promoção do desenvolvimento econômico e social no âmbito municipal e regional, a ampliação da eficiência das políticas públicas e o incentivo à inovação tecnológica.

- *Art. 47,* caput, *com redação dada pela LC nº 147/2014.*

Parágrafo único. No que diz respeito às compras públicas, enquanto não sobrevier legislação estadual, municipal ou regulamento específico de cada órgão mais favorável à microempresa e empresa de pequeno porte, aplica-se a legislação federal.

- *Parágrafo único acrescido pela LC nº 147/2014.*

Art. 48. Para o cumprimento do disposto no art. 47 desta Lei Complementar, a administração pública:

I – deverá realizar processo licitatório destinado exclusivamente à participação de microempresas e empresas de pequeno porte nos itens de contratação cujo valor seja de até R$ 80.000,00 (oitenta mil reais);

II – poderá, em relação aos processos licitatórios destinados à aquisição de obras e serviços, exigir dos licitantes a subcontratação de microempresa ou empresa de pequeno porte;

III – deverá estabelecer, em certames para aquisição de bens de natureza divisível, cota de até 25% (vinte e cinco por cento) do objeto para a contratação de microempresas e empresas de pequeno porte.

- *Art. 48,* caput *e incisos com redação dada pela LC nº 147/2014.*

§ 1º. (Revogado).

- *§ 1º revogado pela LC nº 147/2014.*

§ 2º. Na hipótese do inciso II do *caput* deste artigo, os empenhos e pagamentos do órgão ou entidade da administração pública poderão ser destinados diretamente às microempresas e empresas de pequeno porte subcontratadas.

§ 3º. Os benefícios referidos no *caput* deste artigo poderão, justificadamente, estabelecer a prioridade de contratação para as microempresas e empresas de pequeno porte sediadas local ou regionalmente, até o limite de 10% (dez por cento) do melhor preço válido.

- *§ 3º acrescido pela LC nº 147/2014.*

Art. 49. Não se aplica o disposto nos arts. 47 e 48 desta Lei Complementar quando:

I – (revogado);

- *Inciso I revogado pela LC nº 147/2014.*

II – não houver um mínimo de 3 (três) fornecedores competitivos enquadrados como microempresas ou empresas de pequeno porte sediados local ou regionalmente e capazes de cumprir as exigências estabelecidas no instrumento convocatório;

III – o tratamento diferenciado e simplificado para as microempresas e empresas de pequeno porte não for vantajoso para a administração pública ou representar prejuízo ao conjunto ou complexo do objeto a ser contratado;

IV – a licitação for dispensável ou inexigível, nos termos dos arts. 24 e 25 da Lei nº 8.666, de 21 de junho de 1993, excetuando-se as dispensas tratadas pelos incisos I e II do art. 24 da mesma Lei, nas quais a compra deverá ser feita preferencialmente de microempresas e empresas de pequeno porte, aplicando-se o disposto no inciso I do art. 48.

- *Inciso IV com redação dada pela LC nº 147/2014.*
- *Lei nº 8.666, de 21.6.1993 – Regulamenta o art. 37, inciso XXI, da Constituição Federal, institui normas para licitações e contratos da Administração Pública e dá outras providências:*

***Art. 24.** É dispensável a licitação:*

I – para obras e serviços de engenharia de valor até 10% (dez por cento) do limite previsto na alínea "a", do inciso I do artigo anterior, desde que não se refiram a parcelas de uma mesma obra ou serviço ou ainda para obras e serviços da mesma natureza e no mesmo local que possam ser realizadas conjunta e concomitantemente; (Redação dada pela Lei nº 9.648/1998)

II – para outros serviços e compras de valor até 10% (dez por cento) do limite previsto na alínea "a", do inciso II do artigo anterior e para alienações, nos casos previstos nesta Lei, desde que não se refiram a parcelas de um mesmo serviço, compra ou alienação de maior vulto que possa ser realizada de uma só vez; (Redação dada pela Lei nº 9.648/1998)

III – nos casos de guerra ou grave perturbação da ordem;

IV – nos casos de emergência ou de calamidade pública, quando caracterizada urgência de atendimento de situação que possa ocasionar prejuízo ou comprometer a segurança de pessoas, obras, serviços, equipamentos e outros bens, públicos ou particulares, e somente para os bens necessários ao atendimento da situação emergencial ou calamitosa e para as parcelas de obras e serviços que possam ser concluídas no prazo máximo de 180 (cento e oitenta) dias consecutivos e ininterruptos, contados da ocorrência da emergência ou calamidade, vedada a prorrogação dos respectivos contratos;

V – quando não acudirem interessados à licitação anterior e esta, justificadamente, não puder ser repetida sem prejuízo para a Administração, mantidas, neste caso, todas as condições preestabelecidas;

VI – quando a União tiver que intervir no domínio econômico para regular preços ou normalizar o abastecimento;

VII – quando as propostas apresentadas consignarem preços manifestamente superiores aos praticados no mercado nacional, ou forem incompatíveis com os fixados pelos órgãos oficiais competentes, casos em que, observado o parágrafo único do art. 48 desta Lei e, persistindo a situação, será admitida a adjudicação direta dos bens ou serviços, por valor não superior ao constante do registro de preços, ou dos serviços;

VIII – para a aquisição, por pessoa jurídica de direito público interno, de bens produzidos ou serviços prestados por órgão ou entidade que integre a Administração Pública e que tenha sido criado para esse fim específico em data anterior à vigência desta Lei, desde que o preço contratado seja compatível com o praticado no mercado; (Redação dada pela Lei nº 8.883/1994)

IX – quando houver possibilidade de comprometimento da segurança nacional, nos casos estabelecidos em decreto do Presidente da República, ouvido o Conselho de Defesa Nacional;

X – para a compra ou locação de imóvel destinado ao atendimento das finalidades precípuas da administração, cujas necessidades de instalação e localização condicionem a sua escolha, desde que o preço seja compatível com o valor de mercado, segundo avaliação prévia; (Redação dada pela Lei nº 8.883/1994)

XI – na contratação de remanescente de obra, serviço ou fornecimento, em conseqüência de rescisão contratual, desde que atendida a ordem de classificação da licitação anterior e aceitas as mesmas condições oferecidas pelo licitante vencedor, inclusive quanto ao preço, devidamente corrigido;

XII – nas compras de hortifrutigranjeiros, pão e outros gêneros perecíveis, no tempo necessário para a realização dos processos licitatórios correspondentes, realizadas diretamente com base no preço do dia; (Redação dada pela Lei nº 8.883/1994)

XIII – na contratação de instituição brasileira incumbida regimental ou estatutariamente da pesquisa, do ensino ou do desenvolvimento institucional, ou de instituição dedicada à recuperação social do preso, desde que a contratada detenha inquestionável reputação ético-profissional e não tenha fins lucrativos; (Redação dada pela Lei nº 8.883/1994)

XIV – para a aquisição de bens ou serviços nos termos de acordo internacional específico aprovado pelo Congresso Nacional, quando as condições ofertadas forem manifestamente vantajosas para o Poder Público; (Redação dada pela Lei nº 8.883/1994)

XV – para a aquisição ou restauração de obras de arte e objetos históricos, de autenticidade certificada, desde que compatíveis ou inerentes às finalidades do órgão ou entidade.

XVI – para a impressão dos diários oficiais, de formulários padronizados de uso da administração, e de edições técnicas oficiais, bem como para prestação de serviços de informática a pessoa jurídica de direito público interno, por órgãos ou entidades que integrem a Administração Pública, criados para esse fim específico; (Incluído pela Lei nº 8.883/1994)

XVII – para a aquisição de componentes ou peças de origem nacional ou estrangeira, necessários à manutenção de equipamentos durante o período de garantia técnica, junto ao fornecedor original desses equipamentos, quando tal condição de exclusividade for indispensável para a vigência da garantia; (Incluído pela Lei nº 8.883/1994)

XVIII – nas compras ou contratações de serviços para o abastecimento de navios, embarcações, unidades aéreas ou tropas e seus meios de deslocamento quando em estada eventual de curta duração em portos, aeroportos ou localidades diferentes de suas sedes, por motivo de movimenta-

ção operacional ou de adestramento, quando a exiguidade dos prazos legais puder comprometer a normalidade e os propósitos das operações e desde que seu valor não exceda ao limite previsto na alínea "a" do inciso II do art. 23 desta Lei: (Incluído pela Lei nº 8.883/1994)

XIX – para as compras de material de uso pelas Forças Armadas, com exceção de materiais de uso pessoal e administrativo, quando houver necessidade de manter a padronização requerida pela estrutura de apoio logístico dos meios navais, aéreos e terrestres, mediante parecer de comissão instituída por decreto; (Incluído pela Lei nº 8.883/1994)

XX – na contratação de associação de portadores de deficiência física, sem fins lucrativos e de comprovada idoneidade, por órgãos ou entidades da Admininistração Pública, para a prestação de serviços ou fornecimento de mão-de-obra, desde que o preço contratado seja compatível com o praticado no mercado; (Incluído pela Lei nº 8.883/1994)

XXI – para a aquisição ou contratação de produto para pesquisa e desenvolvimento, limitada, no caso de obras e serviços de engenharia, a 20% (vinte por cento) do valor de que trata a alínea "b" do inciso I do caput do art. 23; (Incluído pela Lei nº 13.243/2016)

XXII – na contratação de fornecimento ou suprimento de energia elétrica e gás natural com concessionário, permissionário ou autorizado, segundo as normas da legislação específica; (Incluído pela Lei nº 9.648/1998)

XXIII – na contratação realizada por empresa pública ou sociedade de economia mista com suas subsidiárias e controladas, para a aquisição ou alienação de bens, prestação ou obtenção de serviços, desde que o preço contratado seja compatível com o praticado no mercado. (Incluído pela Lei nº 9.648/1998)

XXIV – para a celebração de contratos de prestação de serviços com as organizações sociais, qualificadas no âmbito das respectivas esferas de governo, para atividades contempladas no contrato de gestão. (Incluído pela Lei nº 9.648/1998)

XXV – na contratação realizada por Instituição Científica e Tecnológica – ICT ou por agência de fomento para a transferência de tecnologia e para o licenciamento de direito de uso ou de exploração de criação protegida; (Incluído pela Lei nº 10.973, de 2004)

XXVI – na celebração de contrato de programa com ente da Federação ou com entidade de sua administração indireta, para a prestação de serviços públicos de forma associada nos termos do autorizado em contrato de consórcio público ou em convênio de cooperação; (Incluído pela Lei nº 11.107/2005)

XXVII – na contratação da coleta, processamento e comercialização de resíduos sólidos urbanos recicláveis ou reutilizáveis, em áreas com sistema de coleta seletiva de lixo, efetuados por associações ou cooperativas formadas exclusivamente por pessoas físicas de baixa renda reconhecidas pelo poder público como catadores de materiais recicláveis, com o uso de equipamentos compatíveis com as normas técnicas, ambientais e de saúde pública; (Redação dada pela Lei nº 11.445/2007).

XXVIII – para o fornecimento de bens e serviços, produzidos ou prestados no País, que envolvam, cumulativamente, alta complexidade tecnológica e defesa nacional, mediante parecer de comissão especialmente designada pela autoridade máxima do órgão; (Incluído pela Lei nº 11.484/2007).

XXIX – na aquisição de bens e contratação de serviços para atender aos contingentes militares das Forças Singulares brasileiras empregadas em operações de paz no exterior, necessariamente justificadas quanto ao preço e à escolha do fornecedor ou executante e ratificadas pelo Comandante da Força; (Incluído pela Lei nº 11.783/2008).

XXX – na contratação de instituição ou organização, pública ou privada, com ou sem fins lucrativos, para a prestação de serviços de assistência técnica e extensão rural no âmbito do Programa Nacional de Assistência Técnica e Extensão Rural na Agricultura Familiar e na Reforma Agrária, instituído por lei federal; (Incluído pela Lei nº 12.188/2010)

XXXI – nas contratações visando ao cumprimento do disposto nos arts. 3º, 4º, 5º e 20 da Lei nº 10.973, de 2 de dezembro de 2004, observados os princípios gerais de contratação dela constantes; (Incluído pela Lei nº 12.349/2010)

XXXII – na contratação em que houver transferência de tecnologia de produtos estratégicos para o Sistema Único de Saúde – SUS, no âmbito da Lei nº 8.080, de 19 de setembro de 1990, conforme elencados em ato da direção nacional do SUS, inclusive por ocasião da aquisição destes produtos durante as etapas de absorção tecnológica; (Incluído pela Lei nº 12.715/2012)

XXXIII – na contratação de entidades privadas sem fins lucrativos, para a implementação de cisternas ou outras tecnologias sociais de acesso à água para consumo humano e produção de alimentos, para beneficiar as famílias rurais de baixa renda atingidas pela seca ou falta regular de água; (Incluído pela Lei nº 12.873/2013)

XXXIV – para a aquisição por pessoa jurídica de direito público interno de insumos estratégicos para a saúde produzidos ou distribuídos por fundação que, regimental ou estatutariamente, tenha por finalidade apoiar órgão da administração pública direta, sua autarquia ou fundação em projetos de ensino, pesquisa, extensão, desenvolvimento institucional, científico e tecnológico e estímulo à inovação, inclusive na gestão administrativa e financeira necessária à execução desses projetos, ou em parcerias que envolvam transferência de tecnologia de produtos estratégicos para o Sistema Único de Saúde – SUS, nos termos do inciso XXXII deste artigo, e que tenha sido criada para esse fim específico em data anterior à vigência desta Lei, desde que o preço contratado seja compatível com o praticado no mercado. (Incluído pela Lei nº 13.204/2015)

§ 1º. Os percentuais referidos nos incisos I e II do caput deste artigo serão 20% (vinte por cento) para compras, obras e serviços contratados por consórcios públicos, sociedade de economia mista, empresa pública e por autarquia ou fundação qualificadas, na forma da lei, como Agências Executivas. (Primitivo parágrafo único, renumerado pela Lei nº 12.715/2012)

§ 2º. O limite temporal de criação do órgão ou entidade que integre a administração pública estabelecido no inciso VIII do caput deste artigo não se aplica aos órgãos ou entidades que produzem produtos estratégicos para o SUS, no âmbito da Lei nº 8.080, de 19 de setembro de 1990, conforme elencados em ato da direção nacional do SUS. (Incluído pela Lei nº 12.715/2012)

§ 3º. A hipótese de dispensa prevista no inciso XXI do caput, quando aplicada a obras e serviços de engenharia, seguirá procedimentos especiais instituídos em regulamentação específica. (Incluído pela Lei nº 13.243/2016)

§ 4º. Não se aplica a vedação prevista no inciso I do caput do art. 9º à hipótese prevista no inciso XXI do caput. (Incluído pela Lei nº 13.243/2016)

Art. 25. É inexigível a licitação quando houver inviabilidade de competição, em especial:

I – para aquisição de materiais, equipamentos, ou gêneros que só possam ser fornecidos por produtor, empresa ou representante comercial exclusivo, vedada a preferência de marca, devendo a comprovação de exclusividade ser feita através de atestado fornecido pelo órgão de registro do comércio do local em que se realizaria a licitação ou a obra ou o serviço, pelo Sindicato, Federação ou Confederação Patronal, ou, ainda, pelas entidades equivalentes;

II – para a contratação de serviços técnicos enumerados no art. 13 desta Lei, de natureza singular, com profissionais ou empresas de notória especialização, vedada a inexigibilidade para serviços de publicidade e divulgação;

III – para contratação de profissional de qualquer setor artístico, diretamente ou através de empresário exclusivo, desde que consagrado pela crítica especializada ou pela opinião pública.

§ 1º. Considera-se de notória especialização o profissional ou empresa cujo conceito no campo de sua especialidade, decorrente de desempenho anterior, estudos, experiências, publicações, organização, aparelhamento, equipe técnica, ou de outros requisitos relacionados com suas atividades, permita inferir que o seu trabalho é essencial e indiscutivelmente o mais adequado à plena satisfação do objeto do contrato.

§ 2º. Na hipótese deste artigo e em qualquer dos casos de dispensa, se comprovado superfaturamento, respondem solidariamente pelo dano causado à Fazenda Pública o fornecedor ou o prestador de serviços e o agente público responsável, sem prejuízo de outras sanções legais cabíveis.

Seção II – Acesso ao Mercado Externo

- *Título da Seção II com redação dada pela LC nº 147/2014.*

Art. 49-A. A microempresa e a empresa de pequeno porte beneficiárias do SIMPLES usufruirão de regime de exportação que contemplará procedimentos simplificados de habilitação, licenciamento, despacho aduaneiro e câmbio, na forma do regulamento.

- *Art. 49-A acrescido pela LC nº 147/2014.*

Parágrafo único. As pessoas jurídicas prestadoras de serviço de logística internacional, quando contratadas pelas empresas descritas nesta Lei Complementar, estão autorizadas a realizar atividades relativas a licenciamento administrativo, despacho aduaneiro, consolidação e desconsolidação de carga e a contratar seguro, câmbio, transporte e armazenagem de mercadorias, objeto da prestação do serviço, de forma simplificada e por meio eletrônico, na forma de regulamento.

- *Parágrafo único com redação dada pela LC nº 155/2016. Efeitos a partir de 1º.1.2018.*

Art. 49-B. (Vetado).

- *Art. 49-B acrescido pela LC nº 155/2016. Efeitos a partir de 1º.1.2018.*

CAPÍTULO VI – DA SIMPLIFICAÇÃO DAS RELAÇÕES DE TRABALHO

Seção I – Da Segurança e da Medicina do Trabalho

Art. 50. As microempresas e as empresas de pequeno porte serão estimuladas pelo poder público e pelos Serviços Sociais Autônomos a formar consórcios para acesso a serviços especializados em segurança e medicina do trabalho.

Seção II – Das Obrigações Trabalhistas

Art. 51. As microempresas e as empresas de pequeno porte são dispensadas:

I – da afixação de Quadro de Trabalho em suas dependências;

II – da anotação das férias dos empregados nos respectivos livros ou fichas de registro;

III – de empregar e matricular seus aprendizes nos cursos dos Serviços Nacionais de Aprendizagem;

IV – da posse do livro intitulado "Inspeção do Trabalho"; e

V – de comunicar ao Ministério do Trabalho e Emprego a concessão de férias coletivas.

Art. 52. O disposto no art. 51 desta Lei Complementar não dispensa as microempresas e as empresas de pequeno porte dos seguintes procedimentos:

I – anotações na Carteira de Trabalho e Previdência Social – CTPS;

II – arquivamento dos documentos comprobatórios de cumprimento das obrigações trabalhistas e previdenciárias, enquanto não prescreverem essas obrigações;

III – apresentação da Guia de Recolhimento do Fundo de Garantia do Tempo de Serviço e Informações à Previdência Social – GFIP;

IV – apresentação das Relações Anuais de Empregados e da Relação Anual de Informações Sociais – RAIS e do Cadastro Geral de Empregados e Desempregados – CAGED.

Parágrafo único. (Vetado).

Art. 53. (Revogado)

Seção III – Do Acesso à Justiça do Trabalho

Art. 54. É facultado ao empregador de microempresa ou de empresa de pequeno porte fazer-se substituir ou representar perante a Justiça do Trabalho por terceiros que conheçam dos fatos, ainda que não possuam vínculo trabalhista ou societário.

CAPÍTULO VII – DA FISCALIZAÇÃO ORIENTADORA

Art. 55. A fiscalização, no que se refere aos aspectos trabalhista, metrológico, sanitário, ambiental, de segurança, de relações de consumo e de uso e ocupação do solo das microempresas e das empresas de pequeno porte, deverá ser prioritariamente orientadora quando a atividade ou situação, por sua natureza, comportar grau de risco compatível com esse procedimento.

- *Art. 55,* caput*, com redação dada pela LC nº 155/2016. Efeitos a partir de 1º.1.2018.*

§ 1º. Será observado o critério de dupla visita para lavratura de autos de infração, salvo quando for constatada infração por falta de registro de empregado ou anotação da Carteira de Trabalho e Previdência Social – CTPS, ou, ainda, na ocorrência de reincidência, fraude, resistência ou embaraço à fiscalização.

§ 2º. (Vetado).

§ 3º. Os órgãos e entidades competentes definirão, em 12 (doze) meses, as atividades e situações cujo grau de risco seja considerado alto, as quais não se sujeitarão ao disposto neste artigo.

§ 4º. O disposto neste artigo não se aplica ao processo administrativo fiscal relativo a tributos, que se dará na forma dos arts. 39 e 40 desta Lei Complementar.

§ 5º. O disposto no § 1º aplica-se à lavratura de multa pelo descumprimento de obrigações acessórias relativas às matérias do *caput*, inclusive quando previsto seu cumprimento de forma unificada com matéria de outra natureza, exceto a trabalhista.

- *§ 5º acrescido pela LC nº 147/2014.*

§ 6º. A inobservância do critério de dupla visita implica nulidade do auto de infração lavrado sem cumprimento ao disposto neste artigo, independentemente da natureza principal ou acessória da obrigação.

- *§ 6º acrescido pela LC nº 147/2014.*

§ 7º. Os órgãos e entidades da administração pública federal, estadual, distrital e municipal deverão observar o princípio do tratamento diferenciado, simplificado e favorecido por ocasião da fixação de valores decorrentes de multas e demais sanções administrativas.

- *§ 7º acrescido pela LC nº 147/2014.*

§ 8º. A inobservância do disposto no *caput* deste artigo implica atentado aos direitos e garantias legais assegurados ao exercício profissional da atividade empresarial.

- *§ 8º acrescido pela LC nº 147/2014.*

§ 9º. O disposto no *caput* deste artigo não se aplica a infrações relativas à ocupação irregular da reserva de faixa não edificável, de área destinada a equipamentos urbanos, de áreas de preservação permanente e nas faixas de domínio público das rodovias, ferrovias e dutovias ou de vias e logradouros públicos.

- *§ 9º acrescido pela LC nº 147/2014.*

CAPÍTULO VIII – DO ASSOCIATIVISMO

Seção Única
Da Sociedade de Propósito Específico formada por Microempresas e Empresas de pequeno porte optantes pelo Simples Nacional

- *Lei nº 11.898, de 8.1.2009 – Institui o Regime de Tributação Unificada – RTU na importação, por via terrestre, de mercadorias procedentes do Paraguai; e altera as Leis nºs 10.637, de 30 de dezembro de 2002, e 10.833, de 29 de dezembro de 2003:*

__Art. 1º.__ Fica instituído o Regime de Tributação Unificada – RTU na importação de mercadorias procedentes da República do Paraguai, nos termos desta Lei. (...)

__Art. 7º.__ Somente poderá optar pelo Regime de que trata o art. 1º desta Lei a microempresa optante pelo Regime Especial Unificado de Arrecadação de Tributos e Contribuições devidos pelas Microempresas e Empresas de Pequeno Porte – SIMPLES NACIONAL, de que trata a Lei Complementar nº 123, de 14 de dezembro de 2006.

§ 1º. Ao optante pelo Regime não se aplica o disposto no art. 56 da Lei Complementar nº 123, de 14 de dezembro de 2006. (...)

Art. 56. As microempresas ou as empresas de pequeno porte poderão realizar negócios de compra e venda de bens e serviços para os mercados nacional e internacional, por meio de sociedade de propósito específico, nos termos e condições estabelecidos pelo Poder Executivo federal.

- *Art. 56,* caput, *com redação dada pela LC nº 147/2014.*

§ 1º. Não poderão integrar a sociedade de que trata o *caput* deste artigo pessoas jurídicas não optantes pelo Simples Nacional.

§ 2º. A sociedade de propósito específico de que trata este artigo:

I – terá seus atos arquivados no Registro Público de Empresas Mercantis;

II – terá por finalidade realizar:

a) operações de compras para revenda às microempresas ou empresas de pequeno porte que sejam suas sócias;

b) operações de venda de bens adquiridos das microempresas e empresas de pequeno porte que sejam suas sócias para pessoas jurídicas que não sejam suas sócias;

III – poderá exercer atividades de promoção dos bens referidos na alínea b do inciso II deste parágrafo;

IV – apurará o imposto de renda das pessoas jurídicas com base no lucro real, devendo manter a escrituração dos livros Diário e Razão;

V – apurará a Cofins e a Contribuição para o PIS/Pasep de modo não cumulativo;

VI – exportará, exclusivamente, bens a ela destinados pelas microempresas e empresas de pequeno porte que dela façam parte;

VII – será constituída como sociedade limitada;

VIII – deverá, nas revendas às microempresas ou empresas de pequeno porte que sejam suas sócias, observar preço no mínimo igual ao das aquisições realizadas para revenda; e

IX – deverá, nas revendas de bens adquiridos de microempresas ou empresas de pequeno porte que sejam suas sócias, observar preço no mínimo igual ao das aquisições desses bens.

§ 3º. A aquisição de bens destinados à exportação pela sociedade de propósito específico não gera direito a créditos relativos a impostos ou contribuições abrangidos pelo Simples Nacional.

§ 4º. A microempresa ou a empresa de pequeno porte não poderá participar simultaneamente de mais de uma sociedade de propósito específico de que trata este artigo.

§ 5º. A sociedade de propósito específico de que trata este artigo não poderá:

I – ser filial, sucursal, agência ou representação, no País, de pessoa jurídica com sede no exterior;

II – ser constituída sob a forma de cooperativas, inclusive de consumo;

III – participar do capital de outra pessoa jurídica;

IV – exercer atividade de banco comercial, de investimentos e de desenvolvimento, de caixa econômica, de sociedade de crédito, financiamento e investimento ou de crédito imobiliário, de corretora ou de distribuidora de títulos, valores mobiliários e câmbio, de empresa de arrendamento mercantil, de seguros privados e de capitalização ou de previdência complementar;

V – ser resultante ou remanescente de cisão ou qualquer outra forma de desmembramento de pessoa jurídica que tenha ocorrido em um dos 5 (cinco) anos-calendário anteriores;

VI – exercer a atividade vedada às microempresas e empresas de pequeno porte optantes pelo Simples Nacional.

§ 6º. A inobservância do disposto no § 4º deste artigo acarretará a responsabilidade solidária das microempresas ou empresas de pequeno porte sócias da sociedade de propósito específico de que trata este artigo na hipótese em que seus titulares, sócios ou administradores conhecessem ou devessem conhecer tal inobservância.

§ 7º. O Poder Executivo regulamentará o disposto neste artigo até 31 de dezembro de 2008.

§ 8º. (Vetado).

- *§ 8º acrescido pela LC nº 155/2016. Efeitos a partir de 1º.1.2018.*

CAPÍTULO IX – DO ESTÍMULO AO CRÉDITO E À CAPITALIZAÇÃO

Seção I – Disposições Gerais

Art. 57. O Poder Executivo federal proporá, sempre que necessário, medidas no sentido de melhorar o acesso das microempresas e empresas de pequeno porte aos mercados de crédito e de capitais, objetivando a redução do custo de transação, a elevação da eficiência alocativa, o incentivo ao ambiente concorrencial e a qualidade do conjunto informacional, em especial o acesso e portabilidade das informações cadastrais relativas ao crédito.

Art. 58. Os bancos comerciais públicos e os bancos múltiplos públicos com carteira comercial, a Caixa Econômica Federal e o Banco Nacional do Desenvolvimento Econômico e

Social – BNDES manterão linhas de crédito específicas para as microempresas e para as empresas de pequeno porte, vinculadas à reciprocidade social, devendo o montante disponível e suas condições de acesso ser expressos nos respectivos orçamentos e amplamente divulgados.

- *Art. 58,* caput, *com redação dada pela LC nº 155/2016. Efeitos a partir de 1º.1.2018.*

§ 1º. As instituições mencionadas no *caput* deste artigo deverão publicar, juntamente com os respectivos balanços, relatório circunstanciado dos recursos alocados às linhas de crédito referidas no *caput* e daqueles efetivamente utilizados, consignando, obrigatoriamente, as justificativas do desempenho alcançado.

- *§ 1º, primitivo parágrafo único, renumerado e com redação dada pela LC nº 155/2016. Efeitos a partir de 1º.1.2018.*

§ 2º. O acesso às linhas de crédito específicas previstas no *caput* deste artigo deverá ter tratamento simplificado e ágil, com divulgação ampla das respectivas condições e exigências.

- *§ 2º acrescido pela LC nº 147/2014.*

§ 3º. (Vetado).

- *§ 3º acrescido pela LC nº 155/2016. Efeitos a partir de 1º.1.2018.*

§ 4º. O Conselho Monetário Nacional – CMN regulamentará o percentual mínimo de direcionamento dos recursos de que trata o *caput*, inclusive no tocante aos recursos de que trata a alínea "b" do inciso III do art. 10 da Lei nº 4.595, de 31 de dezembro de 1964.

- *§ 4º acrescido pela LC nº 155/2016. Efeitos a partir de 1º.1.2018.*

Art. 58-A. Os bancos públicos e privados não poderão contabilizar, para cumprimento de metas, empréstimos realizados a pessoas físicas, ainda que sócios de empresas, como disponibilização de crédito para microempresas e empresas de pequeno porte.

- *Art. 58-A acrescido pela LC nº 147/2014.*

Art. 59. As instituições referidas no *caput* do art. 58 desta Lei Complementar devem se articular com as respectivas entidades de apoio e representação das microempresas e empresas de pequeno porte, no sentido de proporcionar e desenvolver programas de treinamento, desenvolvimento gerencial e capacitação tecnológica.

Art. 60. (Vetado).

Art. 60-A. Poderá ser instituído Sistema Nacional de Garantias de Crédito pelo Poder Executivo, com o objetivo de facilitar o acesso das microempresas e empresas de pequeno porte a crédito e demais serviços das instituições financeiras, o qual, na forma de regulamento, proporcionará a elas tratamento diferenciado, favorecido e simplificado, sem prejuízo de atendimento a outros públicos-alvo.

Parágrafo único. O Sistema Nacional de Garantias de Crédito integrará o Sistema Financeiro Nacional.

Art. 60-B. Os fundos garantidores de risco de crédito empresarial que possuam participação da União na composição do seu capital atenderão, sempre que possível, as operações de crédito que envolvam microempresas e empresas de pequeno porte, definidas na forma do art. 3º desta Lei.

- *Art. 60-B acrescido pela LC nº 147/2014.*

Art. 60-C. (Vetado).

- *Art. 60-C acrescido pela LC nº 147/2014.*

Art. 61. Para fins de apoio creditício às operações de comércio exterior das microempresas e das empresas de pequeno porte, serão utilizados os parâmetros de enquadramento ou outros instrumentos de alta significância para as microempresas, empresas de pequeno porte exportadoras segundo o porte de empresas, aprovados pelo Mercado Comum do Sul – MERCOSUL.

Art. 61-A. Para incentivar as atividades de inovação e os investimentos produtivos, a sociedade enquadrada como microempresa ou empresa de pequeno porte, nos termos desta Lei Complementar, poderá admitir o aporte de capital, que não integrará o capital social da empresa.

§ 1º. As finalidades de fomento a inovação e investimentos produtivos deverão constar do contrato de participação, com vigência não superior a sete anos.

§ 2º. O aporte de capital poderá ser realizado por pessoa física ou por pessoa jurídica, denominadas investidor-anjo.

§ 3º. A atividade constitutiva do objeto social é exercida unicamente por sócios regulares, em seu nome individual e sob sua exclusiva responsabilidade.

§ 4º. O investidor-anjo:

I – não será considerado sócio nem terá qualquer direito a gerência ou voto na administração da empresa;

II – não responderá por qualquer dívida da empresa, inclusive em recuperação judicial, não se aplicando a ele o art. 50 da Lei nº 10.406, de 10 de janeiro de 2002 – Código Civil;

III – será remunerado por seus aportes, nos termos do contrato de participação, pelo prazo máximo de cinco anos.

§ 5º. Para fins de enquadramento da sociedade como microempresa ou empresa de pequeno porte, os valores de capital aportado não são considerados receitas da sociedade.

§ 6º. Ao final de cada período, o investidor-anjo fará jus à remuneração correspondente aos resultados distribuídos, conforme contrato de participação, não superior a 50% (cinquenta por cento) dos lucros da sociedade enquadrada como microempresa ou empresa de pequeno porte.

§ 7º. O investidor-anjo somente poderá exercer o direito de resgate depois de decorridos, no mínimo, dois anos do aporte de capital, ou prazo superior estabelecido no contrato de participação, e seus haveres serão pagos na forma do art. 1.031 da Lei nº 10.406, de 10 de janeiro de 2002 – Código Civil, não podendo ultrapassar o valor investido devidamente corrigido.

§ 8º. O disposto no § 7º deste artigo não impede a transferência da titularidade do aporte para terceiros.

§ 9º. A transferência da titularidade do aporte para terceiro alheio à sociedade dependerá do consentimento dos sócios, salvo estipulação contratual expressa em contrário.

§ 10. O Ministério da Fazenda poderá regulamentar a tributação sobre retirada do capital investido.

- *Art. 61-A acrescido pela LC nº 155/2016. Efeitos a partir de 1º.1.2017.*

Art. 61-B. A emissão e a titularidade de aportes especiais não impedem a fruição do Simples Nacional.

- *Art. 61-B acrescido pela LC nº 155/2016. Efeitos a partir de 1º.1.2017.*

Art. 61-C. Caso os sócios decidam pela venda da empresa, o investidor-anjo terá direito de preferência na aquisição, bem como direito de venda conjunta da titularidade do aporte de capital, nos mesmos termos e condições que forem ofertados aos sócios regulares.

- *Art. 61-C acrescido pela LC nº 155/2016. Efeitos a partir de 1º.1.2017.*

Art. 61-D. Os fundos de investimento poderão aportar capital como investidores-anjos em microempresas e empresas de pequeno porte.

- *Art. 61-D acrescido pela LC nº 155/2016. Efeitos a partir de 1º.1.2017.*

Seção II – Das Responsabilidades do Banco Central do Brasil

Art. 62. O Banco Central do Brasil disponibilizará dados e informações das instituições financeiras integrantes do Sistema Financeiro Nacional, inclusive por meio do Sistema de Informações de Crédito – SCR, de modo a ampliar o acesso ao crédito para microempresas e empresas de pequeno porte e fomentar a competição bancária.

- *Art. 62,* caput, *com redação dada pela LC nº 147/2014.*

§ 1º. O disposto no *caput* deste artigo alcança a disponibilização de dados e informações específicas relativas ao histórico de relacionamento bancário e creditício das microempresas e das empresas de pequeno porte, apenas aos próprios titulares.

§ 2º. O Banco Central do Brasil poderá garantir o acesso simplificado, favorecido e diferenciado dos dados e informações constantes no § 1º deste artigo aos seus respectivos interessados, podendo a instituição optar por realizá-lo por meio das instituições financeiras, com as quais o próprio cliente tenha relacionamento.

Seção III – Das Condições de Acesso aos Depósitos Especiais do Fundo de Amparo ao Trabalhador – FAT

Art. 63. O CODEFAT poderá disponibilizar recursos financeiros por meio da criação de programa específico para as cooperativas de crédito de cujos quadros de cooperados participem microempreendedores, empreendedores de microempresa e empresa de pequeno porte bem como suas empresas.

Parágrafo único. Os recursos referidos no *caput* deste artigo deverão ser destinados exclusivamente às microempresas e empresas de pequeno porte.

Seção IV

(Vetada).

- *Seção IV acrescida pela LC nº 155/2016.*

CAPÍTULO X – DO ESTÍMULO À INOVAÇÃO

Seção I – Disposições Gerais

Art. 64. Para os efeitos desta Lei Complementar considera-se:

I – inovação: a concepção de um novo produto ou processo de fabricação, bem como a agregação de novas funcionalidades ou características ao produto ou processo que implique melhorias incrementais e efetivo ganho de qualidade ou produtividade, resultando em maior competitividade no mercado;

II – agência de fomento: órgão ou instituição de natureza pública ou privada que tenha entre os seus objetivos o financiamento de ações que visem a estimular e promover o desenvolvimento da ciência, da tecnologia e da inovação;

III – Instituição Científica e Tecnológica – ICT: órgão ou entidade da administração pública que tenha por missão institucional, dentre outras, executar atividades de pesquisa básica ou aplicada de caráter científico ou tecnológico;

IV – núcleo de inovação tecnológica: núcleo ou órgão constituído por uma ou mais ICT com a finalidade de gerir sua política de inovação;

V – instituição de apoio: instituições criadas sob o amparo da Lei nº 8.958, de 20 de dezembro de 1994, com a finalidade de dar apoio a projetos de pesquisa, ensino e extensão e de desenvolvimento institucional, científico e tecnológico;

VI – instrumentos de apoio tecnológico para a inovação: qualquer serviço disponibilizado presencialmente ou na internet que possibilite acesso a informações, orientações, bancos de dados de soluções de informações, respostas técnicas, pesquisas e atividades de apoio complementar desenvolvidas pelas instituições previstas nos incisos II a V deste artigo.

- *Inciso VI acrescido pela LC nº 147/2014.*

Seção II – Do Apoio à Inovação

Art. 65. A União, os Estados, o Distrito Federal e os Municípios, e as respectivas agências de fomento, as ICT, os núcleos de inovação tecnológica e as instituições de apoio manterão programas específicos para as microempresas e para as empresas de pequeno porte, inclusive quando estas revestirem a forma de incubadoras, observando-se o seguinte:

I – as condições de acesso serão diferenciadas, favorecidas e simplificadas;

II – o montante disponível e suas condições de acesso deverão ser expressos nos respectivos orçamentos e amplamente divulgados.

§ 1º. As instituições deverão publicar, juntamente com as respectivas prestações de contas, relatório circunstanciado das estratégias para maximização da participação do segmento, assim como dos recursos alocados às ações referidas no *caput* deste artigo e aqueles efetivamente utilizados, consignando, obrigatoriamente, as justificativas do desempenho alcançado no período.

§ 2º. As pessoas jurídicas referidas no *caput* deste artigo terão por meta a aplicação de, no mínimo, 20% (vinte por cento) dos recursos destinados à inovação para o desenvolvimento de tal atividade nas microempresas ou nas empresas de pequeno porte.

§ 3º. Os órgãos e entidades integrantes da administração pública federal, estadual e municipal atuantes em pesquisa, desenvolvimento ou capacitação tecnológica terão por meta efetivar suas aplicações, no percentual mínimo fixado neste artigo, em programas e projetos de apoio às microempresas ou às empresas de pequeno porte, transmitindo ao Ministério da Ciência, Tecnologia e Inovação, no primeiro trimestre de cada ano, informação relativa aos valores alocados e a respectiva relação percentual em relação ao total dos recursos destinados para esse fim.

- *§ 3º com redação dada pela LC nº 147/2014.*

§ 4º. Ficam autorizados a reduzir a 0 (zero) as alíquotas dos impostos e contribuições a seguir indicados, incidentes na aquisição, ou importação, de equipamentos, máquinas, aparelhos, instrumentos, acessórios, sobressalentes e ferramentas que os acompanhem, na forma definida em regulamento, quando adquiridos, ou importados, diretamente por microempresas ou empresas de pequeno porte para incorporação ao seu ativo imobilizado:

I – a União, em relação ao IPI, à Cofins, à Contribuição para o PIS/Pasep, à Cofins-Importação e à Contribuição para o PIS/Pasep-Importação; e

II – os Estados e o Distrito Federal, em relação ao ICMS.

§ 5º. A microempresa ou empresa de pequeno porte, adquirente de bens com o benefício previsto no § 4º deste artigo, fica obrigada, nas hipóteses previstas em regulamento, a recolher os impostos e contribuições que deixaram de ser pagos, acrescidos de juros e multa, de mora ou de ofício, contados a partir da data da aquisição, no mercado interno, ou do registro da declaração de importação – DI, calculados na forma da legislação que rege a cobrança do tributo não pago.

§ 6º. Para efeito da execução do orçamento previsto neste artigo, os órgãos e instituições poderão alocar os recursos destinados à criação e ao custeio de ambientes de inovação, incluindo incubadoras, parques e centros vocacionais tecnológicos, laboratórios metrológicos, de ensaio, de pesquisa ou apoio ao treinamento, bem como custeio de bolsas de extensão e remuneração de professores, pesquisadores e agentes envolvidos nas atividades de apoio tecnológico complementar.

- *§ 6º acrescido pela LC nº 147/2014.*

Art. 66. No primeiro trimestre do ano subsequente, os órgãos e entidades a que alude o art. 67 desta Lei Complementar transmitirão ao Ministério da Ciência e Tecnologia relatório circunstanciado dos projetos realizados, compreendendo a análise do desempenho alcançado.

Art. 67. Os órgãos congêneres ao Ministério da Ciência e Tecnologia estaduais e municipais deverão elaborar e divulgar relatório anual indicando o valor dos recursos recebidos, inclusive por transferência de terceiros, que foram aplicados diretamente ou por organizações vinculadas, por Fundos Setoriais e outros, no segmento das microempresas e empresas de pequeno porte, retratando e avaliando os resultados obtidos e indicando as previsões de ações e metas para ampliação de sua participação no exercício seguinte.

Seção III – Do Apoio à Certificação

- *Seção III acrescido pela LC nº 155/2016. Efeitos a partir de 1º.1.2018.*

Art. 67-A. O órgão competente do Poder Executivo disponibilizará na internet informações sobre certificação de qualidade de produtos e processos para microempresas e empresas de pequeno porte.

Parágrafo único. Os órgãos da administração direta e indireta e as entidades certificadoras privadas, responsáveis pela criação, regulação e gestão de processos de certificação de qualidade de produtos e processos, deverão, sempre que solicitados, disponibilizar ao órgão competente do Poder Executivo informações referentes a procedimentos e normas aplicáveis aos processos de certificação em seu escopo de atuação.

- *Art. 67-A acrescido pela LC nº 155/2016. Efeitos a partir de 1º.1.2018.*

CAPÍTULO XI – DAS REGRAS CIVIS E EMPRESARIAIS

Seção I – Das Regras Civis

Subseção I – Do Pequeno Empresário

Art. 68. Considera-se pequeno empresário, para efeito de aplicação do disposto nos arts. 970 e 1.179 da Lei nº 10.406, de 10 de janeiro de 2002 (Código Civil), o empresário individual caracterizado como microempresa na forma desta Lei Complementar que aufira receita bruta anual até o limite previsto no § 1º do art. 18-A.

- *Lei nº 10.406, de 10.1.2002 – Institui o Código Civil:*

__Art. 970.__ A lei assegurará tratamento favorecido, diferenciado e simplificado ao empresário rural e ao pequeno empresário, quanto à inscrição e aos efeitos daí decorrentes.

__Art. 1.179.__ O empresário e a sociedade empresária são obrigados a seguir um sistema de contabilidade, mecanizado ou não, com base na escrituração uniforme de seus livros, em correspondência com a documentação respectiva, e a levantar anualmente o balanço patrimonial e o de resultado econômico.

§ 1º. Salvo o disposto no art. 1.180, o número e a espécie de livros ficam a critério dos interessados.

§ 2º. É dispensado das exigências deste artigo o pequeno empresário a que se refere o art. 970.

***Art. 1.180.** Além dos demais livros exigidos por lei, é indispensável o Diário, que pode ser substituído por fichas no caso de escrituração mecanizada ou eletrônica.*

Parágrafo único. A adoção de fichas não dispensa o uso de livro apropriado para o lançamento do balanço patrimonial e do de resultado econômico.

Subseção II

(Vetada).

Art. 69. (Vetado).

Seção II – Das Deliberações Sociais e da Estrutura Organizacional

Art. 70. As microempresas e as empresas de pequeno porte são desobrigadas da realização de reuniões e assembleias em qualquer das situações previstas na legislação civil, as quais serão substituídas por deliberação representativa do primeiro número inteiro superior à metade do capital social.

§ 1º. O disposto no *caput* deste artigo não se aplica caso haja disposição contratual em contrário, caso ocorra hipótese de justa causa que enseje a exclusão de sócio ou caso um ou mais sócios ponham em risco a continuidade da empresa em virtude de atos de inegável gravidade.

§ 2º. Nos casos referidos no § 1º deste artigo, realizar-se-á reunião ou assembleia de acordo com a legislação civil.

Art. 71. Os empresários e as sociedades de que trata esta Lei Complementar, nos termos da legislação civil, ficam dispensados da publicação de qualquer ato societário.

Seção III – Do Nome Empresarial

Art. 72. As microempresas e as empresas de pequeno porte, nos termos da legislação civil, acrescentarão à sua firma ou denominação as expressões "Microempresa" ou "Empresa de Pequeno Porte", ou suas respectivas abreviações, "ME" ou "EPP", conforme o caso, sendo facultativa a inclusão do objeto da sociedade.

- *Vigência dada pela LC nº 155/2016. Efeitos a partir de 1º.1.2018.*

Seção IV – Do Protesto de Títulos

Art. 73. O protesto de título, quando o devedor for microempresário ou empresa de pequeno porte, é sujeito às seguintes condições:

I – sobre os emolumentos do tabelião não incidirão quaisquer acréscimos a título de taxas, custas e contribuições para o Estado ou Distrito Federal, carteira de previdência, fundo de custeio de atos gratuitos, fundos especiais do Tribunal de Justiça, bem como de associação de classe, criados ou que venham a ser criados sob qualquer título ou denominação, ressalvada a cobrança do devedor das despesas de correio, condução e publicação de edital para realização da intimação;

II – para o pagamento do título em cartório, não poderá ser exigido cheque de emissão de estabelecimento bancário, mas, feito o pagamento por meio de cheque, de emissão de estabelecimento bancário ou não, a quitação dada pelo tabelionato de protesto será condicionada à efetiva liquidação do cheque;

III – o cancelamento do registro de protesto, fundado no pagamento do título, será feito independentemente de declaração de anuência do credor, salvo no caso de impossibilidade de apresentação do original protestado;

IV – para os fins do disposto no *caput* e nos incisos I, II e III do *caput* deste artigo, o devedor deverá provar sua qualidade de microempresa ou de empresa de pequeno porte perante o tabelionato de protestos de títulos, mediante documento expedido pela Junta Comercial ou pelo Registro Civil das Pessoas Jurídicas, conforme o caso;

V – quando o pagamento do título ocorrer com cheque sem a devida provisão de fundos, serão automaticamente suspensos pelos cartórios de protesto, pelo prazo de 1 (um) ano, todos os benefícios previstos para o devedor neste artigo, independentemente da lavratura e registro do respectivo protesto.

Art. 73-A. São vedadas cláusulas contratuais relativas à limitação da emissão ou circulação de títulos de crédito ou direitos creditórios originados de operações de compra e venda de produtos e serviços por microempresas e empresas de pequeno porte.

- *Art. 73-A acrescido pela LC nº 147/2014.*

CAPÍTULO XII – DO ACESSO À JUSTIÇA

Seção I – Do Acesso aos Juizados Especiais

Art. 74. Aplica-se às microempresas e às empresas de pequeno porte de que trata esta Lei Complementar o disposto no § 1º do art. 8º da Lei nº 9.099, de 26 de setembro de 1995, e no inciso I do *caput* do art. 6º da Lei nº 10.259, de 12 de julho de 2001, as quais, assim como as pessoas físicas capazes, passam a ser admitidas como proponentes de ação perante o Juizado Especial, excluídos os cessionários de direito de pessoas jurídicas.

- *Lei nº 9.099, de 26.9.1995 – Dispõe sobre os Juizados Especiais Cíveis e Criminais e dá outras providências:*

  Art. 8º. *Não poderão ser partes, no processo instituído por esta Lei, o incapaz, o preso, as pessoas jurídicas de direito público, as empresas públicas da União, a massa falida e o insolvente civil.*

  § 1º. Somente as pessoas físicas capazes serão admitidas a propor ação perante o Juizado Especial, excluídos os cessionários de direito de pessoas jurídicas. (...)

- *Lei nº 10.259, de 12.7.2001 – Dispõe sobre a instituição dos Juizados Especiais Cíveis e Criminais no âmbito da Justiça Federal:*

  Art. 6º. *Podem ser partes no Juizado Especial Federal Cível:*

  I – como autores, as pessoas físicas e as microempresas e empresas de pequeno porte, assim definidas na Lei nº 9.317, de 5 de dezembro de 1996; (...)

Art. 74-A. O Poder Judiciário, especialmente por meio do Conselho Nacional de Justiça – CNJ, e o Ministério da Justiça implementarão medidas para disseminar o tratamento diferenciado e favorecido às microempresas e empresas de pequeno porte em suas respectivas áreas de competência.

- *Art. 74-A acrescido pela LC nº 147/2014.*

Seção II – Da Conciliação Prévia, Mediação e Arbitragem

Art. 75. As microempresas e empresas de pequeno porte deverão ser estimuladas a utilizar os institutos de conciliação prévia, mediação e arbitragem para solução dos seus conflitos.

§ 1º. Serão reconhecidos de pleno direito os acordos celebrados no âmbito das comissões de conciliação prévia.

§ 2º. O estímulo a que se refere o *caput* deste artigo compreenderá campanhas de divulgação, serviços de esclarecimento e tratamento diferenciado, simplificado e favorecido no tocante aos custos administrativos e honorários cobrados.

Seção III – Das Parcerias

Art. 75-A. Para fazer face às demandas originárias do estímulo previsto nos arts. 74 e 75 desta Lei Complementar, entidades privadas, públicas, inclusive o Poder Judiciário, poderão firmar parcerias entre si, objetivando a instalação ou utilização de ambientes propícios para a realização dos procedimentos inerentes a busca da solução de conflitos.

Art. 75-B. (Vetado).

- *Art. 75-B acrescido pela LC nº 155/2016. Efeitos a partir de 1º.1.2018.*

CAPÍTULO XIII – DO APOIO E DA REPRESENTAÇÃO

Art. 76. Para o cumprimento do disposto nesta Lei Complementar, bem como para desenvolver e acompanhar políticas públicas voltadas às microempresas e empresas de pequeno porte, o poder público, em consonância com o Fórum Permanente das Microempresas e Empresas de Pequeno Porte, sob a coordenação da Secretaria da Micro e Pequena Empresa da Presidência da República, deverá incentivar e apoiar a criação de fóruns com participação dos órgãos públicos competentes e das entidades vinculadas ao setor.

Parágrafo único. A Secretaria da Micro e Pequena Empresa da Presidência da República coordenará com as entidades representativas das microempresas e empresas de pequeno porte a implementação dos fóruns regionais nas unidades da federação.

- *Art. 76 com redação dada pela Lei nº 12.792/2013.*

Art. 76-A. As instituições de representação e apoio empresarial deverão promover programas de sensibilização, de informação, de orientação e apoio, de educação fiscal, de regularidade dos contratos de trabalho e de adoção de sistemas informatizados e eletrônicos, como forma de estímulo à formalização de empreendimentos, de negócios e empregos, à ampliação da competitividade e à disseminação do associativismo entre as microempresas, os microempreendedores individuais, as empresas de pequeno porte e equiparados.

- *Art. 76-A acrescido pela LC nº 147/2014.*

CAPÍTULO XIV – DISPOSIÇÕES FINAIS E TRANSITÓRIAS

Art. 77. Promulgada esta Lei Complementar, o Comitê Gestor expedirá, em 30 (trinta) meses, as instruções que se fizerem necessárias à sua execução.

§ 1º. O Ministério do Trabalho e Emprego, a Secretaria da Receita Federal, a Secretaria da Receita Previdenciária, os Estados, o Distrito Federal e os Municípios deverão editar, em 1 (um) ano, as leis e demais atos necessários para assegurar o pronto e imediato tratamento jurídico diferenciado, simplificado e favorecido às microempresas e às empresas de pequeno porte.

§ 2º. A administração direta e indireta federal, estadual e municipal e as entidades paraestatais acordarão, no prazo previsto no § 1º deste artigo, as providências necessárias à adaptação dos respectivos atos normativos ao disposto nesta Lei Complementar.

§ 3º. (Vetado).

§ 4º. O Comitê Gestor regulamentará o disposto no inciso I do § 6º do art. 13 desta Lei Complementar até 31 de dezembro de 2008.

§ 5º. A partir de 1º de janeiro de 2009, perderão eficácia as substituições tributárias que não atenderem à disciplina estabelecida na forma do § 4º deste artigo.

§ 6º. O Comitê de que trata o inciso III do *caput* do art. 2º desta Lei Complementar expedirá, até 31 de dezembro de 2009, as instruções que se fizerem necessárias relativas a sua competência.

Art. 78. (Revogado)

Art. 79. Será concedido, para ingresso no Simples Nacional, parcelamento, em até 100 (cem) parcelas mensais e sucessivas, dos débitos com o Instituto Nacional do Seguro Social – INSS, ou com as Fazendas Públicas federal, estadual ou municipal, de responsabilidade da microempresa ou empresa de pequeno porte e de seu titular ou sócio, com vencimento até 30 de junho de 2008.

§ 1º. O valor mínimo da parcela mensal será de R$ 100,00 (cem reais), considerados isoladamente os débitos para com a Fazenda Nacional, para com a Seguridade Social, para com a Fazenda dos Estados, dos Municípios ou do Distrito Federal.

§ 2º. Esse parcelamento alcança inclusive débitos inscritos em dívida ativa.

§ 3º. O parcelamento será requerido à respectiva Fazenda para com a qual o sujeito passivo esteja em débito.

§ 3º-A. O parcelamento deverá ser requerido no prazo estabelecido em regulamentação do Comitê Gestor.

§ 4º. Aplicam-se ao disposto neste artigo as demais regras vigentes para parcelamento de tributos e contribuições federais, na forma regulamentada pelo Comitê Gestor.

§ 5º. (Vetado).

§ 6º. (Vetado).

§ 7º. (Vetado).

§ 8º. (Vetado).

§ 9º. O parcelamento de que trata o *caput* deste artigo não se aplica na hipótese de reingresso de microempresa ou empresa de pequeno porte no Simples Nacional.

Art. 79-A. (Vetado).

Art. 79-B. Excepcionalmente para os fatos geradores ocorridos em julho de 2007, os tributos apurados na forma dos arts. 18 a 20 desta Lei Complementar deverão ser pagos até o último dia útil de agosto de 2007.

Art. 79-C. A microempresa e a empresa de pequeno porte que, em 30 de junho de 2007, se enquadravam no regime previsto na Lei nº 9.317, de 5 de dezembro de 1996, e que não ingressaram no regime previsto no art. 12 desta Lei Complementar sujeitar-se-ão, a partir de 1º de julho de 2007, às normas de tributação aplicáveis às demais pessoas jurídicas.

§ 1º. Para efeito do disposto no *caput* deste artigo, o sujeito passivo poderá optar pelo recolhimento do Imposto sobre a Renda da Pessoa Jurídica – IRPJ e da Contribuição Social sobre o Lucro Líquido – CSLL na forma do lucro real, trimestral ou anual, ou do lucro presumido.

§ 2º. A opção pela tributação com base no lucro presumido dar-se-á pelo pagamento, no vencimento, do IRPJ e da CSLL devidos, correspondente ao 3º (terceiro) trimestre de 2007 e, no caso do lucro real anual, com o pagamento do IRPJ e da CSLL relativos ao mês de julho de 2007 com base na estimativa mensal.

Art. 79-D. Excepcionalmente, para os fatos geradores ocorridos entre 1º de julho de 2007 e 31 de dezembro de 2008, as pessoas jurídicas que exerçam atividade sujeita simultaneamente à incidência do IPI e do ISS deverão recolher o ISS diretamente ao Município em que este imposto é devido até o último dia útil de fevereiro de 2009, aplicando-se, até esta data, o disposto no parágrafo único do art. 100 da Lei nº 5.172, de 25 de outubro de 1966 – Código Tributário Nacional – CTN.

Art. 79-E. A empresa de pequeno porte optante pelo Simples Nacional em 31 de dezembro de 2017 que durante o ano-calendário de 2017 auferir receita bruta total anual entre R$ 3.600.000,01 (três milhões, seiscentos mil reais e um centavo) e R$ 4.800.000,00 (quatro milhões e oitocentos mil reais) continuará automaticamente incluída no Simples Nacional com efeitos a partir de 1º de janeiro de 2018, ressalvado o direito de exclusão por comunicação da optante.

- *Art. 79-E com redação dada pela LC nº 155/2016. Efeitos a partir de 1º.1.2018.*

Art. 80. O art. 21 da Lei nº 8.212, de 24 de julho de 1991, fica acrescido dos seguintes §§ 2º e 3º, passando o parágrafo único a vigorar como § 1º:

*"**Art. 21.** (...)*

§ 2º. É de 11% (onze por cento) sobre o valor correspondente ao limite mínimo mensal do salário-de-contribuição a alíquota de contribuição do segurado contribuinte individual que trabalhe por conta própria, sem relação de trabalho com empresa ou equiparado, e do segurado facultativo que optarem pela exclusão do direito ao benefício de aposentadoria por tempo de contribuição.

§ 3º. O segurado que tenha contribuído na forma do § 2º deste artigo e pretenda contar o tempo de contribuição correspondente para fins de obtenção da aposentadoria por tempo de contribuição ou da contagem recíproca do tempo de contribuição a que se refere o art. 94 da Lei nº 8.213, de 24 de julho de 1991, deverá complementar a contribuição mensal mediante o recolhimento de mais 9% (nove por cento), acrescido dos juros moratórios de que trata o disposto no art. 34 desta Lei." (NR)

Art. 81. O art. 45 da Lei nº 8.212, de 24 de julho de 1991, passa a vigorar com as seguintes alterações:

*"**Art. 45.** (...)*

§ 2º. Para apuração e constituição dos créditos a que se refere o § 1º deste artigo, a Seguridade Social utilizará como base de incidência o valor da média aritmética simples dos maiores salários-de-contribuição, reajustados, correspondentes a 80% (oitenta por cento) de todo o período contributivo decorrido desde a competência julho de 1994. (...)

§ 4º. Sobre os valores apurados na forma dos §§ 2º e 3º deste artigo incidirão juros moratórios de 0,5% (zero vírgula cinco por cento) ao mês, capitalizados anualmente, limitados ao percentual máximo de 50% (cinquenta por cento), e multa de 10% (dez por cento). (...)

§ 7º. A contribuição complementar a que se refere o § 3º do art. 21 desta Lei será exigida a qualquer tempo, sob pena de indeferimento do benefício." (NR)

Art. 82. A Lei nº 8.213, de 24 de julho de 1991, passa a vigorar com as seguintes alterações:

*"**Art. 9º.** (...)*

§ 1º. O Regime Geral de Previdência Social – RGPS garante a cobertura de todas as situações expressas no art. 1º desta Lei, exceto as de desemprego involuntário, objeto de lei específica, e de aposentadoria por tempo de contribuição para o trabalhador de que trata o § 2º do art. 21 da Lei nº 8.212, de 24 de julho de 1991. (...)." (NR)

*"**Art. 18.** (...)*

I – (...)

c) aposentadoria por tempo de contribuição; (...)

§ 3º. O segurado contribuinte individual, que trabalhe por conta própria, sem relação de trabalho com empresa ou equiparado, e o segurado facultativo que contribuam na forma do § 2º do art. 21 da Lei nº 8.212, de 24 de julho de 1991, não farão jus à aposentadoria por tempo de contribuição." (NR)

"Art. 55. (...)

§ 4º. Não será computado como tempo de contribuição, para efeito de concessão do benefício de que trata esta subseção, o período em que o segurado contribuinte individual ou facultativo tiver contribuído na forma do § 2º do art. 21 da Lei nº 8.212, de 24 de julho de 1991, salvo se tiver complementado as contribuições na forma do § 3º do mesmo artigo." (NR)

Art. 83. O art. 94 da Lei nº 8.213, de 24 de julho de 1991, fica acrescido do seguinte § 2º, passando o parágrafo único a vigorar como § 1º:

"Art. 94. (...)

§ 2º. Não será computado como tempo de contribuição, para efeito dos benefícios previstos em regimes próprios de previdência social, o período em que o segurado contribuinte individual ou facultativo tiver contribuído na forma do § 2º do art. 21 da Lei nº 8.212, de 24 de julho de 1991, salvo se complementadas as contribuições na forma do § 3º do mesmo artigo." (NR)

Art. 84. O art. 58 da Consolidação das Leis do Trabalho – CLT, aprovada pelo Decreto-Lei nº 5.452, de 1º de maio de 1943, passa a vigorar acrescido do seguinte § 3º:

"Art. 58. (...)

§ 3º. Poderão ser fixados, para as microempresas e empresas de pequeno porte, por meio de acordo ou convenção coletiva, em caso de transporte fornecido pelo empregador, em local de difícil acesso ou não servido por transporte público, o tempo médio despendido pelo empregado, bem como a forma e a natureza da remuneração." (NR)

Art. 85. (Vetado).

Art. 85-A. Caberá ao Poder Público Municipal designar Agente de Desenvolvimento para a efetivação do disposto nesta Lei Complementar, observadas as especificidades locais.

§ 1º. A função de Agente de Desenvolvimento caracteriza-se pelo exercício de articulação das ações públicas para a promoção do desenvolvimento local e territorial, mediante ações locais ou comunitárias, individuais ou coletivas, que visem ao cumprimento das disposições e diretrizes contidas nesta Lei Complementar, sob supervisão do órgão gestor local responsável pelas políticas de desenvolvimento.

§ 2º. O Agente de Desenvolvimento deverá preencher os seguintes requisitos:

I – residir na área da comunidade em que atuar;

II – haver concluído, com aproveitamento, curso de qualificação básica para a formação de Agente de Desenvolvimento; e

III – possuir formação ou experiência compatível com a função a ser exercida;

- *Inciso III com redação dada pela LC nº 147/2014.*

IV – ser preferencialmente servidor efetivo do Município.

- *Inciso IV acrescido pela LC nº 147/2014.*

§ 3º. A Secretaria da Micro e Pequena Empresa da Presidência da República juntamente com as entidades municipalistas e de apoio e representação empresarial prestarão suporte aos referidos agentes na forma de capacitação, estudos e pesquisas, publicações, promoção de intercâmbio de informações e experiências.

- *§ 3º com redação dada pela Lei nº 12.792/2013.*

Art. 86. As matérias tratadas nesta Lei Complementar que não sejam reservadas constitucionalmente a lei complementar poderão ser objeto de alteração por lei ordinária.

Art. 87. O § 1º do art. 3º da Lei Complementar nº 63, de 11 de janeiro de 1990, passa a vigorar com a seguinte redação:

"Art. 3º. (...)

§ 1º. O valor adicionado corresponderá, para cada Município:

I – ao valor das mercadorias saídas, acrescido do valor das prestações de serviços, no seu território, deduzido o valor das mercadorias entradas, em cada ano civil;

II – nas hipóteses de tributação simplificada a que se refere o parágrafo único do art. 146 da Constituição Federal, e, em outras situações, em que se dispensem os controles de entrada, considerar-se-á como valor adicionado o percentual de 32% (trinta e dois por cento) da receita bruta. (...).” (NR)

Art. 87-A. Os Poderes Executivos da União, Estados, Distrito Federal e Municípios expedirão, anualmente, até o dia 30 de novembro, cada um, em seus respectivos âmbitos de competência, decretos de consolidação da regulamentação aplicável relativamente às microempresas e empresas de pequeno porte.

- *Art. 87-A acrescido pela LC nº 147/2014.*

Art. 88. Esta Lei Complementar entra em vigor na data de sua publicação, ressalvado o regime de tributação das microempresas e empresas de pequeno porte, que entra em vigor em 1º de julho de 2007.

Art. 89. Ficam revogadas, a partir de 1º de julho de 2007, a Lei nº 9.317, de 5 de dezembro de 1996, e a Lei nº 9.841, de 5 de outubro de 1999.

- *Lei nº 9.317, de 5.12.1996 – Dispunha sobre o regime tributário das microempresas e das empresas de pequeno porte, instituía o Sistema Integrado de Pagamento de Impostos e Contribuições das Microempresas e das Empresas de Pequeno Porte – SIMPLES e dava outras providências.*
- *Lei nº 9.841, de 5.10.1999 – Instituía o Estatuto da Microempresa e da Empresa de Pequeno Porte, dispondo sobre o tratamento jurídico diferenciado, simplificado e favorecido previsto nos arts. 170 e 179 da Constituição Federal.*

Brasília, 14 de dezembro de 2006; 185º da Independência e 118º da República.

Luiz Inácio Lula da Silva

DOU de 15.12.2006, republicado em 31.1.2009, republicado em 31.1.2012 e republicado em 6.3.2012.

Anexo I da Lei Complementar nº 123, de 14 de dezembro de 2006 (Vigência: 1º.1.2018)

- *Com redação dada pela LC nº 155/2016. Efeitos a partir de 1º.1.2018.*

Alíquotas e Partilha do Simples Nacional – Comércio

Receita Bruta em 12 Meses (em R$)		Alíquota	Valor a Deduzir (em R$)
1ª Faixa	Até 180.000,00	4,00%	–
2ª Faixa	De 180.000,01 a 360.000,00	7,30%	5.940,00
3ª Faixa	De 360.000,01 a 720.000,00	9,50%	13.860,00
4ª Faixa	De 720.000,01 a 1.800.000,00	10,70%	22.500,00
5ª Faixa	De 1.800.000,01 a 3.600.000,00	14,30%	87.300,00
6ª Faixa	De 3.600.000,01 a 4.800.000,00	19,00%	378.000,00

Faixas	Percentual de Repartição dos Tributos					
	IRPJ	CSLL	Cofins	PIS/Pasep	CPP	ICMS
1ª Faixa	5,50%	3,50%	12,74%	2,76%	41,50%	34,00%
2ª Faixa	5,50%	3,50%	12,74%	2,76%	41,50%	34,00%
3ª Faixa	5,50%	3,50%	12,74%	2,76%	42,00%	33,50%
4ª Faixa	5,50%	3,50%	12,74%	2,76%	42,00%	33,50%
5ª Faixa	5,50%	3,50%	12,74%	2,76%	42,00%	33,50%
6ª Faixa	13,50%	10,00%	28,27%	6,13%	42,10%	–

Anexo II da Lei Complementar nº 123, de 14 de dezembro de 2006
(Vigência: 1º.1.2018)

- *Com redação dada pela LC nº 155/2016. Efeitos a partir de 1º.1.2018.*

Alíquotas e Partilha do Simples Nacional – Indústria

Receita Bruta em 12 Meses (em R$)		Alíquota	Valor a Deduzir (em R$)
1ª Faixa	Até 180.000,00	4,50%	–
2ª Faixa	De 180.000,01 a 360.000,00	7,80%	5.940,00
3ª Faixa	De 360.000,01 a 720.000,00	10,00%	13.860,00
4ª Faixa	De 720.000,01 a 1.800.000,00	11,20%	22.500,00
5ª Faixa	De 1.800.000,01 a 3.600.000,00	14,70%	85.500,00
6ª Faixa	De 3.600.000,01 a 4.800.000,00	39,00%	720.000,00

Faixas	Percentual de Repartição dos Tributos						
	IRPJ	CSLL	Cofins	PIS/Pasep	CPP	IPI	ICMS
1ª Faixa	5,50%	3,50%	11,51%	2,49%	37,50%	7,50%	32,00%
2ª Faixa	5,50%	3,50%	11,51%	2,49%	37,50%	7,50%	32,00%
3ª Faixa	5,50%	3,50%	11,51%	2,49%	37,50%	7,50%	32,00%
4ª Faixa	5,50%	3,50%	11,51%	2,49%	37,50%	7,50%	32,00%
5ª Faixa	5,50%	3,50%	11,51%	2,49%	37,50%	7,50%	32,00%
6ª Faixa	8,50%	7,50%	20,96%	4,54%	23,50%	35,00%	–

Anexo III da Lei Complementar nº 123, de 14 de dezembro de 2006
(Vigência: 1º.1.2018)

- *Com redação dada pela LC nº 155/2016. Efeitos a partir de 1º.1.2018.*

Alíquotas e Partilha do Simples Nacional – Receitas de locação de bens móveis e de prestação de serviços não relacionados no § 5º-C do art. 18 desta Lei Complementar

Receita Bruta em 12 Meses (em R$)		Alíquota	Valor a Deduzir (em R$)
1ª Faixa	Até 180.000,00	6,00%	–
2ª Faixa	De 180.000,01 a 360.000,00	11,20%	9.360,00
3ª Faixa	De 360.000,01 a 720.000,00	13,50%	17.640,00

4ª Faixa	De 720.000,01 a 1.800.000,00	16,00%	35.640,00
5ª Faixa	De 1.800.000,01 a 3.600.000,00	21,00%	125.640,00
6ª Faixa	De 3.600.000,01 a 4.800.000,00	33,00%	648.000,00

Faixas	Percentual de Repartição dos Tributos					
	IRPJ	CSLL	Cofins	PIS/Pasep	CPP	ISS (*)
1ª Faixa	4,00%	3,50%	12,82%	2,78%	43,40%	33,50%
2ª Faixa	4,00%	3,50%	14,05%	3,05%	43,40%	32,00%
3ª Faixa	4,00%	3,50%	13,64%	2,96%	43,40%	32,50%
4ª Faixa	4,00%	3,50%	13,64%	2,96%	43,40%	32,50%
5ª Faixa	4,00%	3,50%	12,82%	2,78%	43,40%	33,50% (*)
6ª Faixa	35,00%	15,00%	16,03%	3,47%	30,50%	–

(*) O percentual efetivo máximo devido ao ISS será de 5%, transferindo-se a diferença, de forma proporcional, aos tributos federais da mesma faixa de receita bruta anual. Sendo assim, na 5ª faixa, quando a alíquota efetiva for superior a 14,92537%, a repartição será:

	IRPJ	CSLL	Cofins	PIS/Pasep	CPP	ISS
5ª Faixa, com alíquota efetiva superior a 14,92537%	(Alíquota efetiva – 5%) x 6,02%	(Alíquota efetiva – 5%) x 5,26%	(Alíquota efetiva – 5%) x 19,28%	(Alíquota efetiva – 5%) x 4,18%	(Alíquota efetiva – 5%) x 65,26%	Percentual de ISS fixo em 5%

Anexo IV da Lei Complementar nº 123, de 14 de dezembro de 2006 (Vigência: 1º.1.2018)

- *Com redação dada pela LC nº 155/2016. Efeitos a partir de 1º.1.2018.*

Alíquotas e Partilha do Simples Nacional – Receitas decorrentes da prestação de serviços relacionados no § 5º-C do art. 18 desta Lei Complementar

Receita Bruta em 12 Meses (em R$)		Alíquota	Valor a Deduzir (em R$)
1ª Faixa	Até 180.000,00	4,50%	–
2ª Faixa	De 180.000,01 a 360.000,00	9,00 %	8.100,00
3ª Faixa	De 360.000,01 a 720.000,00	10,20%	12.420,00
4ª Faixa	De 720.000,01 a 1.800.000,00	14,00%	39.780,00
5ª Faixa	De 1.800.000,01 a 3.600.000,00	22,00%	183.780,00
6ª Faixa	De 3.600.000,01 a 4.800.000,00	33,00%	828.000,00

Faixas	Percentual de Repartição dos Tributos				
	IRPJ	CSLL	Cofins	PIS/Pasep	ISS (*)
1ª Faixa	18,80%	15,20%	17,67%	3,83%	44,50%
2ª Faixa	19,80%	15,20%	20,55%	4,45%	40,00%
3ª Faixa	20,80%	15,20%	19,73%	4,27%	40,00%

4ª Faixa	17,80%	19,20%	18,90%	4,10%	40,00%
5ª Faixa	18,80%	19,20%	18,08%	3,92%	40,00% (*)
6ª Faixa	53,50%	21,50%	20,55%	4,45%	–

(*) O percentual efetivo máximo devido ao ISS será de 5%, transferindo-se a diferença, de forma proporcional, aos tributos federais da mesma faixa de receita bruta anual. Sendo assim, na 5ª faixa, quando a alíquota efetiva for superior a 12,5%, a repartição será:

	IRPJ	CSLL	Cofins	PIS/Pasep	ISS
5ª Faixa, com alíquota efetiva superior a 12,5%	(Alíquota efetiva – 5%) x 31,33%	(Alíquota efetiva – 5%) x 32,00%	(Alíquota efetiva – 5%) x 30,13%	(Alíquota efetiva – 5%) x 6,54%	Percentual de ISS fixo em 5%

Anexo V da Lei Complementar nº 123, de 14 de dezembro de 2006
(Vigência: 1º.1.2018)

- *Com redação dada pela LC nº 155/2016. Efeitos a partir de 1º.1.2018.*

Alíquotas e Partilha do Simples Nacional – Receitas decorrentes da prestação de serviços relacionados no § 5º-I do art. 18 desta Lei Complementar

Receita Bruta em 12 Meses (em R$)		Alíquota	Valor a Deduzir (em R$)
1ª Faixa	Até 180.000,00	15,50%	–
2ª Faixa	De 180.000,01 a 360.000,00	18,00%	4.500,00
3ª Faixa	De 360.000,01 a 720.000,00	19,50%	9.900,00
4ª Faixa	De 720.000,01 a 1.800.000,00	20,50%	17.100,00
5ª Faixa	De 1.800.000,01 a 3.600.000,00	23,00%	62.100,00
6ª Faixa	De 3.600.000,01 a 4.800.000,00	30,50%	540.000,00

Faixas	Percentual de Repartição dos Tributos					
	IRPJ	CSLL	Cofins	PIS/Pasep	CPP	ISS
1ª Faixa	25,00%	15,00%	14,10%	3,05%	28,85%	14,00%
2ª Faixa	23,00%	15,00%	14,10%	3,05%	27,85%	17,00%
3ª Faixa	24,00%	15,00%	14,92%	3,23%	23,85%	19,00%
4ª Faixa	21,00%	15,00%	15,74%	3,41%	23,85%	21,00%
5ª Faixa	23,00%	12,50%	14,10%	3,05%	23,85%	23,50%
6ª Faixa	35,00%	15,50%	16,44%	3,56%	29,50%	–

8.6. LEI COMPLEMENTAR Nº 155, DE 27 DE OUTUBRO DE 2016

Altera a Lei Complementar nº 123, de 14 de dezembro de 2006, para reorganizar e simplificar a metodologia de apuração do imposto devido por optantes pelo Simples Nacional; altera as Leis nºs 9.613, de 3 de março de 1998, 12.512, de 14 de outubro de 2011, e 7.998, de 11 de janeiro de 1990; e revoga dispositivo da Lei nº 8.212, de 24 de julho de 1991.

O Presidente da República,

Faço saber que o Congresso Nacional decreta e eu sanciono a seguinte Lei:

Art. 1º. A Lei Complementar nº 123, de 14 de dezembro de 2006, passa a vigorar com as seguintes alterações:

- *Alterações já efetuadas no corpo da Lei Complementar.*

Art. 2º. Os Anexos I a VI da Lei Complementar nº 123, de 14 de dezembro de 2006, passam a vigorar com a redação dos Anexos I a V desta Lei Complementar.

- *Alterações já efetuadas no corpo da Lei Complementar.*

Art. 3º. O Ministro de Estado da Fazenda e o Ministro de Estado do Trabalho e Previdência Social definirão, em ato conjunto, a forma, a periodicidade e o prazo de recolhimento do Fundo de Garantia do Tempo de Serviço – FGTS, das contribuições previdenciárias e das contribuições devidas a terceiros, por meio de declaração unificada.

Parágrafo único. O valor referente ao FGTS recolhido na forma deste artigo será creditado diretamente na conta vinculada do trabalhador, sendo assegurada a transferência dos elementos identificadores do respectivo recolhimento ao órgão gestor do fundo.

Art. 4º. São convalidados os atos referentes à apuração e ao recolhimento dos impostos e das contribuições da União, dos Estados, do Distrito Federal e dos Municípios mediante regime previsto na Lei Complementar nº 123, de 14 de dezembro de 2006, e alterações posteriores, inclusive em relação às obrigações acessórias, pelas empresas que desenvolvem atividades de prestação de serviço de controle de vetores e pragas, até a data de publicação desta Lei Complementar.

Art. 5º. (Vetado).

Art. 6º. A Lei nº 12.512, de 14 de outubro de 2011, passa a vigorar acrescida dos seguintes arts. 15-A e 15-B: (partes mantidas)

> ***Art. 15-A.*** *É instituído o Programa de Fomento às Atividades Produtivas de Pequeno Porte Urbanas, com o objetivo de promover a cidadania e de melhorar as condições de vida e de renda de empreendedores em situação de pobreza.*
>
> *§ 1º. O Programa de Fomento às Atividades Produtivas de Pequeno Porte Urbanas beneficiará os inscritos no Cadastro Único para Programas Sociais do Governo Federal – CadÚnico que exerçam atividade produtiva de pequeno porte formalizada, na qualidade de Microempreendedor Individual – MEI, conforme definido no art. 18-A da Lei Complementar nº 123, de 14 de dezembro de 2006.*
>
> *§ 2º. O Programa de Fomento às Atividades Produtivas de Pequeno Porte Urbanas será executado por meio da transferência de recursos financeiros não reembolsáveis e da disponibilização de serviços de assistência técnica e gerencial, sob a responsabilidade do Ministério do Desenvolvimento Social e Agrário, ao qual caberá definir as normas complementares do Programa.*
>
> *§ 3º. O Poder Executivo disporá sobre a participação de outros ministérios e de outras instituições vinculadas no planejamento, na execução, no monitoramento e na avaliação do Programa de que trata o caput deste artigo.*
>
> *§ 4º. Para cumprir os objetivos do Programa de Fomento às Atividades Produtivas de Pequeno Porte Urbanas, a União é autorizada a estabelecer cooperação com serviços sociais autônomos e entidades de apoio e fomento empresariais, com ou sem transferência de recursos financeiros, para a disponibilização de serviços de assistência técnica e gerencial a empreendedores em situação de pobreza inscritos no CadÚnico que desenvolvam atividade produtiva de pequeno porte formalizada, na qualidade de MEI, conforme definido no art. 18-A da Lei Complementar nº 123, de 14 de dezembro de 2006.*
>
> *§ 5º. O recebimento dos recursos do Programa de Fomento às Atividades Produtivas de Pequeno Porte Urbanas tem caráter temporário e não gera direito adquirido.*
>
> ***Art. 15-B.*** *É a União autorizada a transferir diretamente ao empreendedor beneficiário do Programa de Fomento às Atividades Produtivas de Pequeno Porte Urbanas os recursos financeiros no valor de até R$ 2.400,00 (dois mil e quatrocentos reais), na forma de regulamento.*

§ 1º. A função de agente operador do Programa de Fomento às Atividades Produtivas de Pequeno Porte Urbanas será atribuída a instituição financeira oficial, mediante remuneração e condições a serem pactuadas com o Governo Federal.

§ 2º. Os recursos transferidos no âmbito do Programa de Fomento às Atividades Produtivas de Pequeno Porte Urbanas não compõem a receita bruta para efeito de enquadramento nos limites a que se referem os §§ 1º e 2º do art. 18-A da Lei Complementar nº 123, de 14 de dezembro de 2006.

Art. 7º. Os arts. 29 e 31 da Lei nº 12.512, de 14 de outubro de 2011, passam a vigorar com a seguinte redação: (partes mantidas)

***Art. 29.** O Poder Executivo manterá, em base de dados apropriada, relação atualizada contendo o nome, o Número de Identificação Social- NIS inscrito no CadÚnico, a unidade federativa, o Município de residência e os valores pagos aos beneficiários dos programas de que tratam os arts. 1º, 9º e 15-A desta Lei. (NR)*

***Art. 31.** Os recursos de que tratam os arts. 6º, 13 e 15-B poderão ser majorados pelo Poder Executivo em razão da dinâmica socioeconômica do País e de estudos técnicos sobre o tema, observada a dotação orçamentária disponível. (NR)*

Art. 8º. O art. 3º da Lei nº 7.998, de 11 de janeiro de 1990, passa a vigorar acrescido do seguinte § 4º:

***Art. 3º.** (...)*

§ 4º. O registro como Microempreendedor Individual – MEI, de que trata o art. 18-A da Lei Complementar nº 123, de 14 de dezembro de 2006, não comprovará renda própria suficiente à manutenção da família, exceto se demonstrado na declaração anual simplificada da microempresa individual. (NR)

Art. 9º. Poderão ser parcelados em até cento e vinte meses os débitos vencidos até a competência do mês de maio de 2016 e apurados na forma do Regime Especial Unificado de Arrecadação de Tributos e Contribuições devidos pelas Microempresas e Empresas de Pequeno Porte – Simples Nacional, de que trata a Lei Complementar nº 123, de 14 de dezembro de 2006.

§ 1º. O disposto neste artigo aplica-se aos créditos constituídos ou não, com exigibilidade suspensa ou não, parcelados ou não e inscritos ou não em dívida ativa do respectivo ente federativo, mesmo em fase de execução fiscal já ajuizada.

§ 2º. O pedido de parcelamento previsto no caput deste artigo deverá ser apresentado em até noventa dias contados a partir da regulamentação deste artigo, podendo esse prazo ser prorrogado ou reaberto por igual período pelo Comitê Gestor do Simples Nacional – CGSN, e independerá de apresentação de garantia.

§ 3º. A dívida objeto do parcelamento será consolidada na data de seu requerimento e será dividida pelo número de prestações que forem indicadas pelo sujeito passivo, não podendo cada prestação mensal ser inferior a R$ 300,00 (trezentos reais) para microempresas e empresas de pequeno porte.

§ 4º. Até o mês anterior ao da consolidação dos parcelamentos de que trata o caput, o devedor é obrigado a calcular e a recolher mensalmente a parcela equivalente ao maior valor entre:

I – o montante dos débitos objeto do parcelamento dividido pelo número de prestações pretendidas;

II – os valores constantes no § 3º deste artigo.

§ 5º. Por ocasião da consolidação, será exigida a regularidade de todas as prestações devidas desde o mês da adesão até o mês anterior ao da conclusão da consolidação dos débitos parcelados.

§ 6º. Poderão ainda ser parcelados, na forma e nas condições previstas nesta Lei Complementar, os débitos parcelados de acordo com os §§ 15 a 24 do art. 21 da Lei Complementar nº 123, de 14 de dezembro de 2006.

§ 7º. O pedido de parcelamento de que trata o § 2º deste artigo implicará desistência compulsória e definitiva do parcelamento anterior, sem restabelecimento dos parcelamentos rescindidos caso não seja efetuado o pagamento da primeira prestação.

§ 8º. O valor de cada prestação mensal, por ocasião do pagamento, será acrescido de juros equivalentes à taxa referencial do Sistema Especial de Liquidação e de Custódia – SELIC para títulos federais, acumulada mensalmente, calculados a partir do mês subsequente ao da consolidação até o mês anterior ao do pagamento, e de 1% (um por cento) relativamente ao mês em que o pagamento estiver sendo efetuado.

§ 9º. Compete ao CGSN a regulamentação do parcelamento disposto neste artigo.

Art. 10. Revogam-se a partir de 1º de janeiro de 2018:

I – o item 1 da alínea "b" do inciso X do art. 17 da Lei Complementar nº 123, de 14 de dezembro de 2006;

II – os incisos I, III e IV do § 5º-I do art. 18 da Lei Complementar nº 123, de 14 de dezembro de 2006;

III – o inciso IV do § 4º do art. 18-A da Lei Complementar nº 123, de 14 de dezembro de 2006;

IV – os incisos I, II e III do art. 19 da Lei Complementar nº 123, de 14 de dezembro de 2006;

V – o art. 72 da Lei Complementar nº 123, de 14 de dezembro de 2006;

VI – o Anexo VI da Lei Complementar nº 123, de 14 de dezembro de 2006;

VII – (Vetado).

Art. 11. Esta Lei Complementar entra em vigor na data de sua publicação, produzindo efeitos:

I – na data de sua publicação, com relação ao art. 9º desta Lei Complementar;

II – a partir de 1º de janeiro de 2017, com relação aos arts. 61-A, 61-B, 61-C e 61-D da Lei Complementar nº 123, de 14 de dezembro de 2006;

III – a partir de 1º de janeiro de 2018, quanto aos demais dispositivos.

Brasília, 27 de outubro de 2016; 195º da Independência e 128º da República.

Michel Temer

DOU de 28.10.2016 – Republicação parcial DOU de 29.12.2016

Anexos

- *Alterações já efetuadas no corpo da Lei Complementar.*

8.7. LEI COMPLEMENTAR Nº 157, DE 29 DE DEZEMBRO DE 2016

Altera a Lei Complementar nº 116, de 31 de julho de 2003, que dispõe sobre o Imposto Sobre Serviços de Qualquer Natureza, a Lei nº 8.429, de 2 de junho de 1992 (Lei de Improbidade Administrativa), e a Lei Complementar nº 63, de 11 de janeiro de 1990, que "dispõe sobre critérios e prazos de crédito das parcelas do produto da arrecadação de impostos de competência dos Estados e de transferências por estes recebidos, pertencentes aos Municípios, e dá outras providências".

O Presidente da República,

Faço saber que o Congresso Nacional decreta e eu sanciono a seguinte Lei Complementar:

Art. 1º. A Lei Complementar nº 116, de 31 de julho de 2003, passa a vigorar com as seguintes alterações:

- *Alterações já efetuadas no corpo da LC nº 116/2003.*

Art. 2º. A Lei Complementar nº 116, de 31 de julho de 2003, passa a vigorar acrescida do seguinte art. 8º-A:

- *Alterações já efetuadas no corpo da LC nº 116/2003.*

Art. 3º. A lista de serviços anexa à Lei Complementar nº 116, de 31 de julho de 2003, passa a vigorar com as alterações constantes do Anexo desta Lei Complementar.

- *Alterações já efetuadas no corpo da LC nº 116/2003.*

Art. 4º. A Lei nº 8.429, de 2 de junho de 1992 (Lei de Improbidade Administrativa), passa a vigorar com as seguintes alterações:

"Seção II-A

Dos Atos de Improbidade Administrativa Decorrentes de Concessão ou Aplicação Indevida de Benefício Financeiro ou Tributário

Art. 10-A. *Constitui ato de improbidade administrativa qualquer ação ou omissão para conceder, aplicar ou manter benefício financeiro ou tributário contrário ao que dispõem o caput e o § 1º do art. 8º-A da Lei Complementar nº 116, de 31 de julho de 2003."*

*"**Art. 12.** (...)*

IV – na hipótese prevista no art. 10-A, perda da função pública, suspensão dos direitos políticos de 5 (cinco) a 8 (oito) anos e multa civil de até 3 (três) vezes o valor do benefício financeiro ou tributário concedido. (...)." (NR)

*"**Art. 17.** (...)*

§ 13. Para os efeitos deste artigo, também se considera pessoa jurídica interessada o ente tributante que figurar no polo ativo da obrigação tributária de que tratam o § 4º do art. 3º e o art. 8º-A da Lei Complementar nº 116, de 31 de julho de 2003." (NR)

Art. 5º. O art. 3º da Lei Complementar nº 63, de 11 de janeiro de 1990, passa a vigorar acrescido dos seguintes §§ 1º-A e 1º-B:

*"**Art. 3º.** (...)*

§ 1º-A. Na hipótese de pessoa jurídica promover saídas de mercadorias por estabelecimento diverso daquele no qual as transações comerciais são realizadas, excluídas as transações comerciais não presenciais, o valor adicionado deverá ser computado em favor do Município onde ocorreu a transação comercial, desde que ambos os estabelecimentos estejam localizados no mesmo Estado ou no Distrito Federal.

§ 1º-B. No caso do disposto no § 1º-A deste artigo, deverá constar no documento fiscal correspondente a identificação do estabelecimento no qual a transação comercial foi realizada. (...)." (NR)

Art. 6º. Os entes federados deverão, no prazo de 1 (um) ano contado da publicação desta Lei Complementar, revogar os dispositivos que contrariem o disposto no *caput* e no § 1º do art. 8º-A da Lei Complementar nº 116, de 31 de julho de 2003.

Art. 7º. Esta Lei Complementar entra em vigor na data de sua publicação.

§ 1º. O disposto no *caput* e nos §§ 1º e 2º do art. 8º-A da Lei Complementar nº 116, de 31 de julho de 2003, e no art. 10-A, no inciso IV do art. 12 e no § 13 do art. 17, todos da Lei nº 8.429, de 2 de junho de 1992, somente produzirão efeitos após o decurso do prazo referido no art. 6º desta Lei Complementar.

§ 2º. O disposto nos §§ 1º-A e 1º-B do art. 3º da Lei Complementar nº 63, de 11 de janeiro de 1990, produzirá efeitos a partir do primeiro dia do exercício subsequente ao da entrada em vigor desta Lei Complementar, ou do primeiro dia do sétimo mês subsequente a esta data, caso este último prazo seja posterior.

Brasília, 29 de dezembro de 2016; 195º da Independência e 128º da República.

DOU de 30.12.2016 – Republicação parcial DOU de 1º.6.2017

REFERÊNCIAS

ATALIBA, Geraldo. *Hipótese de Incidência Tributária.* 2. ed. São Paulo: Revista dos Tribunais, 1975.

ÁVILA, Humberto. O Imposto sobre Serviços e a Lei Complementar nº 116/2003. In: *O ISS e a LC nº 116.* Coord. Valdir de Oliveira Rocha. São Paulo: Dialética, 2003.

BALEEIRO, Aliomar. *Direito Tributário Brasileiro.* 5. ed. Rio de Janeiro: Forense, 1973.

__________. *Limitações Constitucionais ao Poder de Tributar.* 4. ed. Rio de Janeiro: Forense, 1974.

__________. *Uma Introdução à Ciência das Finanças.* 12. ed. Rio de Janeiro: Forense, 1964.

BANDEIRA DE MELLO, Celso Antonio. *Conteúdo Jurídico do Princípio da Igualdade.* 3. ed. São Paulo: Malheiros Editores, 1999.

__________. *Curso de Direito Administrativo.* 5. ed. São Paulo: Malheiros Editores, 1994.

BARRETO, Aires F. *Curso de Direito Tributário Municipal.* São Paulo: Saraiva, 2009.

__________. *ISS na Construção e na Lei.* São Paulo: Dialética, 2003.

__________; ATALIBA, Geraldo. *ISS: Aspectos Teóricos e Práticos.* 4. ed. São Paulo: Dialética, 2005.

__________. ISS: Conflitos de Competência e Tributação de Serviços. In: *Revista de Direito Tributário* 6/56.

__________. ISS – Construção Civil – Pseudoserviço e Prestação de Serviço – Estabelecimento Prestador – Local da Prestação. In: *Revista de Direito Tributário* 40/90.

BARROS, Luiz Celso de. *Ciência das Finanças – Fundamentos de Direito Financeiro e Tributário.* 5. ed. Bauru: Edipro, 1999.

__________. *Responsablidade Fiscal e Criminal.* Bauru: Edipro, 2002.

BASTOS, Celso Ribeiro de. A Isenção Integral do ISS e a Lei de Responsabilidade Fiscal. In: *Repertório IOB de Jurisprudência,* 1/17297.

__________. *Curso de Direito Constitucional.* 2. ed. São Paulo: Saraiva, 1989.

BORGES, José Souto Maior. *Isenções Tributárias.* 2. ed. São Paulo: Sugestões Literárias, 1980.

__________. *Lei Complementar Tributária.* São Paulo: Revista dos Tribunais, 1975.

__________. Parecer sobre Imunidade Tributária. In: *Repertório IOB de Jurisprudência,* 1/10545.

BOITEUX, Fernando Netto. Contrato de *leasing* e valor residual – seus efeitos tributários. *Revista Dialética de Direito Tributário*, n. 66, março de 2001, p. 36-37.

BRAGA, Leopoldo. *Repertório Enciclopédico do Direito Brasileiro.* Rio de Janeiro: Borsoi [s.d.].

CARRAZZA, Roque Antonio. *Curso de Direito Constitucional Tributário.* 5. ed. São Paulo: Malheiros, 2007.

__________. *ICMS.* 5. ed. São Paulo: Malheiros Editores, 1999.

__________. *ICMS.* 7. ed. São Paulo: Malheiros, 2001.

CARVALHO, Paulo de Barros. *Curso de Direito Tributário.* 6. ed. São Paulo: Saraiva, 1993.

__________. *Curso de Direito Tributário.* 10. ed. São Paulo: Saraiva, 1998.

__________. *Direito Tributário – Fundamentos Jurídicos da Incidência.* São Paulo: Saraiva, 1988.

CAVALCANTE, Temistocles. *Curso de Direito Administrativo.* Rio de Janeiro: Freitas Bastos, 1964.

CIAP – Centro Interamericano de Administração Pública. *Apostilas Curso Prático e Completo de Arrecadação Municipal; Manual de Fiscalização Pedagógica.* Belo Horizonte: CIAP Editora, 2000.

COELHO, Carlos Antonio de Souza. *Apostilas:* "Curso Prático e Completo de Arrecadação Municipal"; "Manual de Fiscalização Pedagógica"; "Curso Prático e Completo de Bancos".

COELHO, Fábio Ulhoa. *Manual de Direito Comercial.* 10. ed. São Paulo: Saraiva, 1999.

COELHO, Sacha Calmon Navarro. *Sistema Tributário.* 2. ed. Rio de Janeiro: Forense, 1990.

__________. *Teoria Geral do Tributo e da Exoneração Tributária.* São Paulo: Revista dos Tribunais, 1982.

CORRÊA, Walter Barbosa; et al. *Comentários ao Código Tributário Nacional.* São Paulo: Saraiva, 1998.

CUSTÓDIO, Antonio Joaquim Ferreira. *Constituição Federal Interpretada pelo STF.* 3. ed. São Paulo: Oliveira Mendes, 1988.

FALCÃO, Amilcar de Araújo. *Fato Gerador da Obrigação Tributária. Rio de Janeiro:* Edições Financeiras, 1964.

FERREIRA FILHO, Manoel Gonçalves. A Aprovação de Projeto de Lei Complementar por Votação Simbólica. In: *Repertório IOB de Jurisprudência,* 2ª quinzena de abril de 1988, n. 8/88, p. 118-9.

GASPAR, Walter. *ISS – Teoria e Prática.* São Paulo: Lumen Juris, 1994.

GRECO, Marco Aurélio. ICMS – Materialidade e Princípios Constitucionais. In: ZONARI, Anna Paola. *Curso de Direito Tributário.* 2. ed. Belém: Ed. CEJUP, 1993. v. 2. p. 141 e ss.

HARADA, Kiyoshi. *ISS – Doutrina e Prática.* São Paulo: Atlas, 2008.

LEAL, Antonio Luiz da Câmara. *Da Prescrição e Da Decadência.* 2. ed. Rio de Janeiro: Forense.

LEÃO, José Francisco Miranda. *Leasing – O arrendamento financeiro.* São Paulo: Malheiros, 2000.

MACHADO, Hugo de Brito. *Curso de Direito Tributário.* 24. ed. São Paulo: Malheiros, 2004,

__________. *Curso de Direito Tributário.* 10. ed. São Paulo: Malheiros Editores, 1995.

__________. A base de cálculo do ISS e as subempreitadas. *Revista Dialética de Direito Tributário,* set. 2004, n. 108.

MANCUSO, Rodolfo Camargo. *Leasing.* 2. ed. Revista dos Tribunais: São Paulo, 1999.

MANGIERI, Francisco Ramos. *ISS – Teoria, Prática, Questões Polêmicas.* Bauru: Edipro, 2001.

__________; GARCIA, Marcos Roberto Costa. *Comentários Objetivos à Lei de Responsabilidade Fiscal.* Bauru: Document Center, 2000.

__________; MELO, Omar Augusto Leite Melo. *ISS na Construção Civil.* 3. ed. Bauru: Tributo Municipal, 2012.

__________. *ISS sobre Cartórios.* Bauru: Edipro, 2009.

__________. *ISS sobre o* Leasing. Bauru: Tributo Municipal, 2011.

__________. *ITBI.* Bauru: Edipro, 2006.

__________. *Supersimples.* Bauru: Edipro, 2007.

MARREY JR., Pedro Luciano. Natureza Jurídica das Isenções Tributárias. In: *RDP* 25/169.

MARTINS, Fran. *Contratos e Obrigações Comerciais.* 14. ed. Rio de Janeiro: Forense, 1998.

MARTINS, Ives Gandra da Silva. A Inconstitucionalidade da Nova Lista de Serviços do ISS. In: *Repertório IOB de Jurisprudência,* 2ª quinzena de maio de 1988, n. 10/88, p. 148.

__________. *Processo Administrativo Tributário.* São Paulo: Revista dos Tribunais, 1999.

__________. Serviços de construção civil prestados em territórios da União ou dos Estados não estão sujeitos ao ISS. In: *Revista Dialética de Direito Tributário* n. 53, fev. 2000, São Paulo, Dialética, p. 119-29.

__________. *Tributos Municipais.* Rio de Janeiro: Forense, 1988.

__________; BASTOS, Celso Ribeiro. *Comentários à Constituição do Brasil.* São Paulo: Saraiva, 1990.

__________; et al. *Comentários ao Código Tributário Nacional.* São Paulo: Saraiva, 1998.

MARTINS, Sérgio Pinto. *Manual do ISS.* 2. ed. São Paulo: Malheiros Editores, 1998.

MASINA, Gustavo. Incorporação por contratação direta (art. 43, Lei nº 4.591/1964). Construção realizada pelo incorporador em seu próprio terreno. Venda de imóveis antes da conclusao da obra. ISSQN: nao incidência. In: *Revista Dialética de Direito Tributário,* n. 165, jun/2009, São Paulo: Dialética, p. 76.

MEIRELLES, Hely Lopes. *Direito Administrativo Brasileiro.* 22. ed. São Paulo: Malheiros Editores, 1997.

__________. *Direito de Construir.* 3. ed. São Paulo: Revista dos Tribunais, 1979.

__________. *Finanças Municipais.* São Paulo: Revista dos Tribunais, 1979.

MELO, José Eduardo Soares de. *Aspectos Teóricos e Práticos do ISS.* 4. ed., São Paulo: Dialética, 2005.

MESSINEO, Francesco. *Manuale di Diritto Civile e Commerciale.* 8. ed. Milão: Dott. A. Giuffrê Editore, 1950.

MONTEIRO, Washington de Barros. *Curso de Direito Civil.* São Paulo: Saraiva, 1989. v. 1-3.

MORAES, Bernardo Ribeiro de. A Falta da Lei Complementar para a Definição de Novos Serviços. In: *Repertório IOB de Jurisprudência,* 2ª quinzena de abril de 1988, n. 8/88, p. 117.

__________. *Doutrina e Prática do ISS.* São Paulo: Revista dos Tribunais, 1984.

NUNES, Pedro. *Dicionário de Tecnologia Jurídica.* 7. ed. Rio de Janeiro: Freitas Bastos, 1966.

PAIVA, Ricardo Garcia Henrique de. *Como Montar um Provedor de Acesso à Internet.*

PRADE, Péricles. Competência tributária privativa do Município para instituir o ISSQN nas operações de leasing: aspectos revisitados e novos. *Revista Dialética de Direito Tributário,* n. 96, de set. de 2003,

RIZZARDO, Arnaldo. *Leasing.* 3. ed. São Paulo: Revista dos Tribunais, 1997.

RODRIGUES, Silvio. *Direito Civil.* São Paulo: Saraiva, 1989. v. 1-3.

SILVA, José Afonso da. *Curso de Direito Constitucional Positivo.* 10. ed. São Paulo: Malheiros Editores, 1995.

SOUSA, Rubens Gomes de. *Comentários ao Código Tributário Nacional.* 2. ed. São Paulo: Revista dos Tribunais, 1985.

__________. *Compêndio de Legislação Tributária.* Rio de Janeiro: Resenha Tributária, 1975.

TAUIL, Roberto. ISS sobre administração de cartões de crédito e débito. Disponível em: <www.consultormunicipal.com.br>.

__________. ISS sobre o *Leasing.* Disponível em: <www.consultormunicipal.com.br>.

TEIXEIRA, Paulo Joni; PANTALEÃO, Milton J. *Construção Civil – Aspectos Tributários e Contábeis.* 3. ed. Porto Alegre: Alternativa Editora Cultural, 2003.

TEMER, Michel. *Elementos de Direito Constitucional.* 11. ed. São Paulo: Malheiros Editores, 1995.

TROIANELLI, Gabriel Lacerda; GUEIROS, Juliana. O ISS e a Lei Complementar nº 116/2003: aspectos polêmicos da Lista de Serviços. In: ROCHA, Valdir de Oliveira (Coord.). *O ISS e a LC nº 116.* São Paulo: Dialética, 2003. p. 123-4.

ÍNDICE REMISSIVO*

* Os números referem-se aos itens do sumário

Este livro foi impresso pela Paym para a Edipro
em fonte Garamond Premier Pro sobre papel Offset 75 g/m².